한국아동 · 청소년상담학회 연구총서 12

상담학 연구방법론

연구논문 작성의 리얼 스토리

김동일 · 금창민 · 김지연 · 남지은 · 우예영 · 이윤희 · 이주영 · 이혜은 · 정여주 공저

Tell Me a **Real Story** about Research Methods
from the Real Research in Counseling

학지사

This work was supported by the Ministry of Education of the Republic of Korea and the National Research Foundation of Korea (NRF-2020S1A3A2A02103411)

머리말

"상담학 응용연구에 대한 초심 연구자의 접근 가능성을 높이는 주제 탐색과 연구 방법론의 리얼 스토리를 펴내다."

연구자가 대학원 강의를 수강하고 자신의 연구를 진행하는 과정을 거쳐 이르게 되는 정점은 학위논문의 완성에 있습니다. 그 과정에서 학위 연구논문의 절차적 중요성과 완결성이 강조되며 초심 연구자들이 느끼는 어려움이 가중되는 경우가 많은 것도 사실입니다. 이 책에서는 연구에 대한 접근 가능성을 열어 높은 장벽을 낮추고자 하는 바람으로 학위 연구논문 작성의 리얼 스토리를 담아 보았습니다. 다양한 연구주제와 연구방법론의 구체적인 모습뿐만 아니라 이면에 담겨 있는 연구에 대한 생각, 태도, 감정을 솔직하게 드러내고자 하였습니다. 더 나아가 앞으로 각 연구방법에 대한 실질적인 훈련 세션을 구성하여 직접 운영하는 워크숍을 기획하고자 합니다.

이 책은 참여한 각 연구자의 성장통과 성장 과정에 대한 기록이며, 연구 공동체 구성원으로서 열정적인 지도학생을 만난 '매우 운 좋은' 지도교수와 학위과정의 '논문 작업 경험을 나누는' 연구자 간 가감 없는 대화의 산물입니다.

이 연구총서를 위하여 많은 분이 애를 쓰셨습니다. 특히 이 책을 묶기 위하여 궂은 일을 마다하지 않은 한국아동·청소년상담학회 임수영 사무국장과 임정은 선생, 주소현 간사에게 고마움을 전합니다. 또한 학지사 김진환 사장님을 비롯한 임직원 여러분의 지속적인 관심과 지원이 있어서 이 프로젝트가 제대로 진행되었습니다.

마지막으로 교학상장을 꿈꾸며, 연구자로서 그리고 실무자로서 응용연구에 헌신하는 학위과정의 모든 연구자와 이들을 보듬어 나아가게 하는 모든 논문 지도교수님께 이 책을 바치고자 합니다. 진심으로 감사드립니다.

2022년 관악에서
모든 저자와 함께
한국아동·청소년상담학회 회장 김동일

차례

서장

　우리는 왜 연구를 하는가? 무엇을 연구하고 싶은가? 어떻게 연구하고 싶은가? 연구 결과를 통해 어떤 영향을 미치고 싶은가? 우리는 교육자로서, 상담자로서 매일 학생과 내담자를 만나고 교육 활동과 상담·임상 활동을 진행하면서 실천과 연구 사이의 간극과 연계를 동시에 바라보게 된다.

　교육자와 상담자로서 증거기반의 실천을 위하여,

1. 개인 특성을 분석하여 초기 수행 수준을 확인한다.
2. 선행 상황, 행동, 성과 수준을 정리하여 장기 목표와 단기 목표를 구체화한다.
3. 교육과 치료 과정을 구체적으로 정의하고 구조화하여 참여자가 이해하고 타당한 방식으로 진행하도록 한다.
4. 개인에게 적합한 개입/프로그램 내용과 과업을 체계적으로 분석하여 정리한다.
5. 일관성과 타당성을 확보한 개입과 절차를 실시한다.
6. 개인 수행을 측정하여 데이터(검사자료)를 수집한다.
7. 데이터를 분석하고 이에 기반하여 적합한 교육과 치료 기법/프로그램을 정한다.
8. 성과 데이터를 지속적으로 수집하고 기록한다.
9. 주요 자원인사 및 관련인들과 절차에 맞게 성과 자료를 공유한다.
10. 전문적·윤리적 강령에 따른다.

응용과 실천에 관심이 있는 연구자들은 연구를 위하여,

1. 문제 상황과 문제 행동(예: 과잉 또는 결손)을 확인한다.
2. 적합한 연구질문을 구성한다. '구체적인 교육, 상담, 처치를 하면 어떤 결과가 기대되는가?'
3. 구체적인 연구 목표를 세운다.

4. 연구의 구성요소(처치, 재료, 장비, 연구모델, 기대되는 결과)를 정의한다.

5. 연구 절차와 방법을 정하고 정당하고 타당한 방식으로 진행한다.

6. 연구결과를 위하여 신뢰도가 높은 연구자료를 수집한다.

7. 연구방법론에 맞추어 데이터를 분석하고 결과를 산출한다.

8. 성과 데이터를 지속적으로 수집하고 기록한다.

9. 연구팀 및 다른 연구 공동체 구성원과 연구과정 및 결과를 공유한다.

10. 연구 윤리에 따라서 연구를 진행한다.

앞에 제시된 바를 잘 살펴보면, 연구와 실천 사이에는 간극보다는 오히려 공통점이 많다. 응용연구자로서 혹은 실무자로서 모두 ① 문제를 확인하고 분석, ② 창의적인 해결 방안 구성, ③ 체계적인 방법으로 개입이나 처치를 실시, ④ 성과 기록, ⑤ 윤리적이고 책임감 있는 방식으로 연구와 개입을 진행하는 것을 알 수 있다. 그러므로 증거기반의 실제를 추구하는 상담자는 실무자로서 혹은 연구자로서 모두 연구의 중요성을 수용하고, 의미 있는 연구를 기획하고 진행하며 같이 참여하고 있다.

응용연구의 초심자로서 학위과정 연구자들이 연구논문을 작성할 때 겪을 수 있는 어려움을 이해하고 접근성을 높이기 위해 고려해야 할 사항이 여러 가지 있다. 처음 논문을 쓰기 시작할 때 느낀 막막함, 내가 연구주제를 잡을 수는 있을지 수많은 연구의 바다에서 헤맬 때의 막연함, 해 보지 않은 연구방법을 공부하고 분석 방법을 배워 나갈 때의 조바심은 학위 연구논문을 쓰는 과정을 경험해 본 사람이라면 누구나 느꼈을 법한 감정이다.

그동안 이미 많은 연구방법론 책이 출간되었다. 기존 연구방법론 책들에는 양적, 질적, 혼합적 방법론의 철학과 배경, 연구를 진행시키는 과정, 분석을 진행하는 방법, 결과를 해석하는 방법 등이 잘 기술되어 있다. 그러나 그런 책들을 읽고 공부하면서 한 가지 아쉬웠던 점은 선배 연구자들이 어떤 고민을 했는지, 그 고민들을 어떻게 해결해 갔는지 들여다볼 수는 없었다는 점이다.

앞으로 전개되는 각 장에서는 연구자가 학위논문을 작성하면서 경험한 리얼 스토리를 담아 보고자 하였다. 먼저, 각각의 연구자가 학위과정 연구 생활을 하면서 어떤 주제에 관심을 가지고 있었는지, 연구주제를 좁혀 나가면서 지도교수와 어떤 대화를 했으며 그 과정에서 얻은 통찰은 무엇인지, 연구하고 싶은 다양한 대안 중에서 어떻게 최종 논문 주제를 결정하게 되었는지에 대해서 기술하였다. 각 장의 연구주제 설정 파트에는 연구자가 지도교수와 연구 초기부터 진행했던 핵심 사건 대화를 제시하였는데, 이 부분에서 학위과정 지도교수와의 관계 맺기와 어떤 대화를 자주 하는 것이 논문 주제를 잡는 데 영향을 주는지 고민해 볼 수 있을 것이다. 또한 각 연구자의 성격특성에 따라 지도교수와 소통하는 방식의 차이를 보면서 색다른 흥미를 느낄 수도 있을 것이다.

다음으로, 연구의 필요성과 논리를 어떻게 만들어 나갔으며 연구문제와 연구방법론을 어떤 방식으로 연결시켰는지, 적용한 연구방법론은 무엇이며 연구과정을 어떻게 진행해 나갔는지에 관해 기술하였다. 학위논문을 작성하는 초기에 가장 막연하게 느껴지는 '연구의 필요성'에 들어가야 하는 내용이 무엇인지를 살펴볼 수 있을 것이며, 연구의 필요성이란 단순히 기술적으로 작성되는 것이 아니라 연구자의 오랜 고민에 의해서 기술된다는 것도 파악할 수 있을 것이다. 연구과정 부분에서는 각 연구자가 선택한 연구방법론의 종류에 따라 다양한 연구과정을 살펴볼 수 있으며, 아주 상세하게 연구를 진행해 간 순서를 이해할 수 있다.

마지막으로, 연구결과를 어떻게 분석해 나갔고 연구결과 분석에서 주의할 점은 무엇인지, 논의와 제언은 어떤 방식으로 기술했는지 등에 대해서도 제시하였다. 연구결과 분석 부분에서는 통계 분석이나 질적연구의 코딩 및 분석 과정 등도 상세하게 기술하였으며, 통계 분석 방법 등을 그림으로 확인하면서 구체적인 도움을 받을 수 있을 것이다. 또한 논의와 제언 절에서는 비슷한 주제에 관심이 있는 후속 연구자들에게 앞으로 더 연구를 진행할 수 있는 부분에 대한 정보를 제공해 줄 것이다.

이러한 내용으로 구성된 각 장은 다양한 연구주제, 즉 지금까지 상담학 연구 분야에서 지속적으로 제안되었던 여러 영역을 소개하였다. 게임행동 모니터링, 인터넷중독 증상, 사이버폭력 개입과 같은 최근 청소년에게 주요한 문제로 나타나는 인터넷 및 사이버 세상의 문제, 청소년의 또래 괴롭힘, 성격특성과 학습전략 관련 연구, 학교 상담자의 적응 및 발달에 관한 연구, 다문화 상담 역량 연구 등의 주제를 소개하였다. 주제를 탐구하는 절차로서 모든 방법을 포괄한 것은 아니었으나 의미 있는 연구방법론을 담고 있다. 실험 연구와 준실험 연구, 상관연구에서 HLM 분석, T-Test와 공분산분석, 반복측정분산분석 등을 활용한 연구들을 소개했으며, 위계적 회귀분석으로 조절효과를 검증한 연구도 소개하였다. 또한 체계적 근거이론, 개념도 연구, 다층메타분석 연구 등도 소개하여 양적, 질적연구의 다양한 종류를 소개하고자 하였다.

1. 사이버폭력 피해자의 부적 정서 감소를 위한 정적 정서 주입 효과: 모의실험 연구
2. 또래 괴롭힘 상황에서 지각된 위협 수준에 따른 중학생의 친사회적 정서와 도움 의도 분석: 실험 연구
3. 게임행동 모니터링이 대학생의 인터넷 게임행동 조절에 미치는 영향: 위계적 선형모형(HLM)을 활용한 실험 연구
4. 해결중심 집단상담의 효과: 다층메타분석을 통한 효과크기 분석
5. 청소년의 성격특성과 학습전략 사용 수준의 관계: 위계적 회귀분석을 활용한 조절효과 검증
6. 학교상담자의 적응 및 발달에 대한 초기 이론 구성: 근거이론적 접근
7. 상담자가 인식한 청소년 인터넷중독 증상: 개념도 방법을 중심으로
8. 국내 외국인 유학생을 위한 다문화 상담 역량: 개념도 방법론

이와 같은 다양한 연구방법론과 연구주제를 발전시켜 나가는 과정을 읽어 보면서 자신이 관심 있는 분야의 연구주제와 연구방법론을 찾아 나갈 수 있으리라 기대해 본다.

학위논문을 쓰는 과정은 기나긴 인내심이 필요한 과정이다. 생애 전체를 통틀어 가장 호흡이 긴 글을 기획하고 작성하고 퇴고하며 연구과정을 겪게 된다. 그 과정 속에서 치열하게 고민하고, 지도교수, 동료, 선배, 후배들과 함께 소통해 나가는 경험을 통해서 학문과 연구의 길에 한걸음 더 나아갈 수 있을 것이다. 특히 연구 경험은 과학자와 실무자 사이에서 더욱 진지하고 유용한 생각 도구로 자리 잡게 하며, 내담자와 상담자 모두의 성장에 도움을 줄 수 있는 중요한 역할을 한다. 자신의 학위논문 작성을 통해 모든 연구자가 성장해 가는 기록을 남길 수 있기를 기대하며, 학위논문이 인쇄본으로 세상에 드러날 때의 짜릿한 경험을 모두와 나누기를 기원한다.

제 1 장

사이버폭력 피해자의 부적 정서 감소를 위한 정적 정서 주입 효과: 모의실험 연구[1]

개요

이 장은 사이버폭력 피해를 경험한 청소년에게 긍정적 정서 주입을 할 경우 부정적 정서가 낮아지는 것을 확인하고자 한 박사학위논문[2]의 내용을 기초로 한다. 이 실험 연구를 진행하기 위한 연구과정과 실험 내용의 결과 분석, 앞으로의 논의를 중심으로 구성하였다. 첫째, 대학원 생활 동안 어떻게 이 연구주제에 접근하게 되었으며, 어떻게 주제를 탐색하고 구체화해 나갔는지, 연구의 필요성을 피력한 방식은 무엇인지를 기술하였다. 둘째, 연구의 진행 절차에 대해서 구체적으로 기술하였다. 연구방법을 설정하는 과정부터 연구를 진행해 간 순서를 제시하였다. 셋째, 연구결과를 통계적으로 분석한 방법과 결과에 관해 기술하였으며, 앞으로의 연구 방향에 대한 제언도 기술하였다. 이 장을 통해 실험 연구를 진행하고자 하는 연구자들이 연구주제를 설정해 나가는 방법과 연구문제를 해결해 나가는 과정을 공부할 수 있도록 안내하고자 하였다.

---

1) 이 장의 내용은 정여주(2010)의 박사학위논문 중 일부를 발췌, 인용, 재구성하여 작성하였다.
2) 정여주(2010). Effects of positive affect induction on reducing negative affects among cyberbullying victims. 서울대학교 대학원 박사학위논문.

1. 연구주제 잡기

1) 연구주제 탐색 방법

Q: 대학원 생활 동안 관심을 가진 주제는 어떤 것이었나요?

석사, 박사과정을 서울대학교 교육학과 상담 전공에서 보내면서, 가장 관심을 가지고 많이 연구한 분야는 인터넷중독 분야였다. 처음 석사과정에 들어와서 지도교수님께서 인터넷중독 검사 데이터가 담긴 USB를 주시고 마음대로 이것저것 분석해 보라고 하셨을 때 사실 굉장히 놀랐다. '내가 이 분야에 관심 있는지를 어떻게 아셨지?' 하는 마음이 들었기 때문이었다. 나는 원래 대학생 때도 게임을 좋아했고, 당시 여학생들은 잘 가지 않던 PC방에도 자주 다녔으며, 석사과정 동안 과제를 할 때도 PC방에서 하는 게 더 편할 정도로 게임을 좋아했었다. 또한 PC나 휴대전화, 아이팟 등(당시에는 스마트폰이 없었음)의 기기에도 관심이 많았고, 인터넷 서핑, 채팅, 커뮤니티 활동도 매우 즐기는 나에게는 너무나 재미있는 데이터였다. 그래서 이것저것 분석해 보고 호기심 어린 눈으로 교수님께 가져가서 여러 분석 결과를 보여 드렸던 일이 기억에 생생히 남아 있다. 석사 1학기면 2003년이었으니 정말 한참 전 일인데도 말이다.

이 일을 계기로 나는 각종 인터넷중독 관련 국가 프로젝트에 들어가게 되었다. 책임연구자이신 지도교수님 밑에서 석사과정 시절에는 연구보조원으로, 박사과정 시절에는 연구원으로, 더 나아가 졸업 후에는 공동연구원으로, 지금은 책임연구원으로 관련 프로젝트를 진행하고 있다. 아울러 각종 학회, 자격 관련 특강, 국가사업, 교육부, 여성가족부 등에서 인터넷중독 관련 강의를 많이 하고 있다. 아주 작은 우연 같았던, 지도교수님께서 지나가다 던진 듯한 데이터 파일이 지금 나의 전문성을 만들어 낸 것이다.

좀 더 구체적인 내용으로 들어가서 살펴보면, 석사학위논문은 청소년 인터넷중독 모형 분석으로 썼고, 박사과정에 와서는 인터넷중독 척도 개정 프로젝트 집단상담, 개인상담 프로그램 개발 프로젝트 등에 참여하였으며, 졸업 후에 책임연구자로서는 인터넷 사용 욕구 척도 개발, 상담 프로그램 개발, 게임 사용 척도 개발 등을 지속해 오고 있다.

한편, 박사과정 후반부터는 인터넷중독과 더불어 사이버폭력에도 관심을 가지기 시작했다(관심을 가지게 된 계기는 다음 질문에 자세히 적었다). 인터넷중독을 포함한 비행 청소년에게 관심을 가지고 대학원 과정 동안 비행 청소년 상담을 많이 진행했는데, 시대가 점점 바뀌며 더는 인터넷을 많이 사용하는 것을 문제라고만은 할 수 없고, 인터넷 세계 안에서 문제 행동을 하는 것에 대해 더 초점을 맞춰 상담을 진행해야 하지 않나 하는 생각을 하게 되었다. 박사과정 동안 학교폭력 연구 리뷰도 진행하면서 점점 학교폭력이 사이버 세계 속 폭력으로 넘어가고 있다는 것도 살펴볼 수 있었다. 이에 사이버폭력에 관심을 가지면서 관련 연구를 찾아보게 되었고, 유럽에서는 학교폭력 연구를 진행한 팀들이 사이버폭력 연구도 많이 진행하고 있으나, 국내에서는 아직 많이 진행되지 않았다는 점을 알 수 있었다. 실제로 사이버폭력이 가장 많이 일어날 수 있는 환경인 나라가 한국이었는데도 연구가 많지 않은 것을 보면서 이 부분에 대해 더 관심을 가지게 되었다.

Q: 학위논문 연구주제를 결정하면서 지도교수님과 나눈 대화 중 가장 인상적이었던 대화는 무엇인가요?

앞서 석사과정 시절부터 석사 졸업 후 상담 현장에서, 그리고 박사과정 시절까지 인터넷중독 연구를 계속해 왔다고 이야기했다. 그런데 막상 박사학위논문 주제를 잡을 시기가 되니 매우 고민이 되었다. 인터넷중독 연구를 오래 해 왔으니 가장 잘 알고 쉽게 다가갈 수 있는 주제가 이 부분이었지만, 뭔가 새로운 것을 써 보고 싶다는 욕구도 많았던 것 같다.

또한 나는 실제로 심리상담을 할 때, 대상관계 이론을 선호하기도 하고, 사람과 사람의 관계 속에서 나타나는 다양한 역동에도 많은 관심이 있었기 때문에 이것을 어떻게 인터넷중독에 연결할 수 있을까 고민을 많이 했었다. 그래서 박사학위논문 주제를 잡지 못하고 헤매고 있던 어느 날, 지도교수님께서 나를 카페로 부르셨다.

교수님: 정 선생. 그래서 뭐에 관심이 있나?
나: 어⋯ 아직도 고민 중이에요.
교수님: 그래. 인터넷중독 연구는 많이 해 왔는데, 그쪽으로 계속 쓸 생각은 없는 거고?
나: 네⋯
교수님: 내용도 제일 잘 알고 쓸 만한 부분이 많이 있을 것 같은데?

나: 그런데 사실 인터넷중독 연구는 이미 너무 많이 했고….

지금은 이게 얼마나 어리석은 말인지 알고 있지만, 당시에는 할 만큼 했다는 자만을 했던 것 같다. 아직도 인터넷중독 분야에서 해야 할 연구가 아주 많이 있는데도 말이다.

나: 하던 것을 박사논문으로까지 쓰려니 좀 재미가 없는 것 같아요.

교수님: 그래…. 재미없어 할 수도 있겠구나.

자극 추구 성향이 매우 높아서 박사과정 공부하는 동안에도 매우 많이 흔들리는 내 모습을 교수님께서는 알고 계셨던 듯하다. 일례로, 남자친구도 조금 알게 되면 재미없어 해서 자주 바꾸던 나, 네일 아트도 매주 바꾸며 화려한 색깔로 칠하고 나타났던 나, 몸매 상관없이 화려한 블라우스를 즐겨 입던 나, 이런 내 모습을 지도교수님께서는 알고 계셨을 것이다.

나: 네. 근데 완전 새로운 것을 쓰기도 좀 그렇고… 그동안 수업에서 학교폭력 연구를 좀 리뷰하긴 했었는데, 그것도 이미 너무 연구가 다 되어 있는 것 같고… 뭔가… 인터넷중독 자체가 아니라 그 안에서 벌어지는 관계적 문제, 비행 문제에 관해 쓰고 싶은데… 어떻게 하면 좋을지 모르겠어요.

내 모습을 잘 알아주고 비난하지 않으시고 있는 그대로 수용해 주시는 교수님의 모습에 좀 마음이 열려 이런저런 얘기를 했던 것 같다.

교수님: 그래. 사실 인터넷 안에서 벌어지는 관계 문제들도 무척 많지. 음…. 그럼 악성댓글 이런 것에 관심 있는 건 아니지? 사이버폭력 이런 것도 아니지?

다른 이들은 이 질문방식이 의아할 수 있으나, 이 질문방식은 나에게 최적화된 질문방식이었다. 나는 어려서부터 너무 통제적인(심지어 대학교수이셨던) 아버지 밑에서 자라서, 누가 나에게 "넌 이걸 해야 해."라고 말하면 있던 관심도 떨어지고 하기 싫어지는 특성이 있었다. 교수님은 이런 내 성향을 정확히 파악해서 "그런 건 아니지?"라는 식으로 떠보는 질문을 하신 것일까?

나: 아… 아닌 것 같아요.

사실 교수님의 저 질문을 받았을 때, 갑자기 가슴이 뛰고 머리 안에 파바박 전기가 일어나는 느낌을 받았다. 그러나 내 청개구리 성격 때문에 일단은 아니라고 답했다.

이 대화 에피소드는 지금까지 확실하게 기억나는 부분이다. 교수님의 저 질문을 받은 그날 나는 집에 와서 사이버폭력, 악성댓글 등을 키워드로 넣어 논문을 검색하기 시작했고, 국내 논문은 현저하게 적은(당시 열 손가락 안에 들어갔던 듯하다) 것을 확인했다. 그러니 더더욱 신나기 시작했다. 내가 잘 알고 있는 분야이고 관심이 있기도 하면서 남들은 아직 관심을 안 가지는 분야! 그리고 이미 유럽이나 미국에서는 몇 년 전부터 관련 연구가 시작되어 이론적 배경에 쓸 내용을 국외 연구에서 찾아볼 수 있는 분야! 완전 딱 내가 원하는 분야였다. 아마 내 기억으로 바로 며칠 뒤 다시 교수님을 찾아가서 얘기했던 것 같다.

나: 선생님!

모교 교육학과에서는 교수님께 학생들 사이에서와 마찬가지로 선생님이라고 호칭한다. 교수님들께서 연구하는 학생들을 동료로서 존중하시는 특성이 너무나 잘 묻어 있는 것 같다.

저 사이버폭력으로 박사학위논문 쓰려고요! 제가 며칠 찾아봤는데요~ (많은 이야기…)

신나서 얘기하는 나를 지도교수님은 놀라지도 않고 (그럴 줄 알았다는 표정으로) 빤히 바라보셨다.

교수님: 그래. 그럼 그거 한번 쭉 찾아보고 다음 주에 얘기해 보자.

이렇게 나의 박사학위 주제는 서서히 조명을 받기 시작했다. 물론 사이버폭력이라는 문제영역을 정했다고 해서 논문 내용이 다 정해진 것은 아니었지만, 가슴 설레며 검색해 볼 수 있는 분야가 생겼다는 것만으로도 나는 엄청나게 동기화되었고, 그때부터는 속도를 내어 연구주제를 더 탐색해 나갈 수 있었다.

앞서 제시한 질문 답변에서 얘기했듯이 박사논문의 연구주제가 크게 사이버폭력이라는 분야로 정해진 이후에도 연구주제를 좁혀 나가기 위해 여러 가지 고민을 해야 한다. 연구주제를 탐색하기 위해서는 본인이 연구하기를 원하는 분야에서 기존에 연구가 어느 정도 이루어져 있는지 선행연구를 충분히 분석해야 한다. 상담심리학 분야에서 연구되고 있는 주제들을 분석해 보면, 그 주제가 그동안 얼마나 연구되어 있는지에 따라 나의 연구에서 관심을 가질 수 있는 영역이 달라질 수 있다. 연구주제를 놓고 기존의 선행연구를 살펴볼 때 해 볼 수 있는 질문은 다음과 같다.

① 이 주제는 선행연구자들에 의해서 잘 정의되어 있는가?

② 이 주제 안에서 사람들의 특성이나 유형이 분류되어 있는가?

③ 이 주제를 정의하고 측정할 수 있는 도구가 있는가?

④ 이 문제의 원인은 얼마나 밝혀져 있는가?

⑤ 이 문제로 인한 결과는 얼마나 밝혀져 있는가?

⑥ 이 문제의 원인과 결과 사이의 매개변인은 얼마나 밝혀져 있는가?

⑦ 이 문제를 해결할 수 있는 개입 방법에 대해서는 얼마나 연구되어 있는가?

이와 같은 일곱 가지 관점에 맞춰서 사이버폭력 분야의 국내외 연구들을 리뷰하기 시작했다. 국내 연구가 별로 없었기 때문에 국외 연구를 정말 작은 연구까지 다 찾아내서 정리하기 시작했다. 그 결과를 일곱 가지 기준에 맞춰 정리해 보면 다음과 같다.

① 이 주제는 선행연구자들에 의해서 잘 정의되어 있는가?

- 국내 연구는 사이버폭력, 악성댓글 관련 연구가 몇 편 있었고, 국외 연구는 cyberbullying, cyber harassment, cyber aggression 등으로 다양하게 연구되고 있었다. 그러나 최근에는 cyberbullying으로 용어가 통일되는 경향을 보였다. 정의 또한 다양하게 이루어지고 있었으나, Ybarra와 Mitchell(2004)이 사용한 정의가 많이 쓰이고 있다가 Kowalski와 Limber(2007)가 유형까지 분류한 이후 이 정의가 많이 사용되는 것을 확인할 수 있었다.

- 학문 분야에 새로운 개념 또는 용어가 생겨나면, 그 용어를 정의하고 특성을 확인하는 연구들이 많이 진행된다. 이미 해외에서 쓰고 있는 정의가 있었기 때문에, 새롭게 사이버폭력을 정의하는 연구를 할 필요는 없을 것 같다는 생각이 들었다.

- 물론, 추후에 국내 상황에 맞춰서 사이버폭력의 정의를 수정하거나 좀 더 필요한 부분을 강조하는 작업을 할 필요는 있어 보였다.

② 이 주제 안에서 사람들의 특성이나 유형이 분류되어 있는가?

- 앞서 설명한 국내외 선행연구에서 사이버폭력을 정의함과 동시에 사이버폭력을 몇 가지 유형으로 분류하는 작업도 진행 중임을 알 수 있었다. 특히 언어폭력, 플레이밍, 성폭력, 폭로(명예훼손), 소외(따돌림) 등은 대부분의 연구에서 유형으

로 분류하고 있었다.

‒ 국내에서 사이버폭력 연구는 상담심리나 교육 분야에서 진행되기보다는 컴퓨터 관련 분야나 인터넷 윤리 분야, 또는 경찰(사이버수사) 분야에서 많이 진행되어 온 것을 확인할 수 있었다(물론 2022년 현재는 상담심리나 교육 분야에서도 많이 진행하고 있다). 따라서 좀 더 강력한 범죄인 사기나 해킹 등을 사이버폭력에 넣는 연구들도 존재하는 것을 살펴볼 수 있었다.

‒ 특성 분류 연구는 어느 정도 진행되어 있다는 생각이 들었으나, 상담심리 분야에서 좀 더 관심이 있는 가해자, 피해자, 목격자의 특성 분류 연구는 아직 진행되지 않은 영역임을 알 수 있었다.

‒ 박사학위 취득 이후, 앞에서 설명한 사이버폭력의 정의, 유형 분류에 대해 정리한 내용을 바탕으로 해서 사이버폭력 연구 동향을 사이버폭력 정의와 유형에 초점 맞춘 리뷰 연구를 학술지에 게재할 수 있었다.

참고) 두경희, 김계현, 정여주(2012). 사이버폭력 연구의 동향과 과제: 사이버폭력의 정의 및 유형을 중심으로. **상담학연구**, 13(4), 1581‒1607.

③ 이 주제를 정의하고 측정할 수 있는 도구가 있는가?

‒ 당시 대부분의 연구자가 연구를 진행할 때는 국외 척도를 그대로 번안해서 사용하고 있는 것을 확인할 수 있었다.

‒ 그러나 사이버폭력의 가해, 피해만을 묻는 일반적인 척도만 있을 뿐, 사이버폭력의 유형이나 특성을 세부적으로 확인할 수 있는 척도는 존재하지 않았다.

‒ 또한 국내의 상황을 반영할 수 있는 사이버폭력 피해, 가해, 목격 척도 등은 존재하지 않았다.

‒ 박사학위 취득 이후 교수로 임용되고 나서 지도학생들과 함께 이 내용을 좀 더 세부적으로 분석하여, 사이버폭력 연구 동향과 과제를 사이버폭력 척도 중심으로 정리한 리뷰 연구를 낼 수 있었다.

참고) 정여주, 김민지, 김빛나, 전은희, 고경희(2016). 사이버폭력 연구 동향과 과제: 사이버폭력 척도를 중심으로. **상담학연구**, 17(1), 1‒23.

④ 이 문제의 원인은 얼마나 밝혀져 있는가?

‒ 사이버폭력 문제의 원인에 관해서 밝히는 연구 또한 다양하게 진행되고 있었다.

국내외 연구를 살펴볼 때, 연구자들이 많이 집중하고 있는 분야는 사이버폭력 가해 행동의 원인에 대해 심리학, 사회학, 범죄학적 관점에서 살펴보는 것임을 알 수 있었다.

- 그러나 사이버폭력 피해자들의 특성이나 피해를 보게 된 원인에 관해서는 연구가 많이 진행되지 않은 상황이었다(이 글을 쓰고 있는 현재 시점에서는 이러한 연구도 어느 정도 나와 있다).

- 또한 사이버폭력 목격자들이 하는 행동이나 그 특성이 어떤 원인에 따라 달라지는지에 관한 연구는 전혀 없는 상황이었다.

⑤ 이 문제로 인한 결과는 얼마나 밝혀져 있는가?

- 사이버폭력 문제로 인해서 나타나는 결과에 관한 연구 또한 다양하게 진행되고 있었다. 심리적, 사회적 결과에 대한 심각성을 살펴보는 연구들이 존재했다.

- 이러한 사이버폭력의 원인과 결과에 관한 연구를 수집한 내용을 바탕으로, 박사학위 졸업 이후, 사이버폭력의 원인, 결과, 개입에 관한 연구 동향에 초점을 맞춘 리뷰 연구를 학술지에 게재하였다.

참고) 정여주, 두경희(2015). 사이버폭력 가해자의 공감능력이 인터넷 댓글쓰기로 나타난 공격성 수준에 미치는 영향. **상담학연구**, 16(1), 31-50.

⑥ 이 문제의 원인과 결과 사이의 매개변인은 얼마나 밝혀져 있는가?

- 그 당시, 사이버폭력의 원인과 결과 변인이 여러 방향으로 연구되고 있었으므로, 매개변인, 특히 상담에서 개입할 수 있는 매개변인에 관한 연구는 거의 진행되지 않고 있었다.

⑦ 이 문제를 해결할 수 있는 개입 방법에 대해서는 얼마나 연구되어 있는가?

- 마찬가지로 사이버폭력의 피해자, 가해자, 목격자를 개입하는 방법 연구는 아예 없는 상황이었다. 이에 관한 내용을 살펴보려면 cyberbullying에 관한 책 몇 권을 펼쳐보면서 사이버폭력을 경험한 청소년에게 개입할 수 있는 교육적 가이드라인, 또는 tip 등을 살펴봐야 하는 상황이었다.

사이버폭력 관련 연구를 모두 리뷰하면서 찾아낼 수 있는 연구주제들을 정리하면 다음과 같았다. 첫째, 사이버폭력 정의와 유형 부분을 좀 더 국내 실정에 맞게끔 찾아내고 기술할 수 있는 연구, 즉 사이버폭력 피해자, 가해자, 목격자 등을 인터뷰하여 그들이 겪은 사이버폭력에 대해 좀 더 상세하게 들여다보고 그 유형을 분류해 본다. 둘째, 국내 실정을 제대로 반영한 사이버폭력 측정 척도를 개발한다. 셋째, 사이버폭력의 원인, 결과, 매개변인을 설정히여 모형을 분석한다. 넷째, 사이버폭력 문제를 경험한 피해자, 가해자, 목격자 중 한 대상을 선택하여 상담적 개입 방법에서 활용할 수 있는 개입을 설정함으로써 개입 효과를 측정한다. 개입은 집단상담이나 개인상담을 실시할 수도 있고, 실험적 방법으로 시행할 수도 있다.

2) 여러 대안 중 연구주제 정하기

Q: 연구주제를 선정할 때 가장 고민했고, 어려웠던 점은 무엇인가요? 다른 주제들 가운데 최종 연구주제를 결정한 이유는 무엇인가요?

앞서 나열했듯, 사이버폭력은 아직 연구가 되어 있지 않은 부분이 많은 분야였으므로, 나에게 선택할 수 있는 옵션이 매우 많았다. 사이버폭력을 정의하고 탐색하는 연구를 할 것인가? 척도를 만들 것인가? 원인, 매개, 결과 변인을 살펴볼 것인가? 개입 효과를 살펴볼 것인가? 이 모든 연구가 매우 중요한 연구라고 보였기 때문에 매우 고민이 되었다.

그런데 사실 사이버폭력에 있어서 정의, 탐색, 척도를 개발하는 주제는 박사논문을 쓴 후에 교수가 되고 나서 해야겠다는 생각이 들었다. 물론, 어떤 연구분야에서 이 연구들이 먼저 이루어져야 후속 연구자들이 다음 연구를 진행하는 데 편할 수 있겠지만, 당시에는 어떤 용어를 정의 내리고, 관련해서 척도를 만들려면 조금 더 학자로서의 역량이 높아질 필요가 있다는 생각이 들었던 것 같다. 내가 다른 연구를 하면서도 누군가가 만든 척도를 고를 때, 석사나 박사학위 과정의 학생이 만든 척도보다는 더 신뢰롭고 연구 능력이 입증된 사람이 만든 척도를 활용하는 경향이 있었으니 말이다. 그리고 이 영역의 주제를 쉽게 내려놓을 수 있었던 가장 큰 이유는 내 안에서 흥미를 크게 느끼지 못했다는 점이다. 무언가를 정의하고 탐색하는 것보다는 그들이 겪은 고통에 직접 다가가서 개입을 해 보고 싶은 마음이 더 컸던 것 같다.

　　이처럼 정의, 탐색, 척도 개발 연구를 제외했음에도, 원인, 매개, 결과 변인의 모형을 보는 연구와 개입하는 실험을 진행하는 연구 사이에서 큰 갈등을 하게 되었다. 사실 석사학위논문도 모형을 살펴보는 연구를 진행했기 때문에, 이 연구는 내가 쉽게 진행할 수 있는 연구방법이었다. 그런데 마음은 개입하는 실험을 진행하는 쪽에 더 기울어 있었다. 연구의 큰 흐름을 보면 모형 연구를 진행하는 것이 더 맞겠다는 생각에 매일매일 마음이 바뀌었다.

　　이 고민은 정말 박사학위논문 1심 때까지 지속되었고, 나는 둘 중 하나를 결정하지 못하고, 두 연구를 박사과정 논문을 쓰는 1년간 함께 진행하게 되었다. 결국 연구를 두 개 진행했다고 볼 수 있다. 추후 두 연구 모두 학술지에 게재할 수 있었으니 결과적으로는 좋았다고 볼 수 있지만, 연구를 두 가지 진행하는 것은 매우 힘들고 고통스러운 일이었다.

　　그래서 결국 최종 박사학위논문에는 어떤 주제를 싣게 되었는지 이야기해 보려 한다. 1심 때 모형분석 연구와 실험 연구를 모두 가져가서 발표했는데, 심사위원이었던 교수님들께서 둘 중 하나는 학술지에만 싣고 박사학위논문은 한 가지 방식으로 초점을 맞추자고 하셨다. 그 당시 개입을 하는 실험 연구에 내 마음이 훨씬 더 기울어 있다는 것을 발견할 수 있었다.

　　시간이 많이 지난 지금 생각해 보면, 나는 실험 개입을 하는 연구가 훨씬 더 하고 싶었던 것 같다(그때는 왜 그리 빨리 깨닫지 못했을까). 그런데 개입 연구를 하려면 매개변인에 대한 연구들이 좀 많이 있어야 쉬운데, 매개변인 연구가 너무 없으니 이를 먼저 내가 해 버리고, 다음에 개입하는 실험 연구까지 하자는 생각이 들었던 것 같다. 결국 둘 다 해 버린 것이다. 그러나 이 글을 읽는 다른 연구자들은 이런 방식을 선택하지 않기를 바란다. 자신의 마음을 잘 들여다보고, 더 끌리는 주제를 좀 더 빨리 정하는 것이 본인의 정신건강에도 신체적 건강에도 도움이 될 것이다. 욕심이 많아서 나는 둘 다 진행을 했지만 말이다.

앞에서 살펴본 것처럼, 당시 사이버폭력 분야에서 진행할 수 있는 연구주제는 크게 네 가지였다. 이를 좁혀 나가고 최종 연구주제를 선정해 나간 과정은 다음과 같다.

　　첫째, 사이버폭력 정의와 유형, 사이버폭력 피해자, 가해자, 목격자 특성 연구이다. 이 분야들은 좀 더 학문적 역량을 갖춘 후에 진행해 보자고 생각했다. 특히 피해자,

가해자, 목격자를 인터뷰하는 연구는 교수가 된 이후 지도학생들과 함께 진행해 보자고 생각했다. 실제로, 이 연구들은 졸업 이후 한국연구재단에서 신진연구사업비를 받아서 진행했으며, 그 연구를 학술지 몇 곳에 실을 수 있었다.

　참고) 두경희, 정여주(2016). 사이버 폭력의 피해경험에서 부정적 경험을 유발시키거나 경감시키는 요소에 대한 탐색적 연구. **열린교육연구**, 24(1), 199-225.

　　　정여주, 김빛나, 김민지, 고경희, 전은희(2015). 청소년 사이버폭력 피해 경험에 대한 질적연구. **교육과학연구**, 20, 49-66.

　둘째, 국내 실정을 제대로 반영한 사이버폭력 측정 척도를 개발하는 연구이다. 이 분야 역시 좀 더 학문적 역량을 갖춘 후에 진행해 보자고 생각했다. 특히 척도의 경우, 사이버폭력 피해, 가해, 목격의 유형을 잴 수 있는 척도도 필요하고, 사이버폭력을 당한 이후 보일 수 있는 인지, 정서, 행동적 반응에 대해 잴 수 있는 척도도 필요하다. 이는 이후 교수가 되고 나서 좀 더 지도학생들과 조직적으로 연구를 해 볼 수 있을 때 진행해야겠다고 생각했다. 이 연구들 또한 한국연구재단에서 신진연구사업비를 받아서 진행했으며, 그 연구를 학술지 몇 곳에 실을 수 있었다. 그리고 최근까지도 척도 개발 연구는 계속 이어서 진행하고 있다. 현재, 사이버폭력 피해, 가해 척도는 개발하여 학술지에 게재한 상황이며, 목격 척도는 진행 중에 있다. 인지, 정서, 행동적 반응 척도 또한 학술지에 게재하였다.

　참고) 정여주, 김한별, 전아영(2016). 청소년 사이버폭력 피해 척도개발 및 타당화. **열린교육연구**, 24(3), 95-116.

　　　정여주, 신윤정(2020). 청소년 사이버폭력 가해척도 개발 및 타당화. **학습자중심교과교육연구**, 20(23), 1453-1473.

　　　정여주, 김한별, 김희주(2017). 청소년 사이버폭력 피해로 인한 인지변화 척도 개발. **학습자중심교과교육연구**, 17(18), 29-47.

　　　정여주, 김한별(2016). 청소년 사이버폭력 정서반응척도 개발. **교육과학연구**, 21, 65-79.

　　　정여주, 김한별(2017). 청소년 사이버폭력 피해 행동반응 척도 개발 및 타당화. **아시아교육연구**, 18(1), 51-74.

　셋째, 사이버폭력의 원인, 결과, 매개변인을 설정하여 모형을 분석하는 연구이다.

앞서 언급했듯이, 논문 심사 1심까지 진행해서 끌고 갔던 주제였다. 물론, 모형분석 안에서도 어떤 변인을 매개변인으로 생각해서 분석할 것인가는 고민해 봐야 하는 주제이기도 했다. 우선, 나는 사이버폭력 가해자나 목격자보다는 피해자에 대한 연구를 더 먼저 해야 한다고 생각하여, 독립변인을 사이버폭력 피해로 잡았다. 실제로 이러한 피해경험이 PTSD에 가까운 스트레스 증상으로까지 가는 데 있어서 매개변인으로 정서조절이 어떤 역할을 하는지에 대해 고민하여 모형을 만들었다. 이 연구는 추후 박사학위논문에는 실리지 않았고 학술지에 게재하게 되었다.

참고) 정여주, 김동일(2012). 청소년의 사이버폭력 피해 경험과 정서조절. **상담학연구**, 13(2), 645-663.

넷째, 사이버폭력 문제라고 볼 수 있는 피해자, 가해자, 목격자 중 피해자에 대한 연구이다. 이 연구가 우선적으로 이루어져야 상담에서 활용할 수 있을 것이라고 생각하였기 때문에, 개입 연구에서도 피해자를 대상으로 하기로 하였다. 그러나 개입 연구를 하는 데 있어서도 고민이 많았다. 개입 연구에는 실제로 상담을 진행한 이후 상담의 결과를 확인하는 개입 연구와 상담에서 활용할 수 있는 한 가지 요소를 모의 실험으로 진행하는 개입 연구가 있었는데, 이러한 방법론에 대한 고민도 계속 나를 괴롭혔다.

또한 개입을 하려면 여러 가지 방식이 있을 것이다. 상담을 실제로 진행한다고 하더라도, 정신역동, 인지치료, 인지행동, 인간중심, 게슈탈트, 실존치료, 현실치료, 해결중심 상담 등 매우 다양한 이론이 있었고, 그 관점에 따라 연구 방식이 달라질 수 있었다. 물론, 나는 대상관계 이론과 게슈탈트 이론에 관심이 많았고, 실제로 상담에서도 이 방식을 많이 적용하고 있었기 때문에, 좀 더 정서를 다룰 수 있는 상담 개입을 해 보고 싶기는 했다. 그러나 이러한 상담이론을 적용한 상담을 실제로 진행하게 되면 여러 가지 가외변인이 많이 들어간다는 점에 대해 고민이 되었다.

그래서 모의실험 연구를 진행하기로 고민을 해 보니, 실험실 모의실험 연구가 가외변인을 통제할 수 있다는 큰 장점이 있기는 하나, 내가 관심 있어 하는 정서조절이나 정서적 개입을 단순화시켜서 모의실험으로 구성해야 한다는 게 쉽지 않을뿐더러 실제 상담 장면에서 사용되는 것과 달리 매우 단순할 수밖에 없다는 점이 나를 고민하게 하였다.

사실 연구대상을 정하는 것은 그리 어렵지 않았다. 굳이 일부러 연구대상을 좁혀 나갈 것도 없이, 나는 석사과정 때부터 줄곧 청소년에게 관심이 많이 있었으며, 특히 비행 문제가 많이 나타나는 중학생과 고등학생에게 관심이 많이 있었기 때문에, 연구 대상의 초점은 청소년에게 맞출 수 있었다.

연구방법을 결정하고 좁혀 가는 과정은 뒤에서 기술할 것이므로, 여기서는 연구주제를 '사이버폭력 피해를 입은 청소년에 대한 정서적 개입'으로 좁혀 나갔다는 데까지 설명해 보겠다.

3) 연구의 필요성에 대한 논리 만들기

앞에서 살펴본 바와 같이 연구주제에 대한 선행연구 리뷰가 충분히 이루어지고, 연구주제를 설정하는 과정에서 이 연구 영역에서 필요한 연구주제들을 충분히 살펴본 후 선택하게 되면, 연구의 필요성에 대한 논리는 사실 그나마 편하게 설정할 수 있다. 내가 박사학위논문에서 연구의 필요성을 적어 나간 논리는 다음과 같다.

먼저, 사이버세계가 점점 더 확장되어 나감에 따라 사이버폭력과 같은 문제가 늘어나고 있고, 이에 대한 상담의 필요성이 증가하고 있다. 특히 사이버폭력의 피해를 입은 사람들은 우울, 불안, 민감함 등의 다양한 심리적 양상을 보이며, 외로움과 공격성이 높아지기도 하고, 자살사고에까지 이르는 경우도 많다. 이처럼 사이버폭력 피해자들은 심각한 심리적 고통을 겪기 때문에 상담적 개입을 반드시 고려해야 한다.

한편, 사이버폭력 피해자들을 위한 상담적 개입을 고려할 때, 긍정적 정서의 중요성은 최근 매우 높아지고 있다. 긍정심리학의 유행 또한 영향을 미쳤으며, Rogers의 인간중심상담에서 인간의 긍정적인 측면에 초점을 맞추는 등 상담의 다양한 분야에서 문제를 파고드는 것보다는 긍정적인 정서를 일으키는 쪽에 관심을 가지는 경우가 많아지고 있다. 상담 이론에 따르면, 긍정적 정서를 높이기 위해 정서를 체험하고 표현하는 방식, 관계 속에서 긍정적 정서를 높이는 방식, 정서를 변형시키는 방식, 인지를 변화시키는 방식, 행동을 변화시키는 방식 등을 사용하고 있다. 이런 방식을 통해 긍정적 정서를 높여 주게 되면, 고갈된 자기를 변화시키고, 자기조절을 도울 수 있으며, 부정적 정서의 부정적 영향을 줄이고, 지각과 판단력에도 영향을 미친다. 또한 자아탄력성 및 대응 기술을 향상시키고, 외현화 문제 및 정신병리를 줄여 주며, 삶의 만족도도 높아진다는 연구들이 있다. 이를 위해 긍정적 정서를 주입하는 방식을 연구한 학자들이 있으며, 긍정적 정서 주입 방식이 이미 타당한 것으로 여러 연구에서 입증된 바 있다. 따라서 사이버폭력의 피해로 인해 여러 가지 부정적 결과가 나타나고 있는 피해자에게 긍정적 정서를 높여 주는 개입을 활용하면, 사이버폭력의 부정적 결과를 완화시키고 다시 자기조절을 할 수 있도록 도울 것이다.

Q: 연구문제를 어떻게 구체화했나요? 연구문제와 방법론을 어떻게 연결시켜 봤나요?

사이버폭력 피해를 입은 청소년에게 정서적 개입을 하여 사이버폭력의 부정적 영향에서 벗어나게 하는 것을 입증하겠다 결정하고 나서도 고려할 부분이 여러 가지 있었다. 그 내용은 다음과 같다.

① 사이버폭력 피해자들에 대한 개입으로 실제 상담을 진행할 것인가? 모의실험 연구를 할 것인가?

실제 상담 진행	모의실험 진행
• 상담을 실제로 하면 생생한 느낌이 들어간다는 장점이 있음	• 상담에서 실제로 일어나는 일들을 정확히 세부적으로 들여다볼 수는 없음
• 상담 장면에서 일어나는 일들을 들여다볼 수 있음. 그러나 이 부분은 질적연구로 가야 함	• 정서적 개입이라는 측면을 가장 단순하고 간단한 방식으로 바꿔야 하므로 현실에서 좀 동떨어진 느낌을 받을 수 있어 아쉬움
• 상담 장면 외적으로 들어가는 가외변인들에 대한 통제를 전혀 할 수 없음	• 그러나 가외변인 통제가 대부분 가능함
• 상담 이론에 따라 다른 접근이 들어갈 수 있으며, 하나의 이론을 정한다고 해도 매 회기 이 상담 방법을 적용했다는 것을 증명하기 어려움	• 과학적이고 객관적인 분석을 할 수 있으며, 자료의 결과가 깔끔하게 표로 나올 수 있음
• 자료의 결과가 깔끔하게 나오기 어려움	
• 과학적 연구의 관점을 가져가기 어려움. 대신 상담 안에서 일어나는 일들을 상세하게 들여다볼 수 있다는 장점은 있음	• 아주 작은 변인을 변화시킴으로써 상담에서 중점적으로 다가가야 하는 변인에 대한 tip을 줄 수 있음
• 많은 사례를 연구하기 어려움. 몇 개 사례만 선정하여 10회기 정도 상담을 진행해야 하는데, 자료 수집에 시간이 오래 걸리는 데 비해 객관적인 수치를 얻기는 힘듦	• 사례를 여러 명으로 구할 수 있으며, 실험을 30분 정도로 단순화시킨다면 다양한 데이터 수집이 가능함
	• 실험의 결과로 나타나는 내용을 자기보고식 측정뿐만 아니라, 사진 자료, 동영상 촬영 후 평정 등 다양한 방식으로 진행하기 편리함

이와 같이 실제 상담을 진행하는 연구와 모의실험을 진행하는 연구의 특성을 고민해 본 후, 모의실험 연구를 진행하기로 결정했다.

② 사이버폭력 피해자는 어떤 방식으로 설정할 것인가?

모의실험 연구를 진행하기로 결정한 이후에도 고민할 부분이 여러 가지 있었다. 먼저, 이 연구의 대상은 사이버폭력의 피해를 입은 청소년이었는데, 실험을 위해 이미 사이버폭력 피해를 경험한 학생들을 모집할 것인지, 아니면 실험 상황에서 사이버폭력 피해를 모의로 일으킬 것인지를 결정할 필요가 있었다.

사이버폭력 피해를 이미 경험한 학생들을 모집하는 일은 어렵지 않은 일이었으나, 이 또한 가외변인이 많이 들어갈 수 있어서 정말 고민이 되었다. 사이버폭력을 최근에 경험했다고 할지라도, 이미 많이 나아진 상태로 실험실에 올 수 있으며, 또한 주변의 사회적 지지자원들이 어떻게 도와주었는지 등에 따라 그 피해의 양상이 달라질 수 있었다. 따라서 연구에서는 이전의 사이버폭력 경험 여부와 상관 없이 사이버폭력 피해 경험을 실험실 상황 내에서 직접 해 볼 수 있도록 문제 상황 자체를 조작하는 실험을 하기로 결정하였다.

사이버폭력 피해 경험을 모의 상황에서 좀 더 생생하게 해 볼 수 있도록 하기 위해 다양한 고민을 했었는데, 이는 연구절차 부분에서 추가적으로 설명하였다.

③ 정서적 개입이라는 방법을 어떤 방식으로 설정할 것인가?

상담에서 실제로 사용하는 정서적 개입은 매우 다양하며, 객관적으로 조작하기 어려운 경우가 많다. 따라서 이 실험 연구에서는 정서적 개입을 매우 단순화시키고, 긍정적 정서를 짧은 시간 안에 일으킬 수 있는 방법을 설정해야 했다. 이 방법으로 가장 많이 입증되어 있는 방식이 긍정적 정서 주입 방식이었다. positive mood induction, neutral mood induction 방식은 미국에서 많이 사용되는 것이었는데, 이를 한국의 상황에 맞춰서 수정하는 과정도 연구 진행 중에 필요했다.

④ 변화를 어떻게 측정할 것인가?

사이버폭력의 피해로 일어난 변화, 그리고 정서 주입 이후에 일어난 변화를 모두 체크해야 했는데, 이를 어떻게 측정할지에 대해 오랜 시간 동안 고민하였다. 먼저, 가장 많이 사용하는 자기보고식 정서 체크리스트를 사용할 수 있었다. 그러나 실험 연구였기 때문에 이러한 자기보고식 척도 외에 좀 더 실험적 방법으로 변화를 체크하고 싶어 다양한 실험 연구에서 어떤 방식을 활용하는지를 리뷰하였다. 이 과정이 매우 재미있었는데 그 이유는 단순하게 자기보고식 검사만을 하는 것이 아니라, 실험 같은 장치를 넣을 수 있었기 때문이었다. 정서 표현 사진을 보고 어떻게 해석하는가, 정서단어 중 회상해 내는 단어에는 어떤 것이 있는가를 측정도구로 추가하였으며, 학생들의 사이버폭력 피해 전, 후, 정서 주입 후의 세 시점을 모두 비디오카메라로 촬영하여 전문가들이 학생들의 표정, 손짓, 몸짓을 평정하는 방식도 활용하였다. 즉, 사이버폭력 피해, 정서 주입 개입의 효과를 총 네 가지 방식으로 측정하도록 하였다. 이러한 방식은 실험 조작을 위해 많은 준비를 하게 했고, 실제 실험도 매우 어렵게 만들기는 했지만, 굉장히 재미있는 과정이기도 했다.

2. 방법론 정하고 공부하기

1) 적용한 연구방법론 소개

Q: 적용해 보려고 고민한 방법론에는 어떤 것이 있나요? 대안 중에서 선택한 이유는?

　　적용해 보기 위해 고민한 방법론에는 앞에서 계속 설명했듯이, 개인상담 또는 집단상담을 직접 실시하여 사전, 사후, 추수를 살펴보는 현장 실험 연구와 좀 더 단순화시켜 실험실에서 사이버폭력 피해를 일으키고 정서 주입 개입을 하는 모의실험 연구가 있었다. 대안 중에서 모의실험 연구를 선택한 이유는 앞의 질문에서 기술했으므로 생략한다.

Q: 내가 선택한 방법론이 얼마나 할 만한 것인가요?

　　현재 학생들에게 모의실험 연구에 대해서 수업을 하면 대부분의 학생이 매우 부담스러워한다. 보통 모의실험을 한다는 것 자체가 두렵고 부담스럽다고 이야기하는 경우가 많으며, 본인이 원하는 바를 실험으로 잘 구현해 낼 수 있을지 모르겠다고 이야기하기도 한다.

나 또한 모의실험 연구를 하기로 결정했을 때, 두려움이 앞섰던 것 같다. 당시에 이 방법론으로 논문을 쓰면 생길 수 있는 어려움이라고 생각된 내용을 나는 다음과 같이 정리하며 해결해 나가려고 했다.

첫 번째 예상되는 어려움은 '실제 상황을 모의실험으로 잘 만들어 낼 수 있을까'였다. 보통 모의실험 연구를 하려고 하면 실제에서 일어나는 문제 상황을 모의실험 장면으로 잘 끌고 들어와야 한다. 내 연구에서는 사이버폭력을 당하는 상황을 실험실로 끌고 들어와야 했는데, 직접 작업을 해 보니 두려워했던 것보다 많이 어려운 작업은 아니었다. 사이버폭력 중에서도 악성댓글의 피해를 입는 경우를 설정하고 싶었는데, 당시 유명한 연예인의 찬반 여론이 갈리는 사례를 선정하고 악성댓글을 받는 상황을 설정하는 작업 자체가 창의적으로 이야기를 만들어 내는 과정이기도 하고, 생생하게 구현해야 하는 과정이기도 해서 매우 재미있었다.

두 번째 예상되는 어려움은 '그 상황에서 개입을 단순화하여 모의실험 상황으로 잘 가져올 수 있을까'였다. 이 방법론을 선택하고 논문을 쓰는 내내 이 걱정이 제일 컸던 것으로 기억한다. 개입을 단순화하기 위해서 어떤 개입을 선택할지 매우 고심했는데, 정서에 항상 관심이 있었고 정서적 개입을 상담에서 즐겨 했기 때문에, 그런 의미에서 나는 긍정적 정서 주입이라는 아주 단순 명료한 개입을 설정했다. 당시에는 상담이 이렇게 단순한 게 아닌데 하며 아쉬워했던 마음이 있었다. 그러나 막상 모의실험 연구를 진행해 보니 이렇게 단순화시킨 개입이 결과를 명확하게 보여 준다는 것을 알 수 있었다.

세 번째 예상되는 어려움은 '과연 모의실험 피험자를 잘 모집할 수 있을까'였다. 이 걱정은 설문조사를 하는 이들도 많이 하는 걱정이지만, 설문조사는 익명으로 짧은 시간 안에 할 수 있는 반면, 모의실험 피험자는 연구자에게 얼굴을 드러내야 하고, 사전, 사후 설문지를 포함하여 실험에 대한 안내를 받고 실험을 실시하는 과정까지 1시간 정도는 시간을 내 줘야 하며, 연구자가 대부분 1:1로 피험자에게 실험을 해야 하기 때문에 피험자를 모집해서 연구자와 시간을 맞추는 과정 자체가 가장 난관일 수 있었다. 그러나 어떤 연구를 하든지 자료를 모을 때는 인맥을 최대한 동원해서 얼굴에 철판을 깔고 모든 지인에게 부탁을 해야 한다. 모의실험 연구도 마찬가지이다. 연구를 진행하기 위해, 교사가 된 친구, 교회 중고등부 아이들, 옛 동창들에게 다 연락해서 몇 개 학교를 컨택하고, 그 학교에서 실험을 할 수 있는 공간을 구하고, 시간을 정해서 피험자가 될 아이들이 순서대로 방문하도록 하는 작업은 매우 열정을 가지고 해야 하는 일이었다. 그러나 한편으로는 1:1로 피험자들을 만나서 실험을 하는 작업 자체가 매우 즐거운 시간이기도 했다. 아이들이 실험 상황에 몰입하는 것을 보면서 내가 구성한 모의실험 상황이 괜찮은 편인가 보다 하고 뿌듯한 감정도 느낄 수 있었다.

모의실험 연구가 진행하기 매우 어려운 면이 있기는 하나, 어떤 명확한 문제 상황에 대해서 개입의 효과를 과학적으로 입증하는 데 있어서는 모의실험만한 방법론이 없는 것 같다고 생각한다. 물론, 개인상담이나 집단상담을 직접 실시하고 효과를 보는 방법도 있지만, 이 경우에는 너무나 많은 가외변인이 개입되기 때문에 개입으로 인한 효과인지 가외변인에 의한 효과인지를 과학적으로 입증하기 어렵다. 따라서 개입의 과학적 효과를 입증하려고 한다면 모의실험 연구를 추천하고 싶다.

2) 연구 진행 과정

Q: 이 연구방법으로 연구를 진행하는 과정에서 특히 유의할 점은 무엇인가요? 어려웠던 부분과 이겨 낸 방법은 무엇인가요?

모의실험 연구를 진행하는 데 있어서 특히 유의해야 할 점은 모의실험 연구를 단순화시켜야 한다는 점이다. 단순화시킨 결과를 보면 그 작업이 매우 쉬워 보일 수 있으나, 사실 본인이 측정하려고 하는 것을 단순화시키려면 굉장히 열심히 그 주제 분야에 대해 파고들고 그것을 잘 대변할 수 있는 방식을 선택해 나가야 한다.

개인적으로 상담을 직접 진행하는 것을 매우 좋아했기 때문에, 연구에서 이를 단순하고 간단한 방법으로 바꾸는 작업은 나를 힘들게 했다. 내 연구가 너무 간단하여 뭔가 의미 있는 연구가 되지 않을 것 같다는 두려움도 있었던 것 같다. 사실 상담 개입이라는 것이 단순화하기에는 너무 복잡하고 어려운 복합적인 예술 작업이기 때문이다. 상담자이자 연구자인 사람들은 상담 연구를 할 때 반드시 버려야 하는 부분이 있는 것 같다. 바로, 연구 안에서 상담을 온전하게 하려는 욕구인데, 연구는 연구이고, 상담은 오로지 상담이어야 한다는 게 박사 졸업 후 10년 넘게 연구를 해 오면서 내린 결론이다. 이렇게 상담과 연구를 분리하여 진행하는 것이 오히려 연구 윤리도 지키고 상담 윤리도 지키는 길이란 생각이 든다. 그런 의미에서 상담 개입을 아주 쉬운 한 가지 개입으로 단순화하는 작업은 상담학에서 모의실험 연구를 할 때 가장 중요한 작업이다. 연구자가 많은 개입을 하려는 욕심을 버리고, 짧게는 10분, 길게는 30분 안에 피험자에게 아주 작은 개입을 해서 건드려 줄 수 있어야 하며, 그 개입은 연구자가 생각하는 이론의 대표적인 개입일수록 좋다.

　모의실험 상황으로 단순화하는 것이 불편했지만 이를 극복하기 위해서 수많은 실험 개입 논문을 읽었다. 국내외 실험 연구논문을 읽어 보니, 문제 상황과 개입 방법을 매우 단순화하여 진행한 논문일수록 과학적으로 의미 있는 결과를 얻는 것을 볼 수 있었고, 이러한 선행연구들은 내 논문을 구성하는 데도 매우 힘이 되었다.

3) 자료 분석 및 결과 해석

Q: 이 연구방법론을 적용하여 연구를 하면서 어떤 방식으로 데이터를 수집하고 분석했나요?

　실험 연구를 진행하면서 데이터를 수집하기 위해서는 먼저 앞에서 언급한 대로 1시간가량의 시간을 내줄 수 있는 피험자들을 모집하는 것, 실험 장소를 확보하는 것, 실험을 함께 도와줄 도우미를 선정하여 미리 교육하는 것이 매우 중요하다. 나는 실험 1, 실험 2, 실험 3을 나눠서 연구를 진행하였는데, 실험 1과 실험 2는 내가 만든 모의실험이 제대로 작동하는지를 보기 위한 파일럿 실험의 개념이었으며, 실험 3은 본 실험에 해당하는 것이었다. 각 실험마다 실험집단과 통제집단이 필요했기 때문에, 각각의 실험마다 최소 60명 정도를 모집해야 했다. 이를 위해 정말 모든 인맥을 다 동원했던 것 같다. 그리고 실험 장소 확보를 학교 내에서 해야 했는데, 내 실험 대상이 중학생과 고등학생인지라 학교 밖으로 불러서 만나기는 매우 어려웠기 때문이다. 연구를 위해 중학교 또는 고등학교 안에서 실험실을 만들려면 학교장의 허락도 필요하여 매우 힘들었는데, 상담실, 교장실, 양호실 등 다양한 공간을 내어 주셔서 실험실로 구성하였다. 또한 실험 진행을 원활하게 하기 위해서는 한 명의 피험자가 실험을 하고 있는 동안, 다음 피험자가 옆방에서 사전검사를 실시해야 했고, 실험을 진행하는 과정 중에는 비디오 카메라로 아이들의 표정도 찍어야 해서, 두 명을 실험도우미로 뽑아 미리 훈련을 시키고 비용을 지급해 주기도 했다. 다행히도 친한 후배 두 명이 기꺼이 내 박사논문을 위해 도우미가 되어 주었는데, 아직도 매우 감사하게 생각하고 있다.

　　모의실험 연구를 진행하기에 앞서, 모의실험 상황을 설계하는 데 꽤 많은 시간을 들여야 한다. 모의실험 상황 자체가 실제 상황처럼 생생하고 피험자들이 몰입할 수 있어야, 실험의 결과가 의미를 지닐 수 있기 때문이다.

　　이 연구에서는 모의실험 상황이 다음 그림과 같이 진행되었다. 사이버폭력 상황이 체험, 정서 주입 경험, 디브리핑 순서로 진행되었는데, 그 사이사이 매번 정서적 효과가 어떻게 나타나는지를 체크했다.

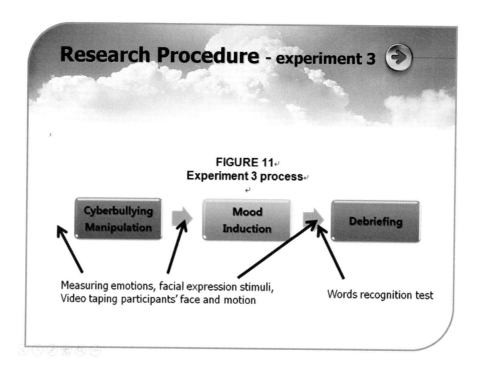

　　첫째, 사이버폭력 상황을 체험하는 것은 사이버폭력 중에서 가장 많이 일어나는 악성댓글로 인한 피해를 경험하는 방식으로 설정했다. 그러나 자신의 실제 SNS에서 악성댓글이 달리게 해서 이를 읽게 만드는 것은 실제로 큰 충격을 줄 수 있고 연구윤리에도 어긋나기 때문에, 모의 상황을 처음부터 만들어야 했다. 당시 가장 유명한 아이돌 가수 중 한 명이 논란의 중심에 떠올랐었는데, 이 사건을 다룬 기사를 우선 제시하고 피험자가 찬성 또는 반대 의견을 선택하도록 하였다. 그리고 이 사건에 대한 찬성 또는 반대 의견을 간단하게 글로 써 보게 함으로써 이 문제에 몰입할 수 있도록 하였다. 이후, 피험자가 선택한 입장의 게시글을 보여 주고 이를 읽으면서 본인이 적은 것처럼 생각하도록 몰입 작업을 하였고, 그다음에 이 게시글에 실제로 달린 악성댓글들

을 보여 주었다. 이때 보여 준 악성댓글 예시는 다음 그림과 같다. 이를 읽으면서 실제로 자기가 쓴 글에 대한 악성댓글은 아니지만, 자신과 유사한 의견을 쓴 게시글에 달린 댓글이므로 본인에게 달린 것처럼 연상하며 읽을 수 있도록 설정하였다.

제시한 악성댓글 예시)

A　너는 네 부모한테 그런말했어도 '담부터 그러지마~' 이렇게 할거니? 대한민국은 네 정체성의 시작이다. 너와 네 부모에게 모욕을 가한것과 똑같은 거야. 빙신아.

B　글쓴이 당신같은 무개념 싸가지가 더 무섭다. 군대나 갔냐?

C　까고 있네. 만약 그나마 한국에서 저 버러지를 연예인으로 대접하지 않아줬어봐 지금도 퍼킹코리아 하고 다닐걸?

D　야 니 아들친구가 니네집 욕한다고 생각해봐라 무슨 생각으로 이런글써놓은거냐

E　그럼 넌 쓰레기 한테 밟혀도 병청하게 가만있는 조국을 꿈꾸냐?? 니돈 박재범 같은 미국 쓰레기한테 갖다 바치라고 우린 싫거덩

F　몰상식한 놈들이 주장하는 한가지..어리니까 그럴 수도 있지..........사회 대다수의 범죄가 어린 애들이 저지르냐.... 이 모지랄 글쓴이야....얼마나 인간성이 막되먹었길래 청소년때 그런 말을 쓰는지..생각을 거꾸로 해봐라 이 한심한 인간아.

G　난 지들 좋아하는 스타에게만 관대한 빠순이들이 더 무서워요

H　본성을 드러낸 외국인 노동자를 아직도 좋다고 옹호하는 덜떨어진 인간들땜에 혈압오른다.....

I　용서와 자비는 이런대들한테 배푸라고 생긴 단어가 아닙니다.. 대단히 선량한척 하지 마세요.. 댁가정을 누가 욕하면 기분 좋아요? 그것도 이쁘다고 오냐오냐 하는 놈한테 뒷통수 맞으면 기분 좋아요?

J　백배 동감합니다. 선량한척 이런 글 쓰는 사람이 더 얄밉다.

K　당신네들의 잘난살인손가락이 나대서 더 커진일이겠지 뭘 알고나 말해라 사회에 뒤떨어진 인간 같으니라고

둘째, 정서 주입이라는 개입을 경험하게 하는 모의실험 상황은 긍정적 정서 주입을 사용하였다. 실험집단은 긍정적 정서 주입 문장 10개를 랜덤으로 읽고 이를 자신에게 적용해 보도록 하였으며, 통제집단은 전혀 상관없는 중성적 문장 10개를 랜덤으로 읽도록 하였다. 긍정적 정서 주입과 중성적 정서 주입 문장의 예시는 다음 그림과 같다.

지금 정말 열정적이고
자신감이 넘친다.

이천은 쌀이 많이 나는
장소이다.

셋째, 사이버폭력 전후, 그리고 정서 주입 전후에 피험자가 어떠한 정서를 느끼는지를 살펴보기 위해 여러 측정 척도가 필요했다. 가장 많이 사용하는 방식인 자기보고식 정서 체크리스트로 체크하도록 하였으며, 이것만으로는 모의실험 연구에서 측정한 방식이라고 보기에는 아쉬운 느낌이 있어서, 표정 해석을 해 보도록 하였다. 표정 해석 사진 예시는 다음의 그림과 같다. 왼쪽의 사진과 같이 경멸하는 표정, 오른쪽의 사진과 같이 중성적 감정의 표정, 또 기쁨, 슬픔 등 다양한 표정 사진을 골고루 배치하고 이 표정들을 어떤 감정으로 해석하는지 살펴봤는데, 사이버폭력을 당한 후 분노나 짜증을 느낀 피험자들은 대부분 중성적이거나 기쁨을 느끼는 표정 사진까지도 비웃음, 화남 등으로 자신의 감정을 투사해서 해석하는 것을 알 수 있었다.

출처: Matsumoto & Ekman (1988).

또한 다음 그림과 같이 여러 정서가 묻어날 수 있는 단어들을 한꺼번에 보여 주고, 1분 후에 다시 까만 창을 보여 준 후, 앞에서 봤던 단어 중 기억나는 단어들을 얘기해 보도록 하는 측정법도 활용했다. 보통 사이버폭력을 당한 후에는 죽음, 전쟁, 실패와 같은 부정적 단어들을 회상해 내는 것을 볼 수 있었다.

챔피언	벽	죽음	똑똑한	생일	선물
고막	쟁반	벽돌	블록	납치	거리
살인	연휴	친구	긴급	암	발목
방학	파티	총	나무	도둑	숟가락
울타리	폭탄	부자	전쟁	실패	활기찬

　마지막 측정 방법으로는 다음과 같이 학생들의 표정과 제스처를 비디오 카메라로 찍은 후, 사이버폭력 피해 전후, 정서 주입 전후에 학생들의 표정과 제스처가 얼마나 부정적 또는 긍정적인지를 상담전문가 세 명에게 체크하도록 하였다. 이를 평가할 때는 Ekman 등(2002)의 표정 코딩 시스템을 참고하였다. 사이버폭력 직후에는 학생들의 표정과 제스처가 모두 부정적으로 변했다가, 긍정적 정서 주입을 한 후에는 다시 긍정적으로 변해 가는 것을 확인하기 위함이었다.

이를 위해 다음 그림과 같은 코딩 시트를 사용해서 전문가들이 체크할 수 있도록 하였다.

				N1	N2	...	P35
Coding sheet	_1	긍정적	눈웃음, 기분좋은 눈짓				
			미소, 입벌려 웃음				
			고개끄덕임, 동의하는 듯한 끄덕임				
			동의하는 손동작				
		부정적	불안, 초초한 눈짓, 마음에 들지 않는 듯한 눈짓				
			비웃는 듯한 웃음, 어이없다는 웃음				
			고개흔듦, 갸우뚱, 의심하는 듯한 고개 흔듦				
			불안한 손동작, 입가림, 얼굴가림				
	_2	긍정적	눈웃음, 기분좋은 눈짓				
			미소, 입벌려 웃음				
			고개끄덕임, 동의하는 듯한 끄덕임				
			동의하는 손동작				
		부정적	불안, 초초한 눈짓, 마음에 들지 않는 듯한 눈짓				
			비웃는 듯한 웃음, 어이없다는 웃음				
			고개흔듦, 갸우뚱, 의심하는 듯한 고개 흔듦				
			불안한 손동작, 입가림, 얼굴가림				
	_3	긍정적	눈웃음, 기분좋은 눈짓				
			미소, 입벌려 웃음				
			고개끄덕임, 동의하는 듯한 끄덕임				
			동의하는 손동작				
		부정적	불안, 초초한 눈짓, 마음에 들지 않는 듯한 눈짓				
			비웃는 듯한 웃음, 어이없다는 웃음				
			고개흔듦, 갸우뚱, 의심하는 듯한 고개 흔듦				
			불안한 손동작, 입가림, 얼굴가림				

3. 연구결과 기술하기

Q: 연구결과 분석 시, 특별히 주의해야 할 점은 무엇인가요?

실험 연구에서 연구결과를 분석할 때는 특히 매우 단순화하여 실험 전과 후가 어떻게 변화되었는지를 잘 드러내 줘야 한다. 실험을 하면서 일어났던 많은 일은 다 내려놓고, 사전과 사후 결과에만 집중하여 본인이 원하는 연구가설의 답이 얻어졌는지 확인할 필요가 있다.

그리고 통계적으로 유의한 결과(흔히 이야기하는 *이 뜨는 것)가 나오지 않은 부분에 대해 세부적으로 살펴보면서 실험 참여자들의 어떤 특성이 통계 결과에 영향을 미친 것은 아닌지 데이터를 추가적으로 분석해 볼 필요가 있다.

이 연구에서는 SPSS를 활용하여 반복측정 분산분석을 실시하였다. 여기서는 이 분석방법에 대해 간단히 설명해 보려고 한다.

1) SPSS 분석을 위한 엑셀 자료 코딩

SPSS 분석을 실시하기 위해서는 우선 엑셀 또는 한글 파일, 메모장 파일 등으로 자료를 코딩해야 한다. 개인적으로 옆으로 옮기는 커서를 한 번씩 안 눌러도 되어서 코딩시간을 단축시킬 수 있기에 메모장에 코딩하는 방식을 많이 활용한다. 그러나 메모장 코딩을 하게 되면 엑셀처럼 셀별로 줄이 없기 때문에 각 번호의 행과 열에 안 맞게 코딩이 될 수 있으므로, 익숙하지 않은 사람들은 조금 더 시간이 걸리더라도 엑셀에 직접 코딩하기를 권한다. 메모장으로 코딩하게 되더라도 결국 엑셀이나 SPSS에서 다시 열면서 변환을 하게 되기 때문에 최종은 다음 그림과 같은 엑셀창으로 나오게 된다.

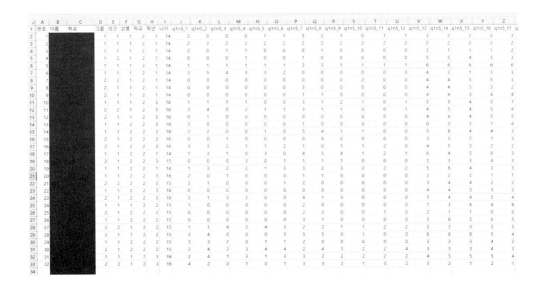

2) SPSS 반복측정 분산분석 실시

SPSS를 켜고 엑셀에 입력한 코딩자료를 불러온 후, 다음과 같이 반복측정 분산분석을 클릭한다. '분석-일반선형모형-반복측정'을 차례로 클릭하면 된다.

그러면 다음과 같이 '반복측정 요인 정의' 창이 뜬다. 여기서 '수준의 수'는 몇 번의
반복측정을 했는지를 의미한다. 이 연구에서는 사전 측정, 사이버폭력 실험 이후 측
정, 정서 주입 이후 측정 등 세 번의 측정을 하게 되므로 수준의 수를 3으로 입력했
다. 만약 본인의 연구가 사전, 사후 두 번 측정이 이루어졌다면 2를 입력하면 된다.

수준의 수를 입력한 후, 추가를 누르면 다음과 같이 내가 설정한 요인명(수준의 수)
이 추가되며, 이후 정의를 누르면 된다.

정의를 누르면 다음과 같이 각 수준에 해당하는 변인을 넣을 수 있다. 오른쪽의 개체-내 변수에 각각 사전, 중간, 추후 변인을 넣으면 다음과 같은 그림이 된다. 그리고 개체-간 요인에는 비교할 그룹 변수를 넣으면 된다. 이 연구에서는 그룹이 실험그룹과 통제그룹으로 나뉘며, 이를 1, 2로 코딩한 '그룹' 변수를 개체-간 요인에 넣었다. 만약 그룹이 실험, 비교, 통제와 같이 세 개 이상이라면, 오른쪽의 사후분석을 클릭하여 사후분석 방식을 정해 주어야, 세 그룹의 순서 비교가 가능해진다.

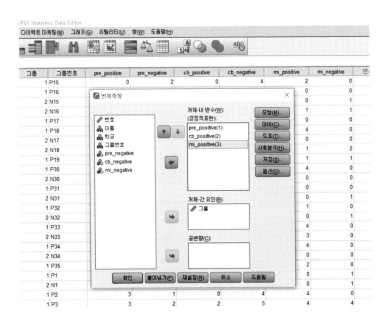

3) SPSS 반복측정 분산분석 결과 표 읽기

이러한 방식으로 분석을 돌리면 다음과 같은 결과 표가 나타난다. 다변량 검정에서 긍정적표현 칸은 그룹 간 차이와 상관없이 세 개 시점의 측정 자료에 차이가 나타나는가이고, 긍정적표현*그룹 칸은 이러한 세 시점의 차이가 실험집단과 통제집단 간에 기울기 차이로 나타나는가이다.

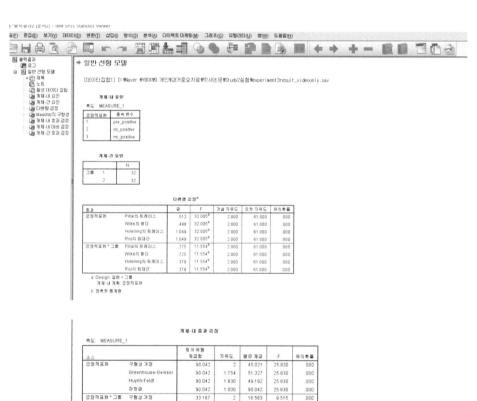

개체-간 효과 검정

측도: MEASURE_1

변환된 변수: 평균

소스	제 III 유형 제곱합	자유도	평균 제곱	F	유의확률
절편	227.505	1	227.505	67.804	.000
그룹	18.130	1	18.130	5.403	.023
오차	208.031	62	3.355		

〈연구 1 결과-사이버폭력 피해에 대한 파일럿 실험〉

연구 1의 결과를 살펴보면 다음 그림과 같다. 사이버폭력 피해 조작을 한 그룹은 하지 않은 그룹에 비해 사전-사후 우울, 불안, 긍정적 감정의 점수가 유의하게 높아졌다. 정서표현 사진을 해석하는 경우는 통계적으로 유의한 차이는 아니었으나, 통제집단에서는 사전에 비해 사후에 표정사진을 부정적으로 읽는 수준이 낮아졌지만 실험집단에서는 약간 높아진 것을 볼 수 있다.

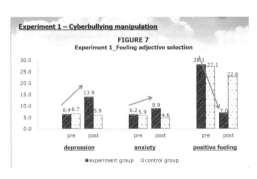

Experiment 1 – Cyberbullying manipulation

FIGURE 7
Experiment 1_Feeling adjective selection

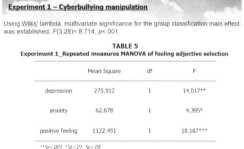

Experiment 1 – Cyberbullying manipulation

Using Wilks' lambda, multivariate significance for the group classification main effect was established, $F(3,28)= 8.714$, $p<.001$

TABLE 5
Experiment 1_Repeated measures MANOVA of feeling adjective selection

	Mean Square	df	F
depression	275.912	1	14.017**
anxiety	62.878	1	4.395*
positive feeling	1122.451	1	18.187***

***p<.001, **p<.01, *p<.05

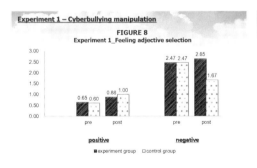

Experiment 1 – Cyberbullying manipulation

FIGURE 8
Experiment 1_Feeling adjective selection

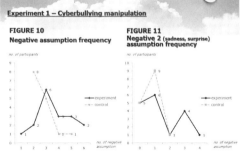

Experiment 1 – Cyberbullying manipulation

FIGURE 10
Negative assumption frequency

FIGURE 11
Negative 2 (sadness, surprise) assumption frequency

〈연구 2 결과-정서 주입에 대한 파일럿 실험〉

연구 2의 결과를 살펴보면 다음 그림과 같다. 긍정적 정서 주입을 한 그룹은 중성적 정서 주입을 한 그룹과 비교할 때 사전에 비해 사후에 불안 점수가 통계적으로 유의한 수준으로 내려가고, 긍정적 감정이 통계적으로 유의한 수준으로 올라간 것을 확인할 수 있다. 또한 긍정적 정서 주입을 한 그룹이 그렇지 않은 그룹에 비해 긍정적 정서단어 기억과 전체 정서단어 기억을 통계적으로 유의한 수준으로 많이 한 것을 알 수 있다.

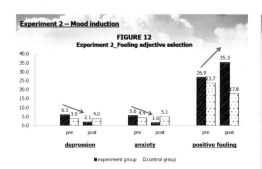

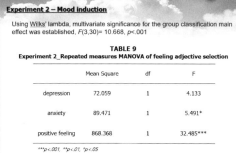

Using Wilks' lambda, multivariate significance for the group classification main effect was established, $F(3,30)= 10.668, p<.001$

TABLE 9
Experiment 2_Repeated measures MANOVA of feeling adjective selection

	Mean Square	df	F
depression	72.059	1	4.133
anxiety	89.471	1	5.491*
positive feeling	868.368	1	32.485***

*** $p<.001$, ** $p<.01$, * $p<.05$

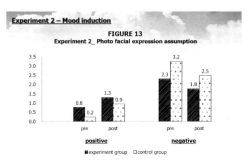

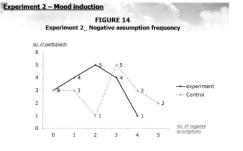

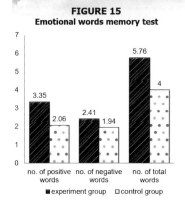

TABLE 13
MANOVA

Wilks' Lambda was .782 [$F(1,32) = 2.791$, $p=.057$]

	Mean Square	df	F
no. of positive words	14.235	1	5.930*
no. of negative words	1.882	1	1.180
no. of total words	28.265	1	5.184*

* $p<.05$

〈연구 3 결과-사이버폭력 피해 이후 정서 주입 개입에 대한 최종 실험〉

이 연구의 가장 핵심 실험인 사이버폭력 피해 실험과 정서 주입 실험을 동시에 한 실험 결과는 다음과 같다.

먼저, 사이버폭력 피해 실험 이후, 실험집단과 통제집단 모두에서 우울, 불안 점수가 올라가고 긍정적 정서가 내려갔다. 그러나 긍정적 정서 주입을 한 그룹에서는 우울, 불안 점수가 다시 내려가고 긍정적 정서가 더 올라간 반면, 중성적 정서 주입을 한 그룹에서는 사이버폭력 실험을 한 직후와 비슷한 수준의 정서를 보이고 있다.

실험집단과 통제집단의 이러한 정서척도 결과 차이는 통계적으로 유의한 수준인 것을 살펴볼 수 있다.

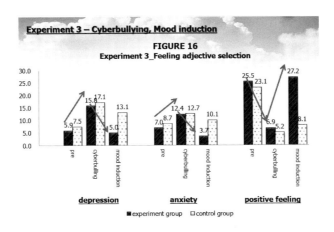

Experiment 3 – Cyberbullying, Mood induction

FIGURE 16
Experiment 3_Feeling adjective selection

■ experiment group   □ control group

Experiment 3 – Cyberbullying, Mood induction

Using Wilks' lambda, multivariate significance for the group classification main effect was established, $F(6,57)= 11.320$, $p<.001$

TABLE 15
Experiment 3_Repeated measures MANOVA of feeling adjective selection

	Mean Square	df	F
depression	501.735	2	9.659***
anxiety	338.094	2	5.367**
positive feeling	3125.906	2	33.712***

*** $p<.001$, ** $p<.01$, * $p<.05$

　　또한 사이버폭력 이후 긍정적 정서 주입을 한 그룹이 중성적 정서 주입을 한 그룹에 비해서 긍정적 단어를 기억하는 수준이 통계적으로 유의하게 높음을 확인할 수 있다. 그리고 비디오 촬영을 통해 확인한 얼굴 표정, 손짓, 몸짓에서도 사이버폭력 실험 이후 부정적인 표현이 높아지고 긍정적인 표현은 낮아졌으나, 긍정적 정서 주입을 한 그룹은 이후 모두 이전 수준으로 회복하고 있는 것을 볼 수 있다.

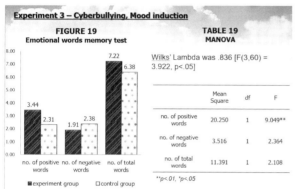

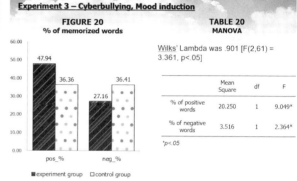

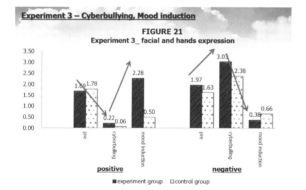

Experiment 3 – Cyberbullying, Mood induction

Using Wilks' lambda, multivariate significance for the group classification main effect was established, F(4,59)= 6.236, p<.001

TABLE 22
Experiment 3_Repeated measures ANOVA of facial and hands expression

	Mean Square	df	F
positive expressions	33.167	2	9.515***
negative expressions	7.292	2	2.298

***p<.001

4. 논의 및 제언 기술하기

Q: 본인 연구가 상담학 연구 분야에 기여한 부분은 무엇인가요?

이 연구가 상담학 분야에 기여한 부분은 다음의 세 가지로 정리해 볼 수 있을 것 같다.

먼저, 사이버폭력 연구가 당시에는 국내에서 거의 이루어지지 않고 있었고, 그나마 있는 국내 몇몇 사이버폭력 연구는 범죄학이나 경찰학 분야에서만 이루어지고 있었다. 그러나 사이버폭력 피해자와 가해자를 상담 장면에서 많이 만나게 되므로 상담적 관점, 교육적 관점에서 사이버폭력을 바라보고 다가가는 연구가 필요했다. 그런 의미에서 이 연구는 상담자이자 연구자가 사이버폭력을 우리가 고민해야 할 영역으로 바라보도록 해 주었다는 것에 첫 번째 의미가 있다고 본다.

또한 상담적 개입으로 사이버폭력을 어떻게 다룰 수 있을지에 대해 고민해 보도록 한 것도 중요한 의의를 가진다. 사이버폭력 피해자와 가해자에게 정서를 다루는 부분에서 어떻게 다가가야 하며, 어떤 부분을 고려해야 하는지에 대한 제언을 해 줄 수 있다.

마지막으로, 상담학 분야에서도 모의실험 연구를 활성화시킬 수 있다는 가능성을 보여 주었다. 사실 정통 심리학 분야에서는 모의실험을 많이 진행해 왔으나, 상담학 분야에서는 실제 현장 연구만 많이 진행되어 왔다. 현장에서 내담자를 만나는 상담자 입장에서는 현장 연구가 도움이 많이 될 수 있지만, 상담학이 학문으로 인정받기 위해서는 모의실험을 통해 좀 더 과학적으로 입증하는 것이 필요할 수 있다. 그런 의미에서 이 연구는 모의실험을 통해 과학적 증명을 하는 방법을 보여 주었다는 데 의의가 있다.

Q: 앞으로 이 분야 연구를 하기 위해 후속 연구자들이 유념해야 할 부분은 무엇인가요?

앞으로 상담학 분야에서 모의실험 연구를 해 나갈 후속 연구자들은 앞에서 말했듯이 너무 많은 것을 실험 연구 한번에 다 보여 주려 하는 욕심을 내려놓는 것이 좋겠다. 너무 많고 복잡한 개입 요소를 한 번의 실험에서 보여 주려고 하면 오히려 그 연구는 과학적으로 입증되지 않은 연구가 되기 쉽다. 따라서 본인이 상담에서 중요하다고 생각하는 요소를 매우 작고 간단한 요소로 구현하고, 이를 실험실 내에서 어떻게 창의적으로 보여 줄 수 있을지를 고민하기 바란다.

〈사이버폭력 분야에서 더 진행되어야 할 연구주제들〉

사이버폭력 연구 분야에서는 정의와 개념, 척도개발 연구들이 그동안 진행되어 왔다. 또한 사이버폭력의 원인과 결과를 밝히려는 연구들도 어느 정도 진행되어 왔다. 그러나 다음 영역은 앞으로도 계속해서 개발되어 나가야 할 부분들인 것 같다.

① 사이버폭력의 유형별 특징, 유형별 세부적 원인
② 사이버폭력 피해자들의 특성
③ 사이버폭력 주변인들의 분류 및 특징
④ 사이버폭력 예방을 위한 필수 요인들
⑤ 사이버폭력 예방 프로그램, 사이버폭력 상담 프로그램
⑥ 사이버폭력 피해-가해자 연구
⑦ 사이버폭력 피해, 가해, 주변인을 위한 상담 모형

참고문헌

Ekman, P., Friesen, W. V., & Hager, J. C. (2002). *The new facial action coding system (FACS)*. downloaded on August 8th, 2021 from https://www.paulekman.com/facial-action-coding-system

Kowalski, R. M., & Limber, S. P. (2007). Electronic bullying among middle school students. *Journal of Adolescent Health, 41*, S22-S30.

Matsumoto, D., & Ekman, P. (1988). *Japanese and Caucasian facial expressions of emotion (JACFEE) neutral faces (JACNeuF)*. San Francisco: University of California.

Ybarra, M. L., & Mitchell, K. J. (2004). Online aggressor/targets, aggressors, and targets: A comparison of associated youth characteristics. *Journal of Child Psychology and Psychiatry, 45*, 1308-1316.

제2장

또래 괴롭힘 상황에서 지각된 위협 수준에 따른 중학생의 친사회적 정서와 도움 의도 분석: 실험 연구[1]

개요

이 장에서는 학교폭력 발생 시 일어나는 현상들 중 방관자의 행동에 대한 이해를 돕기 위해 수행된 연구[2]를 바탕으로 학교폭력이라는 주제를 다루는 것과 이를 탐구하기 위해 실험 연구를 활용하는 방법에 대해 소개하고자 한다. 이 장의 주요 내용은 다음과 같다. 첫째, 학교폭력이라는 주제에서 방관자의 반응과 관련된 심리적 현상에 대한 이해라는 구체적인 연구문제로 발전되는 과정에서 어떤 경험을 했고, 무엇을 공부했는지를 소개했다. 둘째, 이 연구문제를 탐구하기 위해 적합한 연구방법을 정하고 이를 현실에서 실행하는 과정에서 경험했던 어려움과 이를 해결했던 방법에 대해 소개했다. 셋째, SPSS프로그램을 활용하여 본 연구에서 사용한 공분산분석 방법으로 자료 분석을 할 때 구체적으로 어떤 절차를 따르며, 이를 통해 도출된 결과를 논문에서 어떤 방식으로 기술하는지를 설명했다. 넷째, 학교폭력이라는 주제를 다룰 때 연구자가 어떤 관점으로 해당 현상을 바라보는 것이 좋으며, 향후에 어떤 방향으로 연구가 이루어지면 좋을지에 대한 저자의 견해를 제시하였다.

---

1) 이 장의 내용은 이주영(2014)의 박사학위논문 중 일부를 발췌, 인용, 재구성하여 작성하였다.
2) 이주영(2014). 또래 괴롭힘 상황에서 지각된 위협 수준에 따른 중학생의 친사회적 정서와 도움 의도 분석. 서울대학교 대학원 박사학위논문.

1. 연구주제 잡기

1) 연구주제 탐색 방법

Q: 대학원 생활 동안 관심을 가진 주제는 어떤 것이었나요?

석사, 박사과정을 통틀어 대학원에 다니면서 관심을 가졌던 주제는 다양했다. 상담을 공부해 보겠다고 생각했던 이유가 청소년에 대한 관심과 이들을 돕고자 하는 마음 때문이었고, 지도교수님도 아동청소년 대상 연구를 많이 하셨기 때문에 청소년상담이나 학교상담이 주요 관심 분야였다. 건전한 학교공동체 형성을 위해 필요한 개입, 대인관계에서 위축된 행동을 보이는 이유, 리질리언스, 학업상담, 예방상담, 인터넷중독 등과 관련된 프로젝트에 참여하면서 이들 주제에 관심을 갖게 되었다.

Q: 학위논문 연구주제를 결정하면서 지도교수님과 나눈 대화 중 가장 인상적이었던 대화는 무엇인가요?

박사논문 주제와 관련해서 지도교수님과 나눈 대화 중 가장 인상적인 대화를 떠올려 보려 노력했지만 강렬했던 대화가 떠오르지 않았다. 지도교수님과는 학부 때부터 진로 결정을 하는 순간마다 이야기를 나누었고, 여러 프로젝트와 학회 활동을 함께하면서 다양한 이야기를 나누었다. 교수님과 나눈 이야기에는 학위논문 주제, 프로젝트 방향, 그 외에도 인생 전반에 관한 것이 포함되었다. 이같이 다양한 영역에서 교수님으로부터 영향을 받았기 때문에 그 대화 중 박사논문 주제를 설정하는 데에 영향을 준 대화만을 골라내기 어려웠다. 학부 때부터 박사논문을 쓸 때까지 지도교수님과 10년 가까운 세월 동안 많은 이야기를 나누고 여러 연구를 함께 진행했기에 짧은 대화 속에서도 교수님의 의중을 어느 정도는 파악할 수 있었고, 교수님께서도 나의 성향이나 흥미에 대해서 알고 계시기에 길게 말하지 않아도 의견 조율이 되는 경우가 많았다. 그래서 논문 지도를 위해 별도의 시간을 마련하여 나눈 대화들보다 다음과 같이 지나가듯이 나눈 몇 마디 대화가 박사논문 연구주제를 결정함에 있어 영향을 준 대화라고 생각했다.

교수님: 이 선생. 이번에 학교폭력 예방 프로그램 개발 프로젝트 하는데 참여할래?

나: 네. 선생님, 좋죠.

교수님: 우리 예전에 했던 나눔 프로그램 개발에서 했던 프로젝트와 비슷하게 갈 거야.

나: 학교공동체 말씀이시죠?

교수님: 그래. 그 주제로 나중에 논문 써도 좋고.

나: 할 수 있을까요? 박사 들어와서 지금까지 다른 것을 했어서….

교수님: 그렇지…. 그런 것도 있지.

나: 그래도 학교폭력으로 논문 쓸 수 있을까 볼게요.

교수님: 석사과정 학생 중에 ○○○랑 같이 공부를 해 보면 어떨까 싶은데.

나: 네. 좋아요. 같이 공부하면 더 좋을 것 같아요.

　　지도교수님과 함께했던 프로젝트, 박사과정 중 수업 시간에 배웠던 내용과 그와 관련된 과제들, 상담 실습을 통해 만났던 내담자들과의 경험 등을 통해 다양한 주제를 살펴볼 수 있었다. 그중 지도교수님과 함께한 프로젝트가 박사논문 주제를 선정함에 있어 큰 영향을 주었다. 지도교수님은 주로 아동과 청소년 상담 관련 프로젝트에 참여할 수 있는 기회를 주셨는데, 이를 통해 해당 주제와 관련된 논문 등 다양한 자료를 접하게 되었다. 또한 프로젝트 관련자들과 회의를 하면서 실제 현장에서 일하는 사람들의 고민과 관심에 대해서 알게 되었다. 특히 청소년의 학교 생활과 관련된 프로젝트를 할 때 가치 있고 의미 있는 일을 한다는 생각이 들었고 이러한 생각은 학교폭력에 대한 박사학위논문을 쓰고 싶은 바람으로 이어졌다.

　　학교폭력으로 논문 주제를 선정하는 과정에서 학교폭력에 대한 여러 문헌을 살펴봤다. 국내에 소개된 논문들과 학교폭력 관련 서적뿐만 아니라 해외 저널에 출판된 논문과 학교폭력 연구를 주제별로 묶은 책을 보면서 학교폭력이라는 주제가 기존에 어떻게 연구가 되어 왔고, 연구를 통해 어떤 내용들이 확인되었는지 살펴봤다. 또한 학교폭력이 학교 혹은 학급이라는 공동체 안에서 발생하는 역동과 관련되므로 사회심리학에서 이러한 집단역동을 어떻게 설명하는지를 살펴봤다. 학교폭력 방관자에 초점을 둔 후부터는 방관자들의 심리내적 경험을 설명하는 이론과 관련 논문들을 살펴보면서 연구주제를 구체적이고 세부적으로 탐색하였다.

2) 여러 대안 중 연구주제 정하기

Q: 연구주제를 선정할 때 가장 고민했고, 어려웠던 점은 무엇인가요? 다른 주제들 가운데 최
   종 연구주제를 결정한 이유는 무엇인가요?

연구주제를 선정할 때 가장 어려웠던 점은 아이러니하게도 박사과정 기간 동안 주로 탐색했던 주제를 버려야 했던 것이었다.

최종적으로 학교폭력으로 주제를 결정할 때까지 여러 주제가 대안으로 떠올랐다. 특히 리질리언스는 지도교수님과 함께하는 논문지도모임에서 예비 프로포절로 발표를 할 정도로 박사논문 주제 후보들 중 가장 강력한 것이었다. 리질리언스는 지도교수님이 참여 기회를 주신 SSK 연구 프로젝트에서 다뤘던 주요 개념으로 박사과정 중 가장 열심히 탐구했던 주제였다. 지도교수님 및 대학원 동료들과 함께 리질리언스를 주제로 한 학술지 논문 작업을 하면서 리질리언스에 관해 공부를 깊이 해 보기도 하였다. 필자는 상담학을 공부하며 내담자의 긍정적인 면에 관심을 기울이는 것이 중요하다는 신념을 가지고 있었는데, 리질리언스를 연구하는 것이 이 같은 신념에도 부합했다. 하지만 리질리언스에 대한 연구를 하게 되면 상담 공부를 하게 된 계기였던 청소년에 대한 관심에서는 멀어지는 것 같았다. 리질리언스와 관련된 연구를 하면서 이 개념에 매력을 느끼고 박사논문으로까지 발전시키고자 하는 마음이 들면서도 선뜻 결정하지 못했다.

그즈음 지도교수님께서 논문지도모임에서 예비 논문 프로포절을 해 보자고 제안을 해 주셨다. 예비 논문 프로포절을 위해 리질리언스에 대해서 그동안 공부했던 것을 정리하고 연구문제로 구체화했다. 그런데 이상하게도 예비 논문 프로포절 수준으로 주제를 정리하고 발표를 하니 리질리언스에 대해서 연구하고 싶은 마음이 사라졌다. 그동안 리질리언스를 박사논문 주제로 생각했던 것은 리질리언스에 대한 진정한 관심이라기보다는 박사과정 중 해 온 공부를 통해 축적된 자료들을 살리고 싶은 마음, 독특한 주제를 다루고 싶은 욕심, 새로운 주제로 관심을 옮기는 것에 대한 부담감 때문이라는 것을 깨닫게 되었다.

리질리언스를 박사논문 주제로 삼지 않기로 결정을 하니 홀가분해지긴 했지만 리질리언스만큼 심층적으로 탐구한 주제가 없었기 때문에 막막하기도 했다. 석사를 시작했을 때부터 그때까지 관심을 갖고 살펴봤던 연구주제들이 무엇인지 처음부터 다시 살펴보는

시간을 가졌다. 석사 때부터 여러 프로젝트에 참여할 기회가 있어서 다양한 주제를 탐구할 수 있었지만 대부분 지도교수님께서 먼저 제안해 주신 주제들이었다. 프로젝트를 하면서 다양한 경험을 하고 여러 주제를 접해 본 것은 분명 학자로 성장하는 데 있어 도움이 되었지만 내 주제라는 느낌은 부족했다. 사람마다 자신을 이끄는 원동력이 다른데, 필자의 경우에는 무엇을 하든 내가 만족스러운 것이 가장 중요했다. 그리고 박사학위논문은 필자의 석사와 박사 과정에서의 공부를 정리한다는 의미도 있지만 독립된 연구자가 되는 첫 시도라고 생각했다. 필자에게는 박사학위논문 주제 선정에서 가장 중요한 것이 내 주제라는 느낌이었다. 그런 느낌이 있어야 박사가 된 이후에도 해당 주제를 발전시킬 수 있을 것 같았다. 그래서 그동안 해 왔던 주제들 중 그래도 좀 더 주도적이고 능동적으로 찾았던 주제들이 무엇인지 추려 보았다. 그 결과, 청소년과 관련된 주제, 청소년의 관계 안에서 발생하는 역동에 대한 관심은 좀 더 주도적이고 능동적으로 찾았던 것임을 발견할 수 있었다. 하지만 내 관심을 실제 학위논문으로 발전시키기 위해서 그 관심을 구체적으로 어떤 상황과 맥락에 적용할지에 대해서는 막막하였다. 그때 지도교수님께서 학교폭력 예방을 위한 학교공동체 만들기 프로젝트에 참여해 볼 것을 제안해 주셨다.

학교폭력 예방 프로젝트는 주요 관심 대상이었던 중학생들을 위한 학교 공동체 만들기 프로그램을 개발하는 데 목적이 있었다. 이를 위해 학교폭력 실태를 조사하고 기존에 학교폭력 예방을 위해 활용되었던 프로그램을 정리하여 핵심 요소를 추출하였다. 기존 학교폭력에 대한 연구들이나 프로그램은 공감이나 효과적인 의사소통과 같이 사회적으로 바람직한 부분을 촉진시킴으로써 학교폭력을 예방하고자 하였다. 이러한 시도는 타당해 보였다. 초등학교 고학년이나 중학생들은 유아나 초등학교 저학년에 비해 사회적인 측면이 발달하긴 했지만 사회적으로 바람직한 품성이나 역량이 충분히 갖춰져 있는 건 아니기에 공감이나 효과적 의사소통을 위해 필요한 기술들을 가르치는 것은 의미 있는 개입이라는 생각이 들었다. 하지만 그것만으로 무언가 부족하다는 생각이 들었고, 그 부분을 채울 수 있는 연구를 해서 박사학위논문을 쓰면 좋겠다고 결정했다.

3) 연구의 필요성에 대한 논리 만들기

(1) 국내외 학교폭력 관련 선행연구 탐색

박사학위논문을 준비하던 2010년대 초반에는 학교폭력에 대한 국내 연구들이 학교 폭력이 발생하는 학급 내 역동 안에서 구성원의 역할을 가해자, 피해자, 방관자로 구 분하는 유형화 연구, 이들의 공감 능력 부족이 학교폭력의 발생이나 유지에 기여한다 고 가정하고 이를 검증하는 연구, 학교폭력에 대한 신고를 촉진하기 위한 프로그램 개발 등의 연구가 주를 이루었다. 국외 연구들은 학교폭력의 발생 양상이 동양과 서 양에 차이가 있음을 검증하거나, 학교폭력의 발생 또는 유지를 억제함에 있어 교직원 의 역할, 학교 전체 분위기를 바꾸는 데 기여하는 프로그램의 개발 등에 초점을 두고 있었다. 이러한 연구들은 학교폭력 발생 및 유지와 관련된 학급이나 학교의 역동, 개 인의 심리내적 특성을 잘 반영하고 있기에 매우 타당해 보였다. 하지만 학교폭력이 주로 발생하는 초등학교 고학년, 중학교 학생들의 실제 생활과 심리를 충분히 반영하 지는 못하는 것처럼 보였고 다음과 같은 여러 의문이 들었다. '선행연구들에서 말하 는 것처럼 청소년이 학교폭력이 나쁘다는 것을 정말 모를까? 공감 능력이 없어서 또 래에게 폭력을 가하거나 폭력 상황에서 방관하는 걸까? 학교폭력 상황에서 피해자를 돕는 아이들은 어떤 특성이 있는 걸까? 방관자들이 방관하는 이유는 뭘까?' 등이다. 이 같은 의문들이 연구를 시작하는 출발점이 되었다.

(2) 논문에서 다루고자 하는 주요 변인(도움 의도 및 행동)을 설명할 수 있는 이론 찾기

이런 의문들을 해결하기 위해 관련된 연구들을 찾게 되었고 타인에 대한 도움 추구 행동은 타인의 고통에 대한 공감뿐만 아니라 자신의 이익과도 관련된다는 비용−보상 모델을 알게 되었다. 비용−보상 모델(The arousal: cost−reward model)(Piliavin et al., 1981)은 친사회적 행동 촉진 요인과 억제 요인을 둘 다 고려하여 문제 상황이 발생했 을 때 주변인의 다양한 반응을 설명할 수 있는 모델이다. 이 모델에서는 인간이 타인 의 고통을 목격하면 내면에서 공감적 자각이 일어나 타인을 돕고자 하는 친사회적 행 동을 하게 될 가능성에 대해서 말하면서도 타인을 도울 때 개인이 감수해야 할 비용 도 함께 고려해야 함을 강조한다. 이 모델은 친사회적 행동이 나타나는 상황에 대한 개인의 심리내적 상태를 설명하면서도 친사회적 행동이 나타나지 않은 상황에 대한 개인의 심리도 설명하고 있었다. 이 모델은 공감 능력이 어느 정도 발달하는 시기인

초등학교 고학년과 중학생이 학교폭력 피해자의 아픔에 대해서 짐작하면서도 도와
주지 않고 방관하는 심리내적 이유에 대해서 잘 설명하고 있었다. 또한 개인이 상황
을 해석하는 방식이나 자신의 행동 이후에 예상되는 결과에 따라 행동 반응이 달라지
며, 이 과정에서 심리사회적 자원에 인식하는 위협 정도를 조절할 수 있다는 인지 평
가 모델(Lazarus & Folkman, 1984)도 학교폭력 상황을 목격했을 때 개인의 반응이 달
라지는 메커니즘에 대해 설명해 주고 있어 이 모델에서 제시하는 행동 반응을 설명하
는 다양한 변인도 참고하였다.

(3) 국내외 학교폭력 관련 선행연구결과의 한계 확인

이 모델들과 관련된 여러 논문을 읽으면서 기존 학교폭력 연구들이 친사회적 행동
을 촉진하는 요인을 중요하게 여긴 나머지 친사회적 행동을 억제하는 요인에는 상대
적으로 소홀했다는 생각이 들었다. 학교폭력을 예방하기 위해 친사회적 행동을 촉진
하는 요인을 활성화하는 것도 중요하지만, 친사회적 행동을 억제하는 요인을 감소시
켜 주는 것도 필요하다. 선행연구자들도 이러한 필요를 인식하고 있었고, 이 때문에
학교폭력 신고를 무기명으로 하거나 누구나 언제든지 할 수 있게 하는 등 신고 시스
템에 대한 연구들도 있었다. 신고 시스템을 바꾸는 개입도 친사회적 행동을 억제하는
요인, 즉 친사회적 행동을 했을 때 발생하는 비용을 줄여 주는 시도였다. 여기까지 생
각이 정리되자 학교폭력이 발생했을 때 이를 목격하고도 피해자를 돕는 행위를 하지
않는 방관자들의 심리내적 상태를 확인하는 연구가 필요하며, 특히 친사회적 행동을
억제하는 요인에 대한 연구가 필요하다는 생각이 들었고 스스로가 이를 뒷받침하는
논리에 어느 정도 설득되었다.

(4) 상담학 연구로서 함의를 줄 수 있는 요소 찾기

하지만 친사회적 행동을 억제하는 요인을 확인하는 연구는 상담학 연구보다는 사
회심리학 연구에 가까웠다. 친사회적 행동을 억제하는 요인을 확인하는 연구가 필요
하다는 것은 스스로도 어느 정도 납득이 되었지만 이 연구가 상담학 연구로 보이지
않았다. 물론 상담학 연구에는 내담자들의 호소문제를 심층적으로 이해하는 데 기여
하는 연구도 포함된다. 하지만 이것만으로는 상담적 개입에 충분한 합의를 제공하기
어려울 거라 생각했다. 여기에 친사회적 행동 억제 요인을 완화시키는 개입 방안에
대한 단서를 포함시켜야 상담적 개입에도 적극적으로 기여하는 연구가 될 수 있을 거

라 생각했다. 그래서 친사회적 행동을 억제하는 요인을 완화시키는 개입 방법을 찾기 시작했다. 더 정확하게는 방관자들의 내적인 딜레마를 해소하는 데 도움이 되는 개입 방법을 찾기 시작했다는 것이 맞겠다.

앞서 언급했듯, 타인의 고통을 관찰하는 주변인들은 고통에 대해 공감적으로 자각하는 것과 타인을 도왔을 때 발생하는 비용을 동시에 인식한다. 이 둘은 서로 상반되는 방향으로 개인을 이끈다. 한쪽은 타인을 돕는 것, 다른 한쪽은 돕지 않는 것이다. 게다가 대부분의 사람은 도덕적으로 어려움에 처한 타인을 돕는 것이 적절하다고 생각한다. 따라서 학교폭력 상황에서 방관자들의 내면에서는 갈등이 발생하게 되며, 자신이 옳다고 아는 것과 반대되는 행동을 하게 된다. 즉, 인지적으로는 학교폭력 가해자가 잘못된 행동을 하고 있고, 피해자를 도와야 한다고 여기면서도 행동으로는 돕지 않고 외면하는 것이다. 따라서 방관자들은 심리내적으로도 인지와 행동이 불일치하는 경험을 하게 된다. 이러한 경험을 학문적으로 어떻게 명명하는지 연구들을 통해 확인한 결과, 인지적 부조화 경험이라고 한다는 것을 알게 되었다. 그리고 이러한 인지적 부조화 경험을 다루는 개입 방법을 찾고 그 효과를 확인하는 연구를 한다면 상담학 연구라고 말할 수 있겠다는 확신이 들었다.

Q: 연구문제를 어떻게 구체화했나요? 연구문제와 방법론을 어떻게 연결시켜 봤나요?

먼저, 연구주제를 세부적으로 탐구하는 과정에서 연구문제가 구체화되었다. 학교폭력에서 폭력 상황이 발생하는 학급 맥락으로, 그 상황에서 가해자, 피해자, 방관자 중 방관자들의 심리내적 경험을 확인하는 것으로, 심리내적 경험 중 친사회적 행동을 억제하는 현상으로 연구 관심을 구체화하였다. 그리고 친사회적 행동을 억제하는 비용이 될 수 있는 방관자들의 경험이 무엇일까 찾아가는 과정에서 자신이 피해자를 돕는 행동을 했을 때 자신에게 불이익이 있을까 봐 염려한다는 청소년 관련 연구 보고서의 결과들을 참고하여 어떤 상황에서 방관자들이 주저하게 되는지를 알게 되었다.

다음으로 연구를 통해 무엇을 확인하고 싶은지를 머릿속에 그려 보고 각각을 연구에서 사용하는 개념으로 바꿔 보려 노력했다. 이 연구를 통해 확인하고자 하는 것은 특정 상황(피해자를 돕는 행동을 했을 때 불이익이 있을 수 있는 상황)이 청소년의 피해자를 돕는 행동을 실제로 억제하는지와 그런 상황에서도 인지적 부조화를 다루는 개입을 할 때 청소년이 피해자를 돕는 행동을 하게 되는지였다. 이를 확인하기 위해서는 특정 상황을 제공하고 그에 대한 연구대상자들의 반응을 확인해야 했기 때문에 연구자가 실제 상황을 제공하거나 가상 상황을 제공하는 방식의 연구방법을 사용하기로 결정했다.

또한 연구대상자의 어떤 반응을 확인할지도 결정했는데, 이 연구에서 주로 탐색하고자 하는 것이 학교폭력 상황을 목격한 청소년의 피해자에 대한 반응이었으므로 인지, 정서, 행동으로 구분하여 피해자를 돕는 것과 관련된 사회심리적 변인들을 찾았다. 이 중 청소년 대부분이 학교폭력은 나쁜 것이라고 인식하고 있다는 여러 연구를 고려하여 인지적 반응은 제외하고 정서반응과 행동반응만 확인하기로 결정하였다.

마지막으로 연구대상자들이 연구자가 제공하는 상황이나 인지적 부조화를 다루는 개입의 영향을 받았는지를 어떻게 확인할 것인지에 대해서 결정했다. 상황이나 개입을 하기 이전의 연구참여자의 상태와 이후의 상태를 설문이나 검사를 통해 확인할 수도 있겠지만 이는 연구설계상 독립변인 외 다른 변인들의 영향을 통제하기 어려워 제공하는 상황을 달리하거나 개입 제공 여부를 달리한 두 집단을 구성하고 두 집단을 비교하는 연구설계를 하기로 했다.

이러한 과정을 거쳐 다음과 같은 연구문제를 설정하였다.

첫째, 높은 위협 수준을 지각한 집단과 낮은 위협 수준을 지각한 집단은 친사회적 정서 반응 정도와 피해자에 대한 도움 의도에서 차이가 있는가?

둘째, 동일하게 높은 위협 수준이 담긴 시나리오를 접했을 때, 가치 확인 활동 여부에 따라 친사회적 정서 반응 정도와 피해자에 대한 도움 의도에서 차이가 있는가?

2. 방법론 정하고 공부하기

1) 적용한 연구방법론 소개

Q: 적용해 보려고 고민한 방법론에는 어떤 것이 있나요? 대안 중에서 선택한 이유는?

학교폭력 관련 연구들을 찾아보니 학교폭력이 학급이나 학교 안에서 발생하는 학생들과의 역동과 관련이 있어 학교폭력 현상을 제대로 확인하려면 실제 폭력 상황을 관찰하는 것이 가장 적합하다고 생각했다. 학교폭력의 주요 연구들이 학교폭력 실제 상황을 관찰하기 위해 비디오 촬영을 했었고, 이 때문에 학교폭력의 실제에 대해서 많은 것을 확인할 수 있었다. 하지만 학교폭력 상황을 관찰하려면 학교의 동의를 받는 부분부터 폭력 상황이 발생하였음에도 이에 대한 조치를 하지 않고 이를 그대로 지켜봐야 하는 점이 연구윤리에 위배된다는 문제가 있었다. 현실적으로 학교폭력 연구를 관찰법을 통해 할 수 없는 상황이었다. 이에 가상 시나리오와 같은 실험자극을 제시하고 연구대상자들의 반응을 확인하는 식의 실험 연구방법을 선택하게 되었다.

Q: 내가 선택한 방법론이 얼마나 할 만한 것인가요?

실험 연구는 최근 상담 연구에서 주로 사용되는 연구방법이 아니었기에 상담학이나 상담심리, 임상심리 분야 선행연구들의 연구방법에서 아이디어를 얻기 어려웠다. 상대적으로 실험 연구방법을 많이 사용하는 사회심리학에서 사용하는 방법들을 찾아봤고, 그중 가상 시나리오를 활용한 실험 연구에 관심을 갖게 되었다. 실제 학교폭력 상황에 연구대상자들을 노출하는 것보다 가상 시나리오를 통해 노출시키는 것이 현실적으로 가능한 방법이었기 때문이었다. 가상 시나리오를 사용하여 실험 연구를 하는 것은 실제 학교폭력 상황을 사용하는 것보다는 현실적으로나 윤리적으로나 보다 나은 방법이기는 하나 최대한 현실을 반영하면서 연구자가 원하는 상황을 시나리오 형태로 만드는 작업은 어려운 과정이었다. 하지만 전문가 검토 등 여러 방법으로 시나리오의 적합성을 확인할 수 있는 방법이 존재하므로 특정 상황에 대한 연구대상자들의 반응을 확인하고자 하는 연구에서는 실제 상황에 노출시키는 것보다는 나은 방법이었다.

이 연구는 실험 연구로 진행되었다. 실험설계는 연구자가 자신이 조작한 실험처치 조건에 대해 피험자가 어떻게 반응하는지 확인하기 위해 실험 조건을 만들어 연구를 수행하는 것이다. 실험처치 조건은 독립변인이 되고 피험자의 반응은 종속변인이 된다. 실험을 수행할 때 실험계획을 어떻게 세우느냐에 따라 연구자가 의도한 상황이 제대로 구현되는지 여부, 연구자가 의도한 경험을 피험자가 하는지 여부 등이 결정된다. 따라서 실험 연구를 할 때는 사전에 실험계획을 철저하게 세우는 것이 매우 중요하다. 실험 계획 활동에는 실험에서 처치해야 할 변인, 통제시켜야 할 변인을 결정하는 것, 피험자들을 배치하는 절차를 명세화하는 것, 실험처치 효과를 민감하고 정확하게 측정할 수 있는 종속변인을 결정하는 것, 적절한 분석방법을 선택하는 것 등이 포함된다(변창진, 문수백, 1999).

2) 연구 진행 과정

Q: 이 연구방법으로 연구를 진행하는 과정에서 특히 유의할 점은 무엇인가요? 어려웠던 부분과 이겨 낸 방법은 무엇인가요?

이 연구에서는 실험자극으로 가상 시나리오를 제공하기 때문에 연구대상자들이 제시되는 시나리오에 얼마나 몰입해서 현실과 유사한 반응을 하게 할 수 있을지는 해결해야 할 난제였다. 특히 연구대상이 중학생이었기에 그들이 시나리오에 몰입하게 할 수 있는 방법들을 생각해 내야 했다. 청소년에게 문자로 된 자료만 보여 주는 것보다 이들의 시각, 청각을 모두 자극하게 된다면 좀 더 몰입하게 만들 수 있을 것으로 판단했다. 그래서 시나리오에 해당하는 그림자극과 시나리오를 포함한 모든 실험 절차를 읽어서 음성자극을 추가했다. 그리고 실험자극으로 제작한 시나리오와 관련 그림자극의 적합성에 대해 상담 전문가들에게 검토받았다.

다음으로 실험자극의 영향 정도를 측정하는 도구를 선정하는 것이 어려운 일 중에 하나였다. 실험 연구에서 제시되는 자극은 연구대상자들에게 연구자가 의도한 영향을 충분히 주어야 한다. 이를 위해 실험자극이 연구대상자들에게 충분히 영향을 주었는지를 확인할 수 있는 절차를 실험 과정에 포함시켰다. 이를 조작 점검(manipulation check)이라고 부른다. 또한 실험 연구에서 사용하는 측정 도구는 실험자극의 영향을 잘 감지할 수 있을 정도로 민감해야 한다. 그래서 실험 후 연구대상자들의 반응을 확인하는 척도로 문항 수가 적으면서도 어느 정도 신뢰도를 확보한 것을 선정하였다.

또한 이 연구는 중학생 대상 연구여서 연구 참여에 대해 본인의 동의도 필요하지만 보호자 동의 역시 필요했다. 이런 조건 때문에 연구대상자 섭외가 가장 힘들었다. 최대한 인적 네트워크를 동원해서 중학교와 학생들이 모이는 종교시설에 연구대상자 모집 공고를 요청했다. 관심을 보이는 곳에는 최대한 이 연구의 취지를 설명하였다. 또한 학교나 종교시설에서 실험을 위해 할애하는 시간을 최소화하기 위해 어느 정도 교육을 받으면 실험을 수행할 수 있도록 실험 절차를 최대한 표준화하였다.

(1) 실험에서 처치해야 할 변인 결정하기

실험자극으로 제시된 시나리오만이 피험자의 반응에 영향을 주어야 연구자가 확인하고자 하는 결과가 도출될 수 있다. 이를 위해 시나리오를 적절하게 만드는 것과 시나리오 외에 피험자에게 영향을 줄 수 있는 자극을 통제하는 것이 중요했다. 이 연구에서는 주변인이 인식하는 위협 수준에 따라 주변인의 반응이 달라지는지 여부를 확인하는 것을 목적으로 했다. 이에 비용-보상 모델과 인지 평가 모델에 근거하여 실험자극을 조작하였다. 이 연구의 독립변인이 주변인이 인식하는 위협 수준이므로 제시되는 실험자극이 피험자들에게 높은 수준의 위협으로 여겨지는 자극과 낮은 수준의 위협으로 여겨지는 자극을 조작해야 했다. 인지 평가 모델에 따르면, 피험자들의 과거 경험이나 내적 자원 등으로 인해 특정 상황에 따라 저마다 다른 해석을 할 수 있어 피험자의 해석 자체를 조작하는 것이 이 실험에서 가장 중요한 것이었다. 그래서 어떻게 하면 피험자들의 상황에 대한 해석 자체를 연구자가 의도한 대로 안내할 수 있을까가 가장 고민이 되는 지점이었다. 인지 평가 모델에서 제시하는 상황 해석에 대한 다양한 내적 변인(예: 내적 자원 등)을 통제할 수 없는 상황이었고 윤리적인 문제로 피험자들을 실제 학교폭력이 발생하는 상황에 노출시키기도 어려웠으며, 자연 상태에서 벌어지는 학교폭력에 대한 학생들의 반응을 관찰하는 실험이 아닌 조건에서 선택한 방식은 시나리오를 활용한 실험자극을 제작하는 것이었다. 따라서 학교폭력에 대한 시나리오를 제시할 뿐만 아니라 그 상황에 대해 피험자가 해석하는 사고 과정까지 제시하여 피험자가 이러한 내적 사고 과정을 함께할 수 있도록 시나리오를 제작하였다.

연구에서 사용할 시나리오를 제작하기 위해 또래로부터 괴롭힘을 당하는 상황을 담고 있는 시나리오를 활용한 연구물들(Yeager et al., 2011; Nordgren et al., 2011)과 신체 폭행과 욕설 그리고 폭언이 학교폭력에서 가장 높은 비율로 나타나고 있다는 실태조사 결과(홍종관, 2012)에 근거하여 한 학생이 여러 학생으로부터 지속적으로 신체적 폭력을 당하고 욕설과 폭언을 듣는 상황을 시나리오에 담았다. 이때, 인지 평가 모델에서 행동 반응에 영향을 준다고 제시한 상황을 해석하는 것, 그 상황에서 자신이 피해자를 돕는 행동을 했을 때 결과를 예상하는 내적 사고 과정을 연구자의 의도에 따라 제시하였다.

내적 사고 과정은 낮은 위협 수준과 높은 위협 수준에 따라 달리 제시하였다. 위협의 수준 차이를 두기 위해 또래 괴롭힘 상황에서 피해자를 돕는 학급 구성원의 수에 차이를 두었다(낮은 위협 수준: 2~3명, 높은 위협 수준: 0명). 연구들에 따르면, 학교폭력이 발생했을 때 다른 주변인이 그 상황에 소극적인 모습을 보이는 경우 자신이 다른 주변인과 달리 적극적으로 개입하게 되면 곤란한 상황에 처할 거라고 여기게 된다(Thornberg, 2007). 이는 또래 괴롭힘 상황에서 피해자를 지지하는 사람의 존재 여부가 주변인의 상황에 대한 해석에 영향을 줄 수 있음을 암시하므로 이 연구에서는 피해자를 돕는 학급 구성원의 수(2~3명, 0명)를 달리하여 위협 수준에 차이가 생기게 했다. 또한 시나리오에서 그 상황에서 자신이 피해자를 도왔을 때 예상되는 결과에 대한 생각에도 차이를 두었다. 낮은 위협 수준의 시나리오는 자신이 피해자를 도와줘도 따돌림을 당하지는 않을 것을 예상하는 내용으로 구성하였고, 높은 위협 수준의 시나리오에는 자신도 따돌림을 당할 거라고 예상하는 내용으로 구성하였다. 그리고 피험자들에게 최대한 '나'의 입장이 되도록 노력하기를 요청하고 '나'가 되어 어떤 감정을 느끼고 생각할지, 어떤 행동을 할지 집중해 주도록 요청했다. 또한 마치 피험자가 그 상황에 있는 것처럼 느끼도록 돕기 위해 학교폭력 피해자가 따돌림을 경험하는 상황을 그림으로 제시하였으며, 장면마다 음성 파일을 넣어 시청각을 통해 내적 사고 과정에 몰입하도록 도왔다. 이 연구에서 시나리오를 통해 제시한 내적 사고 과정의 예시는 다음과 같다.

[그림 2-1] 낮은 위협 수준 시나리오 일부

[그림 2-2] 높은 위협 수준 시나리오 일부

비용-보상 모델과 인지 평가 모델, 그리고 학교폭력 관련 선행연구들을 근거로 시나리오를 제작하였으나 본 실험을 실시하기 앞서 제작한 시나리오가 실제 연구자의 의도대로 피험자들에게 영향을 줄지 여부를 확인할 필요가 있었다. 실험 연구가 성공적으로 이루어지기 위해 가장 중요한 부분이 연구자가 조작한 실험처치가 연구자의 의도대로 피험자에게 영향을 주어야 하므로 실험자극이 잘 조작되어야 한다. 이는 실험자극을 제작할 때도 고려해야 할 사안이지만 제작한 후에도 검토되어야 할 사안이기도 하다. 따라서 이 연구에서는 시나리오 내용의 적절성과 가독성을 중학교 생활지도부에서 3년 이상 근무한 중학교 교사 1인과 5년 이상 중·고등학교에서 담임을 맡은 교사 1인에게 감수를 받아 수정·보완하고 교육상담전공 박사수료생 2인과 교육상담전공 교수 1인에게 최종적으로 점검받았다. 또한 실험 실시 과정의 문제점을 확인하고 이를 보완하기 위해 중학교 교사 2인, 교과교육학 박사수료생 1인, 교육상담전공 박사수료생 1인을 대상으로 예비실험을 실시한 뒤 피드백을 받아 시나리오를 수정 및 보완하고 연구절차를 정교화하였다.

(2) 통제시켜야 할 변인을 결정하기

통제변인을 결정하는 것은 연구의 내적 타당도와 관련된 내용이다. 실험 연구에서는 종속변인에 영향을 줄 수 있는 독립변인 외 다른 변인들을 잘 통제하는 것이 중요하다. 그렇지 않으면 연구결과가 독립변인으로 인한 것이라고 말하기 어렵기 때문이다. 하지만 다른 모든 변인을 통제하는 것은 불가능하므로 외재변인의 영향을 최소화하기 위해 노력해야 한다. 이를 위해 연구자는 실험을 계획할 때 최대한 독립변인 외 종속변인에 영향을 줄 수 있는 변인들이 무엇인지 파악하고 이를 통제할 수 있는 방안들을 모색해야 한다. 이 연구에서는 실험자극으로 제시된 시나리오 외에 피험자 반응에 영향을 줄 수 있는 개인 특성으로 이전 학교폭력 피해 경험, 개인의 사회적 관심 등이 될 수 있을 것으로 예상하였다. 피해 경험이 있는 경우에는 시나리오에 등장하는 인물 중 주변인의 입장에 감정이입하라는 요구를 받는다고 하더라도 피해자에게 감정이입을 할 가능성이 높기 때문일 것으로 판단했다. 사회적 관심은 타인 지향적 특성으로 사회적 관심이 높으면 타인을 정서적으로 공감하고 돕는 활동을 한다(Crandall, 1976, 1980; Macaskill et al., 2001). 게다가 이 연구에서 사회적 관심을 측정하기 위해 사용한 척도의 하위요인은 공감적 관심과 이타적 관심으로, 종속변인인 친사회적 정서 및 도움 의도와 같은 친사회적 특성을 예측하는 요인이다(Batson, 1987, 1991). 이 연구에서는 종속변인이 친사회적 정서와 도움 의도이므로 사회적 관심은 시나리오에 대한 개인 반응에 영향을 줄 것으로 예상 가능했다.

| note |

- 연구의 내적 타당도: 독립변인이 종속변인의 변화에 실제로 영향을 미치는 정도를 의미하며, 이를 저해하는 요인으로는 실험이 진행되는 과정에서 시간에 따른 참여자들의 변화를 의미하는 성장, 예기치 않은 사건을 의미하는 역사, 선발 편향 등이 있다.
- 연구의 외적 타당도: 실시하는 연구결과가 다른 환경이나 대상에게 일반화될 수 있는 정도를 의미하며, 이를 저해하는 요인으로 인위적 실험 환경 자체, 검사와 처치, 선발과 처치의 상호작용 등이 있다.

(3) 피험자들을 배치하는 절차를 명세화하기

이 연구에서는 선발 편향을 막기 위해 무선할당을 시행하였다. 피험자를 무선할당하기 위해 제비뽑기 방식을 선택하였다. A, B, C 각각이 기입된 종이 쪽지를 접어 통속에 넣고 피험자로 하여금 제비뽑기를 하게 하였다. 피험자들은 실험 전 실험 과정에 대한 설명을 간략하게 들은 뒤 제비뽑기를 통해 세 집단(A집단, B집단, C집단)에 무선할당하는 것으로 계획하였다.

(4) 실험처치 효과를 민감하고 정확하게 측정할 수 있는 종속변인을 결정하기

실험처치를 적절하게 수행하더라도 그로 인한 효과를 민감하게 측정하지 못하면 연구가 성공적으로 수행되기 어렵다. 그래서 실험 연구에서는 처치 조작과 함께 종속 변인을 민감하게 감지할 수 있는 도구를 찾는 것도 연구가 성공적으로 수행됨에 있어 매우 중요한 부분이다. 특히 이 연구는 피험자들이 시나리오를 보고 위협을 인식해야 그로 인한 반응을 확인하는 것이 의미가 있다. 또한 이 연구에서는 피험자가 피해자의 고통을 인식함에도 불구하고 피해자를 돕게 되면 자신이 입게 될 피해 때문에 피해자를 돕지 않는다는 것을 가정하므로 피험자가 피해자의 고통을 인식하는 것이 실험의 전제조건이 되어야 한다. 따라서 독립변인인 실험자극으로 인해 종속변인인 피험자들의 친사회적 정서와 도움 의도를 민감하게 측정하는 것도 중요하지만 실험 자극 자체로 위협을 인식했는지, 그게 연구자가 의도한 대로 집단 간 차이가 있거나 혹은 없는지, 실험자극이 제시된 후에 종속변인뿐만 아니라 피험자가 느끼는 위협 정도와 피해자의 고통을 어느 정도 인식했는지를 확인해야 했다.

연구자가 의도한 대로 실험처치가 잘 조작되었는지를 확인하기 위해 실험 연구는 대부분 조작 점검을 하는데 이를 위한 도구 역시 민감하고 타당해야 한다. 측정 도구의 민감성과 타당성은 도구가 신뢰롭고 타당한 절차를 통해 개발되었는지, 해당 도구를 선행연구에서도 연구자가 확인하고자 하는 특성을 파악하는 데 사용했던 적이 있었는지 등을 통해 확인할 수 있다. 또한 이 연구의 경우 연구대상자가 중학생이었으므로 측정 도구 선정 시 문항 수와 문항이 표현되는 방식을 고려하였다. 이 연구에서 제공되는 시나리오는 피험자의 정서적 반응을 이끌어 내는 것이므로 이를 확인하기 위한 문항이 많거나 어렵게 표현되면 피험자들이 이를 읽고 이해하는 데 초점을 두게 되어 실험자극으로 인한 정서 반응을 민감하게 감지하기 어려울 것으로 예상하였다. 그래서 도구가 신뢰롭고 타당한 절차를 통해 개발되었으면서도 문항의 표현 방식이 중학생이 이해하기 쉽고 문항 수도 최대한 적은 도구를 찾기 위해 노력했다. 조작 점검을 위해 문항이 그림으로 제시되어 있는 SAM(Self-Assessment Manikin)(김민우 외, 2011)과 Faces Pain Scale(김경운, 2010)을 사용하였다.

종속변인인 친사회적 정서와 도움 의도를 측정하는 도구의 경우에도 도구가 신뢰롭고 타당한 절차를 통해 개발되었으면서도 중학생들이 이해하기 쉬운 언어를 사용한 문항으로 구성되어 있고, 되도록 적은 문항으로 해당 변인을 측정할 수 있는 도구를 선정하였다.

(5) 적절한 분석방법을 선택하기

이 연구에서는 두 개의 연구문제를 설정하였다. 하나는 '높은 위협 수준을 지각한 집단과 낮은 위협 수준을 지각한 집단은 친사회적 정서 반응 정도와 피해자에 대한 도움 의도에서 차이가 있는가?'이고, 다른 하나는 '동일하게 높은 위협 수준이 담긴 시나리오를 접했을 때, 가치 확인 활동 여부에 따라 친사회적 정서 반응 정도와 피해자에 대한 도움 의도에서 차이가 있는가?'였다. 이를 위해 A집단(낮은 위협 수준의 시나리오 제시 & 가치 확인 활동 無), B집단(높은 위협 수준의 시나리오 제시 & 가치 확인 활동 無), C집단(높은 위협 수준의 시나리오 제시 & 가치 확인 활동 有)을 설정하였다. 첫 번째 연구문제를 확인하기 위해 A집단과 B집단의 종속변인 차이를 검증하였고, 두 번째 연구문제를 확인하기 위해 B집단과 C집단의 종속변인 차이를 검증하였다.

A집단과 B집단의 경우 사회적 관심 점수에서 유의한 차이를 보이지 않았으므로 사전검사점수를 통제할 필요가 없어 집단 간 평균 비교를 위해 t검정을 실시하였다. B집단과 C집단의 경우에는 두 집단 간 사회적 관심 점수에서 통계적으로 유의한 차이가 있어 가치 확인 활동의 효과를 확인하기 위해 두 집단을 비교할 때 사전검사점수를 통제할 필요가 있었다. 무선할당을 하였더라도 처치 효과 이외에 개인차 변인으로 인해 집단 간 차이가 발생할 수 있어 사전에 집단 간 차이가 확인된 경우에는 이를 통계적으로 통제하기 위해 공분산분석으로 자료를 분석하면 된다. 이에 이 연구에서는 B집단과 C집단의 경우에는 사전검사점수를 통제하고 친사회적 정서와 괴롭힘 상황에 대한 개입 행동에서 평균 차이를 검증해야 하므로 공분산분석을 실시하였다. 공분산분석은 처치효과 이외 오차요인의 효과로 인해 생길 수 있는 집단 간 차이를 같도록 통계적으로 조절해 주므로 실험 연구 시 자료 분석에 많이 사용되는 자료 분석 방법이다(변창진, 문수백, 1999).

3) 자료 분석 및 결과 해석

Q: 이 연구방법론을 적용하여 연구를 하면서 어떤 방식으로 데이터를 수집하고 분석했나요?

연구대상 집단을 실험자극에 따라, 개입 여부에 따라 세 집단으로 구분하였지만 각 집단에 동일한 설문을 제공했다. 설문을 통해 수집한 자료는 집단 간 평균 비교인 t검증과 사전점수를 통제한 상태에서 사후검사점수를 비교하는 공분산분석을 통해 분석하였다.

　　앞서 소개한 것처럼 실험을 통해 수집한 자료는 t-test와 공분산분석으로 분석하였다. t-test는 여러 사회과학 분야 통계 및 연구방법론 교재에서 많이 다루는 기초통계이므로 여기서는 주로 공분산분석을 중심으로 SPSS를 활용하여 분석하는 방법을 소개하고자 한다.

　　공분산분석은 독립변수 외 종속변수에 영향을 주는 외재변수의 효과를 실험적으로 통제할 수 없을 경우 통계적으로 통제하기 위해 사용되는 방법 중 하나이다(임시혁, 2002). 이 연구의 경우, 높은 위협 수준의 자극만을 제시한 B집단과 높은 위협 수준의 자극을 제시한 뒤 가치 확인 활동을 한 C집단이 사회적 관심에서 차이가 있음이 확인되었으므로 두 집단의 친사회적 정서와 도움 의도를 비교함으로써 가치 확인 활동의 효과를 확인하기 위해 사회적 관심을 통제해야 했다. 이를 위해 공분산분석을 사용하였다.

　　이 연구의 공분산분석에서 독립변수는 가치 확인 활동 여부에 따른 집단(B집단: 가치 확인 활동 미실시, C집단: 가치 확인 활동 실시), 종속변수는 친사회적 정서와 도움 의도, 통제해야 하는 공변수는 사회적 관심이다. 친사회적 정서는 '나'의 입장에서 느꼈던 감정이나 기분 중 친사회적 정서로 분류되는 정서로 5개 문항으로 구성되어 있고, 도움 의도는 회피 및 무개입 행동, 어른에게 도움 요청, 피해자 위로 및 도움, 가해자 대응 및 피해자 도움 각각에 어느 정도 할 것인지 표시하는 4개 문항으로 구성되어 있다. 분석 시, 친사회적 정서는 5개 문항의 평균값을 산출하여 하나의 변수로 만들었고, 도움 의도는 각 문항 자체를 하나의 변수로 설정하였다. 이후부터는 SPSS에서 공분산분석을 시행하는 방법에 대해 도움 의도 중 피해자 위로 및 도움을 종속변수로 설정한 사례를 중심으로 간략하게 설명하겠다.

　　먼저, SPSS에서 공분산분석을 시행하려면, [분석] → [일반선형모형] → [일변량]을 순서대로 누른다.

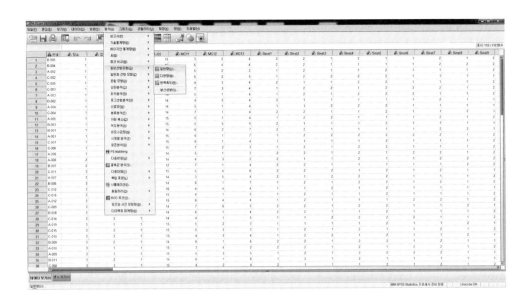

　다음으로, 종속변수에는 종속변수에 해당하는 변수인 도움 의도 중 '피해자 위로 및
도움'을 넣고, 공변량에는 공변수에 해당하는 '사회적 관심'을, 고정요인에는 독립변수
인 가치 확인 활동 여부에 해당하는 '가치 확인 집단'을 넣는다.

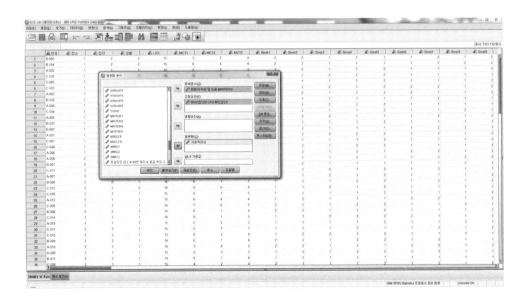

　각 집단의 평균과 표준편차와 같은 기술통계량 등을 확인하고 싶은 경우에는 [옵
션]을 클릭하여 다음과 같이 확인하고자 하는 값을 선택한다.

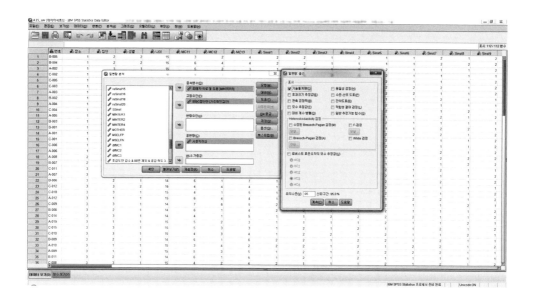

또한 SPSS는 공분산분석에서 공변량으로 설정한 변수를 고려하여 종속변수의 교정된 평균값을 계산해 준다. 이를 확인하기 위해서는 다음과 같이 [EM 평균]을 클릭하고 [평균 표시 기준]에 독립변수를 넣어 주면 된다.

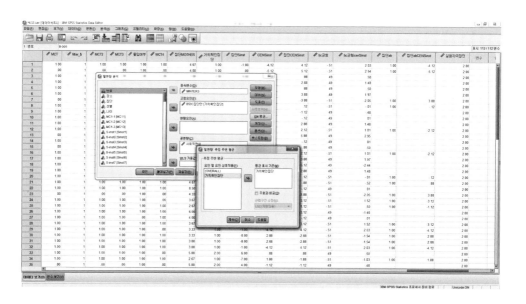

[옵션]이나 [EM 평균]에서 확인하고자 하는 값까지 선택했으면 [계속]-[확인]을 클릭하면 다음과 같이 출력결과가 나온다.

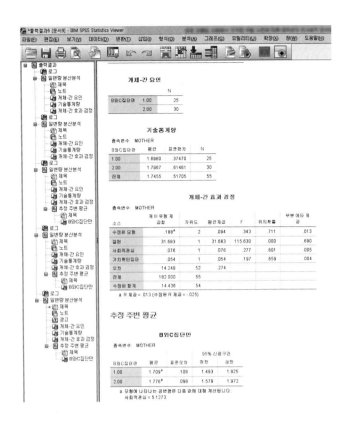

분석 결과에서 기술통계량의 각 집단 평균값과 추정 주변 평균에서 각 집단 평균값을 확인해 보면, 값이 다름을 확인할 수 있을 것이다.

3. 연구결과 기술하기

Q: 연구결과 분석 시, 특별히 주의해야 할 점은 무엇인가요?

실험을 통해 수집한 자료를 코딩하고 이를 분석에 활용할 때, 역채점 문항을 리코딩하고 이를 전체 합산이나 평균 계산을 할 때 적용해야 한다. 또한 자료 중 아웃라이어(outlier: 이상치)가 존재할 수 있는데 실험 연구의 경우 자료가 통계검증력을 충분히 높일만큼 많기 어려우므로 아웃라이어 처리 방식에 대해 신중히 선택해야 한다. 산포도를 통해 아웃라이어를 확인했더라도 분석 시 아웃라이어를 배제하는 선택을 할 때 그 근거가 충분히 타당한지, 아웃라이어를 배제하는 것이 오히려 분석에 bias가 발생하게 하는 건 아닌지 충분히 검토해야 한다.

이 연구에서는 연구문제를 두 개 설정했으므로 연구결과도 각 연구문제별로 제시하였다. 먼저, 위협 수준에 따른 주변인의 반응에 있어서 차이가 있는지 검증한 결과를 제시하고 다음으로 가치 확인 활동 여부에 따라 주변인의 반응에 있어 차이가 있는지 검증한 결과를 제시하였다. 또한 두 경우 모두 피험자들이 실험자극에 연구자가 의도한 대로 영향을 받았는지 확인하기 위해 조작 점검 결과를 제시하였다.

연구결과를 간단하게 제시하자면, 먼저 위협 수준에 따른 피험자의 친사회적 정서(t=3.046, p<.01)와 도움 의도 중 피해자 도움 및 위로 행동 의도(t=2.892, p<.01)에 있어 차이가 나타났으며 이는 통계적으로 유의했다. 다시 말해, 높은 위협 수준을 인식하는 경우에는 낮은 위협 수준을 인식하는 경우보다 친사회적 정서와 피해자 위로 및 도움 행동 의도가 낮게 나타났다. 다음으로, 높은 위협 수준을 인식하더라도 가치 확인 활동을 한 집단과 하지 않은 집단을 비교하여 가치 확인 활동이 피험자의 반응에 영향을 주는지 확인하였다. 그 결과, 가치 확인 활동을 실시한 집단이 실시하지 않은 집단에 비해 친사회적 정서와 피해자 도움 및 위로 행동 의도의 평균값이 높게 나타났다. 하지만 위로 및 도움 행동 의도(F=4.264, p<.05)에서만 그 차이가 통계적으로 유의하였다. 이후부터는 앞서 제시한 SPSS에서 공분산분석을 시행하는 방법으로 도출된 분석 결과를 논문에 연구결과로 정리한 내용을 중심으로 연구결과를 보다 자세히 기술함으로써 실험 연구에서 조작 점검 결과를 제시하는 예시, 공분산분석 결과를 제시하는 예시를 설명하고자 한다. 이를 위해 두 번째 연구문제 결과를 보다 구체적으로 제시하고자 한다.

1) 실험자극 조작 확인

이 연구에서는 종속변인에서의 집단 간 차이를 확인하기에 앞서, 실험자극이 피험자에게 영향을 주었는지 여부를 확인하였다. 실험자극이 피험자에게 위협을 주도록 조작했으므로 실제 피험자가 실험자극을 그렇게 느꼈는지 확인해야 했다. 이를 위해 SAM 척도를 활용하여 시나리오를 제시하기 전과 시나리오를 본 이후의 피험자의 정서상태가 변화하는지 여부를 확인하였다. SAM 척도는 세 가지 그림으로 구성되어 있는데, 첫 번째 그림은 자극에 대한 피험자의 호감도, 두 번째 그림은 각성도, 세 번째 그림은 통제감을 측정할 수 있다. 호감도는 자극에 대한 긍정성이나 부정성, 각성도는 자극이 유발하는 정서의 각성 정도, 통제감은 피험자가 자극에 대해 느끼는 주도감이나 영향력을 의미한다. 따라서 실험자극이 피험자에게 영향을 준다면 실험자극 제시 전과 제시 후 SAM 척도의 값이 달라져야 하며, 이 연구의 두 번째 연구문제를 확인하기 위한 실험의 경우에는 B집단과 C집단에 제시된 위협 수준과 관련된 자극이 동일하므로 두 집단 간 SAM 척도 값은 차이가 없어야 한다. 실제 이 연구에서도 피험자에게 위협을 주는 시나리오 자극으로 인한 정서변화는 나타났으나, 두 집단 간 차이는 통계적으로 유의하지 않았다. 이에 대한 결과를 기술할 때는 분석 결과를 표로 정리한 내용과 함께 그 결과를 설명한 내용을 제시한다. 다음은 시나리오 자극으로 인한 정서변화를 확인한 결과를 제시한 결과표이다. 정서변화를 확인하기 위해서는 종속표본 t검정을 실시하였으므로 결과 제시 방식은 종속표본 t검정 결과 제시 방식과 동일하다.

〈표 2-1〉 시나리오 자극으로 인한 정서변화에 대한 종속표본 t검정 결과

정서 차원	측정 시기	사례 수	평균	표준편차	t값
호감도	사전	55	4.95	1.33	12.403***
	사후	55	2.55	0.77	
각성도	사전	55	2.65	1.51	−5.286***
	사후	55	4.00	1.45	
통제감	사전	55	4.16	1.21	5.591***
	사후	55	2.96	1.47	

*** $p < .001$.

사전-사후 점수 간 차이나 집단 간 차이와 같은 차이를 검증하는 통계분석 결과를 제시할 때는 표에 비교하는 점수들 각각의 평균값과 표준편차값, 차이 검증을 위한 통계치를 제시하는 것이 기본이다. 또한 표에 통계값의 유의수준을 *표로 표시한 경우에는 해당 표시가 무엇을 의미하는지 표 아래에 제시해 주어야 한다. 〈표 2-1〉에서는 ***만 있으므로 이에 대한 의미만 표 아래 제시하였다.

다음으로, 이 연구에서는 주변인이 학교폭력 피해자의 고통을 인식함에도 불구하고 피해자를 도울 때 자신이 입게 될 피해 때문에 피해자를 돕지 않음을 가정하므로 피험자가 실험자극을 통해 피해자의 고통을 인식하는 것이 전제가 되어야 한다. 따라서 피험자에게 시나리오를 노출한 후 피험자가 피해자의 고통을 어느 정도 인식했는지 확인했으며, B집단과 C집단에는 동일한 시나리오가 제시되었으므로 집단 간 피해자의 고통에 대한 인식에 있어서 차이가 없어야 했다. 실제 연구에서 확인한 결과, B집단과 C집단의 피해자의 고통에 대한 인식 정도 차이는 통계적으로 유의하지 않았다. 이를 확인하기 위해 두 집단 간 평균 차이를 검증하는 t검정을 사용하였다. 〈표 2-2〉는 B집단과 C집단의 피험자 고통에 대한 인식 차이를 검증한 결과표이다. 표에서 무처치 집단은 B집단, 처치 집단은 C집단을 의미한다.

〈표 2-2〉 위협 수준에 따른 피험자 고통에 대한 인식 차이의 두 독립표본 t검정 결과

집단	무처치 집단 ($n_2=25$)	처치 집단 ($n_3=23$)
평균	4.66	4.62
표준편차	0.43	0.63
t통계값	0.294	

2) 가치 확인 활동의 효과를 확인한 결과 제시

조작 점검 결과를 제시한 후에는 분석 결과를 제시하였다. 두 번째 연구문제의 경우에는 가치 확인 활동을 실시한 집단과 실시하지 않은 집단 간에 친사회적 정서와 도움 의도에 있어 차이를 검증한 결과를 제시하였다. 집단 간 차이를 검증하기에 앞서 본 연구에서 실험을 실시할 때 무선할당을 했으나 개인 차이로 인해 편향 선발이 되었을 수 있으므로 종속변인에 영향을 주는 개인 변인인 사회적 관심에 있어 두 집단 간 차이가 있는지를 먼저 확인하였다. 그 결과, 무처치 집단에 비해 처치 집단에 할당된 피험자들의 평균값이 더 높았으며 그 차이가 통계적으로 유의하게 나타났다. 따라서 두 번째 연구문제의 경우에는 공분산분석을 통해 가치 확인 활동에 따른 종속변수의 차이를 검증하였다. 그 결과, 두 집단 간에 친사회적 정서의 차이는 통계적으로 유의하지 않았다. 다음은 가치 확인 활동 실시에 따른 친사회적 정서에 대한 기술통계값과 공분산분석 결과를 표로 제시한 것이다.

3. 연구결과 기술하기 **71**

〈표 2-3〉 가치 확인 활동 실시에 따른 친사회적 정서에 대한 기술통계

집단	가치 확인 활동 무처치 집단 ($n_2 = 25$)	가치 확인 활동 처치 집단 ($n_3 = 30$)	전체 ($n_t = 55$)
친사회적 정서 평균(표준편차)	1.70(0.37)	1.79(0.61)	1.75(0.52)
교정 친사회적 정서 평균 (표준오차)	1.71(0.11)	1.78(0.10)	1.74(0.07)

〈표 2-4〉 가치 확인 활동 실시에 따른 사후 친사회적 정서에 대한 공분산분석 결과

분산원	제곱합	자유도	평균제곱	F
공분산 (사회적 관심)	0.076	1	0.076	0.277
가치 확인 활동 실시 여부	0.054	1	0.054	0.197
오차	14.248	52	0.274	
합계	182.000	55		

다음으로 피해자에 대한 도움 의도가 가치 확인 활동 실시 여부에 따라 다른지 확인하였다. 이를 위해 각각의 도움 의도를 종속변수로 설정하고 사회적 관심을 공변량으로 설정하여 공분산분석을 실시하였다. 그 결과, 가치 확인 활동을 실시한 집단이 실시하지 않은 집단에 비해 괴롭힘 상황을 회피하고 피해자를 돕지 않겠다고 응답한 정도가 더 낮은 반면, 어른들에게 도움을 요청하는 소극적 도움과 피해자를 위로하고 도우려는 의도, 가해자에게 맞서면서 피해자를 돕는 적극적 도움 의도에서는 더 높았다. 하지만 피해자를 위로하려는 의도에서만 그 차이가 통계적으로 유의하게 나타났다($F = 4.264$, $p < .05$). 다음은 사회적 관심이 통제되었을 때 각 도움 의도에서 집단별 평균과 표준편차를 제시한 표와 피해자 위로 및 도움에서의 공분산분석 결과를 제시한 표이다.

〈표 2-5〉 가치 확인 활동 실시에 따른 각 개입 의도에 대한 기술통계

구분	집단	가치 확인 활동 무처치 집단 ($n_2 = 25$)	가치 확인 활동 처치 집단 ($n_3 = 30$)	전체 ($n_t = 55$)
회피 및 무개입 행동	평균(표준편차)	2.72(0.85)	2.48(0.87)	2.59(0.86)
	교정 평균(표준오차)	2.65(0.17)	2.54(0.16)	2.60(0.11)
어른에게 도움 요청	평균(표준편차)	3.50(0.84)	3.67(0.78)	3.59(0.81)
	교정 평균(표준오차)	3.50(0.17)	3.67(0.15)	3.58(0.11)
피해자 위로 및 도움	평균(표준편차)	2.58(0.72)	3.15(0.82)	2.89(0.82)
	교정 평균(표준오차)	2.65(0.16)	3.09(0.14)	2.87(0.10)
가해자 대응 및 피해자 도움	평균(표준편차)	2.48(0.80)	2.92(0.97)	2.72(0.91)
	교정 평균(표준오차)	2.52(0.18)	2.88(0.17)	2.70(0.12)

〈표 2-6〉 가치 확인 활동 실시에 따른 피해자 위로 및 도움 의도에 대한 ANCOVA 결과

분산원	제곱합	자유도	평균제곱	F
공분산 (사회적 관심)	1.922	1	1.922	3.333
가치 확인 활동 실시 여부	2.459	1	2.459	4.264*
오차	29.993	52	0.577	
합계	496.000	55		

* $p < .05$.

분석 결과를 제시할 때는 통계적으로 유의한 결과가 나타난 표만 제시하는 것보다 유의하지 않게 결과가 나온 경우도 모두 제시하는 것이 연구결과에 대한 독자들의 이해를 돕는 데 보다 도움이 된다. 여기에는 공분산분석 결과 집단 간 차이가 통계적으로 유의하게 확인된 결과만 제시하였으나 실제 논문에는 유의하지 않은 경우도 모두 표로 제시하였다.

4. 논의 및 제언 기술하기

Q: 본인 연구가 상담학 연구 분야에 기여한 부분은 무엇인가요?

학교폭력에 대한 선행연구들은 학교폭력 상황에서 반응하는 방식에 따라 학생들을 유형화하거나 이들의 친사회적 행동을 향상시키는 데 기여할 수 있는 요인들을 확인하는 데 초점을 두고 있었다. 이 연구들은 청소년의 복잡한 내적 상황을 충분히 담지 못하고 있었다. 반면, 이 연구에서는 좀 더 학교폭력 상황에 당면한 청소년의 복잡한 심리 상태를 고려하여 학교폭력 상황을 이해하는 데 도움이 될 만한 정보를 주었다. 또한 학교폭력 상황에서의 반응을 다룸에 있어 청소년 개개인이 추구하는 가치를 확인하는 활동만으로도 친사회적 행동이 향상될 수 있음을 보여 줌으로써 청소년 개개인이 가치를 추구하는 행위가 개인뿐만 아니라 공동체에도 도움이 될 가능성이 있음을 시사하였다.

Q: 앞으로 이 분야 연구를 하기 위해 후속 연구자들이 유념해야 할 부분은 무엇인가요?

학교폭력은 그 발생부터 처리까지 학급이나 학교 공동체를 고려하는 것이 중요하다. 학교에서 발생하는 폭력 사건은 가해자와 피해자만의 문제가 아니라 학급 혹은 학교 전체의 문제로 바라봐야 한다. 그래야 폭력 사건을 잘 이해할 수 있으며, 적절한 개입 방안도 찾아낼 수 있다. 가해자의 특정 성향이나 가정 배경, 피해자의 특정 성향이나 가정 배경만으로 그 행동을 설명하려는 시도보다는 학급이나 학교 전체 안에서 발생하는 역동을 파악하고 이를 긍정적인 방향으로 이끌어 낼 수 있는 환경을 만들어 주는 것에 초점을 두어야 할 것이다.

참고문헌

김경운(2010). 한국어판 Faces Pain Scale의 언어학적 타당성 검증-백혈병 아동을 대상으로. 한국모자보건학회지, 14(1), 74-82.

김민우, 최준식, 조양석(2011). 고려대학교얼굴표정모임집(KUFEC)과 의미미분법을 통한 정서차원평정. 한국심리학회지: 일반, 30(4), 1189-1211.

변창진, 문수백(1999). 사회과학연구를 위한 실험설계 · 분석의 이해와 활용. 서울: 학지사.

임시혁(2002). 공분산분석의 이해와 적용. 서울: 교육과학사.

홍종관(2012). 학교폭력의 실태, 원인 그리고 대처에 관한 연구. 초등상담연구, 11(2), 237-259.

Batson, C. D. (1987). Prosocial motivation: Is it ever truly altruistic? In L. Berkowitz (Ed.), *Advances in experimental social psychology* (Vol. 20, pp. 65-122). Orlando, AL: Academic Press.

Batson, C. D. (1991). *The altruism question: Toward a social-psychological answer.* Hillsdale, NY: Erlbaum.

Crandall, J. E. (1976). Social interest, cooperation, and altruism. Individual Psychology. *The Journal of Adlerian Theory, Research, and Practice, 32,* 50-54.

Crandall, J. E. (1980). Adler's concept of social interest: Theory, measurement, and implications for adjustment. *Journal of Personality and Social Psychology, 39,* 481-495.

Lazarus, R. S., & Folkman, S. (1984). *Stress, appraisal, and coping.* New York: Springer.

Macaskill, A., Maltby, J., & Day, L. (2001). An exploration of social interest in British students post-conservatism. *Journal of Individual Psychology, 57,* 389-399.

Nordgren, L. F., Banas, K., & MacDonald, G. (2011). Empathy gaps for social pain: Why people underestimate the pain of social suffering. *Journal of Personality and Social Psychology, 100,* 120-128.

Piliavin, J. A., Dovidio, J., Gaertner, S., & Clark, R. D. (1981). *Emergency intervention.* New York: Academic Press.

Thornberg, R. (2007). A classmate in distress: schoolchildren as bystanders and their reasons for how they act. *Social Psychology of Education, 10,* 5-28.

Yeager, D. S., Trzesniewski, K. H., Tirri, K., Nokelainen, P., & Dweck, C. S. (2011). Adolescents' implicit theories predict desire for vengeance after peer conflicts: Correlational and experimental evidence. *Developmental Psychology, 47,* 1090-1107.

제3장

게임행동 모니터링이 대학생의 인터넷 게임행동 조절에 미치는 영향: 위계적 선형모형(HLM)을 활용한 실험 연구[1]

개요

이 장은 게임행동 모니터링이 대학생의 인터넷 게임행동 조절에 어떠한 영향을 미치는지를 알아보기 위한 필자의 학위논문[2] 내용을 기초로 하여 비대면으로 실험설계를 구성하는 것에 대해 소개하고자 한다. 주요 내용은 다음과 같다. 첫째, 연구주제를 정하게 된 과정에 대해 기술하였다. 여러 갈등과 어려움 속에서 연구자의 고민을 구체화하는 과정을 담고자 하였다. 둘째, 연구자가 설정한 주제를 가장 잘 보여 줄 수 있는 연구방법을 어떻게 결정하게 되었는지에 대해 기술하였다. 연구설계와 연구분석에 대한 부분으로 나누어 제시하였으며, 위계적 선형모형(HLM)을 활용하여 종단자료를 분석했던 절차에 대해서 이해하기 쉽게 설명하고자 하였다. 셋째, 해당 연구의 결과와 이에 대한 상담학적 함의, 그리고 제한점 등에 대해 기술하였다.

---

1) 이 장의 내용은 금창민(2019)의 박사학위논문 중 일부를 발췌, 인용, 재구성하여 작성하였다.
2) 금창민(2019). 게임행동 모니터링이 대학생의 인터넷 게임행동에 미치는 영향: 시각적 피드백을 중심으로. 서울대학교 대학원 박사학위논문.

1. 연구주제 잡기

1) 연구주제 탐색 방법

Q: 대학원 생활 동안 관심을 가진 주제는 어떤 것이었나요?

1) 행동중독에 대한 관심

스마트폰 중독으로 석사학위논문을 쓰면서 행동중독에 대한 관심을 지속적으로 가져왔다. 스마트폰의 등장으로 인터넷 기반 미디어 매체의 활용이 급증하면서 사회적으로도 미디어와 관련된 행동중독이 꾸준히 주목을 받아 왔기 때문이다. 논문을 쓰기 위해서는 여러 행동중독 중 특정 영역, 주제 등을 좁혀 나가야 했지만, 박사과정에 들어와서 1년여 정도는 너무 조급하게 생각하지 않고 중독의 여러 영역을 열어 두고 다양하게 탐색하는 시간을 가졌다.

그러던 중 지도교수님과 함께 진행했던 '게임중독' 프로젝트가 있었다. 해당 프로젝트에서 나온 데이터를 분석하여 학회에서 발표할 기회가 있었고, 그때 발표를 하면서 생각보다 많은 사람이 게임중독 문제를 겪고 있으며 상담이나 교육장면에 있는 사람들 역시 많은 관심을 가지고 있다는 걸 알게 되었다. 이후 해당 주제를 좀 더 발전시키고 다듬어 해외에 나가서 포스터 발표를 진행했는데, 이때도 예상보다 많은 사람이 관심을 가지고 있다는 걸 확인하면서 필자의 관심사는 자연스럽게 게임중독으로 흘러가게 되었다.

정리하자면, 개인적으로 행동중독 쪽에 관심을 가지고 있었고, 이를 알고 계셨던 지도교수님께서 제안해 주신 게임중독 프로젝트에 들어가 경험할 기회를 잡았고, 또 내가 관심 있어 하는 분야에 대해 다른 사람들도 관심을 가지고 있다는 걸 알게 되면서 게임중독을 박사학위논문의 주제로 선정하게 되었다.

2) 상담에 대한 관심

필자는 연구 자체보다 상담현장에 관심이 많이 있었기에 실제로 행동중독 경향을 보이는 내담자를 어떻게 도와줄 수 있을지에 대해 늘 고민을 해 왔다. 중독에 대한 심리적 원인론 등을 파악하는 것도 흥미로운 일이지만, 중독의 문제를 실제적으로 겪는 내담자를 좀 더 직접적으로 도와줄 수 있는 방법에 대해 연구할 수는 없을까라는 생각을 자주 해 왔기 때문이다.

　　박사 수료 후, 필자는 대학상담기관에서 상담자로 근무하면서 인터넷, 게임 등 중독 문제를 가진 내담자들을 만났는데, 수업에서 배워 알고 있는 상담적 접근을 활용하는 데 한계를 경험하게 되었다. 특히 1년 가까이 만났지만 진전이 거의 없었던 게임중독 학생을 상담하면서 내가 어떻게 도와줄 수 있을지 보다 진지하게 고민하기 시작하였다. 그런 경험을 통해 '내가 실제적으로 도움을 줄 수 있는 것에 대해서 연구해 보자!'라는 마음을 먹게 되었고, 특히 필자가 지금 만나고 있는 대학생 내담자들에게 적용 가능한 방법이었으면 좋겠다는 생각으로 이끌었다.

3) 졸업 vs. 흥미

　　사실 필자는 대학교 때부터 '북한이탈주민'에 관심을 가지고 있었다. 관련 봉사활동이나 세미나도 많이 찾아다녔다. 대학원에 진학한 후에도 북한이탈주민과 관련된 활동 등을 하면서 관심사를 조금씩 키워 가긴 했지만, 현실적으로 대학원 생활을 병행하면서 탈북 집단에 대해서 연구를 수행할 수 있을 만큼 충분한 시간과 에너지가 없었다. 그러면서 필자는 고민에 빠지게 되었다. 더 많은 시간을 들여 그들을 경험하고 그 경험을 바탕으로 주제를 선정해 연구를 진행할 것인지, 아니면 좀 더 현실적으로 접근성이 있는 주제를 선택할지에 대한 갈등에 한동안 빠졌다.

　　이 고민은 결국 졸업이 먼저인가, 관심사가 먼저인가에 대한 고민으로 귀결되었는데, 한 가정의 가장이면서 대학원생이었던 필자는 현실적인 선택을 하기로 결심했다. 이런 결심에 아쉬움이 없지는 않았지만 결과적으로 후회할 선택은 아니었다. 왜냐하면 박사학위논문은 연구자로서 출발점이지 마지막이 아니라는 주변 선생님의 조언이 와닿았기 때문이다. 필자가 관심 있는 주제나 대상을 학위논문 과정을 통해 심도 있게 이해해 보는 것도 가치 있는 경험이지만 내가 학위논문만 쓰고 연구를 그만할 것은 아니기에 미래를 위해 개인 연구노트에 저장해 두는 것도 현명한 선택이라 생각한다.

Q: 학위논문 연구주제를 결정하면서 지도교수님과 나눈 대화 중 가장 인상적이었던 대화는 무엇인가요?

#1. '논문 자아' 인큐베이터

교수님: 금 선생, 논문 주제 생각해 봤나? 어떤 거 하고 싶나?

연구자: (제대로 준비하지 못한 주제를 들이밀며) 교수님, 이런 건 어떨까요?

교수님: 음⋯. 그래, 좋은 생각이네.

논문 주제를 잡기까지 여러 시행착오가 있었다. 인터넷중독 하겠다, 스마트폰중독 하겠다, 게임중독 하겠다, 중독 과정을 보겠다, 탈중독 과정을 보겠다, 증강현실로 중독 예방 프로그램 만들겠다 등등⋯. 갈팡질팡하면서 머리에 떠오르는 대로 정리되지 않은 주제들을 던지는 필자에게 교수님은 늘 '너의 생각은 좋은 생각'이라고 말씀해 주셨다. 시간이 흐른 뒤, 그러한 교수님의 화법이 누구에게든 자주 사용하시는 표현임을 알았음에도 불구하고 필자는 여전히 감사했다. 왜냐하면 교수님의 지지의 말이 논문이라는 커다란 장애물 앞에서 붕괴되기 쉬운 상태로 존재한 나의 '논문 자아(self)'를 지탱해 주는 든든한 버팀목이었기 때문이다. 그리고 그 말씀이 결코 빈말이 아니라는 것 역시 잘 알고 있었다. 석사과정 때에도 교수님께서는 논문 발표라는 커다란 장벽 앞에 서 있는 필자에게 다가오셔서 "우리는 한 팀이야. 지적 공동체지. 모르는 부분을 서로 채워 나가고, 질문을 통해서 완성도를 높여 나가는 것. 그게 우리가 지금까지 해 왔던 일이지. 지금까지 잘해 왔으니 너무 걱정 마, 내가 너의 뒤에 있을 거야. All right?"라고 말씀해 주셨다. 지도교수님의 지지라는 인큐베이터 안에서 필자의 '논문 자아'는 자라났고, 졸업이라는 큰 과업을 잘 해낼 수 있었다.

#2. 이젠, 네가 전문가야.

논문 심사 당일, 심사 전 지도교수님과 잠깐 이야기를 나눌 기회가 있었다. 발표 당일임에도 불구하고 여전히 고민되는 부분에 대해서 교수님께 자문을 구하면서 함께 논문 심사장으로 향했다.

연구자: 교수님, 이제 진짜 끝까지 왔네요.

교수님: 그래, 수고 많았다. 많이 떨리지?

연구자: 네, 너무 떨려요. 발표는 준비한 대로 하겠는데 제가 예상하지 못했던 질문이 나오면 어쩌죠?

교수님: 금 선생, 자네 연구에 관해서는 자네가 제일 잘 알아. 즉, 자네가 쓴 영역, 주제에 대해서는 자네가 가장 깊이 고민했고, 가장 많이 공부한 전문가라는 뜻이지. 겁먹지 말고 자신 있게 얘기해. 그리고 이게 자네의 시작이 될 거고, 자네는 그 분야의 전문가가 될 거야.

커다란 바위 앞에서 불안에 떨면서 무기력해지려는 필자에게 교수님의 지지와 격려는 큰 힘이 되었다. 이제 '그 분야의 전문가는 자네'라는 교수님의 말씀이 자신감을 불러일으켜 주었고, 다섯 명의 심사위원 앞에서 소신 있게 나의 주장을 펼칠 수 있게 해 주었다.

(1) 수업

박사과정의 수업은 주로 연구와 관련되어 진행되는 경우가 많았다. 수업 기말과제도 개별 혹은 팀별 연구계획서를 작성해야 하는 경우가 많이 있었다. 이러한 기회가 있을 때마다 연구하고 싶은 주제를 택하여 관련 논문들을 찾아서 읽어 보고 정리하면서, 관심 있는 분야의 연구 동향을 파악하고 추후 어떤 연구가 필요한지 고민해 볼 기회로 사용하였다. 예를 들면, 뇌에 대해 배우는 수업에서는 중독이 뇌에 미치는 영향에 대한 연구들을 찾아 정리해 보았으며, 프로그램 개발 수업에서는 중독과 관련된 다양한 프로그램을 살펴보고 치료의 핵심요소를 확인할 수 있었다. 박사과정이라는 바쁜 생활 속에서 따로 시간을 내어 연구를 진행하기보다는 수업 내에서 자신의 관심사를 확장해 가는 것이 효율적인 방법이 될 수 있다. 또한 수업을 진행하는 교수님과 동료들의 피드백을 자연스럽게 받을 수 있다는 장점이 있다.

(2) 프로젝트 경험하기

수업과 마찬가지로 연구실에서 지도교수님께서 진행하시는 다양한 프로젝트에 참여하면서 관심사를 확인할 수 있었다. 개인적으로 관심 있는 연구주제를 다룰 수 있는 수업과는 달리, 프로젝트는 이미 연구대상이나 주제가 정해져 있기 때문에 상대적으로 제한된 주제를 다루기는 하나, 연구의 시작부터 마무리까지 교수님과 선배들, 동료들과 협업하여 진행해 볼 수 있다. 이러한 프로젝트 경험은 연구주제를 명확히 하는 데 도움이 될 뿐만 아니라 연구 진행에 있어서 필자가 어떤 부분을 잘하고 어떤 부분이 취약한지 점검하는 데에도 유용하다. 예를 들어, 통계 등 분석은 잘하지만 연구의 필요성에 대한 논리적 설계가 부족하다는 것을 점검할 수 있다. 이때 특정 부분을 못한다는 인식에서 끝나는 것이 아니라, 필자가 못하는 부분을 잘하는 팀원들로부터 배울 수 있는 기회가 되어야 한다.

(3) 교수님들과 소통하기

대학원은 연구자를 길러 내는 곳이고, 이를 위해 교수님들은 최선을 다해 학생들의 연구를 지원하고 지지해 준다. 동시에 학생들 역시 연구를 위해 적극적으로 교수님을 찾아뵙고 자신의 연구에 대한 피드백을 받고자 노력해야 한다. 필자 역시 연구주제를 정하는 단계에서 지도교수님은 물론 학과의 다른 교수님들을 수차례 찾아뵙고 피드백을 구하는 과정을 거쳤다. 그 과정이 쉽진 않았다. 그 시간이 교수님들 앞에서 나의 부족함을 드러내는 것처럼 느껴졌고, 교수님들의 피드백 한마디가 머리를 싸매고 풀어야 하는 버거운 숙제처럼 느껴졌기 때문이다. 하지만 먼저 맞는 매가 더 가볍다는 사실은 기억하길 바란다. 교수님께서 던져 준 피드백은 필히 자신의 논문이 마무리되기 전 언젠가는 한번 점검되어야 하는 부분이며, 정교화되어야 하는 부분이다.

(4) 관련 연구들 찾아보면서 공부하기

연구란 내 분야에 한 장의 벽돌을 쌓는 것과 같다는 이야기는 익히 들어 알 것이다. 자신의 연구는 누군가의 연구에 작은 지식 한 조각을 더하는 것이란 의미이다. 그렇기에 기존에 어떤 연구가 진행되어 왔는지 시간을 내어 꼼꼼하게 살펴보는 것이 중요하다. 게임중독의 개입 중 모니터링 개입이라는 연구주제를 정한 후, 폴더를 나누어 관련 연구들을 정리해 갔다. ① 일반 중독 영역에서 모니터링, ② 자기조절과 모니터링, ③ 여러 치료이론에서 활용된 모니터링, ④ 바이오피드백 등 관련 주제별로 논문을 저장하여 보관하였고, 주제마다 파일을 하나씩 만들어 중요하다 여겨지는 부분을 정리하였다.

[그림 3-1] 주제별 선행연구 정리 노트 예시

    중독문제를 해결하기 위해서는 내담자가 자기조절력을 가지는 것이 관건이다(박승민, 김창대, 2005; 박승민, 이주영, 2018; 황재원, 김계현, 2012). 자기조절력을 갖기 위해서는 먼저 자기가 인터넷/게임을 얼만큼 사용하는지 명확하게 인지하는 것이 선행되어야 한다. 정확히 알아야 '내가 많이 쓰는구나'를 알게 되고, '사용량을 줄여야겠다'는 생각을 할 수 있기 때문이다.

    실제 상담에서 미디어중독 문제를 호소하는 내담자들이 왔을 때, 그들을 대상으로 자신이 인터넷/게임을 하루에 얼마나 사용하는지를 확인하여 매일 상담자에게 문자로 보고하도록 하였다. 그랬더니 사용시간을 조절하게 되는 내담자들이 조금씩 생겨났다. 어려운 기법을 사용한 것도, 큰 시간이나 노력이 들어간 것도 아닌데, 단순히 사용시간을 보고하도록 한 것만으로 내담자가 인터넷/게임사용시간을 줄여 나가는 것을 보면서 사용시간을 보고하는 행동이 인터넷/게임을 조절하는 데 도움이 될 수 있겠구나라는 생각을 하게 되었다. 연구에 기반한 현장 적용과 여기서의 작은 성취가 주제 결정에 큰 영향을 주었다.

2) 여러 대안 중 연구주제 정하기

Q: 연구주제를 선정할 때 가장 고민했고, 어려웠던 점은 무엇인가요? 다른 주제들 가운데 최종 연구주제를 결정한 이유는 무엇인가요?

   일단 내가 진짜 관심 있는 게 무엇인지 고민하는 시간이 길었던 것 같다. 그리고 실무와 연결시키고 싶은 마음이 있었는데 그 연결지점을 어떻게 찾을지에 대해서도 고민을 많이 했다. 지속적으로 고민했지만 내가 해야 하는 일을 멈추지 않았고 내가 지금 경험하고 있는 현장에서 찾고자 노력했다. 그렇게 박사과정 중에 상담을 진행하면서, 그리고 수료 후 전임상담원으로 상담을 하면서 연구주제를 구체화시킬 수 있는 팁을 많이 얻을 수 있었다.

   앞서 얘기했던 것처럼 필자는 행동중독에 관심을 가지고 있었고, 실제 상담 사례를 진행하면서 중독에서 빠져나올 수 있는 전략을 탐구해 보고자 하였다. 탈중독 전략, 즉 중독을 경험하는 사람들이 회복될 수 있는 기법이나 전략은 참 많이 개발되고 연구되어 있다. 일단 상담 전략을 체계적으로 정리해 둔 이론들, 우리가 흔히 아는 인지치료, 동기강화상담, 행동주의 이론이 있으며 이 외에도 많은 이론이 존재한다. 게다가 여러 치료이론 내에는 다양한 기법이 존재한다. 그중에서 어떤 기법을 중점적으로 하여 논문을 작성할지 고민이 많았다.

   그때 한 가지 들었던 생각이 '약물중독에서는 많이 활용하는데 행동중독에서는 많이 활용하지 않는 기법은 뭐가 있을까?'라는 생각이었다. 약물중독은 행동중독에 비해 역사도 길고, 해외에서는 약물중독과 관련된 연구도 많이 진행되어 왔기 때문이다. 그래서 해외에서 약물중독을 해결하기 위해 사용한 상담적 접근 방법 중 행동중독, 특히 게임중독과 같은 미디어중독에 적용해 볼 수 있는 것이 뭐가 있을지를 중심으로 여러 자료를 검색하기 시작했다. 여러 문헌을 검토하던 중에 필자의 눈에 띄었던 것이 바로 '모니터링'이었다.

   모니터링은 무언가를 감시하고 확인해서 피드백을 주는 일련의 과정을 의미한다. 모니터링은 매우 광범위하게 사용되는데, 기업에서 직원들의 성과를 높이기 위해서도 활용되고, 교육 장면에서 학생들의 성취를 높이기 위해서도 활용된다. 그리고 약물중독자의 경우, 입원치료를 끝내고 사회적응을 하는 단계에서 그들의 적응을 돕기 위해 활용되기도 한다. 즉, 누군가를 감시/확인하고, 그에 대한 적절한 피드백을 주는 일련의 활동을 모니터링이라 할 수 있다. 또한 모니터링을 어떻게 실시하고 모니터링 결과에 대한 피드백을 어떻게 주느냐에 따라 그 효과가 달라질 수 있다.

이때 게임을 많이 이용하는 대상은 오프라인으로 만나서 모니터링 과정을 진행하는 것보다 낯선 사람과의 만남을 최소화하며 모니터링하는 것을 덜 부담스럽게 여길 것이라 판단해 온라인 모니터링을 실시하는 것으로 계획하였다. 특히 피드백을 주는 방법을 언어적으로 주는 것이 아니라 게임사용시간을 보다 직관적으로 확인할 수 있도록 '시각화'하여 주면 어떨까라는 생각으로 이어지게 되었다.

이런 일련의 주제를 정하는 과정은 필자가 혼자 고민하고 연구해서 나온 결론이 아니다. 수많은 선행연구를 통해 필자의 관심사를 구체화하는 팁을 얻었으며, 동시에 지도교수님의 조언과 주변 동료들과의 대화가 매우 큰 역할을 했음을 강조하고 싶다. 여러 직간접적인 도움으로 필자의 논문 주제를 구체화해 나갈 수 있었다.

3) 연구의 필요성에 대한 논리 만들기

우리 사회에서 게임이라는 활동은 이미 일종의 '문화'로 자리 잡았으며, 이러한 현상 자체를 부정할 수는 없다. 따라서 문화적인 부분은 인정하되, 과도한 사용으로 인한 문제점에 대해 언급하는 것으로 연구의 문을 열었다.

인터넷 게임은 우리 일상에 보편적으로 자리 잡은 현상이다. 한국콘텐츠진흥원(2017)의 게임이용자 실태조사 자료에 의하면, 만 10세에서 65세까지의 국민 중 70.3%가 게임을 이용하고 있다고 응답하였고 특히 10대에서 30대까지의 평균 게임 이용률은 평균 86.1%로 10명 중 8명 이상은 게임을 이용하고 있는 것으로 나타났다. 청소년 및 초기 성인기 사이에서 게임은 일상적인 활동 중 하나이며, 게임을 만드는 프로그래머뿐만 아니라 게임하는 것을 직업으로 삼는 프로게이머는 우리 사회에서 하나의 직업으로 인식된 지 오래이다. 이제 게임은 영화 감상이나 TV 시청처럼 일종의 취미 및 문화생활로 자리매김하였다는 것을 알 수 있다. 하지만 게임이 우리 일상과 친숙해진 만큼 과도한 게임 사용에 대한 부작용이나 문제 역시 적지 않게 드러나고 있다.

(1) 게임중독에 대한 여러 학자의 다양한 의견을 제시하였다

게임중독을 '중독'이라 부를 수 있을지에 대한 의견은 분분하다. 하지만 분명 과도한 게임 사용으로 어려움을 겪는 사람은 존재하며, 이들을 도와줄 방법에 대해서 고민해 보는 것은 여전히 중요한 문제라는 것을 언급하며 필자가 앞으로 진행할 연구가 왜 중요한 것인지를 강조하였다.

정신의학 분야의 대표적인 진단체계인 DSM-5(APA, 2013)는 인터넷 게임 장애(Internet Gaming Disorder)를 '추후 연구가 필요한 진단적 상태(Conditions for Further Study)'로 분류하였으며, 국제질병분류체계-11(International Classification of Disease-11; ICD-11; WHO, 2021. 3. 2.)에는 게임장애(Gaming Disorder)를 질병으로 분류하였다. 게임장애에 대한 증거라 볼 수 있는 연구들이 존재하며 전문가들의 합의가 있었다는 WHO(2019)의 의견에 대해 일부에서는 아직 게임장애를 질병으로 진단하는 것이 시기상조이며 적절하지 않다는 의견도 존재하나(Aarseth et al., 2017), 실제 이로 인해 어려움을 겪고 있는 사람들에게 도움을 줄 수 있는 치료에 대한 설계와 대비 차원의 접근에 대한 연구가 필요하다는 WHO의 입장은 여전히 설득력 있는 것으로 보인다.

(2) 기존 학자들이 게임중독에 대해 진행한 연구자료를 찾아보고 이에 대한 함의를 찾고자 하였다

국내에서 인터넷 게임중독, 과몰입, 과다사용 등 인터넷 게임의 문제적인 사용에 관한 내용을 주제로 한 연구는 지속적으로 수행되고 있다. 한국학술연구정보서비스(www.riss.kr)에서 검색한 결과, 인터넷 게임중독과 관련된 연구는 1,200편이 넘게 검색되었다(2018. 12. 9. 기준). 게임중독과 관련된 연구는 위험요인과 보호요인의 관한 연구, 게임중독 및 회복 과정 연구, 게임중독 프로그램 또는 교육 개발 및 타당화 연구, 척도 개발 및 타당화 연구 등이 주로 연구되어 온 것을 확인하였다. 그러나 연구의 대상이 청소년에 많이 맞춰져 있어 임상 장면에서 성인들을 대상으로 동일하게 적용 가능할지에 대한 탐색이 요구된다는 점을 도출하였다.

특히 아직까지 많은 시도가 없었던 전통적인 약물중독에서의 개입을 소개하면서 이러한 접근법을 게임중독에 적용할 수 있는 방안을 제시하였다. 이에 전통적인 중독 치료에서 중독자들의 자기조절을 어떻게 도왔는지에 대한 이해가 필요하며, 이는 게임중독 치료를 위한 실마리가 될 수 있을 것으로 보인다. 알코올이나 흡연 중독에서는 치료의 일환으로 치료가 종결된 후 내담자의 상태를 확인하는 작업이 오래전부터 수행되어 왔으며, 특히 치료과정 자체를 확인하는 '동시 회복 모니터링(Concurrent Recovery Monitoring: CRM)'은 치료 회기 중 환자의 문제행동(알코올, 약물 사용 등) 감소 여부, 개인 건강의 증진, 사회적 기능의 향상, 공중 보건 및 안전에 대한 위험 감소 등을 알려 주는 방식으로 이루어졌다(McLellan et al., 2004).

게임중독 영역에서 게임사용시간은 게임중독을 예측하는 매우 중요한 변인이나, 사용자가 자신의 게임시간에 대해 정확히 알고 게임을 하는 경우는 드물다. 특히 게임 시간의 경우 사회적 바람직성 편향과 몰입으로 인해 주관적으로 느끼는 시간이 감소해 실제보다 더 많이 하게 되는 경우가 빈번히 존재한다(조민규, 류성진, 2016). 따라서 게임을 얼마나 했는지 알게 되는 것만으로도 자신의 상태를 객관적으로 확인하는 데 도움이 될 수 있다.

(3) 앞서 한 주장들에 대해 정리하면서, 필자의 연구는 어떤 과정을 거칠지에 대해 언급하며 마무리하였다

따라서 이 연구에서는 알코올이나 약물 등에서 빈번하게 사용되어 왔으며, 효과적인 방법이라 인정된 즉각적 행동 모니터링 방법이 게임중독 영역에서도 동일하게 적용될 수 있는지 확인하고자 하였다. 또한 모니터링 과정에서 시각화된 자료의 제공이 개인의 게임행동 변화에 어떠한 영향을 주는지 역시 살펴봤다. 이러한 개입이 실제 대면치료를 대체할 수 있는지에 대해서는 여전히 논란이 있지만(Nguyen et al., 2004), 접근성이 좋고 비용과 사회적 시선으로부터 상대적으로 자유로울 수 있어 치료 진입 장벽을 낮추고(Voith & Berger, 2014), 다수를 대상으로 하는 중재에 적합하다(최현지, 정경미, 2016)는 장점이 있어 중독 치료 장면에서 효율적으로 활용될 수 있을 것으로 여겨진다.

Q: 연구 문제와 방법론을 어떻게 연결시켜 봤나요?

모니터링은 일회성 혹은 단기간에 제공해서 변화를 가져올 수 있는 방법이라기보단 시간을 두고 그 변화의 추이를 살펴봐야 한다. 따라서 게임중독을 벗어나고 싶은 대상들에게 모니터링 기법을 적용함에 있어 최소 2주 이상의 개입을 하고자 하였다. 실제 실험에서는 약 한 달간 개입 기간을 가졌으며, 그로부터 한 달간 추후 변화를 확인하였다.

실제로 참여자를 만나서 모니터링 과정을 진행한 후 인터뷰를 통해 데이터를 얻을 것인가, 온라인 실험 형식으로 진행할 것인가 고민하였다.

	실제 참여자 만나서 진행	온라인 실험
장점	• 내담자가 모니터링을 하면서 경험한 것들을 생생하게 들을 수 있음 • 모니터링 개입의 중간 과정을 세밀하게 관찰할 수 있음 • 모니터링 과정에 대한 핵심적 현상이나 본질에 대해 깊이 있게 탐색할 수 있음	• 통계적인 방법을 통해 실험집단과 통제집단을 좀 더 엄밀하게 비교해 볼 수 있음 • 보다 많은 대상에게 적용함으로써 일반화의 가능성을 높일 수 있음 • 많은 인원을 대상으로 동시에 진행 가능함 • 대상 구하는 것이 상대적으로 수월함
단점	• 많은 인원으로 하기 어려움 • 시간과 비용이 많이 듦 • 계속 만나야 하기 때문에 탈락률이 높을 수 있음	• 모니터링 과정에서 무슨 일이 일어나는지 확인이 어려움

실제 참여자를 만나서 진행할 경우, 양적인 데이터보단 질적인 데이터를 중심으로 분석하는 것이 적절하다고 생각되었다. 그러나 좀 더 많은 대상에게 적용하는 데 한계가 있었으며, 데이터 수집 자체에 현실적인 제약이 많아 온라인을 통해 보다 많은 참여자를 대상으로 연구를 진행하고 해당 데이터를 양적인 방법으로 확인하고자 하였다.

2. 방법론 정하고 공부하기

1) 적용한 연구방법론 소개

Q: 적용해 보려고 고민한 방법론에는 어떤 것이 있나요? 대안 중에서 선택한 이유는?

다변량 분석에서 주로 사용하는 대표적인 분석은 위계적 선형모형(HLM)과 구조방정식(SEM)이 있다. 두 가지 방법 중 필자가 수집한 데이터의 형식을 가장 잘 드러내 줄 수 있는 방법이 무엇인가를 초점에 두고 연구방법을 고민하였다. 이 연구에서 수집한 데이터의 특성은 다음과 같다. 첫째, 종단적인 데이터이다. 참여자들의 게임사용시간을 확인하고, 사전-사후-추후 검사를 실시해서 게임중독 점수 등의 변화를 시간의 흐름에 따라 확인하였다. 둘째, 게임사용시간을 수집한 데이터의 경우 실험 기간과 추후 기간을 합쳐 총 8주간 매일 게임사용시간을 수집하였다. 즉, 1명의 참여자당 데이터가 55개의 시점 데이터가 있었다. 모든 시점을 분석할 수 있는 방법이 필요했다. 셋째, 집단별 인원이 많지 않았다. 집단별로 20~50명 수준이었는데, 이러한 소수의 인원으로도 가능한 분석방법이 필요했다.

구조방정식(SEM)은 여러 가지 변인을 가지고 다양한 분석을 할 수 있는 분석법으로 상담학 연구에 많이 활용되는 연구방법이다. SEM은 일반적으로 이론적 모형을 설정한 후, 해당 모형을 검증하는 것을 기본으로 하며, 설문 등을 통해 수집한 자료를 활용하여 분석하는 것을 그 목표로 한다. 적정 사례 수는 200~500명 정도이다. 패널 데이터 등 종단적 자료를 활용한 분석도 가능한데, 수집된 데이터는 시간구조(time structured)를 가져야 하며, 측정 시점이 3개 이상일 경우 가능하다. 하지만 이 연구의 데이터와 같이 50개가 넘는 시점이 있는 경우에는 분석이 용이하지 않을 수 있다. 결과적으로, 사례 수가 제한적이고, 사례별 측정 시점이 많은 경우 구조방정식을 활용한 분석은 어려울 것으로 판단하였다. 따라서 해당 자료를 종단적으로 분석하기에 가장 적합한 위계적 선형모형(HLM)을 활용하여 분석을 진행하였다.

HLM의 여러 방법 중 분할함수 성장모형(Piecewise Growth Model: PGM)을 사용하여 분석하였다. 분할함수 성장모형은 종단적 자료를 활용하여 변화 및 성장을 밝히는 분석 방법인 위계적 선형모형(Hierarchical Linear Models: HLM) 중 시간에 따른 연속성과 단계에 따른 비연속성을 동시에 고려할 수 있는 모형이다. 또한 연구의 설계 자체가 실험단계와 추후단계로 나뉘어 있었기 때문에 시간에 따른 선형성을 가정하기 어려웠다(실험이 종료되는 시기를 기점으로 기울기가 달라지기 때문에). 그래서 특정 시점 혹은 단계에 따라 상이한 발달궤적을 보이는 상황을 상정해야 하는 연구의 경우, 다층성장모형의 한 종류인 분할함수 성장모형(PGM)을 활용하여 분석을 실시하였다.

Q: 내가 선택한 방법론이 얼마나 할 만한 것인가요?

필자의 연구 설계는 비대면으로 실시한 실험설계라 볼 수 있으며, 이를 통해 수집한 데이터를 분석하기 위해 사용한 방법은 위계적 선형모형이었다.

첫째, 실험설계는 유사실험 설계를 활용하였다. 참여자를 특정 게임을 사용하는 대학생 집단으로 한정하여 실험 참여 인원을 모집하였다. 모집된 대상은 무작위로 실험, 비교, 통제집단으로 나누었으며, 집단에 따라 정해진 서로 다른 처치를 제공하였다. 이 연구의 특징은 전체 실험 과정이 비대면으로 진행되었다는 점이다. 그 이유는 2020년 초에 시작된 COVID-19로 인해 대면 실험 진행이 제한되는 상황에서 비대면 실험 진행은 연구자의 부담을 줄여 줄 수 있을 것이라 생각했기 때문이다. 그러나 연구참여자를 직접 만나지 못하고 진행되는 연구이기에 ① 연구참여자가 믿을 수 있는 사람인지-이 연구의 표적집단인 대학생인지-와 ② 해당 연구참여자가 제공하는 데이터가 믿을 수 있는 데이터인지 확인하는 과정이 중요하다고 생각하였다. 먼저, 대학생 참여자를 모집하기 위해서 해당 학교 인증을 거쳐야 가입이 가능한 대학교 인트라넷, 에브리타임 등을 중심으로 모집 공고문을 홍보하였으며, 그리고 일부 참여자의 경우 국내 포털사이트의 게임 카페 등을 통해 모집하였다. 모든 참여자는 본인이 대학생임을 확인하기 위해 개인식별정보인 본인의 실명, 소속 학교, 전공, 이메일 주소, 전화번호 등을 제공하도록 요청하였다(학생증이나 재학증명서 등의 요청은 따로 하지 않았는데, 참여자를 좀 더 엄정하게 모집하기 위해서 추후 연구에서 확인하면 도움이 되는 절차라 생각한다). 또한 참여자가 제공하는 데이터의, 즉 게임사용시간을 속이거나 실수로 잘못 적는 등 데이터의 신뢰도를 떨어트리는 상황이 발생하지 않도록 하기 위해 연구자가 객관적으로 확인할 수 있는 방안을 마련하고자 하였다. 그래서 연구자(제3자)가 온라인으로 연구참여자의 게임시간을 확인할 수 있는 시스템을 갖추고 있는 '리그 오브 레전드(League of Legend: 이하 LOL)'라는 게임을 사용하는 사람으로 참여자를 제한하였다. LOL 게임의 경우 한 사람의 게이머가 2개 이상의 게임 아이디를 가지고 게임을 즐기는 경우가 종종 있기에 개인이 사용하는 모든 게임 아이디를 알려 달라고 요청하였다. 연구자는 참여자의 LOL 게임사용시간을 확인할 수 있는 사이트(op.gg)에 접속하여 참여자로부터 제공받은 LOL 아이디를 입력하여 참여자가 LOL 게임을 이용한 정확한 시간을 확인할 수 있었다.

둘째, 약 2개월 가까이 수집한 게임사용시간 데이터를 분석하기 위해 위계적 선형모형(HLM)을 사용하였다. 같은 다변량 분석이라는 관점에서 봤을 때, 위계적 선형모형은 구조방정식 모형에 비해 진입장벽이 높은 편이다. 이해해야 하는 개념도 많았고, 분석 과정에서 나오는 여러 수식과 함수들은 문과 출신인 필자에게 큰 도전으로 작용하였다. 그래서 관련 교내외 강좌를 수강하였으며, 잘 이해되지 않는 부분이 있을 때에는 교재를 찾아보거나 주변에 HLM을 익숙하게 다룰 수 있는 사람들을 찾아다니면서 개념과 분석

절차를 익혀 나갔다. 그리고 필자가 활용한 추가적인 방법은 필자와 유사한 데이터셋(data set)을 가지고 위계적 선형모형으로 분석을 진행한 선행연구들을 검토하는 방법이었다. 학술지 논문과 학위논문을 통해 일종의 모델링 학습 과정을 거쳤는데, 학술지 논문을 통해서는 해당 연구방법의 목적과 분석 과정의 큰 틀을 확인하였고, 비교적 분석절차가 상세히 제시된 학술지 논문을 통해서는 세부적인 절차를 익히고자 하였다. 새로운 분석법을 익히는 것이 쉬운 일은 아니었지만, 그렇다고 불가능한 일도 아니라는 걸 깨달았다.

| **note** | 위계적 선형모형의 주요 용어 파악하기

독자의 이해를 돕기 위해 이 연구에서 활용한 위계적 선형모형과 관련된 주요 용어의 개념을 간략하게 실어 두었다. 해당 연구방법에 대해 보다 자세한 내용을 알고 싶다면, 『다층모형』(강상진, 2016)을 참고하기 바란다.

위계적 선형모형(hierarchical linear model)

연구자가 수집하는 자료가 다층(multilevel)으로 이루어져 있을 경우, 해당 자료는 다층적인 속성을 가지는 것으로 볼 수 있다. 예를 들어, 어떤 학생은 특정 반에 소속되어 있음과 동시에 특정 학교에 속해 있다. 이렇듯 데이터의 속성이 층위를 이루고 있는 경우를 위계적 자료(hierarchical data)라고 부른다. 여기서 가장 작은 수준의 위계를 1수준 단위라고 하며, 그 위에 존재하는 위계를 2수준 단위라고 부른다. 예로 다시 돌아가 개별 학생은 1수준 단위로 볼 수 있으며, 학생이 속한 반은 2수준 단위로 볼 수 있다. 그리고 더 나아가 학생이 속한 학교는 3수준 단위로 볼 수 있다.

종단적으로 획득한 자료는 본질적으로 위계적 구성을 갖고 있다. 다시 말하면, 여러 시점에서 측정된 자료들이 개인이라는 상위 수준에 속해 있다고 볼 수 있다. 종단 데이터에서 1수준 단위는 시점별로 측정된 자료이며, 2수준 단위는 연구에 참여한 개인들이 될 수 있다.

분할함수 성장모형(piecewise growth model)

위계적 선형모형(HLM)은 기본적으로 회귀모형이라 볼 수 있다. 기본적 회귀식인 $y=ax+b$에서 알 수 있듯이 기울기가 선형인 모형이라 할 수 있다. 즉, 종단 데이터임을 가정했을 때 선형 성장모형에서는 시간의 흐름에 따라 변화는 하지만, 변화양이 바뀌진 않는다. 예를 들면, 프린터에서 출력을 한 장 할 때마다 줄어드는 잉크의 양이 동일한 것처럼 말이다. 그러나 시간의 변화에 따라 변화량이 달라지는 경우가 있다. HLM에서는 이차 성장모형, 분할함수 성장모형을 사용하여 분석할 수 있다. 이차 성장모형은 성장이 이차 곡선인 이차 함수 그래프이며, 분할함수 성장모형은 시간에 따른 변화량, 즉 기울기가 특정 시점에 따라 달라질 수 있다는 것을 가정한다. 분할함수 성장모형의 예시로 응용행동분석에서 실시하는 기초선(baseline)과 중재(intervention)를 들 수 있다. 특정 문제행동을 보이는 아동에게 아무런 처치를 하지 않았을 때 아동의 문제행동 빈도는 큰 변화가 없을 것이다. 그러나 치료적 개입(중재)이 시작되면 아동의 문제행동 빈도가 줄어들 것을 예측할 수 있다. 이때 기초선 단계와 치료적 개입(중재) 단계의 기울기는 서로 다르다는 것을 가정할 수 있으며 이때 활용할 수 있는 것이 '분할함수 성장모형'이다.

중심화(centering)

중심화를 간단히 설명하면 각각의 개별 변인에서 변인들의 평균값을 빼 준 것이다. 평균값을 빼 주는 이유는 절편(intercept) 계수 및 기울기 계수를 의미 있는 값으로 해석하기 위해서이다. 중심화를 실시하기 전, 절편은 독립변인이 0일 때 예측값이다. 그러나 중심화를 하게 되면 독립변인이 평균일 때의 예측값으로 바뀌게 되며, 일반적으로 0보다는 평균이 더 의미 있는 값이기 때문에 절편 계수가 더 의미 있어진다고 볼 수 있다. 중심화 방법은 전체 평균값을 빼 주는 전체평균 중심화(grand mean centering)와 개인이 속한 특정 집단의 평균값을 빼 주는 집단평균 중심화(group mean centering)가 있다.

무조건 성장모형(unconditional growth model)

무조건 성장모형은 1수준과 2수준 각각의 회귀식에 시간(time)변인을 제외한 어떠한 독립변인도 포함하지 않은 상태에서 개별 데이터 간의 차이가 있는지를 살펴보는 것이다. 개별 데이터 간의 차이가 없다면 변화를 설명할 수 있는 독립변인을 투입할 필요가 없기 때문이다. 조건 모형에서는 개별 데이터의 변화를 설명할 수 있는 독립변인을 투입하여 어떤 독립변인이 차이를 유발하는지를 살펴본다. 그런데 무조건 성장모형에서 차이가 없으면, 다시 말해 아무런 독립변인을 투입하지 않았음에도 차이가 나지 않으면 추후 분석이 필요 없어지게 된다.

조건 성장모형(conditional growth model)

조건 성장모형은 앞서 무조건 성장모형의 절편과 변화율에 유의한 차이가 있을 때 개인차를 설명할 수 있는 독립변인을 추가적으로 투입하여 발생한 차이의 원인을 설명하는 모형이다. 즉, 조건 성장모형이 연구의 핵심이라 볼 수 있다.

2) 연구 진행 과정

Q: 이 연구방법으로 연구를 진행하는 과정에서 특히 유의할 점은 무엇인가요? 어려웠던 부분과 이겨 낸 방법은 무엇인가요?

연구 진행 절차에 대해 상세히 설계하는 작업에 시간이 많이 걸렸다. 실험에 참여하는 사람에게 1개월 가량의 처치를 해야 하도록 연구를 설계했기 때문에, 실험의 오류나 미흡한 점에 대해 실험 도중 발견이 되더라도 절차를 변경하기가 불가능하였다. 따라서 실험을 시작하기에 앞서 설계가 제대로 되었는지를 여러 차례 반복하여 살펴보았고, 또 지도교수님을 비롯한 전문가들의 자문을 구하는 과정을 거쳤다.

또한 게임에 대한 연구를 위해서는 해당 게임을 하는 사용자들의 특성에 대해서도 알고 있을 필요가 있다. 예를 들어, 필자가 참여 대상으로 선정한 리그 오브 레전드 게임의 경우, 온라인으로 계정(ID)을 만들어 게임을 즐기는 방식이다. 이러한 경우, 게이머는 하나의 계정만을 사용하기도 하지만 경우에 따라서는 2~3개의 계정(ID)을 만들어 게임을 즐기는 경우도 있다. 그럴 경우, 참여자들이 사용하는 모든 계정을 수집해 해당 계정에서 사용한 게임시간을 모두 합산하는 것이 꼭 필요하며, 이를 놓칠 경우 연구 데이터의 타당도에 문제가 생길 수도 있다. 필자 역시 논문을 시작하기 전 그러한 게이머들의 디테일한 사정까지는 잘 알지 못했다. 이러한 것들은 본 실험을 시작하기 전, 파일럿 실험과 주변에 게임에 대해서 경험이 많은 현장 전문가들을 통해 보완할 수 있었다. 만들어 둔 인구학적 설문과 기초설문 자료를 공유하고, 이와 같이 데이터를 수집할 경우 발생할 수 있는 빈틈에 대해 피드백받는 과정을 거쳤으며, 이로써 보다 완성도 높은 연구 설계가 가능할 수 있었다.

연구에서의 핵심은 데이터(data)이다. 연구에서 안 중요한 것이 있겠냐만은 연구자의 주장을 지지(accept) 또는 기각(reject)하여 결과를 도출하는 것은 데이터에 의해 결정된다. 데이터를 연구의 목적에 맞게, 그리고 연구자의 주장을 신뢰롭고 타당하게 뒷받침할 수 있도록 모았는가에 따라 데이터의 질(quality)이 결정되며, 이에 따라 연구의 질 역시 정해진다고 볼 수 있다. 또한 데이터 수집은 시간과 에너지를 많이 투자해야 하는 부분이며, 이를 위해 참여자를 모집하는 것 역시 쉬운 일이 아니기에 연구자가 고심해야 하는 부분 중 하나이다.

본격적인 데이터 수집에 앞서 연구자는 데이터 수집을 어떤 식으로 진행할 것인지에 대해 치밀하게 고민해야 한다. 특히 실험 연구의 경우 실험설계의 완성도를 높이는 데 에너지를 집중해야 한다. 연구에서 확인하고자 하는 변인을 실험에서 어떻게 측정할 것이며, 실험을 통해 연구자의 주장을 확인하는 데 필요한 데이터를 어떻게 얻을 것인지, 실험에 영향을 미치는 불필요한 요인들을 어떻게 통제할 것인지 등을 고민하여 이에 대한 해결책을 마련해야 한다.

다시 연구로 돌아가서, 본 연구의 질문은 '게임중독 경향성을 줄이고 조절하는 데 게임행동 모니터링 기법이 도움이 되는가? 특히 시각화 피드백을 활용한 모니터링 기법이 도움이 되는가?'였다.

먼저, 연구의 변인을 실험에서 어떻게 측정할 것인가라는 문제였다. 게임중독 경향성, 모니터링, 시각화라는 다소 개념적인 수준에서의 용어를 현실에서 측정 가능한 수준의 용어로 바꾸어 주어야 한다. 즉, 개념적 정의를 조작적 정의로 변경해야 한다[조작적(operational)이라는 말이 그렇게 어려운 말은 아니다. 눈으로 볼 수 있거나 손으로 잡을 수 있는, 즉 측정 가능한 수준에서 정의하자는 것이다]. 연구자는 타당화된 게임중독 척도를 사용하였다. 척도는 특정 심리적 구성개념(psychological construction)을 타당하고 신뢰롭게 측정하기 위해 과학적인 절차를 통해 개발된 문항들의 묶음이다. 예를 들면, 게임중독이라는 복잡하면서도 단기에 관찰하기 어려운 개념에 대하여 측정하기 위해 연구자들은 게임중독을 설명하는 행동(예: 게임한 시간에 대해 부모나 파트너에게 거짓말을 합니까?), 심리적 상태(예: 당신의 어려움을 잊기 위해 게임을 하게 됩니까?) 등을 자기보고(self-report)하도록 함으로써 해당 개념을 측정하도록 한다. 본 연구에서는 게임중독수준을 측정하고, 모니터링의 효과를 확인하기 위해 한국판 인터넷 게임장애 척도(조성훈, 권정혜, 2017)와 자기통제감 척도(Pearlin et al., 1981)를 사용하였다.

그러나 자기보고식 척도의 가장 큰 단점은 검사에 응답하는 사람이 솔직하지 못한 경우에 해당 결과를 신뢰하기 어렵다는 것이다. 이러한 점을 보완하기 위해 보다 타당한 정보를 수집하고자 하였다. 게임중독과 상관이 높은 것으로 알려졌으며, 게임중독 행동의 목표행동(target behavior)이라고 볼 수 있는 게임사용시간의 변화를 측정하고자 하였다. 이에 게임사용시간을 객관적으로 확인할 수 있는 방법을 알아보았다. 연구 당시에 가장 인기 있는 게임은 리그 오브 레전드, 베틀 그라운드 등이 있었다. 해당 게임은 게이머의 아이디만 알고 있으면 전적확인 사이트(op.gg)를 통해 게이머의 사용시간을 확인할 수 있다. 따라서 연구자는 참여자들의 게임 아이디를 통해 게임사용시간을 확인하여, 모니터링에 따른 사용시간의 변화를 보다 객관적으로 관찰하고자 하였다. 대신, 게임사용시간 확인이 가능한 게임 자체가 별로 없었기에 전 세계적으로 많은 사용자가 있으며 게임에 대한 충성도가 높은 리그 오브 레전드 게임을 하는 사용자만으로 제한하여 데이터를 수집하였다.

연구가 진행된 전체적인 절차를 제시하면 다음과 같다.

• 연구주제 선정: 게임사용시간 모니터링이 대학생의 게임사용행동에 미치는 영향

↓

• 문헌고찰 후 연구문제 수립
• 연구 설계 후, 파일럿 연구 실시 및 세부 사항의 정교화
• 사전, 중간, 사후, 추후 검사를 위한 타당화된 측정 도구 선정
• 생명윤리심의위원회(IRB) 인증

↓

본 연구 설계 및 참여자 선정방안 마련

[본 연구 설계]
• 연구의 타당성 확보를 위한 전문가 검토
• 실험의 체계적 절차 확정
   – 각 집단별(실험, 비교, 통제) 데이터 수집 절차 확정
   – 게임사용시간 보고 절차와 시간, 연구자의 피드백 방법 및 시간, 시각화 모니터링 제공 방법
     및 시간 등을 체계화

[참여자 선정 기준 마련]
• 게임을 사용하는 대학생 집단을 대상으로 실험 참여자 모집

- 리그 오브 레전드(LOL) 게임사용자로 한정
- 대학생으로 한정
- 게임중독 집단과 일반사용자 집단 모두를 대상으로 함

↓

참여자 선정 및 자료수집

- 연구참여자 선정 및 자료 수집의 과정 진행
  - 국내 여러 대학의 학교 인트라넷, 에브리타임, 국내 포털사이트 게임 관련 카페 등을 통해 홍보
- 연구 참여동의서 작성
  - 연구에서 수집되는 개인정보 목록을 참여동의서에 함께 제시
- 실험 수행
  - 실험 기간: 4주간 실험, 비교, 통제집단을 무작위로 나누어 실험 진행
  - 추후 기간: 실험 종료 후, 4주 동안 추후 변화가 지속되는지 확인하기 위해 참여자들의 게임 사용시간을 연구자가 확인하는 과정을 거침
- 연구가 모두 종료된 후 연구자 참여자 중 일부를 대상으로 인터뷰 진행

↓

분석 및 결과도출

- 수집된 종단 데이터를 HLM을 활용하여 분석 실시

↓

논의 작성

- 대학생을 대상으로 한 게임사용행동에 대한 모니터링의 효과 검증
- 본 연구의 함의 및 상담에서의 활용방안에 관한 제언

(1) 연구 변인 선정하기

앞서 언급했듯이, 연구자는 '게임행동 문제를 경험하는 사람들을 대상으로 지속적인 관심을 가져 주는 것이 효과가 있을 것이다'라는 가설을 가지고 이를 측정 가능한 수준에서 개념화하고자 하였다. 여러 선행연구를 통해 '모니터링(monitoring)'이라는 개념이 연구자가 궁금증을 가지고 확인하고자 하는 개념과 일치한다는 것을 알 수 있었다. 선행연구에서는 모니터링을 '타인의 특정 행동 영역에 대해 지속적 관심을 가지고 지속적인 상호작용을 하는 일련의 과정(최연실, 배희분, 2017; Dishion & McMahon, 1998)'으로 정의하고 있었다. 중독 영역에서도 모니터링이라는 개념이 활

용되고 있었으며, 특히 알코올이나 흡연 등 약물중독 분야에서는 오래전부터 치료의 일환으로 모니터링을 활용하고 있었다.

모니터링 과정이 이미 여러 연구에서 활용되고 있다는 것을 확인한 후, 다음으로 하게 된 질문은 '그러면 무엇을 모니터링할 것인가'였다. 이 질문을 연구자적 질문으로 바꾸어 본다면, 본 연구에서 무엇을 측정할 것인가라는 물음인 것과 동시에 무엇을 모니터링의 효과로 볼 것인가라고 할 수 있을 것이다. 이 역시 선행연구를 통해 확인할 수 있었는데, 특히 전통적 중독치료에서 힌트를 얻었다. McLellan 등(2004)은 중독치료에서 효과를 평가하기 위해 네 가지 영역을 확인한다고 언급했다. 첫째, 표적 행동(target behavior)의 감소이다. 알코올 및 약물을 남용하는 사람들이 실제 약물 사용을 줄이는 것은 치료에 있어 가장 중요한 목표이며 다른 개선을 위한 선행 조건이 된다. 둘째, 개인의 신체적, 정신적 건강의 증진이고, 셋째, 사회적 기능의 향상이며, 넷째, 공중 보건 및 안전 위협의 감소이다. 이러한 선행연구의 조언에 따라, 게임 중독의 표적 행동이라 할 수 있는 '게임사용시간'을 측정하고자 하는 변인으로 선정하였고, 개인의 정신적 건강 상태를 확인하기 위해 '게임중독'수준과 일종의 보호요인이라 볼 수 있는 '자기통제력'을 변인으로 선정하였다.

따라서 본 연구에서 활용한 변인은 연구의 처치인 게임행동 모니터링 자극(독립변인)이었으며, 종속변인은 참여자들의 게임사용시간과 게임중독수준이었다. 게임행동 모니터링은 크게 두 가지로 구분되었는데, 단순히 전날 24시간 동안 게임사용시간만을 보고받고 언어적으로 '확인되었다'는 것을 알려 주는 과정과 그리고 여기에 더해 참여자의 게임사용시간을 시각화된 그래프로 나타내어 참여자에게 알려 주는 시각화 피드백이었다. 해당 부분에 대해서는 다음 절인 '연구 디자인하기'에서 보다 자세히 설명하도록 하겠다. 그리고 실험 연구에서 어떤 변인을 통제할 것인가에 대한 질문으로 넘어갔다. 즉, 종속변인인 게임사용시간에 영향을 줄 수 있는 여러 변인 중 독립변인을 제외하고 영향을 미치지 않도록 통제하는 것이다. 그러나 본 연구가 참여자들을 실험실 장면에 데려온 후 진행된 것이 아닌, 그들의 일상적 삶에서 사용하는 게임시간을 확인한 것이기 때문에 변인의 통제 자체가 어려웠다. 따라서 실험 참여자를 모집한 후 이들을 무선할당하여 각각 실험집단, 비교집단 그리고 통제집단으로 나누었다. 필자는 엑셀에서 'rand 함수'를 활용하여 무선으로 집단원을 배치하였다. 게임사용시간에 영향을 줄 수 있을 것 같은 변인인 게임중독수준과 중독에 영향을 주는 요인으로 알려져 있는 자기통제력은 측정은 하되 따로 통제하진 않았다. 대신, 이후 분석에서 게임사용시간에 영향을 주는 설명변인으로 투입하여 그 영향력을 살펴보고자 하였다.

(2) 측정도구 선정하기

본 실험에서 처치의 효과를 확인하기 위해 종속변인의 측정도구를 선정하는 과정을 거쳤다. 먼저, 설정된 종속변인인 '게임사용시간'을 측정하기 위한 방법은 두 가지였다. 첫째는 개별 참여자가 보고하는 사용시간이다. 전날 게임을 한 시간에 대하여 확인 후 보고하는 작업을 통해 데이터를 수집하였다. 그러나 게임과 관련된 연구의 특성상, 참여자들이 사회적 바람직성 편향으로 인해 사용시간을 축소하여 보고할 수 있다. 따라서 실험 시작 전 수집한 참여자들의 게임 아이디를 활용해 게임전적확인 사이트(op.gg)에 들어가서 직접 게임사용시간을 확인하는 작업을 거쳤다. 이로써 수집하는 자료의 타당도를 높이고자 하였다.

그리고 게임행동의 모니터링으로 게임중독수준의 변화가 있는지를 확인하기 위해 Lemmens 등(2015)이 DSM-5 진단준거에 따라 개발하고 조성훈, 권정혜(2017)가 국내에서 타당화한 한국판 인터넷 게임장애 척도를 사용하였다. 또한 자기통제감을 측정하기 위해 Pearlin 등(1981)이 개발한 자기통제감척도(mastery scale)를 사용하였다. 척도의 선정에 있어서 고려한 사항은 먼저 해당 척도가 과학적 방법으로 개발 및 타당화된 척도인가 하는 점이다. 아무리 내 마음에 꼭 맞는 척도일지라도 개발 과정이 없는 인터넷에 떠도는 문항이라든가, 해외에서 척도개발 논문이 발표되었지만 국내에서 번안 및 타당화가 안 되어 있는 경우에는 사용하기 어렵다. 해외에서 발표된 경우에는 해당 척도의 번안 및 타당화 작업을 따로 논문화한 후에 사용해야 한다. 타당화를 거친 척도를 찾다 보면 꼭 하나만 나오는 것은 아니다. 게임중독을 측정하는 척도, 자기통제력을 측정하는 척도 역시 여러 개가 존재한다. 그렇다면 이 중에서 어떠한 척도를 선택해야 하는가? 이를 위해서는 척도 개발 연구를 살펴볼 필요가 있다. 해당 척도가 개발된 이론적인 배경, 개발 과정에서의 과학적 절차, 충분한 대상으로 개발 또는 타당화 작업이 진행되었는지, 또 연구자가 봤을 때 개발된 문항과 하위 구인이 적절하고 타당한지, 문항 개수가 너무 많거나 적지는 않은지 등을 살펴보고 지도교수와 상의하여 결정하도록 한다. 문항 개수의 경우, 어느 정도가 많은 것인지 혹은 어느 정도가 적은 것인지 딱히 정해져 있는 기준은 없지만, 설문에 참여하는 대상이 너무 피로감을 느끼지 않을 정도의 문항인지 고려해야 한다. 예를 들면, 청소년에게 100문항이 넘는 설문을 요청한다면, 설문 후반부로 갈수록 피로감으로 인해 설문에 성의 없이 응답하게 된다든지, 아예 하나의 번호로 응답하게 되는 경향이 발생할 수 있다. 따라서 설문으로 나가는 총 문항의 개수가 너무 많지 않도록 설문의 전체적인 틀을 고려하는 것도 중요하다.

(3) 연구 디자인하기

이 연구를 시작하면서부터 계속된 고민은 두 가지였다. 첫째, '현장에서도 활용할 수 있는 방법이었으면 좋겠다'는 것이다. 즉, 상담자와 내담자 모두에게 간단하지만 효과적이어야 상담에 곁들여 활용될 수 있을 것이라 생각했기 때문이다. 그래서 실험 디자인 역시 참여자들이 부담 없이 참여할 수 있는 방법으로 하고자 하였다. 둘째, 중독자들의 특성을 감안했을 때, 어떻게 참여율을 높일 수 있을 것인가였다. 중독상담에서 가장 중요한 이슈는 중독을 경험하고 있는 대상이 자발적으로 상담에 오는 경우는 거의 없으며, 자발적 혹은 비자발적으로 상담실에 오더라도 이들을 지속적으로 오게 하는 것은 쉽지 않은 일이기 때문이다.

이러한 두 가지 고민, 즉 현장에서 손쉽게 활용 가능하며 모습을 잘 드러내지 않는 내담자와 지속해서 상호작용할 수 있는 방법을 모색한 결과, 온라인을 기반으로 한 모니터링 접근을 해 보자는 결론에 이르렀다. 알코올 사용자들을 대상으로 개별적 피드백을 온라인으로 제공하여 유의한 조절효과를 보고한 Riper 등(2009)의 연구는 이 연구를 온라인으로 설계하는 데 큰 힘이 되었다.

온라인으로 연구를 진행하고 모니터링을 통해 게임사용시간을 측정하는 것까지는 정했다. 그다음으로 했던 질문은 '모니터링을 어떻게 할 것인가'였다. 모니터링은 상호작용의 과정이므로 참여자가 자신의 게임사용과 관련된 정보를 제공하면, 연구자는 이에 대한 피드백을 다시 주어야 한다. 즉, 어떠한 피드백이 참여자들에게 도움이 될 수 있을 것인지를 결정해야 했다. 피드백이 연구자의 역량이나 전문성과는 상관없이(피드백을 주는 연구자 변인이 통제된) 객관적이면서 참여자가 자신의 사용시간을 잘 확인할 수 있는 방식으로 제공해야 연구의 외적 타당도가 확보되리라 생각했다. 따라서 연구자는 내담자가 매일 보고한 게임사용시간을 그래프화하여 참여자에게 알려 주었다.

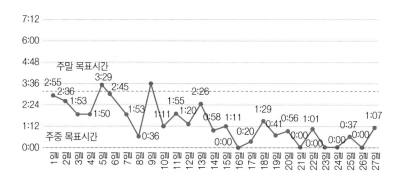

[그림 3-2]   참여자에게 시각화하여 제공한 게임사용시간 그래프 피드백

정리하자면, 측정 변인으로 설정한 게임사용시간을 온라인(카카오톡)을 통해 매일 보고하도록 하였으며, 게임사용에 대한 언어적, 시각적 피드백 역시 온라인(카카오톡)으로 제공하였다. 연구자는 참여자의 게임사용시간을 그래프화하여 매일 유사한 시간대에 피드백을 제공해 주었다.

실험의 효과를 검증하기 위해서는 모니터링을 하는 집단과 하지 않는 집단 간의 차이를 살펴볼 필요가 있어 집단을 실험집단, 통제집단으로 구분하였으며, 시각적 피드백의 효과를 면밀히 검토하기 위해 실험집단을 두 개로 구분하였다. 첫 번째 실험집단은 사용시간에 대한 보고를 받고 이에 대한 시각적 피드백을 제공하는 집단으로 구성했으며, 두 번째 실험집단(비교집단)은 사용시간에 대한 보고를 받고 이에 대한 간단한 언어적 피드백(예: 사용시간 확인했습니다)을 제공하는 집단으로 나누었다. 통제집단은 사전, 사후, 추후 검사만 실시하고 모니터링 과정은 진행하지 않았다.

다음은 필자 학위논문에 수록된 연구 설계에 대한 본문을 인용한 것이다.

실험은 크게 Stage1, Stage2, Stage3으로 구성되었다. Stage1에서는 참여자가 연구자에게 자신의 전날 게임사용시간을 확인하여 보고하도록 하였다. 해당 시기에는 실험집단과 비교집단 모두에게 사용시간을 정해진 시간(오전 10시~낮 12시)에 보고하도록 하였다. 보고한 경우에는 연구자가 보고를 받았다는 짧은 답장을 주었고, 보고하지 않을 경우 리마인드 문자를 보내 줬으며, 그 외의 처치는 제공되지 않았다. Stage1은 총 10일간 진행되었으며 해당 기간 동안 연구자는 LOL 게임의 전적을 op.gg를 통해 확인하여, 보고한 시간과 실제 사용시간에 차이가 있는지를 검토하였다. Stage2의 임상 장면에서는 Stage1에서의 사용시간 보고는 실험집단, 비교집단 모두 그대로 진행하되, 실험집단에게는 사용시간의 변화추이를 보여 주는 그래프를 연구자가 제작하여 Stage2 기간 동안 매일 제시하였다. 18일 동안 진행되었으며 해당 기간 동안 연구자는 LOL 게임의 전적을 op.gg를 통해 확인하여, 보고한 시간과 실제 사용시간에 차이가 있는지를 검토하였다. Stage3은 추후기간으로 세 집단 모두 아무런 개입이 이뤄지지 않았으나, 연구자가 op.gg에 접속하여 모든 참여자의 게임사용시간을 확인하였다. 무처치집단은 Stage1, 2, 3 동안 아무런 개입이 이루어지지 않았다. 이를 정리하면 〈표 3-1〉과 같다.

〈표 3-1〉 연구설계

	Stage1(S1) (10일)		Stage2(S2) (18일)			Stage3(S3) (28일)	
	모니터링		모니터링 + 시각화			추후	
실험집단	O_1	x	O_{1+a}	x	O_2	−	O_3
비교집단	O_1		x		O_2	−	O_3
무처치집단				−			
검사	T_1		T_2		T_2		T_3

O_1:   모니터링 효과 처치 시작(1~10일)

O_{1+a}: 시각화 처치 시작(Add-on effect)(11~28일)

O_2:   실험종료(28일)

O_3:   사후측정(실험종료~28일)

S1: O_1 이후 사용시간 보고 단계(모니터링 효과 측정)(10일간)

S2: O_{1+a} 이후 O_2까지 단계(모니터링+시각화 효과 측정)(18일간)

S3: O_2 이후 O_3까지 단계(효과의 지속성 측정)(실험종료 후 28일간)

T_1:   실험/비교/무처치 집단의 사전검사

T_2:   실험/비교/무처치 집단의 중간검사(10~14일)

T_2:   실험/비교/무처치 집단의 사후검사(28일)

T_3:   실험/비교/무처치 집단의 추후검사(실험종료 후 28일)

x: 실험/비교 집단의 처치(1회 처치/1일, 18일간)

−:   무처치 기간

또한 연구수행 과정에서 집단별 처치의 내용은 다음과 같다.

실험은 실험집단과 비교집단 그리고 무처치집단으로 구분하여 진행되었으며 집단에 따라 각각 다른 처치가 제공되었다. 집단별 처치에 대한 간단한 요약은 〈표 3-2〉에 제시하였다.

〈표 3-2〉 집단별 처치

집단	처치
실험집단	모니터링(Stage1&2), 시각적 피드백(Stage2)
비교집단	모니터링(Stage1&2)
무처치집단	–

먼저, Stage1 시기에 실험집단과 비교집단에 속한 참여자들은 게임사용자가 연구자에게 자신이 전날 오전 10시부터 당일 오전 10시까지 24시간 동안 리그 오브 레전드 게임 사용시간을 오전 10시에서 낮 12시 사이에 SNS(카카오톡)를 활용해 매일 보고하도록 하였으며, 연구자는 보고받았다는 의미에서 '확인했습니다'라는 짧은 답장을 보냈다. 해당 시간에 SNS로 보고를 하지 않는 참여자에게는 오후 1~4시 사이에 게임사용시간을 아직 보고하지 않았다는 리마인드 문자를 보냈다. 리마인드 문자의 내용은 "안녕하세요. 어제 하신 LOL 게임 시간을 ○○시간 ○○분으로 남겨 주세요."로 동일하게 보냈다. Stage1 은 총 10일 동안 진행되었으며 해당 시기 무처치집단에는 아무런 처치나 개입이 이루어지지 않았다.

Stage2 시기에는 Stage1에서와 마찬가지로 실험집단과 비교집단이 자신의 게임사용시간을 SNS로 매일 보고하도록 하였다. 그러나 실험집단의 경우, 이에 연구자가 추가적인 시각화 개입을 실시하였다. 실험집단에 속한 참여자들의 게임사용시간에 대한 정보를 바탕으로 그동안의 게임사용시간의 변화를 한눈에 확인할 수 있도록 Stage1에서 보고받은 사용시간과 Stage2에서 보고하는 사용시간을 일자별 그래프로 시각화하여 매일 SNS를 통해 제공하였다. 비교집단은 Stage1과 동일하게 사용시간을 보고받기는 하지만 시각화된 피드백은 제공하지 않았다. Stage2는 총 18일 동안 진행되었으며 해당 시기 무처치집단에는 아무런 처치나 개입이 이루어지지 않았다.

Stage3은 추후 단계로 세 집단 모두 동일하게 아무런 개입이 이루어지지 않았다. 대

2. 방법론 정하고 공부하기

신, 연구자는 op.gg에 접속하여 사전 설문에서 획득한 참여자 개개인의 리그 오브 레전드 아이디를 활용해 매일의 사용시간을 확인하는 작업을 하였다. 해당 작업에 대해서는 연구 시작 전 연구 참여 동의서에는 명시하였으나, 연구자의 op.gg를 통한 추가적 확인 작업이 참여자들의 게임사용시간에 영향을 미치지 않도록 Stage3 단계 시작 시점에 다시 언급하지는 않았다.

　　그리고 실험처치의 효과성을 파악하기 위해 실험 실시 전에 사전 설문 및 검사를 진행하고, 실험을 종료하는 시점에 사후검사를 실시하였다. 그리고 그 효과성의 유지 정도를 알아보기 위해 실험처치 종료 4주 후 시점에 사후검사를 실시하였다. 즉, 8주의 기간 동안 사전-사후-추후 총 3회에 걸쳐 인터넷 게임사용시간을 측정하였다.

(4) 적절한 분석방법을 선택하기

이 연구의 연구문제는 '게임사용시간을 모니터링하는 것은 개인의 인터넷 게임사용시간과 인터넷 게임중독수준에 어떠한 영향을 미치는가?'와 '게임사용시간 모니터링과 시각적 피드백을 제공하는 것은 인터넷 게임사용시간과 인터넷 게임중독수준에 어떠한 영향을 미치는가?'이다. 이를 확인하기 위해 이 연구에서는 종단적인 방법으로 데이터를 수집하였다. 우선 '게임사용시간'은 참여자들이 본인의 사용시간을 4주간 매일 보고하였으며, 이후 추후 기간 때 수집된 4주간의 데이터를 포함하여 참여자 1인당 55개 시점의 데이터가 수집되었다. 또한 척도로 측정한 '게임중독수준'과 '자기통제력' 역시 사전-중간-사후-추후 이렇게 4번 측정을 하였다. 가장 중요한 변인인 '게임사용시간'의 측정 시점이 55회 정도였기 때문에 여러 시점에서 측정된 자료를 분석할 수 있는 방법이 필요했고, 또 참여자 역시 집단별로 30명 내외였기 때문에 이러한 데이터의 특성을 고려한 분석방법을 선정하고자 하였다. 이를 위해 선택한 분석방법이 위계적 선형모형(HLM) 중 분할함수 성장모형(PGM)이다. HLM에서 시간에 따른 변화를 가정하는 경우 선형 성장모형, 이차 성장모형, 분할함수 성장모형을 사용하여 분석할 수 있다. 이 세 가지 모형의 차이점은 선형 성장모형은 성장이 직선적인 일차 함수 그래프이고, 이차 성장모형은 성장이 이차 곡선인 이차 함수 그래프이다. 마지막으로 분할함수 성장모형은 시간에 따른 변화량, 즉 기울기가 특정 시점에 따라 달라질 수 있다는 것을 가정한 것이다. 이 연구는 크게 실험단계와 추후단계로 나눴으며, 실험단계 역시 언어적 피드백만 제공한 단계와 시각적 피드백을 추가적으로 제공한 단계로 나눴기에 시간에 따른 선형성을 가정하기 어려웠다. 따라서 시점에 따라 서로 다른 발달궤적을 보이는 것을 연구자가 가정하여 이러한 자료를 확인할 수 있는 분할함수 성장모형(PGM)을 활용하였다.

(5) 자료 분석 및 결과 해석

앞에서 설명하였듯이 이 연구에서는 위계적 선형모형(HLM) 중 횡단 자료를 분석할 수 있는 분할함수 성장모형을 활용하였다. 해당 분석과 관련된 깊이 있는 내용은 위계적 선형모형 교재를 참고하기 바라며, 여기에서는 실제로 분할함수 성장모형 분석을 위한 데이터 수집, SPSS와 HLM을 활용한 분석 방법을 중심으로 기술하고자 한다.

① 데이터 정리하기

이 연구에서 데이터 수집은 온라인으로 진행되었으며 수집된 데이터는 엑셀 파일을 활용하여 정리하였다. 먼저, 파일에는 참여자의 이름, 전화번호, 이메일 등 개인 정보가 들어가므로 연구자의 데스크톱 컴퓨터 하드디스크에 저장하여 보관하였으며, 암호 설정을 하여 정보가 외부로 유출되지 않도록 하였다. 데이터는 한 열에 참여자 한 명과 관련된 정보들이 셀별로 들어갈 수 있도록 하였다. 그리고 참여자들에게 식별번호(No.)를 부여하여 이후 SPSS 파일 등에서 개인을 식별하는 데 불편함이나 오류가 없도록 하였다.

	A	B	C	D	E	F	G	H	I	J	K	L	M	N	O
1	No.	이름	전화번호	이메일	randomize	출생년도	성별	이메일 주소	대학교	전공	학년	LOL 시작 시기	LOL 게임 장소	주중 LOL 게임 시간	주말 LOL 게임 시간
2	1														
3	2														
4	3														
5	4														
6	5														

[그림 3-3] 참여자 개인정보 엑셀 코딩

참여자가 실시한 척도의 결과값와 관련된 정보 및 55일간 매일 보고한 게임사용시간 역시 한 사람이 응답한 데이터가 한 행에 들어갈 수 있도록 하였다. 참여자가 실시한 검사 결과의 경우 채점이 필요한데 두 가지 방식으로 채점이 가능하다. 첫째, 엑셀에서 함수를 활용하는 방법으로, sum(합산), average(평균) 등과 같은 함수를 써서 계산할 수 있다. 둘째, 엑셀의 자료를 SPSS로 변환한 후 '변환' → '변수계산' 탭을 활용해 합산 점수를 구할 수 있는데 이때 합산 계산을 할 수 있는 '명령문(syntax)'을 활용하면 도움이 된다. 필자의 경우, 척도 결과값 합산은 엑셀을 활용해 실시하였다.

No.	게임1_1_1	게임1_2_1	게임1_3_1	게임1_4_1	게임1_5_1	게임1_6_1	게임1_7_1	게임1_8_1	게임1_9_1	게임1_10_1	게임1_11_1	게임1_12_1	게임1_13_1	게임1_14_1	게임1_15_1	게임1_16_1	게임1_17_1	게임1_18_1	게임1_19_1
1																			
2																			
3																			
4																			
5																			
6																			
7																			
8																			
9																			
10																			

[그림 3-4] 참여자가 실시한 척도 결과값 엑셀 코딩

No	day1	day2	day3	day4	day5	day6	day7	day8	day9	day10	day11	day12
3	130	80	0	150	80	90	390	380	90	90	80	90
4	240	150	190	150	70	50	0	0	60	80	90	0
5	150	90	0	60	300	0	0	0	60	60	0	180
6	0	150	30	60	0	0	120	0	60	60	0	0
7	240	0	320	100	0	255	230	145	0	205	110	140

[그림 3-5] 참여자가 매일 보고한 게임사용시간 엑셀 코딩

② 엑셀에서 SPSS 파일로 옮기기

SPSS를 실행한 후, '파일' → '열기' 탭으로 가면, 연구에 필요한 데이터 파일을 불러들여 SPSS에서 작업을 할 수 있다. 데이터 열기 작업을 할 때, '파일 유형'을 'Excel (*.xls, *.xlxs, *.xlsm)'로 선택하면 엑셀 파일을 SPSS 파일로 불러와 열 수 있게 된다. 이때 다음과 같은 창이 하나 열리는데 해당 워크시트가 맞는지, 데이터 첫 행에 있는 변인 이름을 그대로 읽어 오는 것에 체크가 되어 있는지를 살핀 후 확인을 누른다. 그러면 새로운 SPSS 데이터 파일이 만들어진다. 본격적인 분석 작업을 하기에 앞서 만들어진 SPSS 파일은 저장하길 권한다.

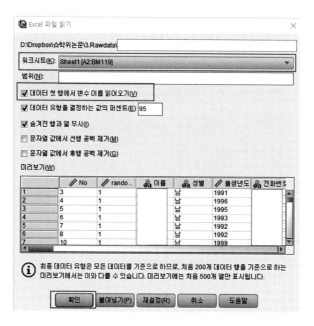

[그림 3-6] SPSS에서 엑셀 파일 불러오기

[그림 3-6]의 확인 버튼을 누르면 다음과 같이 SPSS 파일로 변환된다. 파일의 변환이 제대로 되었는지 확인 후 본격적인 분석을 준비한다.

	No	randomize	이름	성별	출생년도	전화번호	LOL아이디
1	3	1					
2	4	1					
3	5	1					
4	6	1					
5	7	1					
6	8	1					

③ HLM을 위한 분석 준비

HLM을 활용한 종단연구인 다층성장모형에서의 1수준 변인과 2수준 변인은 다음과 같다.

1수준: 시간에 따른 개인차가 있는지 확인
2수준: 개인차를 확인 후, 해당 개인차를 설명하는 설명변인을 투입하여 차이가 있는지를 확인

1수준은 시간 흐름에 따라 각 개인의 게임사용시간이 변하는지를 확인하는 작업이다. 여기서 개인차가 있으며 고정되어 있지 않고 변화가 있는 것이 확인되면 다음 단

계로 넘어간다. 개인차가 있다는 것이 확인되었다면, 2수준은 무엇이 그러한 차이에 영향을 미쳤는지를 확인하는 단계이다. 즉, 개인차를 설명할 수 있는 변인들을 투입하여 어떤 변인이 변화에 대해 유의한 영향력을 가지는지를 살펴본다.

〈표 3-3〉 수준별 주요변인 설명

분류	변인	내용
1수준 변인 (시간)	게임중독 점수(종속)	Lemmens 등(2015)이 개발하고 조성훈, 권정혜(2017)가 번안하여 타당화한 척도로 각 시점(사전, 2주, 사후, 추후)에 측정한 점수
	TIME	게임중독점수를 측정한 각 시점의 일수를 반영하여 코딩(0=사전, 14=2주, 28=사후, 55=추후)
2수준 변인 (개인)	집단	더미변인, 집단구분(비교집단: 0=실험집단, 1=교집단, 0=무처치집단/무처치집단: 0=실험집단, 0=비교집단, 1=무처치집단)
	게임중독 (초기)	Lemmens 등(2015)이 개발하고 조성훈, 권정혜(2017)가 번안하여 타당화한 척도로 해당 실험을 시작하기 전에 측정한 점수
	자기통제	자기통제감 척도(Pearlin et al., 1981)로 네 시점(사전, 2주, 사후, 추후)에 측정한 평균점수

HLM 프로그램을 사용하여 분석하기 위해서는 각 수준별로 SPSS 파일을 만들어야 한다. 좀 번거로운 과정이지만 분석을 위해 필요한 과정이니 하나씩 알아보기로 한다.

〈1수준 데이터 파일 만들기〉

앞서 언급한 것처럼 1수준에서 검증하는 것은 '시간의 변화에 따라 각 참가자의 게임사용시간이 변화하는가'이다. 따라서 1수준 데이터에는 각 참가자의 식별번호, 게임사용시간, 그리고 연구자가 설정한 시점별 변화율에 대한 값이 포함된다. 1수준 데이터를 만들기 위해서는 먼저 변인명을 한글 4자 이하, 영어 8자 이하로 바꾸어 설정해야 HLM 프로그램에서 변인명을 인식할 수 있다. 하지만 한글의 경우 HLM 프로그램상에서 깨지거나 오류가 발생하는 경우가 있기 때문에 분석하기 전부터 변인명을 영어로 바꾸어 놓는 것이 유리하다. [그림 3-7]은 변인명을 영문으로 수정하고 정리해 둔 데이터의 일부인데, 변인명 No는 개인 식별번호, group은 집단(0: 실험집단, 1: 비교집단, 2: 무처치집단), sex는 성별(0: 남, 1: 여), grade는 학년, 그리고 day1, day2, day3, …는 각 참여자들이 보고한 매일의 게임사용시간을 작성한 것이다.

해당 원 데이터에는 하나의 행에 한 명의 데이터가 들어가 있는데([그림 3-7] 박스), HLM 분석을 위한 1수준 데이터는 변화를 살펴보고자 하는 날짜별 게임사용시간의 변화가 하나의 열에 제시되도록 데이터를 변경해야 한다([그림 3-8] 박스). [그림 3-7] No.1의 day1~day10 동안의 게임사용시간이 'gametime'이라는 변인열에 바꾸어 제시된 것을 [그림 3-8]에서 관찰할 수 있다.

	No	group	sex	grade	day1	day2	day3	day4	day5	day6	day7	day8	day9	day10
1	1	0	0	4	0	100	135	0	0	0	190	0	90	0
2	2	0	0	4	0	0	0	0	0	220	150	0	0	0
3	3	1	0	4	130	80	0	150	80	90	390	380	90	90
4	4	1	0	2	240	150	190	150	70	50	0	0	60	80
5	5	1	0	3	150	90	0	60	300	0	0	0	60	60

[그림 3-7] 원 데이터 코딩 파일

	No	index	gametime
1	1	1	0
2	1	2	100
3	1	3	135
4	1	4	0
5	1	5	0
6	1	6	0
7	1	7	190
8	1	8	0
9	1	9	90
10	1	10	0

[그림 3-8] 1수준 변인으로 변환 후 코딩 파일

이와 같이 행에 제시된 변인을 열로 바꾸어 주는 것을 SPSS의 '구조변환'을 활용하면 손쉽게 할 수 있다. 변인의 구조변환 과정은 다음과 같다. '데이터' → '구조변환'을 클릭하면 '구조변환 마법사' 팝업이 등장한다.

구조변환의 순서는 다음과 같다.

① HLM에 활용하기 위해서 행으로 제시된 변수를 열로 변환하고자 한다. 따라서 '선택한 변수를 케이스로 구조변환'을 선택한 후 '다음'을 클릭한다.	② 데이터에 있는 변수 중에 구조를 변환하고자 하는 변수 집단 수를 선택한다. 게임사용시간만 변경할 예정이므로 '한 개'를 선택한다.
	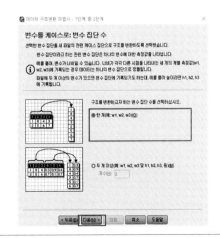

③ 케이스 집단 식별을 위해 '선택한 변수 사용'을 택한 후, 기존에 만들어 둔 'No' 변수를 끌어 온다. 그리고 '전치될 변수'는 게임사용시간이므로 목표변수에 'gametime'이라고 넣고, 날짜별 게임사용시간을 모두 끌어다 넣는다.

④ 변환 후 변환된 케이스의 집단을 식별하는 '지수 변수(index)'를 생성하는 단계이다. 즉, 전치될 변수 각각에 번호를 부여하게 되는데, 이 연구에서는 참여자 1인당 총 55일의 데이터가 있으므로 지수 변수는 1~55까지 값이 주어진다.

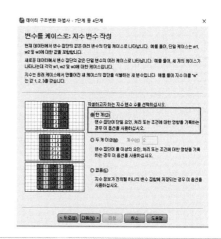

⑤ 지수의 값을 어떻게 세팅할지 정할 수 있는데, 기본적으로는 1, 2, 3, …으로 순차번호가 매겨진다. 아니면 변수 이름을 지수 값으로 할 수도 있다.

⑥ 1수준 변수에서 고정변수가 있을 필요는 없으므로, '새 데이터 파일에서 변수 삭제'를 선택하고, 결측값이 있을 경우 '새 파일에 케이스 작성'을 선택한 후 '다음'을 클릭한다.

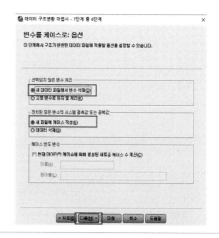

⑦ 마지막으로, '지금 데이터 구조변환'을 선택하고
'마침'을 누르면 구조변환이 완료된다.

'구조변환'을 완료한 파일은 다음과 같다. 행으로 제시되어 있었던 1번 참여자 (No=1)의 게임사용시간(gametime)의 값이 행으로 변경되어 있으며, '지수 변인(index)' 의 값이 1부터 순차적으로 부여되어 있다.

	No	index	gametime
1	1	1	0
2	1	2	100
3	1	3	135
4	1	4	0
5	1	5	0
6	1	6	0
7	1	7	190
8	1	8	0
9	1	9	90
10	1	10	0
11	1	11	0
12	1	12	0
13	1	13	0
14	1	14	0
15	1	15	0

[그림 3-9]　구조변환을 완료한 1수준 파일

아쉽게도 1수준 데이터 파일 작업은 여기서 끝이 아니다. 마지막 작업이 남았는데, 변화모형 설정에 사용할 'TIME' 변인을 생성하는 일이다. 1차 함수 그래프인 선형모형일 경우, 하나의 TIME 변인을 생성하여 0, 1, 2, 3…으로 코딩이 가능하지만, Stage1, 2, 3별로 그래프의 기울기가 다름을 가정할 수 있는 이 연구의 경우 'TIME' 변인 세 개를 설정해야 한다. 단계별로 그래프의 기울기는 달라질 수 있지만, 각 단계 내에서는 직선적으로 변화함을 가정하였다. 이에 설정한 'TIME1', 'TIME2', 'TIME3' 변인의 값은 다음과 같다.

날짜(day)	TIME1	TIME2	TIME3	설명
1	0	0	0	
2	1	0	0	
3	2	0	0	Stage1(1~9일) 단계에서는 TIME1 시간변인이 직선으로 증가함
…	…	…	…	
8	7	0	0	
9	8	0	0	
10	9	0	0	
11	9	1	0	
12	9	2	0	
13	9	3	0	Stage2(10~28일) 단계에서는 TIME2 시간변인이 직선으로 증가함
…	…	…	…	
26	9	16	0	
27	9	17	0	
28	9	18	0	
29	9	18	1	
30	9	18	2	
31	9	18	3	Stage3(29~55일) 단계에서는 TIME3 시간변인이 직선으로 증가함
…	…	…	…	
54	9	18	26	
55	9	18	27	

'TIME' 변인 설정까지 마친 최종적인 1수준 파일은 [그림 3-10]과 같다.

	No	index	gametime	TIME1	TIME2	TIME3
1	1	1	0	0	0	0
2	1	2	100	1	0	0
3	1	3	135	2	0	0
4	1	4	0	3	0	0
5	1	5	0	4	0	0
6	1	6	0	5	0	0
7	1	7	190	6	0	0
8	1	8	0	7	0	0
9	1	9	90	8	0	0
10	1	10	0	9	0	0
11	1	11	0	9	1	0
12	1	12	0	9	2	0
13	1	13	0	9	3	0
14	1	14	0	9	4	0
15	1	15	0	9	5	0
16	1	16	0	9	6	0
17	1	17	0	9	7	0
18	1	18	0	9	8	0
19	1	19	60	9	9	0
20	1	20	180	9	10	0
21	1	21	0	9	11	0

[그림 3-10] 1수준 데이터 최종 파일

〈2수준 데이터 파일 만들기〉

  2수준 데이터 파일에는 1수준에서 발생한 시간의 흐름에 따른 개인차를 설명할 수 있는 설명변인이 포함된다. 데이터 파일의 형식은 기존에 알고 있는 일반적인 SPSS 데이터 파일과 크게 다르지 않다. 연구자는 게임사용시간을 설명하는 변인으로 ① 집단(실험, 비교, 통제), ② 게임중독점수, ③ 자기통제력을 넣고 살펴보기로 했다. 이에 만든 2수준 변인은 다음과 같다. 여기서 집단(실험, 비교, 통제)변인은 개인차를 확인하기 위해 집단구분 변인을 더미변인화하여 2개의 변인(group1, group2)으로 구성하였다. 'group1'에서는 실험집단과 무처치집단을 0으로 코딩하고, 비교집단을 1로 코딩하였다. 'group2'로 명명된 변인에서는 실험집단과 비교집단을 0으로 코딩하고, 무처치집단을 1로 코딩하여 실험집단과 무처치집단이 각 단계(Stage)에서 게임사용시간의 유의한 차이가 있는지 확인하였다. 게임중독점수(gamescore)와 자기통제력(selfcontrol)도 점수를 계산하여 각각 코딩하였다.

	🖉 No	🎲 Group	🎲 group1	🎲 group2	🎲 gamescore	🎲 selfcontrol
1	1	2	1	0	51	19
2	2	2	1	0	21	11
3	3	1	0	0	103	14
4	4	1	0	0	28	15
5	5	1	0	0	17	16
6	6	1	0	0	36	16
7	7	1	0	0	87	17
8	8	1	0	0	25	15
9	9	2	1	0	49	14
10	10	1	0	0	25	13
11	11	1	0	0	71	13
12	12	1	0	0	60	10
13	13	1	0	0	11	15
14	14	2	1	0	34	14
15	15	2	1	0	36	19

④ HLM 프로그램에서 분석하기

1수준 파일과 2수준 파일이 완성되면 HLM 프로그램을 실행시켜 분석을 진행할 수 있다. 그전에 1수준, 2수준 파일을 합쳐서 HLM 프로그램에서 실행할 수 있도록 확장자가 *.mdm인 파일을 만들어야 한다. mdm 파일을 만드는 과정은 다음과 같다.

① HLM 프로그램을 실행 후, 'File' → 'Make new MDM file' → 'Stat package input'을 선택한다.

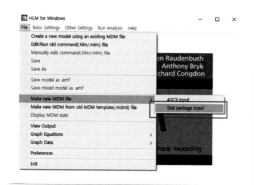

② MDM type을 선택하는데, 2수준으로 구성된 자료를 분석하는 것이므로 'Nested Models'에서 HLM2를 선택한다.

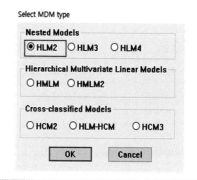

③ 먼저, 우측 상단에 있는 MDM File Name을 지정하고, 데이터 구조를 'longitudinal(occasions within persons)'로 선택한다. 그 후 만들어 놓은 1수준 SPSS 데이터 파일을 'Level-1 Specification'의 'Browse'를 클릭한 후 열어서 선택한다. 2수준 SPSS 데이터 파일도 마찬가지로 'Level-2 Specification'의 'Browse'에서 선택한다.

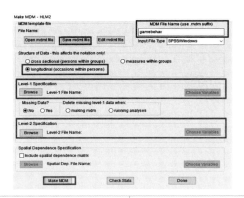

④ 1수준 파일을 선택하고 나면 'Level-1 Specification'의 'Choose variables'가 활성화되는데, 이것을 클릭하면 다음의 화면이 나온다. 여기서 식별번호인 NO는 ID에 클릭하고, 종속변수인 GAMETIME 변수와 시간의 변화를 상정한 'TIME1', 'TIME2', 'TIME3'로 선택한다.

⑤ 2수준 파일을 선택하고 나면 'Level-2 Specification'의 'Choose variables'가 활성화되는데, 이것을 클릭하면 다음의 화면이 나온다. 식별번호인 NO는 ID에 클릭하고, 종속변수인 GAMETIME를 설명할 수 있는 집단변수, 게임중독 점수, 자기통제력 점수를 선택한다.

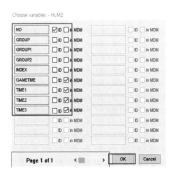

   MDM 파일 저장이 완료되면 HLM 프로그램에서 모형을 설정하여 분석할 수 있다. 분석은 총 2회 실시하는데, 먼저 무조건 모형(unconditional model)을 검증한다. 즉, 시간의 흐름에 따라 종속변인 변화의 개인차가 있는지를 확인해야 한다. Level-1에서 학생들의 게임사용시간을 나타내는 종속변인, GAMETIME 변인을 결과변인(outcome variable)으로 설정한다. 그런 다음, 각 Stage마다 만들어 둔 시간변인인 'TIME1', 'TIME2', 'TIME3'를 Level-1에서 독립변인으로 지정한다. 이때 시간변인은 'uncentered'로 설정한다. 무조건 모형의 세팅이 완료되면 위쪽 제목표시줄에 있는 'Run Analysis'를 눌러 분석을 실시한다(분석결과는 3. 연구결과 기술하기의 1) 무조건 성장모형에서 확인 가능).

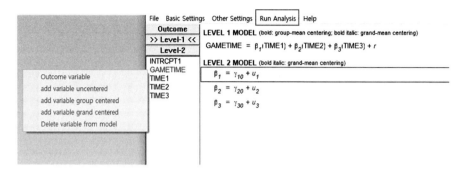

[그림 3-11]   HLM에서 무조건 모형 설정

　앞에서 제시한 무조건 성장모형을 통해 게임사용시간 변화의 개인차가 있다면, 즉
초기치와 변화율의 분산이 유의한 차이가 있다는 것이 통계적으로 유의하다고 밝혀
지면, 개인차를 설명하는 변인들을 모형에 추가하여 개인차의 원인을 설명하게 된다.
이 연구에서는 게임사용시간의 설명변인으로 집단구분(실험, 비교, 무처치), 게임중독
점수, 자기통제감을 투입하였다. 집단변인(group1, group2)은 코딩이 이미 더미화되어
있으므로 uncentered로 넣었으며, 게임중독 점수와 자기통제감은 하위집단이 특별히
존재하지 않으므로 'grand centered(전체평균 중심화)'를 선택하였다. 조건 모형의 세
팅이 완료되면 위쪽 제목표시줄에 있는 'Run Analysis'를 눌러 분석을 실시한다(분
석된 결과는 다음 절인 3. 연구결과 기술하기의 2) 조건 성장모형에서 확인 가능).

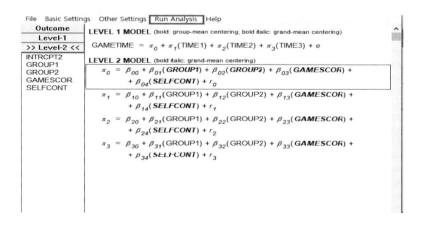

[그림 3-12]   HLM에서 조건 모형 설정

3. 연구결과 기술하기

Q: 연구결과 분석 시, 특별히 주의해야 할 점은 무엇인가요?

　분석에 앞서 데이터 클리닝을 철저하게 하고 파일 관리를 잘해야 한다. 대부분의 연구자가 그렇겠지만 분석을 한 번만에 완료하지는 않는다. 여러 변인을 넣어 보고, 중간중간에 발견되는 데이터상의 오류들을 수정·보완해 가면서 분석의 정확도를 높여 간다. 이를 잘하기 위해서는 분석 파일의 철저한 관리가 중요하다. 원자료(raw data)는 따로 보관하되, 분석에 사용한 데이터는 회차별(1회차, 2회차…) 폴더를 만들어 보관해야 한다. 그리고 폴더나 파일명에 분석한 날짜를 기록하여 최신 업데이트 파일이 무엇인지 쉽게 알아볼 수 있도록 한다.

　연구결과와 관련된 필자의 개인적인 경험을 소개하고자 한다. 데이터를 분석하면서 내가 세운 가설과 달리 일부 분석결과가 유의하지 않게 나왔다. 이때, 솔직한 심정으로 고민되었다. '이 결과를 어떻게 해야 하나' 마치 옥의 티처럼 느껴지는 유의하지 않은 결과가 논문의 퀄리티를 낮추는 것처럼 여겨졌다. 그러나 해당 사항에 대해 지도교수님과 상의를 하면서 유의하지 않은 결과도 충분히 의미 있는 결과라는 것을 알게 되었고, 결과의 유의성 여부를 떠나 해당 현상을 어떻게 해석하고 바라볼지에 대한 연구자의 관점과 논리가 더 중요하다는 것을 깨달았다. 아마 연구자라면 누구나 한 번쯤 이런 고민을 하게 되지 않을까 싶다. 완성도 높고 깔끔한 결과도 좋지만, 어디쯤 흠 하나 있어 눈길이 보다 가는 논문이 더 인간적이지 않을까. 우리 인생이 늘 꽃길만은 아닌 것처럼 말이다.

　이 연구의 주된 관심사는 대학생을 대상으로 한 게임행동 모니터링의 효과이다. 그리고 그 효과를 두 가지로 검증하고자 했는데, 먼저는 게임사용시간의 변화이고, 둘째는 게임중독수준의 변화이다. 두 종속변인을 분석한 통계적인 기법은 동일하게 분할함수 성장모형이므로 지면의 제한상 둘 중의 하나만 제시하고자 한다. 앞에서 계속 설명해 온 '게임사용시간'에 대한 결과이다. 결과는 설명변인을 넣지 않고 개별 참여자의 시간변화를 살펴본 무조건 모형, 그리고 무조건 모형에서 개별 참여자의 차이가 있는 것으로 밝혀진 후 해당 변화에 대한 설명변인들을 투입해서 해당 변인의 영향을 검증하는 조건 모형 순으로 살펴보고자 한다. 결과의 기술은 논문에서 자세하게 제시하였으므로, 논문의 내용을 인용하였다.

1) 무조건 성장모형

이 연구에서는 특정 시점 혹은 단계에 따라 성장 궤적의 기울기가 달라질 수 있다는 가정을 상정하였으므로 이를 확인할 수 있는 분할함수 성장모형을 활용하였다. 먼저, 기초모형에서는 시간의 흐름에 따른 게임사용시간 변화의 개인차를 추정하기 위해서 다른 변인을 투입하지 않은 모형이다. 초기치와 변화율에 대한 고정효과 분석 결과, 실험 시작 시점에서 참여자의 게임사용시간은 평균 121.686분이었다. Stage1 시점에서는 평균 4.237분씩 사용시간이 유의하게 감소하였으며, Stage2와 Stage3 시점에서는 각각 0.053분 증가, 0.211분 감소하였으나 유의한 변화는 없는 것으로 나타났다. 그리고 무선효과 분석 결과에서 게임사용시간의 초기치 표준편차는 88.547분, Stage1, 2, 3 각 구간에서의 변화율은 5.743분, 2.838분, 2.285분이었으며 초기치를 포함한 모든 구간에서의 변화크기의 무선효과가 통계적으로 유의하다고 밝혀졌다. 이를 통해 게임사용시간의 개인차가 존재함을 확인할 수 있었으며, 다음 단계인 분할함수 성장모형에 설명변인을 투입하여 검증할 필요가 있는 것으로 판단하였다.

〈표 3-4〉 기초모형 분석 결과

고정효과	회귀계수	표준오차	t점수	자유도	유의수준
초기치 절편(β_{00})	121.686	10.272	11.846	101	0.000
Stage1 기울기(β_{10})	−4.237	0.977	−4.338	101	0.000
Stage2 기울기(β_{20})	0.053	0.402	0.132	101	0.896
Stage3 기울기(β_{30})	−0.211	0.308	−0.684	101	0.495
무선효과	표준편차	분산성분	χ^2	자유도	유의수준
절편(r_0)	88.547	7840.554	346.280	93	0.000
Stage1 기울기(r_1)	5.743	32.979	134.630	93	0.003
Stage2 기울기(r_2)	2.838	8.055	183.333	93	0.000
Stage3 기울기(r_3)	2.285	5.223	220.547	93	0.000
1−수준오차(e)	97.543	9514.557			

***$p<.001$, **$p<.01$, *$p<.05$.

2) 조건 성장모형

게임사용시간에 영향을 미치는 개인수준의 변인을 투입하였다. 집단구분, 게임중독점수, 자기통제감 변인을 넣어 게임시간에 대한 해당 설명변인의 영향을 검증하고자 하였다. 먼저, 세 집단을 비교하기 위해 집단변인을 두 개로 나누어 더미변인 코딩을 실시하였다. 집단1 변인은 실험집단과 무처치집단을 0으로, 비교집단을 1로 코딩하였고, 집단2 변인은 실험집단과 비교집단을 0으로, 무처치집단을 1로 코딩하였다. 즉, 집단1 변인을 통해서는 실험집단과 비교집단의 차이를, 집단2 변인을 통해서는 실험집단과 무처치집단의 차이를 확인할 수 있다. 게임중독점수의 경우, 총 4회 측정되었으나 실험 개입을 시작하기 전 응답한 중독수준이 참여자의 최초 상태, 즉 자연 상태임을 가정했고 원래 참여자들이 보고하는 중독수준이 게임사용시간 변화에 어떠한 영향을 주는지 살펴보고자 하였다.

고정효과에 대한 분석 결과 절편계수모형의 초기치, 즉 실험집단의 개입 전 게임사용시간은 137.931분(p<.001)으로 나타났으며 실험집단과 비교하여 비교집단은 이보다 23.946분을, 그리고 무처치집단은 44.713분을 더 적게 사용하는 것으로 나타났다. 그러나 실험집단과 비교집단 간의 시간차이는 통계적으로 유의하지 않은 것으로 나타났으며(p=.304), 실험집단과 무처치집단 역시 시간차이가 유의하지 않았다(p=.088). 또한 개인 차원의 설명변인인 게임중독점수의 초깃값(p=.119), 자기통제감 평균(p=.151)이 게임사용시간의 초깃값에 통계적으로 유의한 영향을 미치지 않는 것으로 나타났다.

실험 참여자가 자신의 게임사용시간만 보고한 모니터링기간(Stage1)에서 실험집단의 게임사용시간은 한 시점이 증가할 때마다 4.963분씩 감소하는 추세를 보였고, 비교집단은 이보다 1.166분이 감해진 6.129분씩 감소하는 것으로 나타났다. 실험집단의 기울기 변화량은 통계적으로 유의하였으며(p=.001), 실험집단의 기울기와 비교집단의 기울기 변화량 간에는 유의한 차이가 없는 것으로 확인되어(p=.608) 실험 및 비교 집단 모두 Stage1 기간에서는 유의하게 시간이 감소하는 것으로 확인되었다.

반면, 무처치집단의 경우, 실험집단보다 5.201분이 더해진 0.238분씩 증가하는 것으로 나타났다(p=.043). 무처치집단의 변화 기울기가 실험집단의 기울기와 다르다는 것은 확인했지만 그 기울기의 변화 자체가 유의한지 여부는 해당 모형에서 제시해 주지 않기 때문에 이를 추가적으로 확인하기 위해 무처치집단을 따로 구분하여 변화 패턴을 추가적으로 분석하였다. 그 결과, 무처치집단의 Stage1 시기의 기울기 변화율은 유의하지 않아(p=.900) 변화가 없이 유지되는 패턴이 있음을 확인하였다. 해당 기간에서의 게임중독 점수 초깃값(p=.735), 자기통제감 평균(p=.909)은 게임사용시간에 통계적으로 유의한 영향을 미치지 않는 것으로 나타났다.

그다음으로 실험집단에게만 시각적 피드백을 추가적으로 제공했던 기간(Stage2)의 경우, 실험집단은 게임사용시간이 0.866분씩 감소하였으나 그 수준이 유의하지는 않았다 (p=.120). 한편, 비교집단은 실험집단보다 2.379분이 더해져 1.513분씩 변화하는 것으로 나타났다. 이 역시 해당 모형에서는 기울기 변화량의 통계적 유의도를 확인할 수 없어 비교집단만을 따로 구분해 추가 분석을 한 결과, 해당 구간에서 유의하게 증가하는 것으로 확인되었다(p=.029). 무처치집단은 실험집단보다 1.058분이 더해진 0.192분씩 증가하는 것으로 나타났으며 실험집단과의 기울기 차이는 유의하지 않았다(p=.300). 마찬가지로 해당 기간에서의 게임중독 점수 초깃값(p=.452), 자기통제감 평균(p=.200)은 게임사용시간에 통계적으로 유의한 영향을 미치지 않는 것으로 나타났다.

마지막으로, 효과의 지속 여부를 확인하기 위해 모든 처치를 제거한 기간(Stage3)에서의 게임사용시간 변화를 살펴보았다. 실험집단은 0.053분씩 증가하나 유의한 수준은 아니었으며(p=.902), 비교집단은 실험집단보다 1.250분 감해진 1.197분씩 감소하나 통계적으로 유의한 차이가 없는 것으로 나타났다(p=.078). 무처치집단은 실험집단보다 0.497분 더해진 0.550분씩 증가하나 그 기울기 역시 실험집단과 유의한 차이는 없었다 (p=.518). 그리고 해당 기간에서 게임중독점수는 1점 증가하면 게임사용시간이 0.083분씩 증가하며 이는 통계적으로 유의한 변화임이 확인되었다(p=.039). 그러나 자기통제감 평균(p=.996)은 게임사용시간에 통계적으로 유의한 영향을 미치지 않는 것으로 나타났다. 따라서 초기치와 구간(Stage)별 무선효과를 살펴봤을 때, 모든 시점에서 개인편차가 존재하는 것으로 확인되었다.

〈표 3-5〉 다단계 성장모형 분석 결과

고정효과	회귀계수	표준오차	t점수	자유도	유의수준
절편계수(β0)모형					
절편($\chi00$)	137.931	14.037	9.826	97	0.000
비교집단($\chi01$)	−23.946	23.148	−1.034	97	0.304
무처치집단($\chi02$)	−44.713	25.999	−1.720	97	0.088
게임중독점수($\chi03$)	0.735	0.468	1.572	97	0.119
자기통제($\chi04$)	−5.172	3.573	−1.447	97	0.151
Stage1 기울기계수(β1)모형					
절편($\chi10$)	−4.963	1.375	−3.609	97	0.001
비교집단($\chi11$)	−1.166	2.268	−0.514	97	0.608
무처치집단($\chi12$)	5.201	2.545	2.044	97	0.043
게임중독점수($\chi13$)	−0.016	0.046	−0.338	97	0.735
자기통제($\chi14$)	−0.040	0.350	−0.115	97	0.909
Stage2 기울기계수(β2)모형					
절편($\chi20$)	−0.866	0.553	−1.566	97	0.120
비교집단($\chi21$)	2.379	0.913	2.607	97	0.011
무처치집단($\chi22$)	1.058	1.013	1.044	97	0.300
게임중독점수($\chi23$)	−0.014	0.019	−0.754	97	0.452
자기통제($\chi24$)	0.181	0.140	1.290	97	0.200
Stage3 기울기계수(β3)모형					
절편($\chi30$)	0.053	0.426	0.124	97	0.902
비교집단($\chi31$)	−1.250	0.704	−1.776	97	0.078
무처치집단($\chi32$)	0.497	0.765	0.649	97	0.518
게임중독점수($\chi33$)	0.030	0.014	2.095	97	0.039
자기통제($\chi34$)	0.001	0.107	0.005	97	0.996
무선효과	**표준편차**	**분산성분**	**χ^2**	**df**	**p**
절편(u_0)	84.119	7075.999	300.093	88	0.000
Stage1 기울기(u_1)	5.685	32.323	126.820	88	0.004
Stage2 기울기(u_2)	2.673	7.145	167.002	88	0.000
Stage3 기울기(u_3)	2.183	4.764	198.385	88	0.000
1−수준오차(r)	97.534	9512.977			

***$p<.001$, **$p<.01$, *$p<.05$.

해당 집단의 변화를 그래프로 나타내면 다음과 같다.

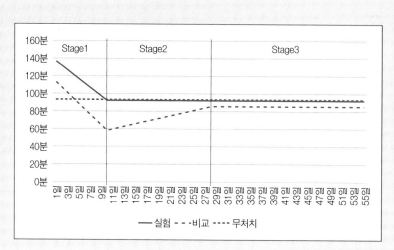

[그림 3-13] 성장모형에서 나타난 게임사용시간의 집단별 Stage에서의 변화추이

4. 논의 및 제언 기술하기

Q: 본인 연구가 상담학 연구 분야에 기여한 부분은 무엇인가요?

처음 연구주제를 고민하던 시점으로 돌아가, 필자는 게임에 대한 과도한 사용으로 어려움을 겪고 있는 대학생들에게 어떻게 도움을 줄 수 있을까라는 문제에 대해 진지하게 고민했었다. 이미 성인인 대학생에게 학령기 청소년처럼 단체검사를 실시하여, 학교 차원에서 프로그램을 제공하고 이에 대한 자발적 참여를 바라는 것은 쉽지 않다. 특히 게임중독으로의 회피처럼 문제에 직면하지 않으려는 성향을 가진 학생들이 상담 프로그램에 찾아와 도움을 받게끔 하는 것은 참으로 어려운 일이다.

이 연구를 통해 모니터링이라는 간단하고 단순한 기법이 게임중독으로 어려움을 겪고 있는 대학생에게 실제적인 도움이 될 수 있다는 것을 확인하였다. 하지만 이 연구의 결과만으로 모니터링이라는 기법이 기존의 상담이나 중독 프로그램을 대체하리라 생각하지는 않는다. 다만, 상담에 오지 않는 학생들에게는 진입장벽을 낮춰 주고, 상담에 오고 있는 학생들에게는 상담의 효과성을 높이는 데 도움이 되는 보조 수단으로 활용 가능함을 검증했다는 것에 그 의의가 있다.

또한 실험설계와 관련해서 전체의 과정을 비대면으로 설계하고 진행했다는 데 의의가 있다. 2020년 초에 시작된 COVID-19는 모든 대면 만남을 단절시켰다. 이러한 과정이 개인적인 관계에도 어려움을 야기했지만 동시에 연구자에게도 큰 도전이었으리라 생각한다. 이 연구의 설계가 완벽하다고 생각하진 않지만, 누군가 비대면으로 연구를 진행하고자 할 때 도움이 될 만한 팁을 얻어 갈 수 있지 않을까 기대해 본다.

Q: 앞으로 이 분야 연구를 하기 위해 후속 연구자들이 유념해야 할 부분은 무엇인가요?

첫째, 게임중독을 비롯한 인터넷중독, 스마트폰중독에 대한 연구들이 예전에 비해 활발히 진행되고 있지만 중독의 원인, 기제, 개입 방법 등에 대해서는 여전히 더 많은 연구가 축적되어야 할 것으로 보인다. 특히 다른 전통적인 중독 물질과는 달리 스마트매체는 매우 어린 나이부터 접하게 되는 경향이 있고 이에 대해 부모 세대들도 어떻게 통제하고 교육해야 하는지 잘 알지 못하는 실정이다. 이러한 상황에 대한 이해를 바탕으로 다양한 행동중독의 현상을 살펴볼 필요가 있겠다. 게다가 시간이 갈수록 미래 세대는 온라인 세계가 익숙해질 텐데 이러한 세대를 이해하기 위한 고민이 필요한 시점이다.

둘째, 지금도 수많은 종류의 게임이 존재하며, 앞으로도 게임 산업은 점차 활성화되고 다양해질 것이다. 따라서 게임의 특성과 요소를 면밀히 분석하여 그에 따른 예방 혹은 치료적 접근법을 고려해 보아야 할 것이다. 또한 게임의 특성과 개인의 성격적/정서적/인지적 특성이 어떻게 상호작용하는지 역시 추후 연구를 통해 확인이 필요하다고 생각한다.

셋째, 중독을 연구하는 방법이 다양해질 필요가 있다. 국내 상담 분야 연구들은 주로 설문지를 활용해 변인들 간의 관계를 확인하는 횡단적인 연구 또는 프로그램을 개발하여 적용한 연구가 주를 이루었다. 이러한 연구들의 중요성을 간과하는 것은 아니지만, 보다 다양한 도구와 데이터를 가지고 게임 및 미디어 중독이라는 현상에 접근하는 것이 필요해 보인다. 중독의 현상에 대한 의미와 본질을 탐색할 수 있는 질적연구 방법이나 통제된 실험을 통해 변인들 간의 관계를 밝히는 실험연구들이 보다 활발하게 진행될 필요가 있다.

마지막으로, 인터넷, 게임 및 스마트매체와 관련된 다양한 관점의 연구가 필요하다. 인터넷중독, 게임중독이라는 현상이 존재하는지에 대한 여러 전문가의 의견은 여전히 분분하다. 필자의 연구처럼 문제적 사용에 대한 연구도 있어야겠지만, 인터넷 또는 게임의 긍정적인 측면과 어떻게 잘 활용할 수 있을지에 대한 연구도 보다 활발히 이루어질 필요가 있다. 게임은 게임일 뿐, 가장 중요한 것은 그 이면에 존재하는 사람이다.

참고문헌

강상진(2016). 다층모형. 서울: 학지사.

박승민, 김창대(2005). 온라인게임 과다사용 청소년의 게임행동 조절과정과 개입요인. 상담학연구, 6(4), 1281-1305.

박승민, 이주영(2018). 청소년들의 인터넷 게임중독에 대한 잠재프로파일 분석 및 영향 요인 분석. 상담학연구, 19(6), 203-224.

조민규, 류성진(2016). 자기보고식 설문조사에서 응답자의 지각 및 응답편향에 관한 연구: 인터넷 게임 이용시간을 중심으로. 언론과학연구, 16(4), 335-373.

조성훈, 권정혜(2017). 한국판 인터넷 게임장애 척도의 타당화. *Korean Journal of Clinical Psychology, 36*(1), 104-117.

최연실, 배희분(2017). 부모모니터링이 청소년 자녀의 발달에 미치는 영향: 성별의 조절효과를 중심으로. 청소년학연구, 24(10), 279-307.

최현지, 정경미(2016). 피드백 중재가 스마트폰 중독 위험군 대학생의 스마트폰 사용감소에 미치는 효과. *Korean Journal of Clinical Psychology, 35*(2), 365-391.

한국콘텐츠진흥원(2017). 2016 게임이용자 실태조사 보고서. KOCCA 16-35.

황재원, 김계현(2012). 자기조절을 통한 청소년의 인터넷 사용시간 단축과정과 영향요인. 상담학연구, 13(5), 2135-2157.

Aarseth, E., Bean, A. M., Boonen, H., Colder Carras, M., Coulson, M., Das, D., ... & Haagsma, M. C. (2017). Scholars' open debate paper on the World Health Organization ICD-11 Gaming Disorder proposal. *Journal of Behavioral Addictions, 6*(3), 267-270.

American Psychiatric Association. (2015). *Diagnoistic and statistical manual of mental disorders* (5th ed.). (권준수 외 역). 서울: 학지사. (원저는 2013년에 출판).

Dishion, T. J., & McMahon, R. J. (1998). Parental monitoring and the prevention of child and adolescent problem behavior: A conceptual and empirical formulation. *Clinical Child and Family Psychology Review, 1*(1), 61–75.

Lemmens, J. S., Valkenburg, P. M., & Gentile, D. A. (2015). The internet gaming disorder scale. *Psychological Assessment, 27*, 567–582.

McLellan, A. T., McKay, J. R., Forman, R., Cacciola, J., & Kemp, J. (2004). Reconsidering the evaluation of addiction treatment: From retrospective follow-up to concurrent recovery monitoring. *Addiction, 100*, 447–458.

Nguyen, H. Q., Carrieri-Kohlman, V., Rankin, S. H., Slaughter, R., & Stulbarg, M. S. (2004). Internet-based patient education and support interventions: A review of evaluation studies and directions for future research. *Computers in Biology and Medicine, 34*, 95–112.

Pearlin, L. I., Menaghan, E. G., Lieberman, M. A., & Mullan, J. T. (1981). The stress process. *Journal of Health and Social Behavior, 22*, 337–356.

Riper, H., Van Straten, A., Keuken, M., Smit, F., Schippers, G., & Cuijpers, P. (2009). Curbing problem drinking with personalized-feedback interventions: A meta-analysis. *American Journal of Preventive Medicine, 36*, 247–255.

Voith, L., & Berger, L. (2014). Computer-assisted substance abuse treatment: An interview with Richard Cloud, PhD. *Journal of Social Work Practice in the Addictions, 14*(2), 211–218.

WHO (2021. 3. 2.). *ICD-11 for mortality and morbidity statistics.* Retrieved from https://icd. who.int/browse11/l-m/en#/http%3a%2f%2fid.who.int%2ficd%2fentity%2f1448597234.

제 4 장

해결중심 집단상담의 효과:
다층메타분석을 통한 효과크기 분석[1]

개요

이 장은 해결중심 집단상담 연구의 효과성을 종합적으로 분석하기 위하여 다층메타분석 방법을 사용한 논문 작성 과정을 소개하고 있다. 이 장의 주요 내용은 김동일, 이혜은, 박은지(2017)[2]의 「해결중심 집단상담의 효과: 다층메타분석을 통한 효과크기 분석」 연구를 바탕으로 하여 연구주제 잡기부터 연구방법 선정 및 진행 방법, 결과 제시 및 해석의 전 과정에 대하여 기술하고 있다. 구체적인 내용은 다음과 같다. 첫째, 연구주제를 탐색하고 선정한 과정에서 실제 연구자가 경험한 과정을 이야기 흐름대로 제시하였다. 둘째, 연구문제를 검증하기 위한 자료 수집 과정과 다층메타분석 방법의 적용 과정을 자세하게 제시하였다. 셋째, 도출한 연구결과를 바탕으로 이 연구의 의의 및 제한점, 후속 연구를 위한 제언 사항을 기술하였다.

---

1) 이 장의 내용은 김동일, 이혜은, 박은지(2017)의 연구 중 일부를 발췌, 인용, 재구성하여 작성하였다.

2) 김동일, 이혜은, 박은지(2017). 해결중심 집단상담의 효과: 다층메타분석을 통한 효과크기 분석. 상담학연구, 18(1), 157-179.

1. 연구주제 잡기

1) 연구주제 탐색 방법

Q: 대학원 생활 동안 관심을 가진 주제는 어떤 것이었나요?

필자는 석사과정 때부터 해결중심상담에 관심을 가지고 연구를 살펴보았다. 처음으로 해결중심상담을 접하게 된 것은 심혜숙, 정은진(2000)의 「교사들을 위한 상담훈련 프로그램 효과분석: 해결중심 단기상담을 중심으로」란 연구에서였다. 현직 교사로서 근무하면서 상담의 필요성을 절실히 체감하였고, 본인의 상담 역량 증진뿐만 아니라 교사의 상담 역량 증진 방안에 대해서도 관심이 많아 2005년 대학원 석사과정에 진학하였기에, 교사 대상 해결중심단기상담을 적용한 상담훈련 프로그램에 관한 논문이 필자에게 눈에 띈 것은 매우 자연스러운 일이었다. 그리고 이 연구를 통해 학교 현장에서 교사가 학생상담을 하는 데 예외를 발견하여 확장해 나가는 해결중심단기상담방법이 학교 현장에 매우 적합하다는 생각이 들어서 교사들이 활용할 수 있는 효과적인 해결중심단기상담프로그램이 어떤 건지 궁금해졌다.

효과적인 해결중심상담프로그램을 무엇으로 알 수 있을지, 그 효과는 어떻게 측정할 수 있는지에 대해 의문을 갖고 있던 중, 「교육상담에서의 효과성 연구와 메타분석」(김계현, 2002) 연구를 만나게 되었다. 서론부터 시작되는 '과연 상담이라는 활동이 효과가 있는지'에 대한 물음은 '해결중심상담이 과연 학교현장에서 효과가 있을까?'에 대한 질문으로 구체화되었다. 또한 이 논문을 통해 자연상태에서 연구된 것을 '효과 연구'라 하고, 인위적으로 조작된 조건에서 연구된 것이 '효과성 연구'이며, 필자가 원하는 연구가 '효과성 연구(efficacy study)'라는 것도 알게 되었다. 그리고 이러한 과정을 통해 학교 현장에 효과적으로 적용할 수 있는 상담 방법이 무엇이며, 그 방법의 효과가 어떠한지 궁금함이 생겼다. 이러한 궁금증이 늘던 중 평소 관심이 있었던 해결중심상담의 효과를 분석해 보자는 생각을 하게 되었다.

Q: 논문 연구주제를 결정하면서 지도교수님과 나눈 대화 중 가장 인상적이었던 대화는 무엇인가요?

  지도교수님께서는 그 당시 상담심리 분야 메타분석 연구 전문가인 K 교수님을 만날 수 있는 기회를 마련해 주셨다. 마침 교육상담에서의 효과성 연구(김계현, 2002)를 통해 메타분석을 접하고 어떤 방법인지 알고 싶은 마음이 있었기에 흔쾌히 지도교수님의 제안을 받아들여 K 교수님께 이메일을 드리고 직접 찾아뵈었다. 그래서 K 교수님께서 진행하시는 메타분석 특강을 도와드리게 되었고, 메타분석 방법이 필요한 이유와 목적, 그리고 구체적인 방법까지 배우게 되었다. 이렇게 메타분석 연구방법과 인연을 맺게 되었다.

지도교수님: K 교수님께서 이번 여름 학술대회에서 메타분석 특강을 하신다고 하는데, 그 특강 준비를 같이 도와드리면 어떨까?
나: 아, 다행이네요. 교수님. 소개해 주셔서 감사합니다.
지도교수님: 메타분석의 전문가이니 이번 기회에 내용과 방법을 다른 시각에서 배워 볼 수 있을 거야.
나: 네. 감사합니다.
지도교수님: K 교수님 연락처와 이메일 주소를 알려 줄 테니 한번 연락을 해 보게.
나: 네, 연락 드려 보겠습니다.
  〈이메일로 K 교수님께 메타분석에 관심 있는 교육상담전공 대학원생으로 인사하고, 메타분석에 대해서 배우고 싶다고 말씀드림. 메타분석 워크숍 준비를 위해 도와드릴 일이 있는지도 문의함〉
  (중략)
나: 교수님, 감사합니다. K 교수님께 연락을 드렸더니 워크숍 자료 요약을 도와달라고 하셨습니다.
지도교수님: 잘 도와드리고 다른 어려운 점이 있으면 언제든지 이야기하길….
나: 네, 감사합니다.

  이 특강을 준비하는 과정에서 메타분석 방법을 이용하여 해결중심상담의 효과성을 검증해 보고 싶은 마음이 자연스럽게 들었고, 해결중심상담 방법이 무엇이며, 해결중심상담 처치가 어느 정도의 효과를 발생시키는지, 그리고 해결중심단기상담에 대한 효과성 검증연구를 종합하여 알고 싶은 마음이 들게 되었다. 이에 2008년 석사학위논문 주제로 해결중심상담의 효과성을 분석해 보자는 결심을 하게 되었다. 그리고 해결중심상담의 효과성을 분석한 선행연구가 있는지, 다른 상담심리 관련 선행연구에서 어떤 주제로 메타분석을 실시했는지를 찾아보았다.

그러나 메타분석에 대해 공부하면서 집단 회기수, 집단 시간, 참여 인원 등 집단 변인에 따른 효과성도 분석하기 위해서는 다층메타분석을 적용해야 한다는 것을 알게 되었다. 여기에서 다층메타분석 방법을 어디에서, 어떻게 배울 수 있을까 하는 고민이 되었다. 선배님들 중에서 메타분석으로 학위논문을 쓰신 분들도 있었지만, 다층메타분석 방법을 적용한 분을 찾기는 어려웠다. 이러한 필자의 고민을 지도교수님께 말씀드렸더니 다층메타분석으로 논문을 작성하고 있는 다른 대학원생을 소개해 주셨다.

나: 교수님. 제가 집단 변인에 따른 효과성도 분석하고 싶은데요. 그러려면 다층메타분석을 적용해야 하는데, 혹시 다층메타분석에 대해 잘 알고 계신 선배님이나 선생님을 소개해 주실 수 있으실까요?

지도교수님: 박사과정인 ○○○ 선생도 지금 다층메타분석으로 논문 작업을 하고 있으니, ○○○ 선생에게도 연락해 보면 구체적인 문제점과 실제적인 프로그램 적용하는 예를 알아 가는 데 좋을 거야. 연락처를 공유해 주지.

〈휴대전화로 즉시 확인하시고 연락처 알려 주심〉

나: 네. 감사합니다.

지도교수님께서 소개해 주신 박사과정 선생님께 연락을 해서 다층메타분석에 대해 배울 수 있었다. 실제로 다층메타분석을 수행하는 과정에서 데이터 가공 작업이 너무 어려웠고, HLM을 수행할 때 자꾸 에러가 발생하였는데, HLM을 적용하는 과정에서의 문제점도 그 박사과정 선생님이 잘 알려 주시고 도와주셨다.

이와 같이 연구논문을 작성하는 과정에서 어떤 어려움이 있어도 지도교수님께 말씀드리면, 전문가를 소개해 주시고 해결에 필요한 조언을 주셨기에 연구가 재미있다는 것을 경험할 수 있었다.

2) 여러 대안 중 연구주제 정하기

Q: 연구주제를 선정할 때 가장 고민했고, 어려웠던 점은 무엇인가요? 다른 주제들 가운데 최종 연구주제를 결정한 이유는 무엇인가요?

　　해결중심상담에 대한 선행연구를 살펴본 결과, 해결중심 집단상담으로 많이 적용되고 있다는 것을 알 수 있었다. 국내에서 해결중심 집단상담에 대한 연구는 해결중심 집단상담 프로그램이 노숙자의 자기효능감, 자아존중감 및 우울과 희망에 미치는 효과를 살펴본 김현미(2001)의 연구가 최초로 이루어졌고, 이후에 본격적으로 진행되었다. 이에 2001년부터 2016년까지 최근 16년간의 학술지논문과 석·박사학위논문을 대상으로 자료를 수집하였다. 일차적으로 학술연구정보서비스(http://www.riss.kr), 국회전자도서관(http://www.nanet.go.kr), 한국학술정보(http://kiss.kstudy.com), 학지사 뉴논문(http://www.newnonmun.com), 서울대도서관 등의 학술정보검색시스템을 이용하여 '해결중심 집단상담', '해결중심 집단치료', '해결중심 & 집단상담', '해결중심 & 집단치료', '해결중심 & 집단' 등을 키워드로 학위논문과 학술지 논문을 검색하고 수집하였다. 이 과정을 통해서 수집된 논문은 학위논문 922편, 국내 학술지논문 164편 이상이었다.

3) 연구의 필요성에 대한 논리 만들기

Q: 연구문제를 어떻게 구체화했나요? 연구문제와 방법론을 어떻게 연결시켜 봤나요?

　　다음으로, 해결중심상담의 효과성을 분석한 선행연구를 찾아보았다. 해결중심상담이 개인상담뿐만 아니라 집단상담까지 다방면에서 활용되고 있었다. 특히 해결중심 집단상담으로 많이 적용되고 있었다. 해결중심 집단상담은 집단 구성원이 지닌 문제의 동질성보다 문제를 해결하고 정서적으로 안정된 삶을 위한 존중감, 자아개념과 같은 심리적 요소에서부터 외현화 문제행동 감소, 약물 남용 감소, 복직률 증가와 같은 행동적인 측면에 이르기까지 그 효과성이 꾸준히 밝혀졌다(윤계순, 2000; Thorslund, 2007; Smock et al., 2008). 이러한 유용성 때문에 해결중심모델은 국내에 소개된 이래로, 상담, 심리치료, 사회복지 분야, 정신보건 분야, 교육학 분야 등의 여러 분야에 활용되어 왔고, 일반 성인뿐만 아니라 비행 등의 문제를 지닌 청소년과 그 가족, 알코올 중독, 노숙, 정신분열증, 만성질환자 등의 다양한 대상에 적용되고 있었다(김성천, 정수연, 장혜림, 2002). 이러한 시점에서 해결중심 집단상담의 효과를 이론적으로 검증하기 위해 유사한 주제를 연구한 논문들을 집대성하고 요약, 분류, 분석하여 효과가 있다는 보편적 결론을 도출해 낼 필요가 있었다(김계현, 이윤주, 왕은자, 2002).

이와 같이 해결중심접근이 개인상담뿐만 아니라 집단상담까지 다방면에서 활용되고 있는 상황에서, 해결중심접근에 대한 메타분석이 학술지논문으로 국외 1편, 국내 1편에서 이루어졌다(Kim, 2008; 박정임, 2014). 그러나 해결중심접근에 대한 메타분석은 학술지논문으로 국외 1편(Kim, 2008)만 진행되었다. 이 연구는 de Shazer와 Berg(1997)의 해결중심접근의 일곱 가지 핵심 요소 중 한 가지 요소 이상이 포함되고 연구의 저자가 중재 방법을 해결중심으로 지칭하였으며, APA의 기준(무선 표집 유무, 통계치 제시, 모집단, 타당하고 신뢰로운 측정도구 사용, 일정한 치료 매뉴얼을 사용하거나 비디오나 오디오를 통한 치료 과정 점검 과정, 25명 이상의 사례 수)에 부합하는 논문 22편을 대상으로 다층메타분석을 실시하였다. 분석 결과, 해결중심 집단상담은 외현적 행동문제, 내현적 행동문제, 가족과 관계 문제 중 내현적 행동문제에서만 통계적으로 유의한 효과를 보였지만, 그 효과크기는 .26으로 매우 작게 나타났다.

국내 연구들을 대상으로 한 박정임(2014)의 연구에서는 초등학생을 위한 해결중심 집단상담에 대한 메타분석을 실시하여 평균 효과크기와 효과크기에 영향을 미치는 조절변수를 확인하였다. 그 결과, 자아존중감의 효과크기가 1.61로 가장 높게 나타났고, 학교적응능력은 1.35, 대인관계능력 1.07, 자기효능감의 경우 1.03의 순서로 네 종속변수 모두에서 큰 효과크기를 보였으며, 통계적으로 유의미한 조절변수로는 자아존중감은 '총 회기수', 학교적응능력의 경우 '총 회기수'와 '1회기당 시간'으로 나타났다. 그러나 Kim(2008)의 연구는 해결중심접근 선별 기준으로 일곱 가지 구성요소 중 한 가지 이상을 포함하면서 연구자가 중재의 방법을 해결중심으로 지칭하는 경우에, 해결중심접근법을 사용한 연구로 인정하였다는 점에서 선별 기준이 엄격하지 않고 연구자의 주관이 개입될 여지가 크다는 한계를 지닌다. 또한 분석 대상에 개인상담과 집단상담 연구 모두를 포함시켰는데, 집단상담이 개인상담과는 달리 집단 내에 존재하는 수많은 상호작용을 고려하는 특수성을 지니기 때문에(권경인, 김창대, 2007; DeLucia-Waack, 2002), 개인상담과 집단상담 관련 연구를 함께 포함하여 분석하는 것은 타당하지 않다. 박정임(2014)

의 연구는 초등학생을 위한 해결중심 집단상담을 종합하여 분석했다는 점에서 의의가 있다. 그러나 여전히, 해결중심 집단상담이 초등학생 이외에 다양한 연령과 영역에 적용되고 있음을 상기해 볼 때, 상담현장에서 해결중심 집단상담을 계획하는 단계에서 가장 큰 효과를 보일 수 있는 대상, 중재변인, 적용 영역이 무엇인지에 대한 가이드라인이 필요하다. 특히 문제가 심각한 청소년, 심각한 외상경험으로 인하여 정서적으로 힘든 대상 등 특정 대상에게는 해결중심 개입만으로 문제해결에 한계가 있다는 의견이 제기되고 있는 상황에서(Selekman, 2005), 해결중심 집단상담의 양적 확장에 대한 질적인 제고가 요청된다.

해결중심 집단상담은 비교적 짧은 시간 안에 집단 활동을 통해 자신의 강점과 기술 및 자원 위에 구축된 해결을 경험하게 돕는다는 점에서 상담 장면에서 유용하게 활용될 수 있는 것으로 알려져 있지만(은성희, 신동윤, 최중진, 2015), 그 구체적인 유용성에 대해서 기존 프로그램에 대한 종합적인 평가를 통해 효과적인 해결중심 집단상담의 개발 및 운영 지침이 마련될 필요가 있다(김창대 외, 2011).

이에 이 연구에서는 선행연구의 제한점을 보완하여 국내 해결중심 집단상담 프로그램의 효과성 연구들을 보다 전체적이고 통합적인 차원에서 검토하고, 프로그램의 효과에 영향을 미치는 예측변인이 무엇인지 밝힘으로써 해결중심 접근을 적용하기 위한 가이드라인을 개발하고 운영에 필요한 근거를 마련하고자 하였다. 이를 위해 최근까지 수행된 해결중심 집단상담 프로그램 관련 연구들을 분석 대상으로 삼되 더욱 엄격하게 해결중심접근의 구성요소를 적용하여 연구를 선별하고, 효과성에 영향을 미칠 가능성이 있는 다양한 변인의 영향력을 메타분석을 통해 확인하고자 하였다. 이 연구에서의 연구문제는 다음과 같다. 첫째, 해결중심접근을 적용한 집단상담의 전체 평균 효과크기는 어떠한가? 둘째, 해결중심 집단상담의 효과크기에 영향을 미치는 변인은 무엇인가?

2. 방법론 정하고 공부하기

1) 적용한 연구방법론 소개

Q: 적용해 보려고 고민한 방법론에는 어떤 것이 있나요? 대안 중에서 선택한 이유는?

2015년 박사과정에 입학하고 나서도 상담처치의 효과성 검증에 대한 관심은 계속되었다. 박사 과정에 입학하자마자 1학기에 수강했던 '응용행동분석'이라는 지도교수님 수업을 통해서 효과성 검증 연구를 종합 분석하는 메타분석 방법을 다시 접하게 되었다. 이때 개별적인 연구결과들을 통계적으로 종합하여 분석하는 연구방법인 메타분석에 대하여 다시 관심을 갖게 되었다. 특히 응용행동분석 수업에서 메타분석 특강이 있었는데, 그 특강에서 개별 연구의 효과크기에 영향을 주는 변인을 고려할 수 있는 다층메타분석 연구방법을 다시 공부하게 되었다. 해결중심집단상담의 전체 효과크기뿐만 아니라 효과크기에 영향을 줄 수 있는 중재변인(학교급, 대상자 수, 실시 기간, 총 회기수, 주당 회기수, 회기당 시간, 총 시간 수 등)의 영향 정도를 복합적으로 파악할 수 있기에 다층메타분석을 적용하는 것이 이 연구에 적합할 것으로 판단되었다.

Q: 내가 선택한 방법론이 얼마나 할 만한 것인가요?

메타분석은 의사결정자들에게 해당 연구의 효과성에 대한 정보를 제공하기 위해 활용되고 있다(Matt, 1997). 이에 효과적인 해결중심 집단상담의 개발과 적용을 돕기 위해 보다 전체적이고 통합적인 차원에서의 메타분석을 실시하고자 하였다. 메타분석은 일반적인 결론을 도출하기 위한 분석의 분석(analysis of analysis)으로 기존 통계적 분석 결과들을 분석하는 것이라고 할 수 있다(Glass, Smith, & McGaw, 1981; Rosenthal et al., 2006). 이는 ① 분석 대상 연구의 효과크기를 계산하고, ② 평균 효과크기를 산출하며, ③ 효과크기와 다른 변인들과의 상관을 분석하는 과정을 따른다(김계현, 2002). 특히 다층모형을 적용한 메타분석은 개별 연구의 효과크기에 영향을 주는 변인(variance)을 고려할 수 있는 방법으로, 메타분석에 다층모형을 적용하여 연구에 따른 참 효과크기에 차이가 있는지를 검증하고 그 차이의 원인을 알아보는 데 유용한 분석 방법이다(여승수, 홍성두, 2011;

김동일 외, 2013). 전통적인 고정효과모형(fixed-effects model)에서는 하나의 모집단에서 연구들이 추출되었다고 가정해서 개별 연구들의 차이는 표집오차(sampling error)만 고려해도 되지만, 무선효과모형(random effect model)에서는 효과크기에 있어 개별연구들 간의 실제적 차이를 고려할 수 있다(Shadish & Haddock, 2009).

　이 연구에서는 대상자와 프로그램 중재변인을 설정하기 위해 선행연구에서 효과에 영향을 주는 중재변인으로 학교급, 대상자 수, 실시기간, 총 회기수, 주당 회기수, 회기당 시간, 총 시간 수라고 보고되고 있는 것을 참고하였다(강진령, 2011; 박정임, 2014; 이장호, 김정희, 1992; 이혜은, 2009). 이 연구에서는 대상자와 프로그램 중재변인으로서 회기 관련 변인으로 중재변인을 설정하고, 대상자 변인으로 성별, 연령, 유형, 인원수를, 회기 관련 변인으로 총 회기수, 회기당 시간을 설정하였다. 종속변인과 관련하여서는 인지, 정서, 사회성, 행동, 신체 · 생리 및 재활, 기타로 분류하였는데(박소연, 황은영, 2006; 이혜은, 2009), 인지 영역에는 기억 및 회상, 언어발달 및 어휘습득, 과제 수행, 창의성 등이, 정서 영역에는 불안, 우울, 고통, 불편, 분노, 무기력 등의 부정적인 정서와 감정 표현, 자기표현, 자아개념, 자긍심, 자기효능감, 자아존중감, 삶의 질과 만족도 등의 긍정적인 정서가, 행동 영역에는 문제행동, 적응 및 부적응, 자기통제, 주의력, 공격성 등이, 신체 · 생리 및 재활 영역에는 맥박, 호흡, 혈압, 긴장 이완 등이 포함된다.

| note | 다층메타분석방법의 자료분석 HLM

전통적인 메타분석에서는 전체 효과크기에 영향을 미치는 개별 예측 변인에 의한 효과크기를 고려하지 않아 전체 프로그램의 효과크기를 정확하지 않게 해석할 가능성이 있다(김동일 외, 2015). 이러한 전통적인 메타분석의 한계를 보완하기 위해서 효과크기에 영향을 미치는 변인들을 동시에 투입해서 효과크기를 산출하는 다층메타분석이 제안되었는데, 다층메타분석에 의한 무선효과 모형은 산출된 효과크기가 모든 개별 연구에서 동일하지 않다는 현실적 가정에 부합하며, 제공되는 표집오차로 인해서 산출된 효과크기를 전체 모집단의 효과크기로 해석할 수 있다는 장점을 지닌다(여승수, 홍성두, 2011).

다층메타분석방법에서의 자료 분석은 HLM으로 이루어진다. HLM을 분석하기 전에 분석 대상 논문들의 기본 정보를 엑셀에 코딩하는 것이 필요하다. 메타분석을 위해서는 분석 대상 연구가 사전/사후 값이 제시되어 있는 실험설계로 이루어져야 하며, 분석 대상 논문에 대한 정보를 최대한 자세히 정리하는 것이 필요하다. 그다음 연구물들에 제시된 HLM 7.0을 사용하여 전체 분석 대상 연구에서 전체 평균 효과크기와 이에 영향을 미치는 예측변인들이 무엇인지 확인하고자 하였다. 이를 위해서는 전체 분석 대상 연구 효과크기를 산출하는 것이 필요한데, 모든 효과크기를 산출하여 1수준에서 전체 효과크기를 구하고, 2수준에서 효과크기에 영향을 미치는 변인들을 확인하는 것이 필요하다.

2) 연구 진행 과정

Q: 이 연구방법으로 연구를 진행하는 과정에서 특히 유의할 점은 무엇인가요? 어려웠던 부분과 이겨 낸 방법은 무엇인가요?

다층메타분석을 실행하면서 어려웠던 점은 무엇보다도 HLM을 시행하기 전 raw data를 엑셀과 메모장, 한글을 이용하여 가공하는 작업이었다. 변인들 간의 동일한 간격 조정, 자릿수 통일, 일련번호 자릿수 통일 등을 처음 해 보는 과정에서 자꾸 에러가 나서 HLM 분석과 실행이 잘 안 되어 여러 번 반복하며 데이터 가공 작업을 거쳤다. 데이터 가공만 잘되면 HLM student 버전도 무료로 다운받을 수 있고, 분석도 자동적으로 해 주기 때문에 HLM은 사용하기에 매우 편리한 소프트웨어라고 생각한다. 단, 데이터 가공 과정에서 정말 인내가 필요하다.

Q: 이 연구방법론을 적용하여 연구를 하면서 어떤 방식으로 데이터를 수집하고 분석했나요?

우선적으로 수집된 총 1,000편이 넘는 연구 중 학술지논문 164편만을 대상으로, Kim(2008)과 이혜은(2009)의 선정 기준을 참고하여, 〈표 4-1〉과 같은 선정 기준에 따라서 최종분석을 위한 논문을 선정하였다. 다음과 같은 분석 논문 선정 기준의 타당성에 대해서 상담전공 교수 1인과 박사과정 2인의 자문 과정을 거쳤다.

〈표 4-1〉 분석 논문 선정 기준

선정 기준	조건	기준 내용
1차 선정 기준	해결중심접근의 핵심 7요소 중 세 가지 이상, 해결중심접근만 적용	기적질문의 사용, 척도질문의 사용, 쉬는 시간에 자문 시간 갖기, 내담자에게 메시지(칭찬 목록)와 과제 주기, 대처/극복 질문의 사용, 목표 설정, 예외질문의 사용
2차 선정 기준	APA의 여섯 가지 기준 중 세 가지 이상 만족시키는 연구	무선표집의 유무, 통계치 제시, 모집단, 타당하고 신뢰로운 측정도구 사용, 일정한 치료 매뉴얼을 사용하거나 비디오나 오디오를 통한 치료 과정 점검 과정, 25명 이상의 사례 수

해결중심접근의 일곱 가지 요소인 기적질문의 사용, 척도질문의 사용, 쉬는 시간에 자문 시간 갖기, 내담자에게 메시지(칭찬 목록)와 과제 주기, 대처/극복 질문의 사용, 목표 설정, 예외질문의 사용 중에서 세 가지 이상의 해결중심접근 요소가 사용된 논문, 둘째, APA 여섯 가지 기준인 무선표집의 유무, 통계치 제시, 모집단, 타당하고 신뢰로운 측정도구 사용, 일정한 치료 매뉴얼을 사용하거나 비디오나 오디오를 통한 치료 과정 점검 과정, 25명 이상의 사례 수 중 세 가지 이상에 해당되는 논문으로 선별하는 과정을 거쳤다. 이러한 과정을 거쳐서 〈표 4-2〉와 같이 총 37개의 학술지 논문이 수집이 되었다.

〈표 4-2〉 분석 대상 논문

번호	연도	저자	대상자 수	7요소 수	효과 크기	종속변인
1	2001	김현미	22	3	0.488	자기효능, 자아존중감, 우울, 희망
2	2002	김현미	16	7	1.161	자아존중감, 대인관계
3	2002	송성자, 정문자	31	6	0.314	자아존중감, 가정생활, 대인관계, 감정조절
4	2002	권영란, 이정숙	31	6	0.930	삶의 의미, 금주자기효능감
5	2002	김성천, 정수연, 장혜림	24	6	1.860	따뜻함, 개입, 전반적 행동
6	2003	고미자, 유숙자	30	6	0.208	생의 목적, 우울
7	2003	김현미, 최연희, 전은영	16	7	1.336	문제해결능력, 문제해결에 대한 자신감
8	2003	김현미	10	7	0.247	자기효능, 우울

9	2003	고미자, 유숙자, 김양곤	30	6	1.193	일반적 스트레스, 주관적 스트레스, 문제중심대처, 정서중심대처
10	2004	정문자, 어주경	30	3	0.584	자아존중감, 긍정적 대처방법, 부정적 대처방법, 아버지와의 의사소통, 어머니와의 의사소통
11	2004	김수진, 이정숙, 양미화	30	7	0.526	학교생활태도, 자아존중감, 희망
12	2004	정순아, 양수	28	4	0.697	가족부담감, 적극적 대처, 표출정서, 가족지지
13	2005	김현미	10	7	0.698	자존감, 우울
14	2006	최정은, 김성천	7	7	0.069	자아존중감
15	2008	강선경	20	5	1.111	자아존중감, 또래관계, 교사와의 관계, 가족과의 관계
16	2008	현안나	7	4	0.990	대처능력
17	2009	김선연, 김희정	12	5	1.609	자기개념, 자기존중감, 정서안정성, 대인관계능력, 문제해결력, 대인신뢰감
18	2008	홍성미	10	5	2.424	친구의 유무 및 신뢰도, 교제의 지속성, 친구 간의 적응, 친구와의 공동생활, 교사관계, 교우관계, 학교수업, 학교규칙
19	2009	이보용, 이동귀	10	4	0.621	자아개념, 또래관계
20	2009	김유순, 김은영	28	3	0.361	자아존중감, 공격성, 의사소통능력
21	2009	최윤숙, 김갑숙	12	5	0.361	문제지향적 대처방식, 사회적지지 추구대처, 정서완화적 대처, 소망적 사고, 자원, 스트레스대처방식, 스트레스 정도, 대처능력
22	2010	김유순, 이국향	8	5	0.906	강압적 양육행동, 합리적 양육행동, 자아존중감, 부모효능감
23	2010	홍기은, 김춘경	6	5	0.685	외현화 문제행동, 자아존중감
24	2011	서보업, 유형근, 권순영	12	5	1.350	자아탄력성
25	2011	문현실, 고영삼, 이은경	10	5	1.439	인터넷중독, 자기통제감, 자존감
26	2011	최윤숙, 최외선, 김갑숙	15/14	5	1.546	몰입, 자기효능감
27	2011	김성자, 김갑숙	16	5	1.646	자녀양육스트레스

28	2013	김영혜, 김종남	27	4	0.508	탄력성, 이혼지각, 우울, 불안
29	2013	오은숙, 최중진	17	4	1.640	자기성찰, 회복탄력성
30	2014	류청한, 어주경	23	6	0.779	자존감, 양육효능감, 사회적 문제해결능력
31	2014	유옥문	6	7	2.188	스트레스 대처능력
32	2014	이은, 공마리아, 최은영	11	3	0.836	사회적 문제해결능력
33	2015	유윤형	6	5	0.971	온화감, 갈등, 상대지위(형), 상대지위(아우), 경쟁, 가정환경행복감, 자아특성행복감, 능력행복감, 대인관계행복감
34	2015	최수진, 조현춘	12	5	1.200	자기개념
35	2015	양지원, 김형모	10	6	0.833	희망
36	2015	은성희, 신동윤, 최중진	14	5	0.333	학교생활적응
37	2016	김종운, 이지혜	12	4	1.819	임파워먼트, 정서조절능력, 사회적응력, 학교적응

1. 자료 코딩

메타분석을 하기 위해서는 기본적으로 분석 대상 연구의 기본정보와 분석할 변인 및 수치를 엑셀 파일에 코딩하는 것이 필요하다. 초기 코딩할 때의 기본 방침은 '최대한 자세히 코딩하기'이다. 중요한 변인에 대한 설명도 기록해 놓는 것이 나중에 추가코딩이나 더미코딩 시 편리하다. 엑셀에 분석 대상 연구들의 자료를 코딩하는 데 상당한 시간이 소요된다. 참고로 변인의 특성에 따라 더미코딩을 해야 하는 경우가 있다. 연구자가 정한 기준에 따라 0과 1을 이용하여 통계처리가 가능하도록 코딩하는 것이다. 이 연구에서는 더미코딩 방법 중 참조코딩 방식을 사용하였다. 자료 코딩 시, Buboltz와 Savickas(1994) 연구의 빈도분석 방법을 참고하여 종속변인에서 연구 단위마다 한 개 이상의 변인이 들어간 경우, 각 변인에 점수를 부여하여 빈도를 분석하였는데, 예를 들어 한 개의 연구에 상담자 변인이 한 개일 경우는 1점을 부여하고, 두 개의 변인을 대상으로 한 경우는 0.5점, 세 개의 변인을 대상으로 한 경우에는 0.3점을 부여하는 방법을 사용하였다. [그림 4-1]은 엑셀에 분석 대상 연구를 코딩한 예시이다.

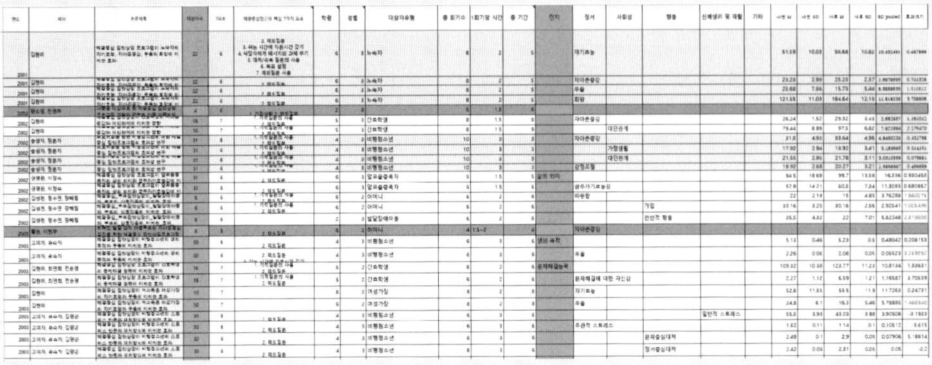

[그림 4-1] 자료 코딩

자료 코딩 시, 다층메타분석 적용의 전체 효과크기를 구하기 위한 사전/사후 결과 통계치뿐만 아니라 2수준 모형에 투입할 분석 대상 논문의 대상자 수, 해결중심 7요소, 학년, 성별, 대상자 유형, 총 회기수, 1회기당 시간, 총 기간, 종속변인-인지, 정서, 사회성, 행동, 신체생리 및 재활도 자세히 코딩하였다. 그리고 사전/사후 평균과 표준편차를 이용하여 효과크기를 계산하였다.

2. 효과크기 계산 및 조정

우선, Cohen's d를 사용하여 각 연구의 평균 효과크기를 구하였다. 이때, 전체 평균 효과크기 계산은 각 연구의 효과크기가 독립된 연구에서 산출되었다는 메타분석의 독립성 가정(Hedges, 1980)을 충족하기 위해서, 각 연구에서 한 개 이상의 효과크기가 있을 경우 해당연구 내에서의 효과크기의 평균을 활용하였다. 다음 [1]의 계산공식을 활용하였는데, M_t는 중재 후 평균, M_c는 중재 전 평균, SD는 표준편차를 의미한다.

$$ES = \frac{M_t - M_c}{SD_{pooled}}$$

$$SD_{pooled} = \sqrt{\frac{SD_1^2(n_1 - 1) + SD_2^2(n_2 - 1)}{n_1 + n_2 - 2}} \qquad [1]$$

여기서 우울, 부적응 등의 부적인 종속변인에 대한 효과크기는 절댓값을 취하여 전체 평균 효과크기를 구하였고(이혜은, 2009), Cohen's d의 계산된 효과크기 값은 0.2는 낮은 효과, 0.5는 중간효과, 0.8은 높은 효과로 해석하였다(Cohen, 1988).

　　전통적인 메타분석에서는 전체 효과크기에 영향을 미치는 개별 예측 변인에 의한 효과크기를 고려하지 않은 채, 전체 프로그램의 효과크기를 정확하지 않게 해석할 가능성이 있다(김동일 외, 2015). 이러한 전통적인 메타분석의 한계를 보완하기 위해서 효과크기에 영향을 미치는 변인들을 동시에 투입해서 효과크기를 산출하는 다층메타분석이 제안되었는데, 다층메타분석에 의한 무선효과 모형은 산출된 효과크기가 모든 개별 연구에서 동일하지 않다는 현실적 가정에 부합하며, 제공되는 표집오차로 인해서 산출된 효과크기를 전체 모집단의 효과크기로 해석할 수 있다는 장점을 지닌다(여승수, 홍성두, 2011). 이에 해결중심 집단상담의 효과에 미치는 변인들을 설정하고 이를 2수준에 동시에 투입하는 다층메타분석을 진행하였다.

3. HLM 분석을 위한 자료 형식(.txt) 만들기

　　HLM 분석을 위해서는 먼저 코딩한 엑셀 자료를 다음의 지침에 따라 .txt(텍스트) 형식의 파일로 제작하는 것이 필요하다.

① 엑셀에서 id의 자릿수가 같아지도록 조정한다. 예를 들어, 총 효과크기가 100개라면 1번을 101로 수정하여 1~100이 아니라 101~200이 되도록 수정한다.
② 엑셀에서 [그림 4-2]와 같이 효과크기와 분산, 각 변인의 코딩 결과는 소수점 아래 자릿수를 통일한다. [그림 4-2]의 예시에서는 소수점 아래 자릿수를 소수점 아래 셋째 자리까지로 통일하였다.

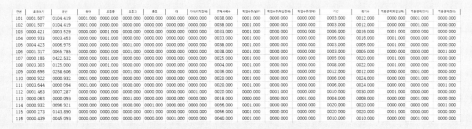

[그림 4-2] txt 파일을 위한 엑셀 코딩 변경

③ 엑셀의 파일-내보내기-파일 형식 변경-텍스트(탭으로 분리)로 내보낸다. 또는 ②의 엑셀 파일 중 자료 부분만 '선택-복사'하여 메모장에 붙여넣기를 해도 txt 파일이 만들어진다.

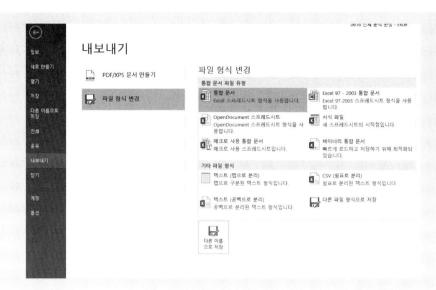

[그림 4-3] 엑셀 파일을 txt 파일로 만들기

④ 내보내기 결과인 txt 파일에서 (일련번호), 효과크기, 효과크기 분산, 각 변인을 순서
대로 열을 정렬한다. 이때 각각의 간격이 동일한지, 소수점 자릿수가 동일한지 다시
한번 점검하는 것이 필요하다. 특히 메모장에 자료를 복사해서 붙여 넣으면 열이 정
리되지 않은 상태일 수 있다. 각 수치 사이의 간격도 스페이스바가 아닌 탭으로 되어
있어 스페이스바를 이용하여 균일한 간격으로 조정하는 것이 필요하다. 그리고 효과
크기가 −(음수)인 경우가 있으니, 효과크기가 양수인 경우 스페이스 한 칸을 더 띄어
서 효과크기 수치의 끝을 맞추는 것이 필요하다.

data3.txt

1	101	0004.006	0000.478	0000.000	0001.000	0024.000	0060.000	0010.000	0600.000	0001.000	0000.000
2	102	-0000.567	0000.173	0000.000	0001.000	0024.000	0060.000	0010.000	0600.000	0001.000	0000.000
3	103	0000.705	0000.176	0000.000	0001.000	0024.000	0060.000	0010.000	0600.000	0001.000	0000.000
4	104	-0000.077	0000.167	0000.000	0001.000	0024.000	0060.000	0010.000	0600.000	0001.000	0000.000
5	105	-0000.071	0000.071	0000.000	0000.000	0056.000	0050.000	0024.000	1200.000	0000.000	0000.000
6	106	0000.500	0000.074	0000.000	0000.000	0056.000	0050.000	0024.000	1200.000	0000.000	0000.000
7	107	0000.687	0000.076	0000.000	0000.000	0056.000	0050.000	0024.000	1200.000	0000.000	0000.000
8	108	0000.508	0000.074	0000.000	0000.000	0056.000	0050.000	0024.000	1200.000	0000.000	0000.000
9	109	0000.672	0000.067	0000.000	0000.000	0063.000	0040.000	0008.000	0320.000	0000.000	0001.000
10	110	0000.121	0000.064	0000.000	0000.000	0063.000	0040.000	0008.000	0320.000	0000.000	0001.000
11	111	0000.018	0000.064	0000.000	0000.000	0063.000	0040.000	0008.000	0320.000	0000.000	0001.000
12	112	0000.606	0000.066	0000.000	0000.000	0063.000	0040.000	0008.000	0320.000	0000.000	0001.000
13	113	0001.455	0000.156	0000.000	0000.000	0032.000	0045.000	0020.000	0900.000	0001.000	0001.000
14	114	0001.398	0000.154	0000.000	0000.000	0032.000	0045.000	0020.000	0900.000	0001.000	0001.000
15	115	0000.452	0000.128	0000.000	0000.000	0032.000	0045.000	0020.000	0900.000	0001.000	0001.000
16	116	0000.669	0000.132	0000.000	0000.000	0032.000	0045.000	0020.000	0900.000	0001.000	0001.000
17	117	0001.880	0000.127	0001.000	0000.000	0045.000	0060.000	0016.000	0960.000	0000.000	0000.000
18	118	0001.721	0000.121	0001.000	0000.000	0045.000	0060.000	0016.000	0960.000	0000.000	0000.000

[그림 4-4] txt 파일 완성 예시

⑤ 한글의 키 매크로를 사용하여 모든 수치 간 간격이 같도록 설정한다. 효과크기의 열
을 맞춘 다음에는 메모장 파일을 전체 선택하고 복사하여 [그림 4-5]와 같이 한글
프로그램에 붙여 넣는다.

101	0001.507	0104.419	0001.000	0000.000	0000.000
0000.000	0000.000	0000.000	0038.000	0001.000	0000.000
0000.000	0003.000	0012.000	0000.000	0001.000	0000.000
102	0001.507	0104.419	0001.000	0000.000	0000.000
0000.000	0000.000	0000.000	0038.000	0001.000	0000.000
0000.000	0003.000	0012.000	0000.000	0001.000	0000.000
103	0000.421	0003.529	0000.000	0001.000	0000.000
0000.000	0000.000	0000.000	0033.000	0001.000	0000.000
0000.000	0006.000	0016.000	0001.000	0000.000	0000.000
104	0000.933	0003.453	0000.000	0001.000	0000.000
0000.000	0000.000	0000.000	0033.000	0001.000	0000.000
0000.000	0006.000	0016.000	0001.000	0000.000	0000.000
105	0004.423	0006.975	0000.000	0000.000	0001.000
0000.000	0000.000	0000.000	0038.000	0001.000	0000.000
0000.000	0003.000	0005.000	0001.000	0000.000	0000.000
106	0001.317	0065.785	0000.000	0000.000	0001.000
0000.000	0000.000	0000.000	0038.000	0001.000	0000.000
0000.000	0003.000	0005.000	0000.000	0000.000	0001.000
107	0000.185	0422.532	0000.000	0001.000	0000.000
0000.000	0000.000	0000.000	0025.000	0001.000	0000.000
0000.000	0005.000	0020.000	0001.000	0000.000	0000.000
108	0003.303	0125.000	0000.000	0001.000	0000.000
0000.000	0000.000	0000.000	0004.000	0001.000	0000.000

[그림 4-5]　txt 파일을 한글에 붙여넣기 한 결과

⑥ 다음으로, 도구의 '키 매크로' 기능을 사용하여 모든 수치 간 간격을 같게 하는 것이
필요하다. 일련번호 뒤부터 효과크기, 분산 간의 간격을 모두 같은 간격으로 동일하
게 맞춘다. 키 매크로 사용법은 간단하니 사용방법을 인터넷에 찾아보면 쉽게 해 볼
수 있다.

```
110   0000.922   0000.932   0001.000   0000.000   0000.000
      0000.000   0000.000   0000.000   0020.000   0001.000
      0000.000   0000.000   0006.000   0024.000   0000.000
      0001.000   0000.000
111   0003.644   0000.094   0001.000   0000.000   0000.000
      0000.000   0000.000   0000.000   0020.000   0001.000
      0000.000   0000.000   0006.000   0024.000   0000.000
      0000.000   0001.000
112   0001.463   0007.287   0000.000   0000.000   0000.000
      0000.000   0000.000   0001.000   0020.000   0000.000
      0001.000   0000.000   0010.000   0030.000   0001.000
      0000.000   0000.000
113   0000.063   0000.093   0000.000   0000.000   0001.000
      0000.000   0000.000   0000.000   0018.000   0000.000
      0000.000   0001.000   0004.000   0008.000   0000.000
      0001.000   0000.000
114   0000.932   0096.921   0000.000   0000.000   0000.000
      0001.000   0000.000   0000.000   0056.000   0001.000
      0000.000   0000.000   0020.000   0020.000   0000.000
      0000.000   0001.000
115   0000.273   0143.890   0000.000   0000.000   0000.000
      0001.000   0000.000   0000.000   0056.000   0001.000
      0000.000   0000.000   0020.000   0020.000   0001.000
```

[그림 4-6] 한글에서 모든 수치 간격 동일하게 맞추기

⑦ 한글 프로그램에서 키 매크로를 통해 모든 수치 간격을 동일하게 맞춘 자료를 다시 메모장으로 '복사-붙여넣기'한다. 이러한 방법으로 깔끔하게 데이터를 정리할 수 있다.

data3 - Windows 메모장

파일(F) 편집(E) 서식(O) 보기(V) 도움말(H)

101	0004.006	0000.478	0000.000	0001.000	0024.000	0060.000	0010.000	0600.000	0001.000	0000.000
102	-0000.567	0000.173	0000.000	0001.000	0024.000	0060.000	0010.000	0600.000	0001.000	0000.000
103	0000.705	0000.176	0000.000	0001.000	0024.000	0060.000	0010.000	0600.000	0001.000	0000.000
104	-0000.077	0000.167	0000.000	0001.000	0024.000	0060.000	0010.000	0600.000	0001.000	0000.000
105	-0000.071	0000.071	0000.000	0000.000	0056.000	0050.000	0024.000	1200.000	0000.000	0000.000
106	0000.500	0000.074	0000.000	0000.000	0056.000	0050.000	0024.000	1200.000	0000.000	0000.000
107	0000.687	0000.076	0000.000	0000.000	0056.000	0050.000	0024.000	1200.000	0000.000	0000.000
108	0000.508	0000.074	0000.000	0000.000	0056.000	0050.000	0024.000	1200.000	0000.000	0000.000
109	0000.672	0000.067	0000.000	0000.000	0063.000	0040.000	0008.000	0320.000	0000.000	0001.000
110	0000.121	0000.064	0000.000	0000.000	0063.000	0040.000	0008.000	0320.000	0000.000	0001.000
111	0000.018	0000.064	0000.000	0000.000	0063.000	0040.000	0008.000	0320.000	0000.000	0001.000
112	0000.606	0000.066	0000.000	0000.000	0063.000	0040.000	0008.000	0320.000	0000.000	0001.000
113	0001.455	0000.156	0000.000	0000.000	0032.000	0045.000	0020.000	0900.000	0001.000	0001.000
114	0001.398	0000.154	0000.000	0000.000	0032.000	0045.000	0020.000	0900.000	0001.000	0001.000
115	0000.452	0000.128	0000.000	0000.000	0032.000	0045.000	0020.000	0900.000	0001.000	0001.000
116	0000.669	0000.132	0000.000	0000.000	0032.000	0045.000	0020.000	0900.000	0001.000	0001.000
117	0001.880	0000.127	0001.000	0000.000	0045.000	0060.000	0016.000	0960.000	0000.000	0000.000
118	0001.721	0000.121	0001.000	0000.000	0045.000	0060.000	0016.000	0960.000	0000.000	0000.000
119	0001.298	0000.107	0001.000	0000.000	0045.000	0060.000	0016.000	0960.000	0000.000	0000.000
120	0000.184	0000.089	0001.000	0000.000	0045.000	0060.000	0016.000	0960.000	0000.000	0000.000
121	0001.114	0000.102	0001.000	0000.000	0045.000	0060.000	0016.000	0960.000	0000.000	0000.000
122	0000.746	0000.058	0000.000	0001.000	0074.000	0045.000	0006.000	0270.000	0000.000	0001.000
123	0000.457	0000.055	0000.000	0001.000	0074.000	0045.000	0006.000	0270.000	0000.000	0001.000
124	0000.222	0000.054	0000.000	0001.000	0074.000	0045.000	0006.000	0270.000	0000.000	0001.000

Ln 1, Col 1 100% Windows (CRLF) UTF-8

[그림 4-7] 최종 정리된 데이터

4. HLM으로 분석하기

다층메타분석의 자료 분석은 HLM으로 이루어진다. 이 연구에서는 HLM 6.2를 사용하여 전체 37편의 연구에서 전체 평균 효과크기와 이에 영향을 미치는 예측변인들이 무엇인지 확인하였다. 114개의 효과크기를 산출하여, 1수준에서 전체 효과크기를 구하고, 2수준에서 효과크기에 영향을 미치는 변인들을 확인하였다. HLM student 버전은 검색하면 무료로 다운받을 수 있다.

우선, 전체 평균 효과크기와 전체 효과크기에 영향을 미치는 변인들이 무엇인지 확인하기 위해서 1수준 분석으로 전체 효과크기를 구하고, 효과크기에 영향을 미치는 변인들을 확인하기 위해서 2수준 분석을 실시하였다.

이 연구에서 활용한 다층메타분석의 1수준 모형인 무조건 모형의 식은 [2]와 같다. δ_j은 j번째 연구의 효과크기를, d_j는 효과크기에 대한 추정치를 뜻한다. 표집오차인 e_j는 평균이 0이고 분산이 V_j인 정규분포를 따른다는 가정을 지닌다(Raudenbush & Bryk, 2002).

$$d_j = \delta_j + e_j \quad [2]$$

2수준 모형 식은 [3]과 같은데, 개별 연구의 효과크기가 달라지는 요인들이 무엇인지를 검증하게 된다. 이 식에서 γ_0은 효과크기의 전체 평균이며, u_j은 2수준 무선오차로 평균이 0이고 분산이 τ인 정규분포를 따르는 것을 가정한다(김동일 외, 2013; 김동일 외, 2015). 2수준 모형에서 무선오차의 분산 τ가 0이 아니면, 연구 간에 효과크기가 다를 수 있으며, $W_{1j}, \cdots, W_{sj}$는 효과크기의 차이를 설명하는 예측변인이다.

$$\delta_j = \gamma_0 + u_j$$
$$\delta_j = \gamma_0 + \gamma_1 W_{1j} + \gamma_2 W_{2j} + \cdots + \gamma_0 W_{sj} + u_j \qquad [3]$$
$$= \gamma_0 + \sum_s \gamma_s W_{sj} + u_j$$

다음은 HLM으로 분석해 보는 과정을 상세히 살펴보겠다.

① HLM을 실행시킨다. HLM에는 Windows, interactive, batch의 총 세 가지 모드가 있는데 이 연구에서는 interactive mode를 사용하였다.

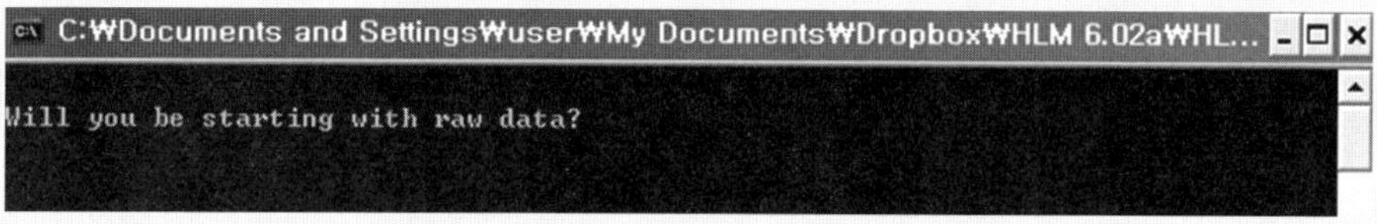

[그림 4-8] HLM interactive mode 실행

② raw data를 mdm 파일로 변환하는 작업을 한다. 이때 주의할 점은 HLM 프로그램이 속해 있는 폴더에 텍스트 파일을 저장해 놓아야 한다는 것이다.

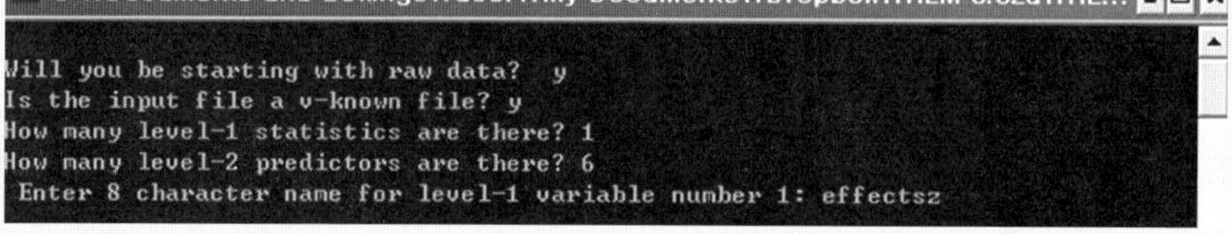

[그림 4-9] mdm 파일 변환하기

[그림 4-9]와 같이 raw data를 mdm 파일로 변환하기 위하여 'y'를 입력한다. 그다음 v-known 파일을 입력할 거냐고 묻는 질문에도 'y'를 입력하고, 1수준(level-1 statistics), 2수준(level-2 predictors)에 필요한 통계치의 개수를 입력한다. 이 연구에서는 해결중심 상담의 전체 효과크기 한 열이므로 '1'을 입력하였다. 2수준에는 입력한 변인의 개수를 입력하면 된다. 변인의 개수는 일련번호, 효과크기, 분산을 뺀 나머지 변인의 개수를 입력하면 된다.

③ 1수준과 2수준 변인들의 이름을 각각 입력해 준다. 이 연구에서는 2수준에서 대상자 유형, 대상자 수, 총 회기수, 1회기당 시간, 해결중심 7요소의 사용, 종속변인의 여섯 가지 변인을 사용하였기 때문에 여섯 번째 변인까지의 이름인 var6를 입력하였다.

```
Enter 8 character name for level-1 variable number 1: effectsz

Enter 8 character name for level-2 variable number 1: var1
Enter 8 character name for level-2 variable number 2: var2
Enter 8 character name for level-2 variable number 3: var3
Enter 8 character name for level-2 variable number 4: var4
Enter 8 character name for level-2 variable number 5: var5
Enter 8 character name for level-2 variable number 6: var6
```

[그림 4-10]   1수준/2수준 변인의 이름 입력하기

④ raw data file의 format을 입력하라는 물음에 적합한 답을 입력한다. [그림 4-11]에서 제시되어 있는 (a3, 6f12.4)의 의미는 a3에서 '3'의 의미는 id(일련번호)의 자릿수, '6'은 2수준에 투입하는 변인의 개수, '12'는 한 변인의 자릿수(빈칸 포함), '4'는 소수점 이하 자릿수이다. 이 연구에서는 소수점 이하 자릿수를 3으로 조정하였기 때문에 '(a3, 6f12.3)'으로 수정하여 입력하였다.

```
Input format of raw data file (the first field must be the character ID)
format: (a3, 6f12.4)
What file contains the data?ex.txt

Enter name of MDM file: example
     40 groups have been processed
```

[그림 4-11]   raw data file의 format 입력

⑤ unconditional model 분석하기

④까지 작업에서 생성된 mdm 파일을 가지고 unconditional model 분석(무조건 모형)을 시행한다.

이번에는 'Will you be starting with raw data?'란 질문에 'y' 대신 'n'을 입력한

다. 그리고 생성한 mdm 파일의 이름을 입력한다. 그러면 HLM 프로그램이 생성한
mdm 파일을 읽고 선택 가능한 1수준 변인 목록을 보여 준다. 무조건 모형에는 1수
준(1-level) 변인인 효과크기(effectsz)의 '1'을 입력하여 투입하고 2수준(level-2)에는
변인을 투입하지 않는다. level-2에는 '0'을 입력하거나 아무것도 입력하지 않은 채
엔터를 친다.

```
Enter name of MDM file: example

                 SPECIFYING AN HLM2 MODEL
Level-1 predictor variable specification

Which level-1 predictors do you wish to use?
 The choices are:
 For EFFECTSZ enter  1

 level-1 predictor? (Enter 0 to end) 1


Level-2 predictor variable specification

Which level-2 variables do you wish to use?

 The choices are:
 For      VAR1 enter  1    For      VAR2 enter  2    For      VAR3 enter  3
 For      VAR4 enter  4    For      VAR5 enter  5    For      VAR6 enter  6


Which level-2 predictors to model EFFECTSZ?
 Level-2 predictor? (Enter 0 to end)  0
```

[그림 4-12]   unconditional model 분석(1수준 변인만 투입)

다음의 'additional program features'를 선택하는 부분에서는 추가적인 2수준
(level-2) 변인, optional hypothesis testing procedures, level-2 residual file에 'n'
을 입력하고, iteration 수로는 넉넉하게 '1,000' 정도의 숫자를 입력해 준다. OLS 값
을 볼 것인지에 대한 질문에도 'n'을 입력하고 나면 problem title을 입력하라는 지시
가 나온다. 이때 연구에 맞는 적당한 제목을 입력한다. 마지막으로, 생성될 output
파일의 제목을 입력하면 다음의 [그림 4-13]과 같이 분석이 실행된다.

[그림 4-13]　unconditional model 분석(additional program features 선택)

분석을 실행한 후 output 파일을 열어 보면 [그림 4-14]와 같이 메모장 형식으로 제시된다. 분석 결과에서 주요하게 확인해야 할 부분은 효과크기의 reliability estimate 값으로 전체 평균 효과크기를 의미한다. 또한 카이검정값에 대한 유의수준을 확인했을 때 이 값이 기각되면 효과크기 값들이 동질성을 띄지 않기 때문에 추가적인 변인분석이 요구됨을 뜻한다.

```
--------------------------------------------------
Module:    HLM2S.exe (7.01.21202.1001)
Date:      16 June 2017, Friday
Time:      10:16:39
--------------------------------------------------


Specifications for this HLM2 run


Problem Title: unconditionalout

The data source for this run  = example
The command file for this run =
Output file name          = exampleout
The maximum number of level-2 units = 16
The maximum number of iterations = 1000

Method of estimation: restricted maximum likelihood
Note: this is a v-known analysis

The outcome variable is INTRCPT1

    Variance(s and covariances) at level-1 externally specified
```

```
Summary of the model specified (in hierarchical format)
--------------------------------------------------

Level-1 Model

        INTRCPT1 =        INTRCPT11 = B1 + r1


Level-2 Model
            B1 = G10 + u1
♀ STARTING VALUES

tau(0)
 EFFECTSZ,B1    -85.12098

New tau(0)
 EFFECTSZ,B1    0.33865

New tau(0)
 EFFECTSZ,B1    0.33865
♀ Estimation of fixed effects
(Based on starting values of covariance components)
```

Fixed Effect	Coefficient	Standard Error	Approx. T-ratio	d.f.	P-value
For EFFECTSZ, B1					
INTRCPT2, G10	1.223000	0.112121	10.875	15	0.000

```
-------------------------------------------------------
Random level-1 coefficient   Reliability estimate
-------------------------------------------------------
EFFECTSZ, G1                        1.223
-------------------------------------------------------

The value of the log-likelihood function at iteration 16 = -1.418897E+001
♀ Final estimation of fixed effects:
-------------------------------------------------------
                              Standard        Approx.
  Fixed Effect      Coefficient Error   T-ratio  d.f.  P-value
-------------------------------------------------------
For     EFFECTSZ, B1
   INTRCPT2, G10      1.565663  0.723375  2.164    15   0.047
-------------------------------------------------------




Final estimation of variance components:
-------------------------------------------------------
Random Effect        Standard     Variance    df  Chi-square P-value
                     Deviation    Component
-------------------------------------------------------
EFFECTSZ,   u1       0.278121     2.08493     15  72.41169   0.000
-------------------------------------------------------



Statistics for current covariance components model
-------------------------------------------------------
Deviance               = 139.796212
Number of estimated parameters = 2
```

[그림 4-14]   unconditional model output

[그림 4-14]의 결과를 연구결과로 다음의 [그림 4-15]와 같이 표로 정리하여 제시한다.

표 5. 해결중심 집단상담 프로그램의 효과에 대한 무조건모형 분석 결과

고정효과(Fixed Effect)	계수	표준오차	t	p
γ_0	1.223	0.112	10.875	0.000
무선효과(Random Effect)	분산	X^2		p
u_j	0.278	139.796		0.04

*p<.05, **p<.01, ***p<.001

γ_0 = 효과크기 전체평균
u_j = 2수준 무선오차(random error)

[그림 4-15]   무조건 모형 분석 결과 표

⑥ conditional model(조건 모형) 분석하기

조건 모형 분석은 무조건 모형 분석과 아주 비슷하다. 다만, 중간에 level-2 변인을 모형에 투입할 것인지를 물을 때 투입하고자 하는 변인들을 입력하면 된다. 분석이 성공적으로 수행되면 output 파일이 생성된다. output 파일은 무조건 모형 결과

와 유사하며 연구결과 부분에 요약하여 제시하였다.

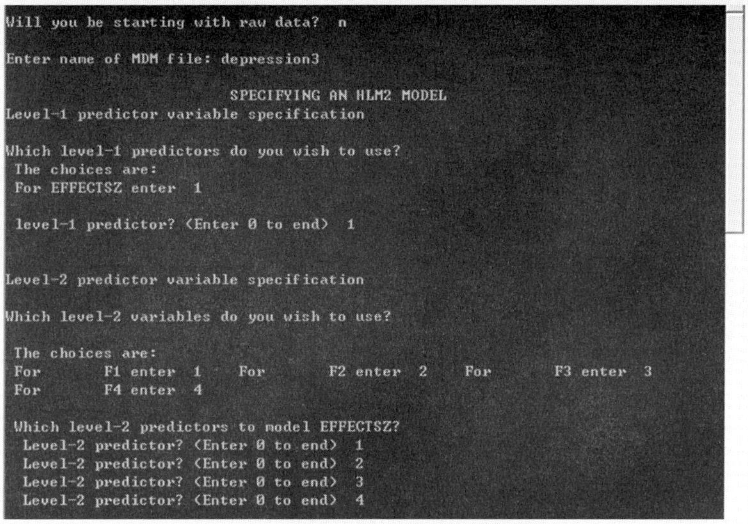

[그림 4-16]　conditional model에서 level-2 입력하기

3. 연구결과 기술하기

Q: 연구결과 분석 시, 특별히 주의해야 할 점은 무엇인가요?

이 연구는 총 37편의 논문을 대상으로 해결중심 집단상담의 효과와 그 효과에 미치는 변인에 대해서 분석하였다. 먼저, 해결중심 집단상담 연구의 각 변인에 따른 특성은 〈표 4-3〉과 같다.

〈표 4-3〉 분석 대상 연구 특성

구분		전체연구 빈도	빈도율(%)
성별	남성 대상	0	0.00
	여성 대상	9	24.32
	남녀 혼합	28	75.68
	계	37	100.00

대상자	연령	초등학생	8	21.62
		중학생	10	27.03
		고등학생	8	21.62
		대학생	2	5.41
		성인	9	24.32
		계	37	100.00
	유형	중재 필요	19	51.35
		장애	1	2.70
		일반	16	43.24
		혼합	1	2.70
		기타	0	0.00
		계	37	100.00
	대상자 수	5명 이상 9명 이하	7	18.92
		10명 이상 14명 이하	14	37.84
		15명 이상 19명 이하	5	13.51
		20명 이상 29명 이하	6	16.22
		30명 이상	5	13.51
		계	37	100.00
프로그램 중재	총 회기수	5회기 이하	2	5.41
		6회기 이상 10회기 이하	33	89.19
		11회기 이상	2	5.41
		계	37	100.00
	1회기당 시간	1시간 미만	1	2.70
		1시간 이상 2시간 미만	18	48.65
		2시간 이상 3시간 미만	13	35.14
		3시간 이상	4	10.81
		알 수 없음	1	2.70
		계	37	100.00
독립변인	해결중심 7요소 사용 정도	세 가지 사용	3	8.11
		네 가지 사용	5	13.51
		다섯 가지 사용	15	40.54
		여섯 가지 사용	8	21.62
		일곱 가지 사용	6	16.22
		계	37	100.00

	인지	10	8.77
	정서	39	34.21
	사회성	31	27.19
종속변인	행동	29	25.44
	신체생리 및 재활	4	3.51
	기타	1	0.88
	계	114	100.00

우선, 대상자 특성을 살펴보면, 성별, 연령, 대상자 유형으로 나누어 볼 수 있다. 성별에서는 남녀 혼합 집단(75.68%), 여성 집단(24.32%), 남성 집단(0%) 순이었고, 학교급별로는 중학생(27.03%), 성인(24.32%), 초등학생/고등학생(21.62%), 대학생(5.41%) 순이었으며, 대상자 유형에 따라서는 중재 필요 유형(51.35%), 일반 유형(43.24%), 장애를 지닌 대상자(2.70%), 유형 혼합(2.70%) 순이었다. 대상자 수에 따라서는 10명 이상 14명 이하(37.84%), 5명 이상 9명 이하(18.92%), 20명 이상 29명 이하(16.22%), 15명 이상 19명 이하와 30명 이상(13.51%) 순이었고, 총 회기수에서는 6회기 이상 10회기 이하(89.19%), 5회기 이하와 11회기 이상(5.41%) 순이었다. 그리고 1회기당 시간에서는 1시간~2시간 미만(48.65%), 2시간~3시간 미만(35.14%), 3시간 이상(10.81%), 1시간 미만(2.70%) 순이었다.

또한 해결중심 7요소 사용 정도는 다섯 가지 사용(40.54%), 여섯 가지 사용(21.62%), 일곱 가지 사용(16.22%), 네 가지 사용(13.51%), 세 가지 사용(8.11%) 순이었는데, 해결중심 핵심 요소 일곱 가지 중 다섯 가지 이상을 사용한 연구가 약 80%로 국내 분석 대상 연구들이 해결중심요소를 충실히 적용하고 있었다. 마지막으로, 인지, 정서, 사회성, 행동, 신체생리 및 재활, 기타의 종속변인에서는 정서(34.21%), 사회성(27.19%), 행동(25.44%), 인지(8.77%), 신체생리 및 재활(3.51%), 기타(0.88%) 순으로, 해결중심 집단상담 프로그램이 정서, 사회성, 행동 영역에 주로 활용되고 있었다.

해결중심 집단상담 프로그램의 전체평균 효과크기

해결중심 집단상담 프로그램의 무조건 모형 분석 결과는 〈표 4-4〉와 같이 전체평균 효과크기가 1.223으로 이는 Cohen(1977)의 해석기준에 따라 매우 큰 효과크기를 보여 해결중심접근을 적용한 집단프로그램의 참여자가 평균적으로 1.223 표준편차만큼 향상을 보였다는 것을 알 수 있었다. 그리고 전체평균 효과크기에 대한 검증 통계량은 유의수준

.001 수준에서 유의한 것으로 나타나 해결중심 집단상담 프로그램의 효과가 유의한 것으로 나타났다. 무선 효과에 대한 검증 결과, 유의수준 .05 수준에서 유의미하여 해당 논문의 연구결과가 동질성을 띄고 있지 않아, 2수준 모형인 조건 모형 분석을 통해 효과크기 차이에 영향을 미치는 예측변인들이 무엇인지 알아보았다.

⟨표 4-4⟩ 해결중심 집단상담 프로그램의 효과에 대한 무조건 모형 분석 결과

고정효과(Fixed Effect)	계수	표준오차	t	p
γ_0	1.223	0.112	10.875	0.000
무선효과(Random Effect)	분산	χ^2		p
u_j	0.278	139.796		0.04

$^*p<.05, ^{**}p<.01, ^{***}p<.001.$

γ_0 = 효과크기 전체평균
u_j = 2수준 무선오차(random error)

해결중심 집단상담 프로그램의 효과크기에 영향을 미치는 변인 분석

1수준에서 해결중심 집단상담 프로그램의 효과크기가 연구에 따라 차이가 있는 것으로 나타났기 때문에 2수준에 몇 가지 예측 변인을 투입하여 전체 효과크기에 영향을 주는 무선오차의 원인을 살펴보았다. 2수준 분석에 포함된 예측변인으로 인지, 정서, 사회성, 행동, 신체생리 및 재활 영역의 종속변인, 해결중심 7요소 사용 정도에 해당하는 독립변인, 연구대상자(성별, 연령, 유형, 대상자 수), 총 회기수, 1회기당 시간의 중재변인을 투입하였다.

종속변인에 따른 효과크기

해결중심 집단상담 프로그램이 종속변인인 인지, 정서, 사회성, 행동, 신체생리 및 재활 영역에 미치는 효과크기 차이를 알아보기 위해 정서 영역을 참조변인으로 더미 코딩한 값에 대한 분석을 실시하였다. 분석 결과, 해결중심 집단상담 프로그램이 정서 영역에 미치는 효과는 .01 수준에서 유의하였고, 정서 영역과 다른 영역 간의 효과크기 차이가 유의미하지 않았다.

〈표 4-5〉 종속변인에 따른 조건 모형 분석 결과

고정효과(Fixed Effect)	Standard		Approx.		
	계수	표준오차	t	df	p
γ_0	1.407	0.234	6.002	113	0.000
γ_1	−0.443	0.272	−1.631	110	0.106
γ_2	−0.473	0.278	−1.705	110	0.091
γ_3	−0.112	0.328	−0.343	110	0.733
γ_4	0.353	0.503	0.703	110	0.484
무선효과(Random Effect)	분산		χ^2		
u_j	0.269		133.812		

$^*p<.05, ^{**}p<.01, ^{***}p<.001.$

γ_0 = 해결중심 집단상담 프로그램이 정서 영역에 미치는 평균 효과크기
γ_1 = 정서 영역과 인지 영역 간의 효과크기 차이
γ_2 = 정서 영역과 사회성 영역 간의 효과크기 차이
γ_3 = 정서 영역과 행동 영역 간의 효과크기 차이
γ_4 = 정서 영역과 신체생리 및 재활 영역 간의 효과크기 차이
γ_5 = 해당 변인으로 설명되지 않는 잔여 효과크기

독립변인에 따른 효과크기

〈표 4-6〉 해결중심 7요소 사용 정도에 따른 조건 모형 분석 결과

고정효과(Fixed Effect)	Standard		Approx.		
	계수	표준오차	t	df	p
γ_0	0.327	0.401	0.816	109	0.000
γ_1	−0.285	0.261	−1.092	109	0.277
γ_2	0.321	0.236	1.360	109	0.177
γ_3	0.554	0.269	2.063	109	0.041
γ_4	0.784	0.341	2.295	109	0.024
무선효과(Random Effect)	분산		χ^2		
u_j	0.000		109.000		

$^*p<.05, ^{**}p<.01, ^{***}p<.001.$

γ_0 = 세 가지 해결중심 핵심 요소를 적용한 집단상담 프로그램의 평균 효과크기
γ_1 = 세 가지 해결중심 핵심 요소를 적용한 집단과 네 가지 요소 적용 집단 간의 효과크기 차이
γ_2 = 세 가지 해결중심 핵심 요소를 적용한 집단과 다섯 가지 요소 적용 집단 간의 효과크기 차이
γ_3 = 세 가지 해결중심 핵심 요소를 적용한 집단과 여섯 가지 요소 적용 집단 간의 효과크기 차이
γ_4 = 세 가지 해결중심 핵심 요소를 적용한 집단과 일곱 가지 요소 적용 집단 간의 효과크기 차이
u_j = 해당 변인으로 설명되지 않는 잔여 효과크기

해결중심 집단상담 프로그램의 독립변인인 해결중심 7요소 사용 정도에 따른 효과크기의 차이를 분석하기 위해 세 가지 요소를 사용을 참조변인으로 하여 더미 코딩하여 투입하였다. 〈표 4-6〉과 같이, 세 가지 해결중심 핵심요소를 적용한 집단상담 프로그램 효과는 .001 수준에서 유의하였다. 그리고 세 가지 요소 집단과 여섯 가지, 일곱 가지 요소 집단과의 차이가 .05 수준에서 유의하였고, 다른 네 가지, 다섯 가지 요소 집단 간의 효과크기 차이는 유의미하지 않았다.

중재변인에 따른 효과크기

무조건 모형의 분석 결과를 바탕으로 어떤 변인들이 평균 효과크기에 영향을 주는지 살펴보기 위해서 연구에서 설정한 변수를 투입한 조건 모형을 실시하였다. 이를 위해 이 연구에서는 조건 모형의 변인을 연구대상자(성별, 연령, 유형, 대상자 수), 총 회기수, 1회기당 시간의 중재변인을 바탕으로 조건 모형 분석을 실시하였다.

(1) 연구대상자에 따른 효과크기

첫째, 〈표 4-7〉과 같이, 해결중심 집단상담 프로그램의 연구대상자의 성별에 따른 효과크기 차이를 파악할 수 있다. 분석 대상 논문에서 남성만 대상으로 하는 집단이 포함되지 않아서 여성 대상 집단, 남녀 혼성 집단으로 대상을 분류하였고, 여성 대상 집단을 참조변인으로 하여 더미 코딩한 값을 투입한 결과, 여성 대상 집단에서의 해결중심 집단상담 프로그램 효과는 .001 수준에서 유의하였지만, 여성 대상 집단과 남녀 혼성 집단 간의 효과크기 차이가 유의미하지 않았다.

〈표 4-7〉 성별에 따른 조건 모형 분석 결과

고정효과(Fixed Effect)	Standard			Approx.	
	계수	표준오차	t	df	p
γ_0	1.401	0.159	8.810	112	0.000
γ_1	−0.399	0.219	−1.820	112	0.071
무선효과(Random Effect)	분산		χ^2		
u_j	0.273		138.557		

$^*p<.05, ^{**}p<.01, ^{***}p<.001.$

γ_0 = 여성만을 대상으로 한 프로그램의 평균 효과크기
γ_1 = 여성 대상 집단과 남녀 혼성 집단 간의 효과크기 차이
u_j = 해당 변인으로 설명되지 않는 잔여 효과크기

둘째, 대상자의 연령에 따른 효과크기 차이는 초등학생, 중학생, 고등학생, 대학생, 성인으로 분류하여 성인을 참조변인으로 한 더미 코딩값을 투입하였고, 그 결과 성인 대상 해결중심 집단상담 프로그램 효과는 .001 수준에서 유의한 것을 알 수 있었다. 그리고 성인 대상 프로그램과 고등학생 간의 효과크기 차이만 .05 수준에서 유의하였고, 다른 연령 간의 효과크기 차이는 유의미하지 않았다.

〈표 4-8〉 연령에 따른 조건 모형 분석 결과

x^2	Standard			Approx.	
고정효과(Fixed Effect)	계수	표준오차	t	df	p
γ_0	1.034	0.206	5.017	109	0.000
γ_1	0.485	0.391	1.241	109	0.217
γ_2	−0.730	3.502	−0.209	109	0.334
γ_3	−0.518	3.358	−0.154	109	0.049
γ_4	−0.797	8.280	−0.096	109	0.481
무선효과(Random Effect)	분산		x^2		
u_j	0.675		9.894		

$^*p<.05, ^{**}p<.01, ^{***}p<.001.$

γ_0 = 성인을 대상으로 한 해결중심 집단상담 프로그램의 평균 효과크기
γ_1 = 성인과 초등학생 간의 효과크기 차이
γ_2 = 성인과 중학생 간의 효과크기 차이
γ_3 = 성인과 고등학생 간의 효과크기 차이
γ_4 = 성인과 대학생 간의 효과크기 차이
u_j = 해당 변인으로 설명되지 않는 잔여 효과크기

셋째, 대상자의 유형(중재 필요, 일반, 장애, 혼합)에 따른 해결중심 집단상담 프로그램의 효과크기 차이를 알아보기 위해 일반 대상자를 참조변인으로 한 더미 코딩값을 투입하여 분석한 결과는 〈표 4-9〉와 같다. 분석 결과, 일반 대상자가 참여한 해결중심 집단상담 프로그램 효과는 .001 수준에서 유의하였고, 일반 대상자와 다른 중재 필요자, 장애를 지닌 대상자와의 효과크기 차이는 유의미하지 않고, 일반 대상자와 혼합 대상자와의 효과크기 차이는 .001 수준에서 유의하였다.

〈표 4-9〉 대상자 유형에 따른 조건 모형 분석 결과

고정효과(Fixed Effect)	Standard		Approx.		
	계수	표준오차	t	df	p
γ_0	1.422	0.168	8.473	110	0.000
γ_1	−0.390	0.231	−1.687	110	0.094
γ_2	−0.112	0.449	−0.249	110	0.804
γ_3	−0.899	0.201	−4.470	110	0.000
무선효과(Random Effect)	분산		χ^2		
u_j	0.000		110.000		

$^*p<.05, ^{**}p<.01, ^{***}p<.001.$

γ_0 = 일반 대상자에서의 평균 효과크기
γ_1 = 일반 대상자와 중재가 필요한 대상자 간의 효과크기 차이
γ_2 = 일반 대상자와 장애를 지닌 대상자 간의 효과크기 차이
γ_3 = 일반 대상자와 혼합 대상자 간의 효과크기 차이
u_j = 해당 변인으로 설명되지 않는 잔여 효과크기

넷째, 대상자 수에 따른 효과크기 차이에 대한 분석을 위해 30명 이상인 집단을 참조변인으로 한 더미 코딩값을 투입한 결과, 〈표 4-10〉과 같이 30명 이상의 대상자가 참여한 해결중심 집단상담 프로그램 효과는 .001 수준에서 유의하였고, 30명 이상의 대상자가 참여한 집단과 다른 대상자 수가 참여한 집단과의 효과크기 차이는 유의미하지 않았다.

〈표 4-10〉 대상자 수에 따른 조건 모형 분석 결과

고정효과(Fixed Effect)	Standard		Approx.		
	계수	표준오차	t	df	p
γ_0	1.455	0.402	3.617	109	0.000
γ_1	−0.274	0.448	−0.612	109	0.542
γ_2	−0.068	0.454	−0.149	109	0.882
γ_3	−0.599	0.436	−1.374	109	0.172
무선효과(Random Effect)	분산		χ^2		
u_j	0.000		109.000		

$^*p<.05, ^{**}p<.01, ^{***}p<.001.$

γ_0 = 30명 이상 참여한 집단에서의 평균 효과크기
γ_1 = 30명 이상 참여한 집단과 5명 이상 9명 이하 참여한 집단 간의 효과크기 차이
γ_2 = 30명 이상 참여한 집단과 10명 이상 19명 이하 참여한 집단 간의 효과크기 차이
γ_3 = 30명 이상 참여한 집단과 20명 이상 29명 이하 참여한 집단 간의 효과크기 차이
u_j = 해당 변인으로 설명되지 않는 잔여 효과크기

이를 종합해 보면, 해결중심 집단상담 프로그램의 효과크기는 성별과 연령, 대상자 유형, 대상자 수에 따라 유의하게 달라졌다. 따라서 해결중심 집단상담 프로그램 고안 시, 이러한 연구결과를 토대로 성별, 연령, 대상자 유형, 대상자 수 등의 대상자 선정 기준을 고려하는 것이 필요하다.

(2) 중재변인에 따른 효과크기

중재변인에 따른 효과크기 차이를 분석하기 위해서 중재변인으로 총 회기수, 1회기당 시간이 해결중심 집단상담 프로그램의 전체 효과크기에 영향을 주는 예측요인으로 설정하였다. 그 결과는 〈표 4-11〉과 같다.

첫째, 총 회기수에 따른 해결중심 집단상담 프로그램의 효과크기 차이를 알아보기 위해서 11회기 이상 집단을 참조변인으로 더미 코딩하여 분석한 결과는 〈표 4-11〉과 같이, 총 회기수에 따른 효과크기에 차이가 있는 것으로 나타났다. 11회기 이상 집단의 효과크기는 .001 수준에서 유의하며, 11회기 이상 집단에 비해서 6회기 이상 10회기 이하 집단이 유의미하게 정적상관을 보이는 것으로 나타났다.

〈표 4-11〉 총 회기수에 대한 조건 모형 분석 결과

고정효과(Fixed Effect)	Standard			Approx.	
	계수	표준오차	t	df	p
γ_0	0.835	0.001	786.774	111	0.000
γ_1	0.033	0.077	0.421	111	0.675
γ_2	0.405	0.117	3.454	111	0.001
무선효과(Random Effect)	분산		χ^2		
u_j	0.000		111.000		

*$p<.05$, **$p<.01$, ***$p<.001$.

γ_0 = 11회기 이상 집단의 평균 효과크기
γ_1 = 11회기 이상 집단과 5회기 이하 집단 간의 효과크기 차이
γ_2 = 11회기 이상 집단과 6회기 이상 10회기 이하 집단 간의 효과크기 차이
u_j = 해당 변인으로 설명되지 않는 잔여 효과크기

둘째, 1회기당 시간에 따른 해결중심 집단상담 프로그램의 효과크기 차이를 알아보기 위하여 1회기당 3시간 이상인 집단을 참조변인으로 하여 〈표 4-12〉와 같은 분석 결과를

도출하였다. 그 결과, 1회기당 3시간 이상인 집단에 비해서 1시간 미만인 집단이 .01 수준에서 유의한 것으로 나타났고, 그 외 다른 경우는 유의하지 않았다.

〈표 4-12〉 1회기당 시간에 따른 조건 모형 분석 결과

고정효과(Fixed Effect)	Standard			Approx.	
	계수	표준오차	t	df	p
γ_0	1.407	0.410	3.433	110	0.001
γ_1	−1.193	0.420	−2.840	110	0.005
γ_2	−0.058	0.446	−0.129	110	0.897
γ_3	−0.303	0.431	−0.705	110	0.482
무선효과(Random Effect)	분산		χ^2		
u_j	0.274		136.080		

$^*p<.05, \,^{**}p<.01, \,^{***}p<.001.$

γ_0 = 1회기당 3시간 이상인 집단상담 프로그램의 평균 효과크기
γ_1 = 1회기당 3시간 이상인 집단과 1회기당 1시간 미만인 집단 간의 효과크기 차이
γ_2 = 1회기당 3시간 이상인 집단과 1회기당 1시간 이상 2시간 미만인 집단 간의 효과크기 차이
γ_3 = 1회기당 3시간 이상인 집단과 1회기당 2시간 이상 3시간 미만인 집단 간의 효과크기 차이
γ_4 = 해당 변인으로 설명되지 않는 잔여 효과크기

4. 논의 및 제언 기술하기

Q: 본인 연구가 상담학 연구 분야에 기여한 부분은 무엇인가요?

이 연구가 상담학 연구 분야에 기여한 부분과 시사점은 다음과 같다.

첫째, 해결중심 집단상담 프로그램의 중재변인인 대상자 특성을 살펴본 결과, 성별에서는 남성 집단은 없고 남녀 혼합 집단이 대다수였다. 연령은 중학생, 성인, 초등학생, 고등학생, 대학생 순이었고, 대상자 수와 관련해서는 10명 이상 14명 이하, 5명 이상 9명 이하, 15명 미만을 대상으로 한 집단 순이었다. 다음으로, 회기 변인으로 총 회기수에서는 6회기~10회기가, 1회기당 시간으로서 1~2시간 미만의 시간이 가장 많이 적용되고 있었다. 또한 해결중심 집단상담의 독립변인인 해결중심 핵심요소 일곱 가지 중

다섯 가지 이상 적용 연구가 약 80%로, 국내 연구들에서 해결중심접근 요소를 충실히 반영하여 운영되고 있었다. 주로 정서, 사회성, 행동 영역에서 해결중심 집단상담이 활용되고 인지, 신체 생리 및 재활 영역은 활용 정도가 낮았다.

둘째, 해결중심 집단상담의 전체 평균 효과크기는 1.223으로 매우 큰 효과크기를 보였는데 이는 .26의 매우 작은 효과크기를 보인 Kim(2008)의 연구와는 대비되며, 큰 효과크기를 보인 박정임(2014)의 연구와는 일치하는 결과이다. 국외 연구와 달리 국내 연구에서 해결중심접근의 선별 작업이 더 엄격하게 이루어졌고, 앞에서 살펴본 것처럼 연구대상이 된 국내 연구들은 해결중심 핵심요소를 다섯 가지 이상 사용한 경우가 대다수를 차지해 국내 해결중심 집단상담의 정교성이 큰 효과크기로 이어졌을 가능성을 시사한다. 특히 해결중심 7요소 사용 정도에 따른 효과크기가 세 가지 요소를 적용한 집단보다 여섯 가지, 일곱 가지 요소를 충실하게 적용한 집단에서 유의미하게 크게 나타나서, 향후 해결중심 집단상담 프로그램을 개발할 때 해결중심 핵심 7요소를 충실하게 적용하여 프로그램을 만드는 것이 프로그램의 효과성 제고에 도움이 될 수 있다.

또한 종속변인인 인지, 정서, 사회성, 행동, 신체생리 및 재활 영역에 미치는 효과크기는 Cohen(1988)의 효과크기 해석기준에서 인지, 정서, 사회성, 행동, 신체생리 및 재활 영역 모두 큰 효과크기를 나타냈다. 다만, 정서 영역과 다른 영역 간의 효과크기 차이는 유의미하지 않았기 때문에, 해결중심 집단상담의 효과가 더 높은 특정 영역이 있는 것은 아니었다. 이러한 연구결과는 향후 연구에서 인지, 정서, 사회성, 행동, 신체생리 및 재활 영역의 다양한 영역에서 해결중심 집단상담을 적용해 볼 수 있는 근거가 될 수 있을 것으로 보인다.

셋째, 해결중심 집단상담 프로그램의 전체 평균 효과크기에 영향을 주는 예측변인으로 연구대상자(성별, 연령, 유형, 대상자 수) 변인을 2수준에 투입한 조건 모형 결과, 대상자 측면의 각 변인이 전체 효과크기에 영향을 주는 것으로 나타났다. 구체적으로 대상자는 고등학생이, 일반 대상자보다는 혼합 대상자를 대상으로 할 때 더 높은 효과를 보였다. 그리고 대상자 수에 따른 효과크기 차이는 보이지 않았는데, 이는 집단 대상자 수와 효과크기 간에 유의한 차이가 없다고 한 선행 메타분석 연구와 같은 결과이다(김계현 외, 2002). 이러한 결과는 고등학생 대상 해결중심 집단상담이 다른 대상자에 비해서 가장 효과적임을 보여 주어, 상담현장에서 고등학생들을 대상으로 한 집단상담 프로그램을 기획할 때 해결중심접근을 효과적인 방법으로 적극 고려해 볼 수 있는 근거를 마련해 주었다는 점에서 실천의 함의가 있다.

넷째, 회기에 관한 중재변인인 총 회기수, 1회기당 시간에 따른 분석 결과, 6회 이상 10회 이하 집단이 가장 효과크기가 높았는데, 이는 총 회기수가 10회기에서 14회기에 가장 효과적이라는 김계현 등(2002)과 다른 결과이며, 6회기에서 10회기까지의 총 회기수가 가장 효과적이라는 임찬오(2003)의 연구와는 일치되는 결과이다. 다음으로 1회기당 시간이 1시간 미만인 경우가 가장 큰 효과크기를 보였는데, 이는 박정임(2014)의 초등학생을 위한 해결중심 집단상담 메타분석 연구에서 1회기당 시간이 늘어날수록 효과는 줄어들었다는 연구결과와 일치하며, 강진령(2011)이 집단상담 프로그램에서 한 회기당 시간은 45~60분이 적절하다고 한 것과 상통하는 결과이다. 이에 해결중심 집단상담 프로그램 운영 시 1회기당 운영 시간을 많이 늘린다고 하여 더 높은 효과를 보이는 것이 아니므로, 연구대상의 특성에 따라서 한 회기를 구성하는 시간을 유동적으로 조절하여 가장 적합한 시간으로 효율적으로 운영되는 것이 요청된다.

이와 같은 결과를 토대로 이 연구에서는 해결중심 집단상담에 대한 연구를 종합하여 향후 후속 연구의 설계 및 방향에 도움을 주고자 하였다. 우선, 국외 선행연구의 제안에 따라(Kim, 2008), 국내 해결중심 집단상담 연구들에서도 고정효과모형만으로는 설명되지 않는 연구들 사이의 분산이 존재하는 것을 확인할 수 있었고, 이 점을 고려하여 예측변수에 따른 효과크기의 차이를 랜덤효과모형 분석을 통해 밝히고자 하였다. 이에 따라 국내의 연구에서는 고려되지 않았던 독립변인(해결중심 7요소의 사용 정도)을 비롯해 해결중심 집단상담의 효과크기에 영향을 미치는 다양한 변인을 확인하고, 국내 연구들만으로 분석 대상을 한정하여, 대상자 전체에 적용한 연구들로 확장함으로써 종합적으로 분석을 진행하였다.

요컨대, 해결중심 상담이 시작된 역사가 길지 않고(Cottrell, 2003), 치료 성과가 더 크다거나 해결중심 집단상담의 효과를 입증할 만한 양적 자료가 부족함에도(Heatherington, Friedlander, & Greenberg, 2005), 최근 다양한 대상과 영역에 적용되고 있는 해결중심 집단상담의 효과성을 과학적으로 조명했다는 데 의의가 있다. 또한 해결중심 집단상담 프로그램 운영 시, 프로그램 변인으로서 해결중심 핵심 7요소의 사용 정도, 중재 측면에서 총 회기수, 1회기당 시간 등 프로그램의 효과에 영향을 미칠 수 있는 변인들이 무엇인지에 대한 임상적 지침을 마련했다는 데 의의가 있다.

Q: 앞으로 이 분야 연구를 하기 위해 후속 연구자들이 유념해야 할 부분은 무엇인가요?

　　이 연구의 제한점으로는, 첫째, 메타분석 시 비출간 논문과 출간논문을 함께 적절한 비율로 구성하는 것이 권장되는데(윤수미, 2012; 박정임, 2014), 학술지 논문은 출간되지 않은 연구에 비해서 효과가 큰 경향이 있으며(오성삼, 2002), 효과크기가 통계적으로 유의한 연구들만 출판될 수 있다는 출판에 의한 편파 오류가 나타날 가능성이 있기 때문에(Cooper & Rosenthal, 1980; 이혜은, 2009), 이 연구에서는 학술지 논문만을 대상으로 메타분석을 진행하였다는 한계를 지닌다. 따라서 후속연구에서는 석박사 논문, 보고서, 출판되지 않은 논문 등의 연구들을 포함하여 출판 편파의 문제를 보완하는 것이 필요하다. 둘째, 분석 대상 연구들을 선정 시 Kim(2008)이 제안한 25명 이상의 사례 수를 가진 논문이 9편밖에 없고, APA의 여섯 가지 기준 중 다섯 개 이상 부합하는 연구도 미흡하였기에 해당 기준 중 세 개 이상에 부합하는 연구들을 대상으로 하였다는 한계를 지닌다. 셋째, 해결중심 핵심 요소 일곱 가지 중 세 가지 이상을 적용한 연구는 모두 해결중심 접근을 적용한 것으로 간주하고 이 연구의 대상으로 삼아 분석을 진행하였다는 점이다.

　　이에 후속 연구에서는 APA의 여섯 가지 기준에 잘 부합되고 해결중심 핵심 일곱 가지 요소를 충실히 적용한 해결중심 집단상담 연구가 이루어져서 해결중심 집단상담의 효과를 보다 치밀하게 밝히는 것이 요청된다. 더 나아가 다양한 영역에서 해결중심 집단상담을 적용하는 연구가 진행될 필요가 있다. 그리고 해결중심접근을 적용한 개인상담의 효과를 분석하는 연구 역시 요청된다. 이는 해결중심접근을 다양한 상담 장면에 효과적으로 활용하기 위한 기초 연구가 된다는 점에서 그 필요성이 높다고 생각된다. 또한 이 연구와 다른 이론을 적용한 집단상담 프로그램 효과와의 비교 연구를 통해서 해결중심 집단상담 프로그램의 강점과 보완할 점을 분석하는 연구도 필요하다. 이 연구를 통해 보다 체계적이고 과학적인 해결중심 집단상담 프로그램이 개발되고 연구되어 많은 영역에서 보다 효과적으로 기여할 수 있기를 기대한다.

참고문헌

강진령(2011). 집단상담의 실제. 서울: 학지사.

권경인, 김창대(2007). 한국 집단상담 대가의 특성 분석. 상담학연구, 8(3), 979-1010.

김계현(2002). 교육상담에서의 효과성 연구와 메타분석. 아시아교육연구, 3(1), 131-155.

김계현, 이윤주, 왕은자(2002). 국내 집단상담 성과연구에 대한 메타분석. 상담학연구, 3(1), 47-62.

김동일, 이윤희, 강민철, 정여주(2013). 정신건강문제와 인터넷 중독: 다층메타분석을 통한 효과크기 검증. 특수교육저널: 이론과 실천, 14(1), 285-303.

김동일, 이혜은, 박은지(2017). 해결중심 집단상담의 효과: 다층메타분석을 통한 효과크기 분석. 상담학연구, 18(1), 157-179.

김동일, 조영희, 정소라, 고혜정(2015). 다층메타분석을 활용한 학습장애 및 학습부진 학생들의 어휘력 향상을 위한 중재효과분석. 상담학연구, 50, 121-145.

김성천, 정수연, 장혜림(2002). 해결중심 부모집단상담이 발달장애아동과 부모의 상호작용에 미치는 효과. 한국사회복지학, 48, 179-213.

김창대, 김형수, 신을진, 이상희, 최한나(2011). 상담 및 심리교육 프로그램 개발과 평가. 서울: 학지사.

김현미(2001). 해결중심 집단상담 프로그램이 노숙자의 자기효능, 자아존중감, 우울과 희망에 미치는 효과. 정신간호학회지, 10(4), 629-644.

박정임(2014). 초등학생을 위한 해결중심 집단상담프로그램의 효과에 관한 메타분석. 한국콘텐츠학회논문지, 14(11), 476-485.

심혜숙, 정은진(2000). 교사들을 위한 상담훈련 프로그램 효과분석: 해결중심 단기상담을 중심으로. 한국심리학회지: 상담 및 심리치료, 12(2), 85-98.

여승수, 홍성두(2011). 특수교육에서의 증거기반교수를 위한 다층모형 메타분석(Multilevel Meta-Analysis) 활용 방안 탐색. 특수교육학연구, 46(1), 223-238.

오성삼(2002). 메타분석의 이론과 실제. 서울: 건국대학교출판부.

윤계순(2000). 해결중심 단기모델을 적용한 학교부적응 청소년 집단 프로그램 연구. 가톨릭대학교 대학원 석사학위논문.

윤수미(2012). 영재교육 프로그램 효과에 관한 메타분석. 한국교원대학교 대학원 박사학위논문.

은성희, 신동윤, 최중진(2015). 해결중심 집단상담이 청소년의 개인내적 임파워먼트(Empowerment)에 미치는 영향. 해결중심치료학회지, 2, 41-64.

이보용, 이동귀(2010). 해결중심 집단상담이 초등학생의 자아개념과 또래관계에 미치는 효과. 미래교육학연구, 23, 85-114.

이장호, 김정희(1992). 집단 상담의 원리와 실제. 서울: 법문사.

이혜은(2009). 해결중심 집단상담의 효과에 대한 메타분석. 서울대학교 대학원 석사학위논문.

임찬오(2003). 진로지도 및 상담프로그램의 효과에 관한 메타분석. 전주대학교 대학원 석사학위논문.

황은영, 박소연(2006). 특수교육에서 음악치료 접근법의 연구동향. 특수교육연구, 13(1), 223-245.

Buboltz Jr. W. C., & Savickas, M. L. (1994). A 20-year retrospective of the career development quarterly. *The Career Development Quarterly, 42*(4), 367-381.

Cohen, J. (1988). Set correlation and contingency tables. *Applied Psychological Measurement, 12*(4), 425-434.

Cooper, H. M., & Rosenthal, R. (1980). Statistical versus traditional procedures for summarizing research findings. *Psychological Bulletin, 87*(3), 442.

Cottrell, D. (2003). Outcome studies of family therapy in child and adolescent depression. *Journal of Family Therapy, 25*(4), 406-416.

De Shazer, S., & Berg, I. K. (1997). 'What works?' remarks on research aspects of solution-focused brief therapy. *Journal of Family Therapy, 19*(2), 121-124.

DeLucia-Waack, J. (2002). A written guide for planning and processing group sessions in anticipation of supervision. *The Journal for Specialists in Group Work, 27*(4), 341-357.

Glass, G. V., Smith, M. L., & McGaw, B. (1981). *Meta-analysis in social research*. Beverly Hill, CA: Sage.

Heatherington, L., Friedlander, M. L., & Greenberg, L. (2005). Change precess research in couple and family therapy: Methodological challenges and apportunities. *Journal of Family Psychology, 19*(1), 18-27.

Hedges, L. V. (1980). Unbiased estimation of effect size, evaluation in education. *An International Review Series, 4*, 25-27.

Kim, J. S. (2008). Examining the effectiveness of solution-focused brief therapy: A meta-analysis. *Research on Social Work Practice, 18*(2), 107-116.

Matt, G. E. (1997). Drawing generalized causal inferences based on meta-analysis. In W. J. Bukosi (Ed.), *Meta-analysis of drug abuse prevention programs* (NIDA Report No. 170 pp. 165-182). Rockville, MD: National Institute on Drug Abuse.

Raudenbush, S. W., & Bryk, A. S. (2002). *Hierarchical linear models: Applications and data analysis methods* (2nd ed.). Thousand Oaks: Sage Publications.

Rosenthal, D. A., Hoyt, W. T., Ferrin, J. M., Miller, S., & Cohen, N. D. (2006). Advanced methods in meta-analytic research applications and implications for rehabilitation counseling research. *Rehabilitation Counseling Bulletin, 49*(4), 234-246.

Selekman, M. (2005). *Pathways to change: Brief therapy with difficult adolescents.* New York: Guilford.

Shadish, W. R., & Haddock, C. K. (2009). Combining estimate of effect size. In H. M. Cooper, L. V. Hedges, & J. C. Valentice (Eds.), *The handbook of research synthesis and meta-analysis* (pp. 257-278). NY: Russell Sage Foundation.

Smock, S. A., Trepper, T. S., Wetchler, J. L., McCollum, E. E., Ray, R., & Pierce, K. (2008). Solution-focused group therapy for level 1 substance abusers. *Journal of Marital and Family Therapy, 34*(1), 107-120.

Thorslund, K. W. (2007). Solution-focused group therapy for patients on long-term sick leave: A comparative outcome study. *Journal of Family Psychotherapy, 18*(3), 11-24.

제5장

청소년의 성격특성과 학습전략 사용 수준의 관계:
위계적 회귀분석을 활용한 조절효과 검증[1]

개요

  이 장은 청소년의 성격특성과 학습전략 사용 수준의 관계를 분석하기 위하여 위계적 회귀분석을 사용해서 조절효과를 검증한 학위논문[2] 작성 과정을 소개하고 있다. 이 장의 주요 내용은 논문 작성의 전 과정을 바탕으로 작성되었으며, 구체적인 내용은 다음과 같다. 첫째, 논문의 연구주제를 구체화한 과정을 다양한 경험과 선행연구에 기반하여 제시하고 있다. 둘째, 연구주제를 검증하기 위하여 위계적 회귀분석 방법을 선택하고 활용한 과정에 대해 기술하고 있다. 셋째, 연구결과를 기술할 때의 유의사항과 함께 어떠한 연구결과가 제시되었는지 소개하였다. 넷째, 연구주제의 의의 및 제한점을 제언하고자 하였다.

---

1) 이 장의 내용은 우예영(2016)의 석사학위논문 중 일부를 발췌, 인용, 재구성하여 작성하였다.
2) 우예영(2016). 청소년의 성격특성과 학습전략 사용 수준의 관계: 개방성의 조절효과를 중심으로. 서울대학교 대학원 석사학위논문.

1. 연구주제 잡기

1) 연구주제 탐색 방법

Q: 대학원 생활동안 관심을 가진 주제는 어떤 것이었나요?

　　교육상담 전공 석사과정에 입학하면서부터 개별화 개입에 관심을 가지게 되었다. 이와 관련하여 학부 4학년 때 교육학과 교수님이 한 분씩 들어오셔서 전공을 소개해 주시는 연구법 강좌를 수강하였는데, 그때 지금의 우리 지도교수님께서 들어오셔서 individualized intervention에 대해 소개해 주셨다. 그동안 교육학과 학생으로서 막연하게 '학생들이 좋아하는 것도 잘하는 것도 다 다를 텐데 어떻게 하면 각자에게 맞는 교육을 제공해 줄 수 있을까?'라고 생각했었는데, 그 강의를 들으며 개별화된 개입이 중요하다는 것을 배울 수 있었다. 이후, 다양한 대상자의 특성을 잘 살려서 꼭 필요한 개입을 찾아보고 싶은 마음에 대학원 교육상담 전공에 입학하게 되었다.

　　대학원 입학 후 성격검사 개발, 중학교 진로 캠프 운영, 다중지능 검사 결과를 활용한 효과성 검증 등 개별화 교육 개입에 대해 생각해 볼 수 있는 다양한 경험을 쌓았다. 다양한 주제의 프로젝트 중에서도 성격이나 학습전략에 관심이 갔다. 랩미팅 시간에 Big 5 성격 관련 책을 읽을 기회가 있었는데(Howard & Howard, 2018), 책 내용 중에 성격에 따라 청소년에게 학업 및 학습전략에 대한 tip을 제공해 주는 표가 포함되어 있었다. 이 부분을 읽으며 '성격에 따라서 같은 과업에 대해서도 다르게 영향을 줄 수 있구나!'라는 것을 깨달았다. 이전에는 막연히 성격이란 그냥 갖고 태어나는 것이어서 개입에 활용되기 어렵다고 생각했는데, '성격을 바꾸려고 하기보다 성격에 따라서 다른 개입을 제공하는 거구나!'라는 것을 배웠다. 그리고 이후에 핵심 역량을 측정하는 검사 도구를 개발하는 프로젝트에 참여하게 되었고, 검사결과지를 작성하면서 이 책의 내용을 활용하였다. 학생들을 검사 결과에 따라서 여러 가지의 유형으로 분류한 뒤, 각 유형에 따라 맞춤형 학습전략 팁을 작성했던 것이 재미있었다. 또한 그전까지는 숫자를 별로 안 좋아한다고 생각했었는데, 측정 결과를 통해 유형을 다양하게 나눌 수 있다는 것을 알게 된 뒤 데이터나 측정도구에 대해서도 조금 더 마음이 열리게 되었다.

　　이러한 경험을 바탕으로 졸업 논문 주제를 무엇으로 할까 고민하면서, '어떻게 하면 기존의 연구결과를 좀 더 세분화시켜서 이전보다 개별화된 개입을 제공하는 데 필요한 기반을 쌓을 수 있을까?'에 대한 생각을 많이 하였다. 세분화시키는 변인 중 그동안 많이 접했던 성격, 그중에서도 Big 5 이론에 기반한 성격을 떠올렸고, 이후에 논문 주제를 찾는 과정에서 기존에는 Big 5 성격이 어떤 종속변인과 연구가 많이 되어 있는지, 그러한 연구결과를 어떻게 하면 조금 더 세분화시킬 수 있을지 고민하게 되었다.

Q: 학위논문 연구주제를 결정하면서 지도교수님과 나눈 대화 중 가장 인상적이었던 대화는 무엇인가요?

두 가지 대화가 기억에 남는다. 하나는 논문을 쓸 때뿐 아니라 새로운 일을 시작할 때 교수님께서 자주 해 주시는 말씀이다. 교수님은 "한번 해 볼래?"라는 말을 많이 해 주신다. 나는 새로운 일을 시작하는 것을 불편해하는 편이라, 안 해 본 주제/안 해 본 연구방법/안 해 본 일 등을 하는 것을 싫어하는데 교수님의 "한번 해 볼래?"라는 말은 새로운 일의 무게를 한결 가볍게 만들어 주시는 것 같다. 논문을 작성할 때에도 "그때 우리 같이 했던 성격검사 있지, 그 주제를 활용해서 한번 써 보면 어떨까?"라고 말씀하셨고 처음에 결과가 잘 나오지 않았을 때에도 "대상이나 방법을 조금 바꿔 봐도 괜찮을 것 같은데. 일단 분석해 보고 어떻게 결과가 나오는지 알려 줄래?"라고 말씀해 주시면서, 주제를 포기하지 않고 계속할 수 있도록 도와주셨다.

두 번째는 주제와 관련해서 기억에 남는 대화가 있다. 15년도에는 한창 서울대학교에서 학점이 높은 학생들은 필기 로봇이다, 창의성을 발휘하지 않고 토씨 하나 안 틀리고 그대로 외우기만 해야 한다 등의 다큐멘터리가 떠들썩했었다. 교수님과 점심식사를 할 때 그 이야기를 해 주시면서 다음과 같은 말씀하셨다.

교수님: 우 선생, 논문 주제는 어떻게 되어 가고 있니?
나: 아, 네… 아직 생각하고 있어요.
교수님: 그때 우리 같이했던 성격검사 있지, 그 주제를 활용해서 한번 써 보면 어떨까?
나: 아…. 그것도 너무 좋을 것 같아요.
　(중략)

교수님: 우 선생, 정말 창의성이 공부에 방해가 된다고 생각하니? 어떤 연구들에서는 창의성이 공부에 방해가 된다고 하는데. 그게 모두에게 맞는 주장일까?

나: 글쎄요… 학생에 따라 그리고 공부 내용에 따라 달라질 수 있을 것 같아요! 공부의 과정에서 도움이 되는 부분도 있을 것 같고요.

교수님: 그렇지. 그렇다면 우리가 창의성의 영향력을 다시 생각해 봐야 하지 않을까? 창의성이 공부에 도움이 되는 경우도 있을 거고, 또 지금은 도움이 안 된다 하더라도 개입이 주어진다면 성격을 긍정적으로 활용할 수 있는 방법을 찾을 수 있지 않을까?

나: 네… 저도 청소년이 자신의 성격을 긍정적으로 받아들이고 활용할 수 있는 방법을 찾을 수 있도록 돕는 연구를 할 수 있으면 좋겠어요.

이 대화를 통해서 하나의 성격특성에만 초점을 맞추어서 공부에 방해가 된다, 도움이 된다 말하는 것이 위험함을 깨달았다. 이 대화 이후 성격 5요인 중에서도 다큐멘터리에서 이야기했던 성실성(필기를 열심히 하고 암기를 열심히 하게 도와주는 성격특성)과 개방성(창의력을 발휘하고 다양한 것을 시도하도록 도와주는 성격특성)에 조금 더 관심을 갖게 되었다. 더 나아가 청소년이 '이 성격특성은 늘 공부에 방해가 돼, 그러니까 공부 잘하는 애들은 이런 성격이 없는 거야.'라고 생각하지는 않을까 염려가 되어 모두의 성격특성이 다 각각 소중하며 상황이나 과제에 따라 다르게 발휘될 수 있음을 연구결과를 통해 확인하고 싶은 마음이 생겼던 것 같다. 그래서 처음에는 개방성이 성실성의 영향을 완화시킨다는 결과를 보았을 때 실망스러웠지만(마음속으로는 개방성이 도와준다는 결과를 원했었던 것 같다), 이러한 결과를 바탕으로 어떤 도움이 제공될 수 있을까(주의집중이 흐려지지 않게 과제 쪼개서 제공하기, 한번에 하나씩 집중할 수 있도록 교사가 안내를 제공하기, 확실한 가이드라인 제공하기 등) 고민을 하면서, 이러한 개입이 제공될 경우에는 성격특성들이 서로 원원하는 방향으로 작용하지 않을까에 대해 생각해 볼 수 있었다. 교수님과의 대화를 통해 단순히 연구변인만을 선택한 것이 아니라 연구를 통해 내가 하고 싶은 이야기와 돕고 싶은 일에 대해 함께 생각해 볼 수 있어서 이 대화가 오랫동안 기억에 남는다.

2) 여러 대안 중 연구주제 정하기

Q: 연구주제를 선정할 때 가장 고민했고, 어려웠던 점은 무엇인가요? 다른 주제들 가운데 최종 연구주제를 결정한 이유는 무엇인가요?

　처음 학위논문 프로포절을 할 때 다른 주제를 선택했다. 그 시기는 상담을 막 시작했던 때였고, 초심 상담사로서 어려움을 느껴서인지 초심 상담사로서 내가 가장 크게 경험하고 있는 어려움과 관련된 주제를 생각했었던 것 같다. 그러나 막상 학위논문을 써야 하는 시기가 왔을 때, 나의 관심, 상담 전공을 택했던 이유가 무엇인지에 대하여 생각을 다시 해 보게 되었다.

　교육상담을 공부하고 싶었던 이유는 각자 다른 특성을 지닌 청소년에게 개별화된 개입이나 교육을 제공하고 싶기 때문이었다. 그래서 학위논문의 연구주제를 선정할 때도, 청소년이라는 대상과 그들에 대한 개별화 개입에 조금 더 초점을 맞추게 된 것 같다. 이렇게 연구대상과 주제가 큰 범위 내에서 정해지고 나서는 커다란 주제 내에서 무엇을 살펴볼 것인지 고민하게 되었다. 청소년이 경험하는 다양한 어려움 중 개입이 가장 시급하게 필요한 부분을 찾기 위해, 청소년 상담 내방 원인 등과 관련된 선행연구를 찾아보았고, 학업 스트레스와 관련된 문제가 심각하다는 것을 알게 되었다. 그래서 청소년의 학업과 관련된 주제로 좁히고자 하였다.

　그렇다면 청소년 학업 어려움과 관련하여 어떤 부분에 상담을 통해 개입할 수 있을까에 대한 고민이 이어졌고, 학업상담의 목표가 학습기술 향상에서부터 전반적인 학업 발달을 돕는 것이기 때문에 학습전략에 초점을 맞추면 어떨까 생각이 들었다. 그래서 학업 어려움 중에서도 학습전략 사용을 잘하지 못하는 청소년을 대상으로 연구를 진행하고자 하였다. 이 과정을 통해 연구대상을 구체화시킬 수 있었다.

　그다음에는 청소년 학업과 관련하여 어떤 특성을 고려할 수 있을지 찾아보았다. 특성과 관련해서는 그동안 프로젝트에서 다루었던 성격특성이 익숙하여 Big 5 personality traits(5요인 성격특성)를 선택하게 되었다. 그래서 Google Scholar를 활용하여 Big 5 personality와 learning strategy라는 키워드로 선행연구를 검색하였다. 다양한 선행연구 중에서 Bidjerano와 Dai(2007)의 연구가 인상 깊었다. 이 연구의 논의 부분에서는 후속 연구주제에 대해 다음과 같이 제안하고 있었다.

Future research should further clarify how personality traits predispose individuals to employ self-regulated learning, and how these dispositions interact with learning conditions in developing relevant self-regulated strategies.

(추후의 연구는 성격특성이 어떻게 개인으로 하여금 자기조절 학습을 사용하게 만드는지, 그리고 이러한 성격특성이 유의한 자기조절 전략을 발달시키는 데 있어서 어떠한 학습환경과 상호작용하게 되는지와 관련하여 보다 명확히 밝혀야 할 것이다.)

지도교수님과의 대화와 선행연구의 제안을 통해 성격특성 간의 상호작용(interaction)을 알아보고 싶다는 마음이 생겼다. 다양한 선행연구에서 성격특성이 각각 학습전략 및 학업성취에 미치는 영향을 확인하였지만, 우리가 지니고 있는 성격은 그 특성이 모여서 우리의 행동이나 마음을 이루고 있기 때문이다. 그래서 성격특성 중 학습전략에 정적인 영향을 미치는 것으로 꾸준히 일관성 있게 제시된 성실성과 다소 상반된 결과가 제시되어 왔던 개방성을 선택하여 두 성격특성 간의 상호작용이 학습전략 사용에 어떠한 영향을 미치는지 확인하고자 하였다.

3) 연구문제 구체화시키기

Q: 연구문제를 어떻게 구체화했나요? 연구문제와 방법론을 어떻게 연결시켜 봤나요?

이 연구의 연구문제 및 연구가설은 다음과 같다. 연구를 통해서 성실성과 학습전략 사용수준의 관계에서 개방성이 지니는 조절효과를 검증하고 싶었다. 또한 학습전략 구인의 경우 인지·초인지 전략과 자원관리 전략으로 나뉘기 때문에, 하위구인 차원에서도 조절효과가 유의하게 제시되는지 확인해 보고자 하였다.

1. 성실성과 학습전략 사용 수준의 관계에서 개방성은 조절효과를 지니는가?

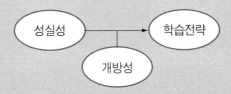

[그림 5-1]　조절변인으로서의 개방성

1-1. 성실성과 전체적인 학습전략 사용 수준의 관계에서 개방성은 조절효과를 지 닐 것이다.

1-2. 성실성과 인지·초인지전략 사용 수준의 관계에서 개방성은 조절효과를 지 닐 것이다.

1-3. 성실성과 자원관리 전략 사용 수준의 관계에서 개방성은 조절효과를 지닐 것이다.

이때 조절효과란 성실성과 학습전략 사용수준 간의 관계에서 개방성이 강도 및 방향에 미치는 영향을 의미한다. 즉, 개방성의 수준에 따라 성실성과 학습전략 사용수준의 관계가 달라질 수 있는 것이다. 이러한 조절효과를 검증하기 위해 위계적 회귀분석을 실시하고자 하였다. 조절효과 검증 방법에는 위계적 회귀분석, ANOVA, 구조방정식 등이 있다. 먼저, 모든 변인이 연속변인이기 때문에 ANOVA는 실시할 수 없었고, 구조방정식의 경우 예측변인과 조절변인이 모두 연속변인일 경우 복잡한 절차가 요구된다는 선행연구를 고려하여, 위계적 회귀분석이 가장 적절하다고 판단하였다.

더 나아가 구체적인 분석 및 해석 방법에 대해 이해하기 위하여 선행연구를 찾아보았다. 이를 위해 상담+조절효과라는 키워드로 검색을 하였고, 상담심리 분야에서의 조절효과에 대해 소개한 선행연구를 찾을 수 있었다. 서영석(2010)의 연구에서는 상담심리연구에서 조절효과를 분석할 때, 알고 있어야 할 개념과 분석 시 유의사항에 대해 소개하였다. 이를 통해 조절효과의 개념적 의미, 위계적 회귀분석 시 분석자료에서 고려해야 하는 부분, 결과 해석 시 유의사항 등을 찾아볼 수 있었다.

2. 방법론 정하고 공부하기

1) 적용한 연구방법론 소개

Q: 적용해 보려고 고민한 방법론에는 어떤 것이 있나요? 대안 중에서 선택한 이유는?

먼저, 이 연구문제가 조절효과와 매개효과 중 어떤 것에 더 적합한 것인지 고민하였다. 연구모형을 그릴 때 조절효과와 매개효과 모두 A → B → C의 모습을 지니고 있기 때문에 둘 중 어떤 것을 선택하는 것이 내가 궁금한 연구질문을 잘 반영할 수 있는지에 대한 고민이 생겼다. 서영석(2010)의 연구에서는 각각의 개념이 상담 연구에서 사용되는 경우를 상세히 설명하고 있었다.

매개효과	매개효과는 효과가 증명된 변인에 대하여, 그것이 효과를 지닐 수 있는 기저의 메커니즘을 확인하기 위해 활용된다.
조절효과	조절효과는 조절변인의 강도에 따라 예측변인과 종속변인의 관계의 방향 혹은 강도가 변화할 때 활용한다.

이 연구에서는 성실성과 학습전략 사용 간의 관계에 기저하고 있는 메커니즘을 밝히고자 한 것이 아니며, 성실성과 개방성 간의 상호작용을 확인하고자 한 것이기 때문에 조절효과를 살펴보는 것이 더 적절함을 알 수 있었다. 이를 통해 청소년이 지니는 개방성 특성의 정도가 기존의 성실성이 학습전략 사용에 지니는 긍정적인 효과에 어떠한 영향을 미치는지 확인할 수 있을 것으로 기대하였다.

둘째, 조절효과를 검증할 수 있는 다양한 방법 중 가장 적합한 것을 고르고자 하였다. 조절효과 검증 방법에는 위계적 회귀분석, ANOVA, 구조방정식 등이 있다. 먼저, 모든 변인이 연속변인이기 때문에 ANOVA는 실시할 수 없었고, 구조방정식의 경우 예측변인과 조절변인이 모두 연속변인일 경우 복잡한 절차가 요구된다는 선행연구를 고려하여, 위계적 회귀분석이 가장 적절하다고 판단하였다.

Q: 내가 선택한 방법론이 얼마나 할 만한 것인가요?

논문을 쓰기 전에 참여하였던 연구 프로젝트(중학교 자유학기 프로젝트)에서 **효과성을** 알아보기 위해 학생의 성격특성과 학습전략 사용 수준을 포함하여 다양한 변인에 대해 측정한 적이 있었다. 연구 프로젝트에서 데이터 클리닝 및 코딩을 하여서 데이터의 구성에 보다 익숙하기도 하였다. 학위논문을 위한 연구에서는 이 프로젝트를 통하여 수집되어 있었던 secondary 데이터를 활용한 덕분에 빠르게 연구를 진행할 수 있었다.

연구방법에 있어서는 데이터를 관리하는 부분이 어려웠다. 코딩정보가 없이는 코딩을 효율적으로 하지 못했을 텐데 같이 프로젝트에 참여했던 선배 선생님이 코딩표 작성에 도움을 주어서 코딩을 빠르게 진행할 수 있었다. SPSS 변수 표만을 보면 어떤 변인이나 설문에 대해 측정한 것인지 알기 어렵기 때문에 코딩정보를 자세히 작성하는 것이 중요할 것이다.

또한 분석에 있어서는 분석방법 그 자체보다도 어떤 결과를 어떻게 표로 작성하고 글로 기술할 것인가에 대해 고민이 되었다. 각 분석에 대한 이론적인 내용뿐 아니라 구체적인 분석 순서와 결과 기술방법을 소개해 준 책을 읽으며 논문을 썼던 것이 도움이 많이 되었던 것 같다. 이 논문을 작성하며 가장 많이 참고했던 책은 Brace, Kemp, & Snelar(2013)이었다. 이 책에는 단순히 분석뿐 아니라 기본 가정에 대한 서명과, 구체적인 사례를 통한 논문 기술 방법이 서술되어 있었다. 특히 각 표 구성요소의 의미를 설명하고 있어서, 표를 작성하고 설명하는 데 도움이 많이 되었던 것 같다.

검사명	설문지번호	척도명	문항번호	하위요인명	역문항번호	채점방법	리커트	SPSS 변수명	신택스 유무
Part 1	1_1	타당도 척도	1~3			채점 전 확인 필요	2점		
	1_2	신규 Big 5 검사 (사후검사에만 포함됨 _ 신규개발)	1~185	외향성	3		5점	외향성1	○
				안정에 대한 욕구	6, 12, 18, 24, 30, 36, 42, 48, 54, 60		5점	안정1	○
				창의성			5점	창의성1	○
				적응	12		5점	적응1	○
				충실성			5점	충실성1	○
	1_2	응답성실성 척도	186	응답성실성 확인용			5점		
	1_3	응답성실성 척도	1~3			채점 전 확인 필요	5점		
Part 2	2_1	다중지능_흥미_논리수학	1~14	논리수학			5점	@1_1	○
	2_2	다중지능_흥미_공간	1~14	공간			5점	@2_1	○
	2_3	다중지능_흥미_언어	1~14	언어			5점	@3_1	○
	2_4	다중지능_흥미_대인관계	1~14	대인관계			5점	@4_1	○
			1~9	학습동기			4점	학습1	○
			10~21	자기효능감			4점	학습1	○
	2_5	청소년 학습전략 검사	22~38	인지초인지전략			4점	학습1	○
			39~47	자원관리전략	39, 41, 42, 43, 44, 45		4점	학습1	○
	2_6	기존 Big 5 성격 검사 (청소년용_ 기존 검사)	1~12 (12)	외향성	3		5점	빅파1	○
			13~24 (12)	개방성			5점	빅파2	○

[그림 5-2] **데이터 코딩표**

2) 연구 진행 과정

Q: 이 연구방법으로 연구를 진행하는 과정에서 특히 유의할 점은 무엇인가요? 어려웠던 부분과 이겨 낸 방법은 무엇인가요?

먼저, 가장 어려웠던 부분은 왜 위계적 회귀분석을 사용하고자 하는가에 대한 논리를 갖추는 과정이었다. 다양한 다중회귀분석 방법(표준 또는 동시방법) 중 위계적으로 분석을 실시할 경우, 예언 변인들이 특정 순서에 따라 입력되는 것에 대한 논리가 세워져야 하기 때문이다. 논문에서는 성실성의 경우 늘 일관된 연구결과를 보이며(정적 영향), 개방성의 경우 예측변인으로서의 효과가 일관되지 않다는 선행연구의 결과를 바탕으로 성실성을 1단계에 투입하였고, 개방성을 2단계에 투입하였으며, 마지막으로 3단계에 성실성과 개방성의 상호작용항을 투입하였다. 이처럼 단계별로 변인을 투입하면서 각 단계가 추가됨에 따라 추가된 단계의 변인은 변량을 추가적으로 설명해야 한다. 이를 확인하기 위해 이 연구에서는 R^2 값과 F에 대한 p값 등을 활용하여 추가적인 설명력이 유의한지 확인하고자 하였다. 이와 관련하여 논문에서 작성한 부분은 다음과 같다.

먼저, Blickle(1996)의 연구결과를 통해 학습전략 사용 수준이 낮은 집단에서 성실성과 개방성이 학습전략에 미치는 영향을 예측하였다. Blickle은 학습내용의 구조화가 비교적 이루어지지 않은 대학생들의 성실성과 개방성을 대상으로 연구를 진행하였다. 이들이 사용하는 공부 방법으로는 비판적 사고, 문헌 조사, 관계 맺기, 노력 등이 제시되었으며 이 중에서 비판적 사고, 문헌 조사, 관계 맺기가 개방성과 유의한 상관관계를 보였다. 또한 성실성은 노력과 관계 맺기와의 관계가 유의하게 제시되었다. 경로분석 결과 비판적 사고와 노력은 효과적인 전략인 것으로 제시되었으나, 문헌 찾기나 관계 맺기는 학습과정에서 혼란을 야기하는 것으로 해석되었다. 이러한 선행연구결과를 통해 학습내용의 구조화가 되어 있지 않은 학습자에게는 새로운 정보를 추가하거나, 새로운 것과 관계를 맺고자 하는 개방성의 특성이 오히려 학습과정에 혼란을 야기할 수 있으며, 효과적인 학습전략을 사용하는 것을 방해할 것으로 예상해 볼 수 있다. 또한 학습전략이 학업수행을 위한 계획-작업-평가의 과정에서 사용하는 학습자의 생각 및 행동의 방식이며 학습내용을 구조화하는 과정을 포함하고 있음을 고려할 때, 이러한 결과는 학습전략 수준이 낮은 청소년에게도 유사하게 나타날 것임을 가정해 볼 수 있다. 즉, 학습전략 수준이 낮아 학습내용의 구조화가 어려운 청소년의 경우 성실성과 효과적인 학습전략 사용 수준의 관계에서 개방성이 조절효과를 지닐 것으로 가정해 볼 수 있다. 다시 말해, 성실성이 학습전략에 미치는 긍정적인 영향을 개방성이 감소시킬 것이라는 연구가설에 대한 검증을 진행하고자 한다.

또한 데이터가 회귀분석의 기본 가정을 충족하는지 확인하는 부분을 유의하여야 했다. 이를 위해 다음의 작업을 진행하였다.

먼저, 선형성 분포 및 데이터의 정규성을 확인하기 위하여 잔차 통계량과 정규확률도표를 확인하였다. 정규확률도표의 점들이 일직선을 이루고 있는지를 통해 정규성을 확인할 수 있었으며 잔차 통계량 및 그래프를 통해 점들의 모양을 확인함으로써 잔차의 동변량성을 확인할 수 있었다.

다음으로, 잔차 독립성을 확인하기 위해 Durbin-Watson 값을 확인하였다. Durbin-Watson 값은 0에서 4 사이의 값을 갖게 되며, 값이 2에 가까워질수록 오차항 간의 상관이 없음을 확인할 수 있다.

마지막으로, 다중공선성진단을 통해 Tolerance 값과 VIF 값을 도출하였다. 공선성 진단은 회귀분석 진행단계에서 선택함으로써 진행할 수 있다. Tolerance 값의 경우 0에서 1 사이의 값을 지니게 되며, 0에 가까운 낮은 값을 갖게 되면 공선성 문제가 있지는 않은지 확인해야 한다. 또한 VIF 값의 경우 그 값이 클수록 예측 변인들 간의 관련성이 강하다는 것을 의미한다(10 이상일 경우 다중공선성이 있다고 판단한다).

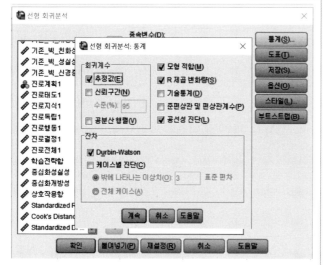

[분석] → [회귀분석] → [선형] 선택

분석 창이 나오면 오른쪽 통계 클릭

통계 창에서 공선성 진단,
Durbin−Watson 클릭

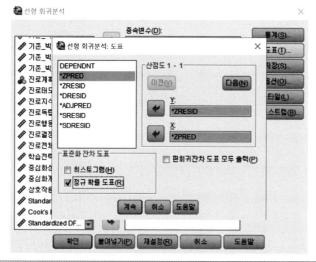

[분석] → [회귀분석] → [선형] 선택

분석 창이 나오면 오른쪽 도표 클릭

Y: ZRESID(표준잔차)
X: ZPRED(표준예측값)

하단의 정규 확률 도표 체크하기

1) 회귀분석 기본 가정 확인

조절효과 검증을 위한 위계적 회귀분석을 실시하기에 앞서, 분포에 대한 가정을 확인하기 위한 절차를 진행하였다. 먼저, 선형성 분포를 확인하였다. [그림 5-3]과 같은 45도 정도의 기울기를 보이므로 선형성 분포를 가정할 수 있었다.

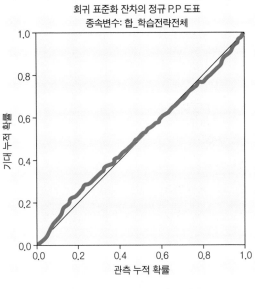

[그림 5-3] 선형성 분포 가정 확인

또한 잔차의 동변량성을 확인하였으며, 그 결과가 [그림 5-4]와 같이 직사각형 모양으로 나타나 동변량성을 가짐을 확인하였다.

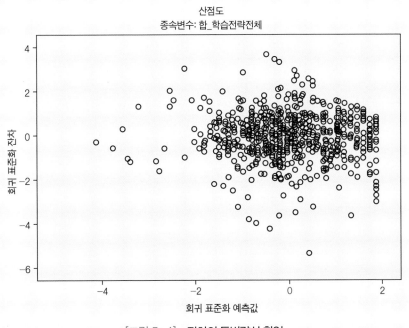

[그림 5-4] 잔차의 동변량성 확인

다음으로 잔차의 독립성을 확인하기 위해 Durbin-Watson 값을 확인하였다. Durbin-Watson 값은 0~4 사이의 값을 갖게 되며, 그 값이 2에 근접할수록 오차항 간의 자기 상관이 없음을 확인할 수 있다. 이 회귀분석에 사용한 데이터에서는 값이 1.974로 나타났으며, 이를 통해 오차항 간의 자기 상관이 없음이 제시되었다.

마지막으로, 다중공선성을 확인하기 위해 Tolerance와 VIF값을 구하였다. Tolerance는 1에 근접할수록 변수 간의 다중공선성이 없음을 의미한다. 또한 VIF는 1에 근접하면 다중공선성이 없지만, 값이 10 이상이면 다중공선성이 있는 것으로 판단한다. 이 데이터에서 Tolerance 값은 .854에서 1.00 사이로 나타났으며, 이는 1에 근접한 값이기 때문에 다중공선성이 없다고 판단하였다. 또한 VIF 값도 1.00에서 1.171 사이로 제시되었기 때문에 다중공선성이 없음을 확인할 수 있었다.

〈표 5-1〉 다중공선성 확인

변인	Tolerance	VIF
성실성	.854	1.171
개방성	1.00	1.000
성실성×개방성	.978	1.022

3) 자료 분석 및 결과 해석

Q: 이 연구방법론을 적용하여 연구를 하면서 어떤 방식으로 데이터를 수집하고 분석했나요?

데이터를 코딩하기 위해 다음과 같은 과정을 거쳤다.

첫째, 결측값 및 코딩 불가 설문지의 기준을 세우고 결측값의 경우 999로 코딩하였으며, 코딩 불가 설문지의 경우 제외시켰다.

둘째, 데이터의 내용을 확인하기 위한 엑셀시트를 작성하였다. 엑셀표에 포함된 내용에는 ① 검사명, ② 설문지 번호, ③ 척도명, ④ 문항 번호, ⑤ 하위 구인명, ⑥ 역문항 번호, ⑦ 채점방법, ⑧ 리커트, ⑨ SPSS 변수명이 있다.

셋째, 작성한 시트의 내용을 바탕으로 설문지 코딩을 위한 시트를 작성하였다. 시트의 모습은 다음과 유사하다.

A	B	C	D	E	F	G	H	I	J	K	L	M	N	O	P	Q	R
일련번호	학년	반	번	성별	이름		타당도	타당도	타당도	외향성	외향성	외향성	외향성	외향성	외향성	외향성	외향성

넷째, 코딩을 마치고 엑셀파일을 SPSS 프로그램에서 열었다. 이때 SPSS 프로그램에서 결측값을 인식할 수 있도록 결측값 처리를 다음의 화면과 같이 입력하였다.

논문의 분석은 다음의 일곱 가지 순서로 진행되었다.

첫째, 이 연구에서 사용한 측정 도구의 신뢰도 검증을 위해 내적 합치도를 구하였다.

둘째, 이 연구에서 사용한 성격특성과 학습전략 수준의 기술 통계량을 구하기 위해 빈도 분석을 실시하고 평균과 표준편차를 구하였다.

셋째, 성별과 학년에 따라 성격특성과 학습전략 수준에 차이가 나타나는지 알아보기 위해 분산분석을 실시하였다.

넷째, 성격특성과 학습전략 수준의 관계를 살펴보기 위해 Pearson 단순 상관관계 분석을 실시하였다.

다섯째, 성실성과 개방성이 학습전략에 미치는 영향을 검증하기 위해 단순회귀분석을 실시하였다.

여섯째, 개방성의 조절효과가 학습전략 수준에 따라 다르게 나타남을 확인하기 위해 학습전략 수준에 따라 집단을 나눈 뒤 위계적 회귀분석을 진행하였다. 위계적 회귀분석을 진행하는 과정에서 다중공선성을 예방하기 위해 성실성과 개방성에서 평균을 빼는 중심화 과정을 거친 뒤, 상호작용 변인을 만들었다(서혜선 외, 2009). 중심화 과정을 거친 후 1단계에는 성실성을 투입하였으며, 2단계에는 개방성을 투입하였고, 3단계에는 상호 작용항을 투입하였다.

일곱째, 연구결과에 대한 타당성을 확보하기 위해 중학교 1학년 집단과 2학년 집단을 각각의 교차 타당화의 표본으로 사용하여 학습전략 수준에 따른 개방성의 영향을 반복 하여 검증하였다.

분석에 있어서 유의했던 부분은 중심화를 통한 다중공선성 문제의 예방과 가외변인을 통제하는 부분이었다.

첫째, 다중공선성 문제를 예방하기 위해 예측변인과 조절변인을 중심화(centering)하는 작 업을 거쳤다. 이 연구에서 성실성과 개방성은 모두 연속변인이었기 때문에 중심화 과정 이 요구되었고, 이를 위해 원점수에서 평균을 빼서 새로운 변수로 작성하였다. 이를 위 해 다음 그림과 같이 SPSS의 [변환] → [변수 계산]을 활용하였다. 성실성의 경우 평균이 2.840점으로 나타났기 때문에, 다음과 같이 원점수에서 빼 주었다.

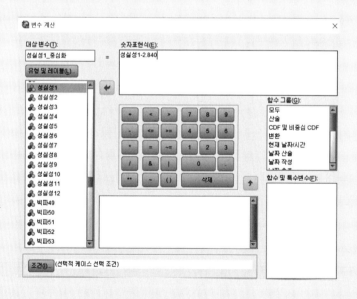

이처럼 성실성과 개방성을 중심화한 뒤, 두 변수를 곱한 상호작용항을 만들어 주었 다. 상호작용항은 두 변인의 곱으로 이루어지기 때문에 두 변수와의 상관이 높을 수밖 에 없다. 그러나 예측변인과 조절변인을 중심화한 뒤 상호작용항을 만들면, 다중공선성 의 문제를 감소시킬 수 있다.

　둘째, 가외변인을 통제하기 위한 작업을 진행하였다. 성실성과 개방성 외에도 학습전략 사용에 영향을 미치는 변인이 있을 수 있다. 이를 통제하기 위해서는 통제변인을 1단계에 넣어야 한다. 이때, 어떤 변인을 통제해야 하는지 알아보기 위해 학년과 성별에 따른 t 검증을 진행하였으나, 유의하지 않은 결과가 제시되어 가외변인으로 투입하지 않고 분석을 진행했다.

　이와 같이 위계적 회귀분석에 유의사항을 확인한 뒤 분석을 진행하였다. 먼저, 회귀분석을 통해 각 변인이 학습전략 사용에 미치는 영향을 확인하고자 하였다. 분석 결과의 예시는 다음과 같다.

　성실성 점수가 학습전략 전체 점수에 미치는 영향을 알아보기 위해 성실성을 독립변수로, 학습전략 전체 점수를 종속변수로 투입하여 회귀분석을 진행한 결과이다. 성실성이 학습전략 전체에 미치는 모델은 $p < .001$ 수준에서 유의미하였으며, 모델의 설명력은 50.2%로 제시되었다. 이는 학습전략 전체 점수의 50.2%를 성실성으로 설명할 수 있음을 의미한다.

　이 모델에서 제시되는 결과를 통해 성실성이 높을수록 학습전략 사용 수준이 높아진다는 것을 확인할 수 있다.

〈표 5-2〉 성실성이 학습전략 수준에 미치는 영향

	B	SE B	β
성실성	4.961	.159	.709

$R^2 = .502$, adjusted $R^2 = .502$, F=976.310***.

***$p < .001$.

　이어서 위계적 회귀분석을 실시하였다. 이를 위해서 SPSS 프로그램의 [분석] → [회귀분석] → [선형]을 선택하였다. 종속변수에는 학습전략 사용 수준을 투입하고, 아래 블록 1-1이라고 제시된 부분에 중심화된 성실성을 투입하였다. 그 후 다음을 클릭하여 블록 2-2에는 중심화된 개방성을, 마지막으로 블록 3-3에는 상호작용항을 투입하였다. 또한 통계를 클릭하여 R 제곱 변화량에 체크를 함으로써, 이후 분석 결과 표에서 설명력의 증가를 확인할 수 있도록 하였다.

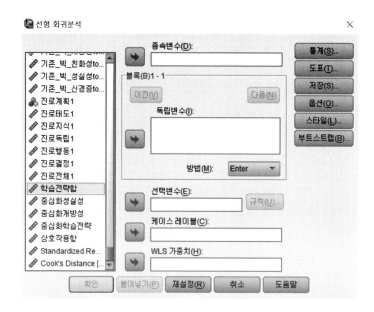

3. 연구결과 기술하기

Q: 연구결과 분석 시, 특별히 주의해야 할 점은 무엇인가요?

1) 주효과 관련 결과 분석하기

　조절효과 분석 시에는 예측변인과 조절변인의 효과를 주효과로 해석하면 안 되며, 다른 변인이 0의 값을 취할 때 얼마만큼의 효과를 지니는가를 의미하는 조건효과로 해석해야 한다. 이때 주의해야 할 점은 측정치가 0이 아니라는 점이다. 예측변인과 조절변인인 성실성과 개방성은 1~5점으로 체크하는 리커트 척도를 이용하여 측정되었기 때문에 0의 값을 가질 수 없다. 또한 위계적 회귀분석에 투입하기 전에 각각의 변인에서 평균을 빼는 중심화 과정을 거쳤기 때문에, 분석 모형에 투입된 변인의 경우 0이라는 것은 평균과 같다는 것을 의미한다. 따라서 예측변인과 조절변인의 표준화 혹은 비표준화 회귀계수를 살펴보는 데 있어서 다른 변인이 평균값을 지닐 경우, 예측변인이 혹은 조절변인이 종속변인에 지니는 영향으로 해석해야 할 것이다.

예를 들어, 〈표 5-3〉은 성실성과 학습전략 사용의 관계에서 개방성이 지니는 조절효과에 대한 검증결과를 담고 있다. 이때 성실성과 개방성이 보이는 B 값인 2.261과 .378에 대한 해석은 다른 변인이 평균일 때 각 변인이 학습전략 사용에 미치는 영향력으로 해석해야 한다.

〈표 5-3〉 성실성과 학습전략 전체의 관계에서 개방성의 조절효과 분석

독립변수	모형1			모형2			모형3		
	S.E	B	t(p)	S.E	B	t(p)	S.E	B	t(p)
상수	.556	82.797	.000	.556	83.698	.000	.549	83.169	.000
성실성	.222	2.956	.000	.219	2.686	.000	.227	2.261	.000
개방성	−	−	−	.204	1.243	.000	.255	.378	.139
성실성× 개방성	−	−	−	−	−	−	.075	−.408	.000
R^2 (수정된 R^2)	.266 (.265)			.318 (.315)			.357 (.353)		
$\triangle R^2$	.266***			.052***			.039***		

$***p<.001, **p<.01, *p<.05.$

또한 B 값이 아닌 값을 통해서도 해석할 수 있다. 〈표 5-3〉을 보면 각 모형에 따라 값이 제시되고 있으며, 그 값이 점점 증가하는 것을 확인할 수 있다. 이는 추가적인 변인이 투입됨에 따라 설명력이 증가하는 것을 의미하며, 앞서 위계적 회귀분석을 사용하는 조건에서 설명한 것처럼 점차 값이 증가하는 것을 통해 연구방법의 사용이 적절했음을 확인할 수 있다. 설명력의 증가에 대한 해석은 다음과 같이 기술해 볼 수 있다.

〈표 5-3〉을 통해 성실성은 학습전략 전체 점수의 26.6%를 설명하는 것으로 나타났다. 또한 2단계에서 개방성은 5.2%를 추가로 설명하고 있음을 확인할 수 있었다. 마지막으로, 성실성과 개방성의 상호작용 변인을 투입한 3단계에서는 상호작용 변인이 학습전략 전체 점수의 3.9%를 추가적으로 설명하고 있음을 알 수 있었다. 3단계에서의 p값을 통해 개방성은 조절변인으로서 조건 효과는 갖지 않지만, 상호작용 효과를 지니고 있음을 확인할 수 있다.

2) 상호작용 효과 관련 결과 분석하기

먼저, 상호작용 효과를 확인함에 있어서 비표준화 회귀계수(B)를 살펴보아야 한다. 이는 상호작용항의 경우에는 적절하게 표준화되지 않았을 위험이 존재하기 때문이다. 더나아가 B 값을 기준으로 계수가 유의할 경우, 그래프를 그림으로써 결과를 분석할 수 있다. 그래프를 그리는 방법은 다음과 같다. 예측변인과 조절변인의 평균값, 평균 +1 표준편차 값, −1 표준편차 값을 지닌 사람들의 종속변인 값을 회귀식을 통해 예측한다. 그리고 각각의 값을 이어서 그래프를 그리는 것이다. 이 논문에서는 엑셀 프로그램을 활용하여 그래프를 그렸다. 이와 관련된 논문 내용의 일부는 다음과 같다.

이러한 상호작용 효과의 형태를 알아보기 위해 예측변인과 조절변인의 평균 1표준편차 아래, 평균 1 표준편차 위의 점수들과 비표준화회귀계수를 사용하여 그래프를 그렸다.

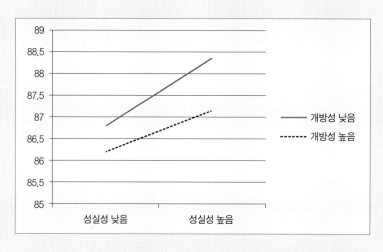

[그림 5-5] 성실성과 학습전략 전체의 관계에서 개방성의 조절효과 해석

[그림 5-5]에서 확인할 수 있듯이 성실성이 높아질수록 학습전략 사용 수준이 높아진다. 그러나 낮은 개방성을 의미하는 실선의 기울기가 높은 개방성을 의미하는 점선의 기울기보나 큰 것을 확인할 수 있다. 이를 통해 성실성의 영향은 개방성에 의해 줄어듦을 알 수 있다. 즉, 상호작용 효과는 개방성이 성실성의 학습전략 사용 수준에 미치는 영향을 감소시키는 형태로 나타나는 것이다.

4. 논의 및 제언 기술하기

Q: 본인 연구가 상담학 연구 분야에 기여한 부분은 무엇인가요?

첫째, 학습상담에서 개별화 개입을 제공하기 위해 필요한 근거자료를 마련했다는 점에서 의의를 지닌다. 이 연구는 대상과 변인 두 가지 측면에서 기존의 선행연구결과를 세분화하고자 노력하였다. 먼저, 대상의 경우 학습전략 수준이 평균 이하인 학생들을 대상으로 함으로써, 학습전략 사용에 어려움을 지니는 학생들의 특성을 확인하고자 하였다. 자기보고식 검사였기 때문에 '정말 이들이 학습전략 사용에 어려움을 지니는 학생일까?'에 대한 의문이 남긴 하지만, 학업 스트레스 또한 주관적인 경험이기 때문에 어느 정도 학업적인 어려움이 있는 대상만을 선정하였다고 생각하였다. 또한 변인의 경우 각 변인의 영향만을 확인하는 것이 아닌 성실성과 개방성의 상호작용항을 투입하고, 그래프를 그려 봄으로써 개방성이 성실성의 영향에 미치는 조절효과를 확인하고자 하였다.

둘째, 성격특성을 클러스터 및 유형의 관점에서 보아야 한다는 선행연구의 주장을 구현하고자 노력하였다(Hofstee, de Radd, & Goldberg, 1992; Howard & Howard, 2011). 성격특성은 우리 안에 각각 개별적으로 존재하기보다는 각 성격특성이 서로 어우러지고 함께 작용하여 우리의 관점, 생각, 행동 등에 영향을 미친다. 따라서 각 특성의 상호작용항을 투입하여 위계적 회귀분석을 실시함으로써, 이러한 특성 간의 상호작용을 분석 결과에 반영하고자 하였다는 점에서 의의를 지닐 수 있을 것이다.

셋째, 개방성을 새롭게 바라볼 수 있는 시도를 제안하였다. 기존 선행연구에서는 개방성을 예측변인으로 투입하는 경우가 많았다. 그러나 이 연구의 결과를 통해 개방성을 조절변인으로 해석해 볼 수 있었다. 개방성은 성실성의 정적인 영향을 완화시키는 방향으로 작용하고 있었기 때문이다. 이처럼 새롭게 바라보는 시도는 비단 개방성뿐만 아니라 다양한 성격특성 모두에 적용해 볼 수 있을 것이다. 특히 연구대상 또한 함께 세분화한다면 각각의 세분화된 집단에서 성격특성이 서로 어떠한 상호작용을 하며 학습전략에 영향을 미치는지에 대한 보다 자세한 프로파일을 마련할 수 있을 것이다.

Q: 앞으로 이 분야 연구를 하기 위해 후속 연구자들이 유념해야 할 부분은 무엇인가요?

첫째, 선행연구의 제언을 보다 반영하여 매개효과 연구를 추가로 진행할 수 있을 것이다. 선행연구의 제언 중에서 interaction 부분에 초점을 맞추어서 성격특성 간의 상호작용을 보았지만, 이후 제언 부분에서는 보다 구체적인 추후 연구에 대한 제언을 하고 있다(Bidjerano & Dai, 2007).

The possibility that constructs such as goal setting, self-efficacy, and intrinsic motivation might occupy an intermediate position between individual difference predisposition and the choice of self-regulatory strategies depending upon the specific characteristics of the learning contexts should be further explored.

(목표 설정, 자기효능감, 내재적 동기와 같은 구인들은 개인 특성과 자기조절 전략의 선택 간의 관계에서 매개하는 역할을 수행할 가능성이 있다. 따라서 학습맥락을 구성하는 다양한 구인에 대한 추가적인 탐색이 필요할 것이다.)

이러한 내용을 고려하였을 때, 후속 연구에서는 구조방정식 모형을 활용하여 성격 → 자기효능감, 내재적 동기 → 학습전략 사용 간의 영향을 보다 구체적으로 확인하면 좋을 것이다. 이를 통해 성격특성 간의 상호작용뿐만 아니라 성격이 자기조절에 미치는 영향까지 확인함으로써, 성격이 학습전략 사용에 이르기까지 영향을 미치는 변인의 경로를 통계적으로 확인할 수 있을 것이다.

둘째, 이 연구는 학습전략 사용 수준이 평균 이하인 집단만을 대상으로 하였다. 그러나 학습전략 사용 수준이 평균 이상인 학생들은 또 다른 특성을 지닐 수 있다. 따라서 다양한 기준으로 집단을 나누어(학습전략 사용 수준, 학업성취 수준 등) 각 대상을 세분화하여 살펴보는 것도 필요할 것이다.

셋째, 이 연구는 성실성과 개방성만을 대상으로 했기 때문에 신경증, 친화성, 외향성의 영향은 확인하지 못하였다. 이후 연구에서는 성격 5요인을 모두 투입하여 각각의 영향력 및 특성 간의 상호작용을 확인할 수 있을 것이다.

참고문헌

서영석(2010). 상담심리 연구에서 매개효과와 조절효과 검증: 개념적 구분 및 자료 분석 시 고려 사항. 한국심리학회지: 상담 및 심리치료, 22(4), 1147-1168.

서혜선, 양경숙, 김나영, 김희영, 김미경(2009). SPSS PASW 회귀분석. 서울: 한나래 아카데미.

Bidjerano, T., & Dai, D. Y. (2007). The relationship between the big-five model of personality and self-regulated learning strategies. *Learning and Individual Differences, 17*(1), 69-81.

Brace, N., Kemp, R., & Snelar, R. (2013). SPSS를 활용한 심리연구 분석. (이주일, 문혜진, 정현선, 조영일, 최윤영, 한태영 역). 서울: 시그마프레스. (원저는 2012년에 출판).

Hofstee, W. K., de Raad, B., & Goldberg, L. R. (1992). Integration of the Big Five and circumplex approaches to trait structure. *Journal of Personality and Social Psychology, 63*(1), 146-163.

Howard, P. J., & Howard, J. M. (2018). 청소년 이해를 위한 심리학: 성격 5요인에 기반한 진로·학습 상담 지침서. (김동일 역). 서울: 학지사. (원저는 2011년에 출판).

제6장

학교상담자의 적응 및 발달에 대한 초기 이론 구성: 근거이론적 접근[1]

개요

이 장은 국내 학교상담자의 직업 적응과정을 연구한 박사학위논문의 내용을 기초로 한다. 이 장의 주요 내용은 다음 세 가지에 중점을 두고 구성하였다. 첫째, 학교상담 영역에 관심을 둔 필자가 구체적인 주제를 탐색해 온 과정, 즉 연구주제를 초점화하기까지의 시행착오와 탐색의 과정을 포함하였다. 둘째, 연구주제를 드러내는 데 적합도가 높다고 생각하는 연구방법을 선택한 과정, 구체적으로 Strauss와 Corbin(1990, 1998)의 근거이론(Grounded theory) 적용의 준비 및 실행 과정과 대표적인 연구결과를 설명하였다. 그리고 연구를 진행하는 과정에서 주의를 기울였던 연구자의 고민, 유의사항 등을 함께 표기하여 줄글로 표기된 행간의 의미를 제시하고 연구자들의 시행착오를 줄이는 데 도움이 되고자 하였다. 다만, 연구결과 기술 부분에서는 일부만 선별하여 포함하였으며 자세한 내용은 기 출판된 박사학위논문[2]과 학회지 논문의 내용[3]으로 갈음하기로 하였다. 마지막으로, 박사학위논문을 마친 후에 비로소 갖게 된 이해와 통찰, 후속 연구와 연구자를 위한 팁을 담아내고자 하였다.

---

1) 이 장의 내용은 김지연(2014)의 박사학위논문과 김지연, 김동일(2015)의 학회지 출판 논문 중 일부를 발췌, 인용, 재구성하여 작성하였다.
2) 김지연(2014). 전문상담교사의 직업 적응과정 연구. 서울대학교 대학원 박사학위논문.
3) 김지연, 김동일(2015). 전문상담교사의 직업 적응과정 연구. 상담학연구, 16(1), 73-93.

1. 연구주제 잡기

1) 연구주제 탐색 방법

Q: 대학원 생활 동안 관심을 가진 주제는 어떤 것이었나요?

　석사 공부를 시작한 것도, 그리고 박사 공부를 시작한 것도 모두 학교 현장에서 상담 전문성이 필요하다는 생각 때문이었다. 따라서 대학원 학업 과정 속에서도 학교상담에 대한 생각은 늘 머릿속에 남아 있었다.

　대학원 박사과정에 입학한 초기에는 교육과정 내에 '학교상담'이라고 명명된 과목이 없다는 것을 아쉬워했다. 그런데 이내 그 이유를 알게 되었다. 교육상담 전공의 대학원에서 학습하는 모든 것이 결국은 학교상담에서 다루어야 할 중요한 이슈들을 포함하고 있었기 때문이다. 학문에 대한 이해가 부족한 상태에서 파랑새를 눈앞에 두고 또 다른 파랑새를 생각하는 시기가 대학원 생활의 초기에 있었던 것 같다. 그리고 또 한동안은 학교상담 영역만을 공부해 왔다는 아쉬움에 이외의 다른 영역까지 관심을 확장해 보려는 시도를 했던 시기도 있었다. 하지만 이내 학교상담 영역으로 돌아오고 말았다. 어느 한 가지를 '제대로' 이해하는 것은 참으로 어렵다는 생각 때문이었다.

　상담 이론, 기법, 심리검사, 집단상담, 관련 법과 제도, 슈퍼비전 등의 각 과목에서 학습한 내용은 학교상담 영역에 대한 전문성을 갖추는 기초가 되었고, 특히 지도교수님의 프로젝트 연구실에서 장시간 함께했던 GTI(Global Talent Indicator) 개발, 학교관리자 연수 조교 업무, 학회 자격관리 간사 업무 등을 통해 척도 및 프로그램 개발, 교육 프로그램 운영에 대한 이해, 상담 자격에 대한 이해를 심화시킬 수 있었다.

　학교상담 영역의 전반적인 내용 중에서 특별히 관심이 있었던 것은 교사 교육, 상담자 교육이었다. 상담을 전공하면서 반복적으로 들었듯이, 상담의 중핵은 결국 '상담자'라는 생각 때문이었다. 그리고 더 나아가 학교상담의 주체는 모든 교사이며, 만약 모든 교사가 상담의 전문성을 갖춘다면 학생들의 여러 어려움을 선제적으로 해결할 수 있을 것이라 생각하였다.

　그리고 이 생각은 지금도 변함이 없다. 교수가 된 이후로 일선 학교의 교사들을 가르치는 상담교육 전공에서는 "학교에 전문상담교사, 진로전담교사가 별도로 있기 때문에 일반 교사들은 기본적인 교육만 하면 된다고 하거나, '상담자처럼' 깊게 배우지 않아도 된다"고 이야기하는 현직 교사들을 만나는 경우가 종종 있다. 그러면 그 생각에 영향을 미치고 싶다는 욕구가 작동하여 학생들에게 더 많은 것을 공부해야 한다고 요구하게 된다.

　박사과정에 재학했던 때는 전문상담교사제도가 시작된 지 얼마 되지 않았던 시기로 Wee project의 안정화와 그 제도의 중심에 있는 학교상담자들에 대한 관심을 유지하며 공부했다. 또한 진로상담 과목 수강을 시작으로, 대학생 취업준비행동 척도 개발 프로젝트 참여, 진로 및 직업상담 심화과목 수강과 진로상담 척도 핸드북 집필 참여 등을 통해 학교상담의 주요 영역인 진로상담에 대한 이해를 확장할 수 있었다. 그리고 이러한 학업 과정은 이후의 박사학위논문 주제 설정과 장기간의 연구 영역을 결정하는 데 큰 영향을 미쳤다.

Q: 학위논문 연구주제를 결정하면서 지도교수님과 나눈 대화 중 가장 인상적이었던 대화는 무엇인가요?

#1. [박사 1학기 전공 동문회에서] "3년의 투자"

교수님: 김 선생, 박사과정에 들어온 지 이제 조금 지났는데, 요즘 어떻게 지내나?
연구자: 아직은 적응하느라 뭐가 뭔지 잘 모르겠어요. 그냥 바쁘게 지내고 있습니다.
교수님: 그러니까, 학교에 근무하다가 전일제 대학원생으로 공부하니 변화가 많긴 하겠네.
연구자: 네, 맞아요. 교수님께서 말씀해 주시니까 생각이 났는데, 그래도 한 가지 좋은 것은 일과 병행하지 않고 충분히 공부할 수 있는 것이 좋아요. 아침에 연구실에 출근할 때, 특히 기분이 좋습니다.
교수님: 그래. 밥을 잘 먹어야 연구도 잘하니까, 식사도 잘하고 즐겁게 지내 보길. 3년을 투자해서 앞으로 30년 동안 하고 싶은 일을 찾아갈 수 있을 거야.
연구자: 네….

　하지만 이때는 이 말이 어떤 의미인지 몰랐었고, 3년이라는 시간을 어떻게 보내야 하는지, 그리고 이 시간이 이후의 삶에 어떠한 영향을 미칠 수 있을지 전혀 가늠이 되지 않았던 것 같다.

#2. [박사학위청구논문 연구 프로포절을 앞둔 어느 날] "다시 생각해 볼까"

연구자: 다시 원점으로 돌아간 것 같아요. 제가 처음 하고 싶었던 주제는 진행하기 어려울 것 같아요.

교수님: 다시 생각해 볼까. 뭘 하고 싶었지?

> 되짚어 생각해 보니 교수님은 참 의연하셨던 것 같다. 몇 날 며칠을 고민한 후에도 해결책을 찾지 못해서 큰일이 난 것처럼 말씀을 드렸는데, 그냥 편하게 이야기를 하시니 내가 스스로 더 당황했던 것 같다. 그리고 한편으로는 교수님께서 관심이 없으신 것 같다는 생각도 들어 일면 서운하기도 했다. 그렇지 않고서야 어떻게 그렇게 편안해 보일 수 있었을까? … 그런데 지나고 보니, 나에게 큰일이라고 생각했던 이런 사례는 많은 학생을 지도하셨던 교수님의 입장에서는 비교적 '흔한' 일이었고, 결과적으로는 교수님의 의연한 대처가 학생을 안심시키는 기제로 작용했음을 알게 되었다.

연구자: 학교상담 영역인 것은 변함 없고요. 그리고 학교상담자가 잘 지내야 학교상담이 안정화될 거라는 생각도 동일해요. 그런데 관련 연구자료도 많지 않고, 이를 어떻게 풀어내야 할지 걱정이에요. 결정적으로는 이들이 학교에서 잘 지내지 못하는 것 같아요. 전문상담교사제도가 시작된 지 7~8년 정도 되었는데, 아직도 학교 내에서 혼란스러움이 있는 것 같아요.

교수님: 그렇지…. 지금도 전문상담교사들이 잘 지내고 있는 것은 아닐 거야. 김 선생도 전문상담교사로 학교에 있어 봤잖아.

연구자: 네. 그때는 학교상담실을 Wee project로 확대하려고 준비하는 초창기라서 완전히 무(無)의 상태였어요. 제가 있던 학교가 연구학교라서 그나마 잘해 보려고 노력을 했고, 아마 다른 학교에서는 상담실도, 전문상담교사도 더 생소했을 것 같아요.

교수님: 그렇지. 그런데 시간이 지난 지금도 아직 안정이 안 되었지.

연구자: 맞아요. 교수님. 전문상담교사 개인의 역량이나 특성에 따라서 학교에서 수행하는 모습도 많이 다른 것 같고, 나른 교사들의 인식도 긍정적이지 않은 것 같아요.

교수님: 그럼, 이런 건 어떨까? 전문상담교사로 살아남기!

연구자: 네?

교수님: Survival! 그냥 교사들의 모습 그대로를 보여 주는 것으로!

연구자: 그냥 그 자체를 보자는 말씀이시죠? 힘든 상황 자체, 견디고 있는 상황 자체요?

교수님: 그렇지!

지금 돌이켜보면, 이 순간은 아마 시간이 잠시 멈추었던 것 같다.

연구자: 네…. 그럼 되겠네요. 전문상담교사들이 안정되었다고 전제하고 역할 수행을 살펴보려니 뭔가 기본 틀이 없었고, 어려움을 살펴보려고 해도 실체가 없는 것처럼 생각이 되었는데, 제 생각의 틀을 버리고 그냥 survival 그 자체를 본다고 생각하면 제가 고민하던 문제가 해결될 것 같아요. 어떻게 연구해야 하는지는 막막하지만, 다음에 뵐 때 자료를 더 찾아보고 올게요.

이 장면에서 나는 그동안 생각해 왔던 틀을 내려놓는 경험을 하게 된다. 오랫동안 어떤 틀을 만들어 놓고, 그 안에 쏙 들어가서 밖을 바라보았던 방식으로 해결되지 않았던 답답함을 전혀 다른 관점에서 해결하는 통찰의 경험이었다. 안 되는 것을 애써 붙잡고 있는 것 같고, 뭔가 실체가 있는 것으로 가정하고 연구하려던 어색함에서 벗어나자 마음도 한결 가벼워졌다.

　박사과정의 시기를 다시 돌아보면, 매일 해야 할 공부와 상담 실습, 프로젝트 일이 벅차서 장기적인 계획을 세우거나 연구주제 탐색과 같은 고도화된 과정을 진행하기에는 어려움이 있었다. 단지 하루, 일주일, 한 달 단위로 시간을 계획하고 주어진 과제와 시험, 프로젝트 회의 준비 등 긴급한 일을 해 내면서 살았던 시기였다. 하지만 그러한 작은 노력들이 나도 모르는 사이에 전문성으로 쌓여 가고 있었던 것 같다.

　연구실에서 함께하는 프로젝트를 통해 연구 실행의 도구가 되는 방법론에 대한 전문성을 형성하고, 실제 내용적인 측면에서도 다양한 주제를 접할 수 있었다. 다양한 주제 중에 더 관심이 있고 내가 잘할 수 있는 부분이 무엇인지에 대한 고민을 이어 갔다. 기업상담에 대해서도 생각해 보고, 청소년 상담, 진로상담, 특수아 상담 영역이나 다문화 상담에 대해서도 생각해 볼 기회가 주어졌다. 수업과 프로젝트를 통한 자유로운 탐색의 과정이 도움이 되었다. 그런데 막상 박사학위논문을 고려하여 구체적인 영역을 선택하는 것은 쉽지 않았다. 전문상담교사의 역할에 대한 리뷰와 직무만족 척도에 대한 개관 등의 주제로 준비한 논문이 게재불가의 결과로 마무리되기도 하였고, 연구를 다시 시작할 수 없을 것 같다는 불안감으로 한동안은 학회지 논문 투고를 시도해 보지 못했던 시기도 있었다.

　여러 학기에 걸친 탐색을 통해, 결국 학업을 처음 시작하는 계기가 되었던 학교상담 영역, 그리고 학교상담의 인적자원을 그 대상으로 결정하였다. 새로운 영역에 발을 내딛지 못한 것 같은 아쉬움도 있었지만, 어느 영역 하나를 제대로 알아 가는 것이

크고 어려운 일이라는 생각에 익숙한 것을 낮설게 보려고 노력하였다. 연구주제의 선정 과정에서 도움이 되었던 것은, 다양한 시도를 가치 있게 여기는 연구실의 분위기와 개성을 지닌 학생들을 있는 그대로 바라보고 '인내'해 주시는 교수님의 수용성이었다. 그리고 각자에게 주어진 학업과 전일제 대학원생으로의 다양한 과업을 열심히 그리고 탁월하게 해 나가는 선후배와 동료 대학원생들의 모습이었다.

그러던 어느 해에 질적연구 교과목을 만나게 되었다. 현직교사에서 질적연구자로 진로를 전향한 교수님의 모습, 그리고 질적연구방법으로 수행된 여러 연구물을 접하면서, 내가 가진 세밀한 강점이 질적연구 수행 과정에서 긍정적으로 활용될 수 있겠다는 막연한 기대를 갖게 되었다. 지금 생각해 보면, 질적연구와의 만남은 전체 연구과정에서 참 중요한 전환점이 되었다.

2) 여러 대안 중 연구주제 정하기

Q: 연구주제를 선정할 때 가장 고민했고, 어려웠던 점은 무엇인가요? 다른 주제들 가운데 최종 연구주제를 결정한 이유는 무엇인가요?

연구주제를 선정할 때 가장 어려웠던 것은 연구하고 싶었던 주제와 현실적으로 구현 가능한 주제 사이의 불일치 문제였다. 내가 처음에 관심을 두었던 주제는 전문상담교사의 보다 적극적인 역할수행에 대한 내용이었다. 물론 그러한 적극적인 역할수행의 어려움을 알고 그에 대한 장애요인으로 주제를 초점화하기도 하였지만, 결론적으로는 시기상조였다. 이렇게 앞서갔던 이유는 전문상담교사가 학교상담의 중핵으로 자리 잡고, 일선 담임교사들의 상담에까지 영향을 미칠 수 있기를 기대하는 개인적인 생각이 가득했기 때문이었던 것 같다. 하지만 관련 문헌을 찾아보고, 학교 현장에 근무한 경험이 있거나 근무 중이었던 전문상담교사들과의 만남을 통해 전문상담교사가 학교 현장에서 더 큰 영향력을 발휘하고 슈퍼바이저급으로 성장하였다고 간주하기에는 어려운 상황임을 알게 되었다. 그리고 그보다 앞서서 전문상담교사의 적응 및 안정의 흐름을 보여 줄 수 있는 관련 문헌이 부족하다는 것도 알게 되었다. 한동안 애정을 갖고 공부하던 것을 내려놓고 다시 현장의 상황을 중립적으로 바라보려고 노력하는 것이 쉽지 않았다. 그리고 이 시기에 의연한 태도로 제자를 수용하셨던 교수님과의 대화(#2)를 통해 복잡한 생각들을 내려놓고 그냥 그 상황을 보자는 것으로 결론이 내려졌다.

　　한편, 학교상담과 진로상담이라는 두 영역에 대한 관심이 발전하면서 두 가지 영역에 관련된 주제를 함께 반영할 수 있을까에 대한 고민을 잠시 했었다. 그런데 결과적으로 전문상담교사의 직업 적응과정을 연구하면서 학교상담의 주체인 전문상담교사를 다룬다는 대상의 측면, 그리고 진로상담의 주요 이슈 중 하나인 직업 적응을 다룬다는 면에서 두 가지를 수렴하게 되었다. 그동안 성과를 내지 못했고 실패했다고 자기평가했던 시행착오의 내용들이 모두 엮여 비교적 빠른 시간에 최종 연구주제로 초점화할 수 있게 되었다. 시행착오를 거친다는 것은 당사자의 입장에서 꽤나 힘든 일이고 막연한 두려움을 갖게 하는 일이지만, 연구자에게 이러한 과정들이 모두 자신의 자산이 된다는 것을 박사학위논문 주제 선정 과정에서 알게 되었다. 이렇게 큰 깨달음에도 불구하고, 만약 다시 학위논문을 써야 하는 상황을 마주하게 된다면 그래도 조금 쉬운 길을 찾아보고 싶다.

　　결국, 연구주제의 선정은 개인의 전문상담교사 경험, 학교 현장의 현황 파악 결과, 관심 있던 연구 분야인 학교상담, 진로상담의 요소가 모두 융합된 결과물이었다.

3) 연구의 필요성에 대한 논리 만들기

　　연구의 필요성을 정리하는 과정은 얽힌 실타래를 풀어 가는 것 같다. 엄청나게 꼬여 있는 답답한 실타래 속에 그동안 공부했던 내용들이 뒤죽박죽 섞여 있는데, 이를 결에 따라 하나씩 풀어 나가고 매듭을 푸는 과정이라 생각한다. 그래서 결국 스스로 질문을 던지거나 선언하며 주요 아이디어를 구조화하고 이에 대한 답을 달아 가는 방식으로 내용을 정리하곤 했다. 초기의 아이디어를 필요성 및 목적의 글로 정리하기까지 10여 차례 이상 쓰고 다시 쓰는 과정이 반복되었다. 연구자가 글을 구성할 때 조직화하였던 질문의 내용과 그에 대한 답안의 일부 내용을 학위논문에 기초하여 제시하면 다음과 같다.

(1) 연구참여자에 대한 고민: 전문상담교사는 누구인가, 왜 이들에게 관심을 기울여야 하는가

전문상담교사는 상담자이자 교사이며 동시에 전문가임을 기대받는 학교상담의 중요한 인적자원이다(이현아, 이기학, 2009). 특히 전문상담교사는 기존의 교사를 학교상담인력으로 활용하는 방식 대신 '상담' 관련 전공자들을 임용 고시를 거쳐 정규직 교사로 채용하였다는 점에서 의미를 지닌다. 이들이 학교에 안정적으로 정착하고 적응해 나가는 것은 전문상담교사 개인의 진로 발달뿐만 아니라 학생의 정서 안정을 지원하고 학교상담의 활성화를 위한 초석이 된다는 면에서 중요성을 지닌다.

(2) 연구참여자와 관련된 쟁점(issue)은 무엇인가

2005년 9월, 전문상담교사가 학교에 배치되기 시작한 이후로, 전문상담교사들이 학교 현장에 안정적으로 적응해 나가고 있는가에 대해서는 우려의 목소리가 높다. 전문상담교사의 직업 적응을 둘러싼 주요 논란은 다음과 같다. 첫째, 전문상담교사의 직무만족도에 대해 서로 다른 결과들(금명자, 정경미, 이미숙, 2009; 이현아, 이기학, 2009; 조영희, 허승희, 2007; 최상근, 2011)이 나타나고 있다. 둘째, 학교 현장의 많은 전문상담교사가 소진을 경험하고 있다(박근영, 임은미, 2014; 서문희, 2011; 서지영, 2011). 셋째, 전문상담교사에 대한 인지도 및 전문상담교사의 역할 수행에 대한 인식이 낮은 편이다(배인수, 이윤주, 2012; 이성혜, 2009; 진해영, 2007). 넷째, 전문상담교사의 전문성을 둘러싼 논란이 지속되고 있다. 전문상담교사가 전문상담사, 임상심리사, 사회복지사 등 학교 내의 다른 전문 인력과는 달리 자신의 전문적 역량을 확신하지 못하고 있다는 결과(최상근, 2011)는 전문상담교사의 지위를 위협할 만한 사안이라 생각된다.

(3) 발견한 쟁점 중에서 상담학에서 탐색이 필요한 학술적 주제는 무엇인가

전문상담교사의 역할 안정, 주변 관련자의 인식, 직업 적응의 주제는 '직무만족', '소진', '직무충족', 그리고 '전문성' 등에 대한 논의를 다루는 직업 적응 이론(Theory of Work Adjustment: TWA)(Dawis & Lofquist, 1984)을 기초로 연구할 수 있다. 구체적으로는 만족(satisfaction)과 충족(satisfactoriness)의 개념과 관련되어 있다. 즉, 낮은 직무만족과 높은 소진에 대한 내용은 전문상담교사 각 개인의 관점에서 직업 적응에 어려움을 느끼고 있음을 반영하는 내용이며, 낮은 직무충족과 낮은 전문성에 대한 내용은 학교상담 수요자인 조직과 환경의 관점을 반영하는 내용이다. 이때 개인과 환경은 서로 조화를 이루려는 기본 동기가 있고 이를 통해 개인의 관점에서 만족, 조직의 관점에서 충족을 이루어 가려고 노력한다는 것이 직업 적응 이론의 기본 관점이다.

하지만 이와 같은 직업 적응 이론의 적용을 통해 전문상담교사의 직업 적응을 설명할 수 있을지에 대해서는 명확한 답을 내릴 수 없다. 전문상담교사라는 새로운 직업

군이 등장한 이후로 전문상담교사의 직업 적응과정을 실제적이고 종합적으로 탐색한 예가 많지 않고, 이를 직업 적응 이론에 견주어 살펴본 예 역시 찾아보기 힘든 상황이기 때문이다. 또한 전문상담교사의 직업 적응을 이해하기 위해서 전문상담교사의 직무를 구성하는, 상담자와 교사로서의 역할에 대한 이해가 필요한데, 전문상담교사의 직업 적응이 상담자 또는 교사의 직업 적응과정을 설명하는 기존의 이론과 어떠한 공통점, 차이점을 지니는지 파악하기 어렵다.

(4) 선행연구 흐름에서 연구 필요성을 다시 점검하다

전문상담교사라는 인적 자원과 학교상담에 대한 중요성을 고려하여 학계와 교육행정가, 그리고 전문상담교사 집단 자체적으로 다각적인 연구와 노력을 기울인 바 있다(김인규, 2009; 김혜숙, 이기학, 2012; 이지희, 김희대, 이상민, 2012). 하지만 선행연구의 대부분은 제도의 정착을 위한 역할의 명확화와 학교상담의 모형구축, 제도의 발전 방향 등 기반 마련의 측면과 제도 시행의 효과, 실효성에 대한 평가가 주를 이루었고, 최근 들어 전문상담교사라는 인적 자원 자체에 대한 관심으로 개인의 경험을 살펴본 연구들이 일부 이루어졌다. 하지만 지금까지 이루어진 선행연구들을 통하여 전문상담교사의 직업적 적응의 과정을 이해할 수 있는 경험적 모델을 형성하거나 관련 변인을 종합적으로 파악하기에는 제한점이 있다. 또한 학교상담의 출발점이 일선 학교임을 고려할 때 학교의 체제적, 맥락적 특성을 함께 고려한 직업 적응의 관점을 도출하기에는 제한점이 있다.

(5) 결국 사람에게서 직접 자료를 찾아야 할 필요성을 확인하고 연구를 진행하다

앞서 기술한 일련의 탐색 과정을 거쳐 이 연구에서는 전문상담교사의 경험 자체에 관심을 두고 전문상담교사 개개인의 이야기를 직접 듣는 방식을 통해 전문상담교사의 직업 적응과정을 설명하는 초기 이론을 구축하고자 하였다.

Q: 연구문제를 어떻게 구체화했나요? 연구문제와 방법론을 어떻게 연결시켜 봤나요?

연구주제를 선정한 후 연구문제를 설정하는 과정에서는 다음과 같은 흐름을 따랐다.

첫째, 내가 궁금하게 여기는 것을 구체화하였다. 전문상담교사의 직업 적응을 살펴보겠다는 것과 전문상담교사에게 직접 이야기를 듣겠다는 것을 결정하였지만 그중에서 누구에게 어떤 시기의 이야기를 들을 것인가, 어떤 장면을 떠올리게 할 것인가에 대한 구체화가 필요했다. (연구 수행 당시에) 지금은 여전히 초기 단계라고 할 수 있고, 학교 내에서 새로운 직업군인 이들에 대한 이해가 부족하니, 전문상담교사로 시작하기 이전부터, 현재에 이르는 시점까지를 다루는 것으로 결정하였다.

둘째, 이 연구에서 드러낼 최종 결과를 상상하였다. 그렇다면 결과물은 어떤 모습으로 드러나게 될 것인가? 글로 표현한다면, 시각화한다면 어떤 결과가 나올 것인가? 연구 대상에 대해서 일정 수 이상의 면담을 통해 질적 자료를 구축할 필요가 있다. 그리고 이들의 적응 경험을 나타내되, 시간적/시기적 흐름에 따른 일련의 '과정'이 표현되어야 한다. 마지막으로, 이들의 직업 적응과정을 설명할 초기 이론의 탐색을 초점으로 한다. 이러한 고민의 과정은 이후에 소개될 연구방법론 선정 과정과 연결된다.

셋째, 연구의 모델을 찾아보았다. 머릿속에서 구체화된 목표와 예상 결과를 떠올린 후, 상담학 영역과 질적연구라는 공통점을 가진 최근 연구물들을 살펴보기 시작하였다. 또한 같은 대학원을 졸업한 선배들의 논문을 살펴보면서 지금의 연구주제와 연구 설계가 박사학위의 논문 주제로 적절한지, 그리고 전공의 교수님들과 심사위원단에게 수용될 수 있을지 생각해 보았다. 또한 질적연구를 통하여 일련의 과정을 탐색한 몇 편의 선행연구를 찾았고 각 연구에서 궁금히 여기던 주제를 어떻게 연구해 나갔는지를 살펴보았다. 이러한 과정을 통해 앞서 떠올렸던 선택지 중에서 Strauss와 Corbin(1990, 1998)의 근거이론이 가장 적합도가 높은 방법임을 알게 되었다.

Strauss와 Corbin의 방법은 체계를 중시하면서 과정적 관점을 살릴 수 있는 패러다임 모형의 제시가 매력적이다. 시간적 고려를 통해 일련의 과정과 영향요인을 확인하고, 개인의 맥락과 체제의 맥락을 함께 보여 줄 수 있다. 그리고 이러한 방법론은 전공 내에서 이미 연구된 사례가 있기 때문에, 과학적이고 체계적인 연구 절차를 중시하는 교육상담 전공의 교수님들에게 수용될 수 있겠다는 생각을 하게 되었다. 마지막 검증은, Strauss와 Corbin의 근거이론 방법론을 활용하여 박사학위논문을 작성한 선배와의 만남이다. 지금 내가 가지고 있는 연구질문을 이 방법론으로 구현해 낼 수 있는지, 해당 주제가 적절한지에 대한 자문을 하고, 대략적인 연구 소요 기간, 작업 강도, 유의할 점 등에 대해 조언을 들었다. '정말 할 수 있는 일인가?'에 대한 확인을 받는 시간이었다. 그리고 어느 정도의 가능성을 확인하였다.

넷째, 연구방법을 확정하고 방법론에 대해 깊이 알아보았다. 연구의 초점과 연구방법이 확정되고 나니, 근거이론만의 고유한 연구문제 작성 유형이 보였다. Strauss와 Corbin(1990, 1998)의 근거이론에서 사용하는 독특한 연구문제 기술 방식을 모델링하였다. 그리고 다른 질적연구방법에서 기술한 연구문제 기술방식과 대조하여 차별적인 특징을 발견하였다. 바로 '～과정은 어떠한가' 그리고 '～과정에 영향을 미치는 요인은 무엇인가'이다.

이러한 과정에 따라 다음과 같은 연구문제가 설정되었다.

첫째, '전문상담교사의 직업 적응과정은 어떠한가'

둘째, '전문상담교사 직업 적응과정에 영향을 미치는 요인은 무엇인가'

2. 방법론 정하고 공부하기

1) 적용한 연구방법론에 대한 소개

Q: 적용해 보려고 고민한 방법론에는 어떤 것이 있나요? 대안 중에서 선택한 이유는?

전문상담교사들이 경험하는 실제 현상을 들여다봐야 한다는 필요성을 생각한 후에 몇 가지 방법론에 대해 고민했다. 크게는 질적연구방법론의 범위 내에서 탐색을 했다. 먼저, 현상학, 합의적 질적연구(CQR), 내러티브 등을 떠올려 보았다. '현상학, 내러티브 등은 더 자유롭고 해석적인 관점이 강한데 일선 학교 교사들과의 만남을 더 깊게 들여다볼 수 있을까', '내가 참여자의 생활 속에 들어가서 오랜 기간 관찰하고, 함께 경험하는 일을 하고 나서 연구해야 하지 않을까', 그리고 '연구결과를 어떠한 이론이나 틀에 비추어 해석해 나갈 것인가에 대해 답할 수 있는가' 등의 질문을 떠올리고 스스로 답해 보았다.

합의적 질적연구의 경우에는 '여러 연구자의 합의'라는 관점이 보다 체계적이고 합리적인 것처럼 인식되었지만 어떠한 것을 초점으로 보아야 할지, 즉 A를 중심으로 보자니 B가 아쉽고, 전체적인 그림이 없는 상태에서 특정 장면, 상황, 문제를 중심으로 접근하기에 아쉬움이 있었다. 그리고 동등한 힘을 가진 상태에서 방대한 박사학위논문의 연구 자료를 1년여 시간 동안 함께 살펴 줄 합의자를 구하는 일은 꽤나 부담이 되었다. 주변의 동료와 선후배는 모두 바쁜 삶을 살고 있는 것처럼 보였기 때문이다.

이쯤에서 다시 내가 보려고 하는 것을 되새겨보았다. 안 되는 것들을 제외하는 과정 대신, 내가 하려는 것을 잘 드러내는 주도적 선택을 하려는 생각 때문이었다. 과정을 살펴본다는 것, 그러한 과정을 설명해 줄 수 있는 여러 요인을 보고 싶은 것, 그리고 개인적 차원뿐만 아니라 한 사람의 적응에 영향을 미치는 체제를 함께 살펴보고 싶은 것을 떠올렸다.

생애사와 근거이론의 몇 가지 세부 유형을 탐색했다. 소수의 사람들을 만나는 것보다는 학교 현장에 배치된 전문상담교사 중에 일정 수 이상을 만나서 이들의 서로 다른 경험을 어느 정도 통합하는 '어떤 기준이 되는 설명'을 남겨야 할 필요성을 생각하게 되었다. 이러한 과정에서 근거이론이 남게 되었다. 그리고 근거이론의 관점 중에 실증(객관)주의적, 구성(주관)주의적 근거이론[4]의 특성을 탐독하였다. 결국 연구자가 관심 있는 주제를 구현하기에는 상징적 상호작용론과 실용주의 관점에 기초한 Strauss와 Corbin(1990, 1998)의 근거이론이 가장 적합하다고 결론을 내렸다. 이를 변기용(2020)의 저서에서는 약한 구성주의 관점이라 표현하기도 한다. 그리고 이러한 결정은 한편으로 소속 학교와 전공 교수님들의 연구 성향을 고려한 과정이기도 하였다. 즉, 받아들여질 만한 것인가에 대한 고민을 포함한 선택이었다. 이러한 탐색의 과정에서 만난 근거이론은 무척 어렵고 복잡해 보였지만, 내가 보고자 하는 일련의 과정을 파악하는 데 최적화된 방법이라 생각했다.

결론적으로, '전문상담교사의 진로발달, 학교상담자로서의 적응에 대해 설명할 수 있고 이들이 살아가는 학교의 독특한 맥락/체계를 함께 보여 줄 수 있다'는 매력에 기초하여, 그리고 이를 초기 이론, 실체 이론으로 정리할 수 있다는 체계성과 구성주의적 관점에 가치를 두고 Strauss와 Corbin(1990, 1998)의 근거이론을 선택하였다. 근거이론(grounded theory)은 그 별칭이 뿌리이론이라 불리는 것으로 새로운 것을 만들어 내는 질적연구 중에서 상대적으로 체계적인 구조를 가진 연구방법이다.

---

4) 변기용(2020)의 저서에서는 Glaser, 기노시타, Strauss & Corbin, Charmaz의 네 가지로 근거이론을 구분하여 설명한다.

| note | 근거이론방법론(Corbin & Strauss, 2014/2019)

근거이론은 자료에 근거한 이론을 구축하기 위한 목적을 가지고 있는 질적연구의 한 형태이다. 근거이론의 시작은 Glaser와 Strauss(1967)의 『The Discovery of Grounded Theory』에 기초한다. 근거이론은 다음과 같은 특징을 지닌다. 첫째, 연구과정에서 수집된 자료로부터 '이론'을 구축한다. 따라서 방법론의 이름에 '이론'이라는 핵심어를 포함한다. 둘째, 근거이론은 경험에 대한 '설명'을 제공한다. 즉, 근거이론의 연구를 통해 특정한 상황을 설명하고 영향을 주고받으며, 이러한 과정에서 획득한 지식은 다시 근거이론을 발전시킨다. 셋째, 일반적인 이론의 범위를 벗어나 실제적인 이론을 개발하기 위한 목적으로 사용이 가능하다. 그리고 근거이론의 연구결과는 향후에 정량적인 관점에서 연구를 실시하는 기초자료를 제공할 수 있다.

대학원에서 학업을 하고 '연구'에 대해 알아 가면서, 인문학, 사회과학에서의 연구는 자연과학, 공학에서의 연구와 다른 맥락이 있다는 생각을 하게 되었다. 즉, 실험실이라는 비교적 명확한 통제 상황에서 연구하거나 사회에서 쓸모가 있는 결과를 만들어 내는 방식이 아니라, 기존의 선행연구를 바탕으로 변인 사이의 관계를 탐색하거나 문헌을 고찰하는 등 2차 자료를 활용하는 경우가 상대적으로 많다고 생각했기 때문이다. 솔직히 이야기하면 사회과학에서의 연구가 창의적이지 않다는 생각이었다.

하지만 근거이론은 달랐다. 무(無)에서 유(有)를 만들어 내야 하는 그야말로 창조의 과정을 거치는 것으로 이해되었다. 그리고 곧 이러한 매력이 가장 큰 어려움을 야기한다는 것을 절실히 깨달아 가는 과정이 시작되었다.

Q: 내가 선택한 방법론이 얼마나 할 만한 것인가?

"근거이론의 방법이 할 만한 것인가?"에 자신 있게 "예"라고 답하기는 어렵다. 다만, 박사학위논문을 작성한 이후에 근거이론의 방법을 활용한 새로운 연구를 진행하였고, 원고를 작성하고 있는 시점에도 근거이론적 접근을 활용하여 자료를 분석하고 있는 나의 모습을 생각해 보면, 조심스럽게 "예"라는 응답이 가능할 것 같다. 연구자로서 경험한 근거이론에는 다음과 같은 매력이 있다.

첫째, 연구자가 살펴보고자 하는 특정 주제를 '과정적' 관점에서 조망할 수 있다. 따라서 인터뷰를 진행하는 인터뷰어(interviewer)도, 그리고 연구에 참여하는 인터뷰이(interviewee)도 조망, 성찰의 기회를 가질 수 있다. 특히 인터뷰이는 "자신의 삶을 정리할 수 있었다.", "지난 몇 년의 시간을 회고할 수 있었다.", "막상 지금의 목표를 달성한 이후에 앞으로 어떻게 지내야 할지 막막했는데, 내가 앞으로 어떻게 살지 생각해 볼 기회가 되었다.", "새로운 관점이 생겼다."라는 이야기를 하게 된 경우가 많았다. 그리고 이러한 성찰과 피드백은 연구자가 힘든 연구과정을 이길 수 있도록 돕는 최고의 선물이기도 하였다. 즉, 연구의 과정 자체가 성장의 기회가 되었다.

둘째, 가까이 들여다보고, 조금 떨어져서 큰 그림을 그려 보는 과정을 반복하는 연구과정을 깊게 경험하고 나면, 다른 질적연구 수행에 자신감을 얻을 수 있었다. 방대한 자료를 범주화해 나가고, 과정과 조건, 상호작용의 관점에서 살펴보는 고통스러운 과정을 거치고 나니 질적연구에 대한 이해도 높아지고, 보다 적은 자료, 일부를 깊게 살펴보는 연구방법에 대해서도 약간의 자신감이 생겼다.

| note | 근거이론의 주요 용어 파악하기

- 이론적 민감성(theoretical sensitivity): 연구자의 통찰력, 의미부여와 이해능력, 관련이 있는 것과 없는 것을 구분해 낼 수 있는 능력(Strauss & Corbin, 1998)과 같은 개인적 자질로서 수집된 자료의 미묘한 뉘앙스와 의미를 지각하고 구분할 수 있는 능력(박승민 외, 2012)을 일컬음. 연구자의 학습이나 경험에 따라 달라짐
- 지속적 비교 방법(constant comparative method): 자료수집에 따라 도출한 정보들을 유사점과 차이점의 관점에서 서로 다른 자료들과 비교하고 범주화시키는 과정
- 이론적 표집/이론적 표본 추출(theoretical sampling): 해당 연구의 목표에 기초하여 분석을 진행하고 범주 및 관계를 설명하기 위하여 자료를 수집하는 것. 개념의 속성과 차원을 기반으로 한 표집(Corbin & Strauss, 2014/2019)을 일컬음
- 포화(saturate): 일반적으로는 '더 이상 새로운 개념이 만들어지지 않는 시점'을 의미함
- 이론적 포화: 개념의 도출 과정에서, 특별한 범주에 적절한 최종적 자료생성이나 수집에서 새로운 코드가 더 이상 나오지 않을 때, 해당 범주가 모든 하위범주와 이들의 속성 및 차원들이 명백하게 연결되고 통합되는 지점까지 개념적으로 잘 발전되었을 때를 가리킴 (Strauss & Corbin, 1990). 특정 범주와 관련하여 더 이상 새로운 코드가 나타나지 않는 상

황(Birks & Mills, 2015/2015)

- 코딩(coding): 자료를 나타내기 위한 개념을 표시한 것. 개념이 자료의 해석된 의미를 나타내도록 설명하는 것(Corbin & Strauss, 2014/2019)
- 개방코딩(open coding): 원 자료의 해석된 의미를 설명하기 위해 자료를 분해하고 개념에 대한 윤곽을 기술하는 것(Corbin & Strauss, 2014/2019). 원자료를 통해 개념(concept)을 발견하고 이름을 붙이며, 유사하거나 의미상 관련되어 있다고 여겨지는 개념들을 하위범주(subcategory)로 묶은 후 범주(category)화하는 과정(박승민 외, 2012)
- 축코딩(axial coding): 범주들 사이에 서로 연합관계를 만들면서, 개방코딩 후에 새로운 방식으로 자료가 다시 조합되는 것에 대한 일련의 절차(Strauss & Corbin, 1998)
- 선택코딩(selective coding): 범주를 통합시키고 정련화시키는 과정으로, 분석의 차원을 이론으로까지 발전시키는 과정(Strauss & Corbin, 1998)
- 삼각검증(triangulation): 연구나 평가결과의 타당성을 향상시키기 위한 전략으로, 다양한 측면의 자료수집과 다양한 자료의 활용, 둘 이상의 연구진을 형성함으로써 한 사람의 연구자가 가진 편견의 영향력을 줄이고 연구에서 발견된 사실을 중립적으로 확인하는 것(박승민 외, 2012)

2) 연구 진행 과정

Q: 이 연구방법으로 연구를 진행하는 과정에서 특히 유의할 점은 무엇인가요? 어려웠던 부분과 이겨 낸 방법은 무엇인가요?

첫째, 질적연구에서 연구대상을 '참여자'로 부르는데, 현재 연구에서 관심을 두고 있는 이야기의 '주인공'이라고 표현할 수 있다. 그런데 이러한 주인공을 찾고 연구에 초대하는 과정이 가장 어려웠다. 이론적 표본 추출에 따라 참여자를 찾아갈 때, 결국은 한 사람, 한 사람씩을 확보해 가며 그다음에 누가 참여해 줄 수 있을까라는 걱정 속에 지냈던 것 같다. 마음 한 켠에는 현재 연구를 통해 전문상담교사 집단에 대한 관심을 촉구하고, 집단을 대변해 줄 수 있지 않을까 하는 작은 의의를 떠올려 보기도 하였지만, 실제적인 보상이 뒤따르지 않는 연구에 관심을 기울이고 시간을 내주는 참여자를 찾는 것은 예전이나 지금이나 쉽지 않다. 무작정 다른 대학의 교수님께 연락을 드려 보기도 하고, Wee 특임센터 담당자에게 연락을 해 보기도 하였지만, 거절을 당하는 경우가 더 많았다. 한 명의 참여자를 만나기 위해 장거리 운전을 하고, 하루를 온전히 소비하는 과정은 효율적이지 않았고, 참여자를 만나고 돌아오는 길에 운전대를 잡고 떠오르는 생각들을 녹음했던 과정들도 쉽지 않았다. 하지만 다른 요령이나 네트워크가 없는 연구자에게는 그 방법이 최선이었다.

이러한 일련의 과정을 거쳐, 더 이상 새로운 이야기가 도출되지 않는 포화의 시점에 이르렀을 때, 참 감격스러웠다. 이러한 과정에서 연구는 혼자 할 수 없음을 알게 되었고, 다른 이득이 없음에도 불구하고 연구에 관심을 보여 준 순수한 열정을 지닌 사람들이 있음에 감사했다.

둘째, 내가 앞서지도 않아야 하고, 뒤처지지도 않아야 하는 '적절함'을 유지하는 것이 어려웠다. 이는 다양한 의미를 지니는데, 먼저 내가 알고 있는 선이해, 나의 생각의 틀이 없으면 현상을 이해할 수 없고, 내가 선이해를 너무 앞세우면 참여자의 이야기를 있는 그대로 받아들이기 어렵다는 것을 포함한다. 연구자 역시 전문상담교사로 생활한 경험이 있지만, 이는 연구참여자들이 경험한 것과 같기도 다르기도 한 것이다. 참여자의 이야기를 스스로 알고 있다고 생각해 버리면, 그들의 삶의 이야기가 전혀 궁금하지 않고, 말하지 않아도 서로 알고 있는 것처럼 생각되는 착각의 상태에 쉽게 다다른다. 이와 다르게, 학교상담 현장을 전혀 모르거나, 전문상담교사 경험이 전혀 없는 상태에서 연구를 하였다면, 참여자들의 경험에 대한 이해도는 더욱 낮을 것이다. 이론을 형성하기 위한 세밀함, 민감함을 유지하면서 탐색의 결과를 내가 아닌 참여자에게서 이끌어 내려는 노력은 양립하기 어려운 모순적인 과정처럼 느껴졌다. 그러다 보니 항상 나의 머릿속을 점검하는 '성찰', '초인지', '메타인지'가 작동했던 것 같다.

셋째, 생각의 끊임없음과 메모의 힘을 알게 되었다. 근거이론의 연구과정에서는 생각이 끊이지 않는 상태를 계속 경험하게 되었다. 한 사람 한 사람의 삶에 들어갔다 나오면, 이들 각자를 이해해 보려는 생각과, 이를 내가 알고 있던 바와 연결시키는 생각, 선행연구, 관련 문헌과 연결시키는 생각, 서로 다른 참여자들의 이야기를 연결시키는 생각들이 기하급수적으로 증가한다. 단순한 더하기의 과정이 아니라 곱하기 또는 제곱의 과정이었다. 참여자를 만나며 메모를 남기지만, 운전대를 잡은 상태에서 생각이 떠오르면 그 생각을 놓칠세라 갓길에 차를 세우기도 하였다. 생각이 너무 많고 글로 남기는 속도가 채 따라오지 못할까 싶으면, 녹음기를 틀어 두고, 스쳐가는 생각들을 모조리 다시 녹음하기도 하였다. 자다가 문득 떠오르는 생각은 어느 한 곳에 적어 두어야만 다시 잠을 이룰 수 있었다. 근거이론의 방법을 활용하여 논문을 작성하면서 이러한 경험을 한다면 너무 놀라지 말고, 자신만의 방법으로 생각들을 구조화하여야 한다. 그리고 메모해 둔 생각은 사라지지 않기에 메모를 쉬지 않는 것이 중요했다.

넷째, 모든 것을 다 취할 수 없었다. 연구자가 어렵게 수집하고 분석한 자료에 대한 애착은 상상을 초월한다. 그런데 이러한 애착이 '버리지 못하는' 상태를 야기한다. 방대한 면담 자료를 모아서 분석을 실시하고 나면, 각각의 코딩된 범주, 개념들이 너무도 소중하게 느껴진다. 예를 들어, 15명을 만나고 각 참여자에게 평균 100개의 개념이 도출되면 1,500개의 개념에서 자료를 요약하고 범주화하고 정리하는 것이다. 때로는 너무 좋은 재료들을 많이 찾아낸 또는 길러 낸 요리사이자 농부가 된 것 같다. 그런데 문제는 여기에서 시작된다. 어렵고 힘들게 연구했다고 생각하니 어느 것 하나 버릴 수 없고, 내가 계속 그 자료 속에 빠져 있다 보니 어떤 이야기가 더 중요한지 판단하기 어렵다. 특히 근거이론에서는 참여자의 숫자를 세거나, 빈도를 기초로 더 중요하거나 덜 중요하다는 판단을 하지 않기 때문에 분석한 자료의 경중을 따지는 세세한 의사결정이 몇 천 번, 몇 만 번 일어나는 것 같다. 수많은 의사결정의 과정을 통해 도출된 자료들을 다 버리지 못하면 이를 모두 넣어 일상적인 연구물보다 2~3배 많은 결과를 담게 되고, 결국에는 정돈되지 못한 결과를 양산하게 된다. 애써서 모은 자료이지만 그럼에도 버려야 한다. 버려야 초점이 부각될 수 있다.

다섯째, 박사학위를 받은 사람은 연구의 결과로 학위를 받는 것처럼 보이지만, 한편으로는 박사학위논문 심사의 과정을 잘 거쳤기 때문에 학위를 받는 것이라는 말을 실감했다. 특히 질적연구에서는 연구자의 주관성이 많이 개입될 수 있고, 각각의 심사위원이 바라보는 관점 역시 서로 다를 수 있다. 결국 이러한 다양한 인식의 허용은 심사 후에도 결과가 안정되지 않는, 갈수록 더 모호해지거나, 다시 원자료로 회귀해야 하는 수많은 순환의 과정을 가져온다. 이러한 상황을 마주할 때, 너무 당황하지 않고, 마음을 가다듬으며 끝까지 집중하는 것이 중요하다.

이 연구의 주요 흐름을 제시하면 다음과 같다.

• **연구주제 선정: 전문상담교사의 직업 적응과정 연구**

• **문헌고찰 후 연구문제 수립**
• **예비면담 실시 및 연구의 방향성 정립**
• **생명윤리심의위원회(IRB) 심사 및 승인**

연구 계획 및 연구참여자 선정 기준 마련

[연구 계획]

• 면담 질문 구성 및 타당성 확인
• 연구 절차 계획 확정
• 연구주제와 연구방법에 대한 심화학습

[참여자 선정 기준 마련]

• 전문상담교사 집단의 인적 특성 파악 및 연구참여자 선정 기준 마련
  - 슈퍼바이저급 전문가의 추천과 자발적인 지원
  - 학교에서의 전문상담교사 경력 만 2년 이상
  - 주관적인 만족도 70% 내외
  - 단, 전직교사는 제외
• 비교집단 참여자 선정 기준 마련
  - 전직교사, 전문상담사 등 참여자와 다른 특성을 지닌 학교상담인력

참여자 선정 및 자료수집

• 연구참여자 선정 및 자료 수집 과정 진행
  - 소수의 참여자를 시작으로 재추천, 전문가의 추천 등
• 연구 동의서 작성
• 개별 면담 실시 및 면담 내용 녹음
  - 각 회기당 1시간~2시간 30분, 1~2회
• 연구자 메모 및 기타 참고 자료 수집

자료분석

• 면담 내용을 축어록으로 전사하고 분석
• 개방코딩: 원자료로부터 개념, 하위범주, 범주 도출
• 축코딩: 연구자가 보고자 하는 '과정'을 발견 또는 도출
• 선택코딩: 연구주제와 연결된 핵심범주를 밝혀내고 적용과정 정리

결과 및 논의

• 전문상담교사의 직업 적응과정에 대한 이론적 모형 제시
• 전문상담교사의 직업 적응과정에 영향을 준 요소 추출
• 연구의 타당성 검증
• 결과 및 논의 작성

연구의 주요 진행과정을 설명하고, 각 과정에서 연구자가 어려움을 경험했던 부분이나 유의할 사항을 함께 제시하였다. 먼저, 연구참여자에 대한 내용이다.

(1) 누구를 만날 것인가

① 연구참여자 선정 기준 마련하기

연구참여자 선정 기준은 연구자의 주관에 근거하기보다, 선행연구에서의 선정 기준을 참고하는 등 이론적 기준을 찾아보려는 노력을 하였다. 이를 위해 문헌고찰과 현장의 이야기를 듣는 과정을 진행하였으며, 결과적으로 슈퍼바이저급 전문가의 추천 또는 자발적인 지원을 기본으로, 전문상담교사 경력 만 2년 이상, 직업에 대한 만족도 70% 내외라는 기준을 마련하였다. 또한 참여자에 대한 연구자의 관점을 초점화하기 위해 전직[5]의 과정을 거쳐 전문상담교사로 임용된 경우와 비정규직 인력인 전문상담사 등의 학교상담자들을 비교군으로서 함께 면담할 계획을 수립하였다.

선정 기준 설정에서 고려한 사항은 다음과 같다. 근무경력 만 2년 이상의 기준은 일반적인 진로상담 과정에서 한 가지 경력의 인정 범위를 최소 2년으로 한다는 점과 교직사회에서 일반적인 신임교사의 경력을 2년으로 한다는 점(강완, 장윤영, 정선혜, 2011; 박은미, 2012)을 고려할 때, 교직 경력 2년 이상인 전문상담교사의 경우 자신의 교직 생활에 대해 일정 수준의 '경험'을 한 것으로 평가할 수 있다고 판단하였다. 만족도 70% 내외의 기준은 단일 문항을 통해 직무만족을 측정한 장재윤(2010), 홍수지, 장재윤, 김근영(2012)의 연구에서 성인 남녀 400명의 직무만족 평균이 2.60(4점 만점)으로, 70% 내외 기준이 평균 이상의 직무만족을 측정하는 기준점수가 된다고 간주한 것을 반영하였다.

│ **note** │ 연구참여자 선정 기준

> 연구참여자 선정 기준을 사전에 구체화하는 것은 생각보다 중요한 일이다. 누군가에게 참여자를 추천해 달라고 하더라도 내 머릿속에 있는 기준을 막연하게 설명하는 것은 효과적이지 않고 '연구'에 적절하지도 않다. 따라서 연구참여자 선정 기준을 명확하게 작성한 후 일목요연하게 정리한 모집글을 가지고 다니거나, 모집안내문을 캡처한 사진을 가지고 다니며 만나는 사람들에게 부탁하는 과정도 함께 진행하였다.

---

5) 직업이나 직무를 바꾸어 옮김. 공무원의 직렬을 변경하여 임명함.

② **연구참여자 선정 과정**

연구 진행 초기에 가장 큰 어려움을 겪었던 부분이 연구참여자를 만나는 것이었다. 연구자의 예상과 달리 선정 기준에 부합하는 참여자를 만나는 과정이 그리 쉽지 않았고 막상 선정 기준에 부합하더라도 학교 현장의 시기적 특성, 업무의 분주함으로 면담에 필요한 시간을 내주지 못하는 경우도 있었다. 따라서 면담에 참여할 충분한 인원의 참여자를 미리 확보하지 못하고, 소수의 참여자에 대한 면담을 진행하면서 동시에 다음의 참여자를 선정하는 과정을 병행하는 방식으로 연구를 진행하였다.

예비 면담의 경우 추천 및 자원의 방식으로 참여자가 선정되었으며 본면담의 경우 전문상담교사의 재추천, 슈퍼바이저급 전문가의 추천, 상담 업무 담당 부장교사의 추천 등의 방식으로 참여자가 선정되었다. 연구의 진행 과정에서 성별, 지역 분포, 공립과 사립의 구분, 연령 등의 요인을 고려한 의도적 표집을 염두에 두었으나 결과적으로 일부의 요인에 대해서는 연구자의 의도에 부합한 참여자들을 확보하는 데 어려움이 있었다. 이런 경우에는 이미 선정한 기준에의 부합도를 우선순위에 두고 참여자를 확보하였다. 또한 본면담의 진행 과정에서 본연구의 대상자와 공통점 및 차이점을 가진 비교군을 함께 면담함으로써 지속적 비교를 심화하고 이론적 민감성을 확보하기 위해 노력하였다.

본면담 진행 과정에서 면담에 반드시 포함시켜야 할 특성을 지닌 참여자를 누락시켰는지의 여부를 점검하고자, 학교상담 영역 및 전문상담교사 관련 연구를 실시하고 관련 제도의 정책 수립에 영향력이 있는 교수 1인에게 참여자에 대한 정보를 송부하여 표집의 적절성에 대해 피드백을 받았다. 자문 결과, 참여자의 연령 분포에서 20대가 누락되어 있고, 비교군의 경우 고연령 교사들이 주로 포함되어 있으며, 만족도가 낮은 참여자의 경우도 살펴보는 것이 적응과정을 이해하는 데 도움이 될 것이라는 피드백을 받았다. 피드백의 내용 중 이 연구에 적용할 필요가 있다고 판단되는 기준을 고려하여 이후의 참여자 선정 과정에 반영하고자 노력하였으나 결과적으로 20대의 연령이면서 참여사 선성 기준에 해당하는 경우를 찾기 어려웠다. 본면담의 과정에서 참여자의 선정 및 면담, 그리고 자료의 분석이 동시에 진행되며 더 이상 새로운 정보가 도출되지 않는 시점을 기준으로 면담을 종료하였다. 다만, 본면담 이후에 앞서 실시한 자문의 내용을 최대한 반영하기 위해 연구의 적용가능성(applicability) 평가 과정에 다양한 연령의 참여자와 직무 만족도가 낮은 참여자를 포함하기 위해 노력하였다.

| note | 연구자료를 수집하는 '현장'에 대한 고려

필자 역시 학교에 근무한 경험이 있지만, 학교는 늘 바쁘다. 그럼에도 교사들에게 상대적으로 더 분주하고 덜 분주한 기간이 있는데, 예를 들어 3월 학기 초에 자료를 수집하려는 계획은 실패할 확률이 높다. 또한 중ㆍ고등학교에서 교사들이 평가 문항을 개발해야 하는 시기, 생활기록부 작성 등의 업무가 분주한 시기, 그리고 일반 교사의 경우에 방학 기간은 참여가 어렵다는 점 등 다양한 맥락을 생각해 볼 수 있다. 단, 필자의 연구참여자인 전문상담교사의 경우, 방학 기간에 학교에 근무하는 일정들이 있어 방학 동안의 자료수집이 상대적으로 수월했으며 평가의 기간에도 다른 양상이 있었다. 이러한 현장에 대한 고려는 특히 질적연구의 수행 과정에서는 필수적이다. 연구의 질(quality)이 참여자와의 면담에 따라 크게 달라지기 때문이다.

③ 최종 연구참여자 특성

연구참여자 선정에 대한 이론적 표본 추출의 원칙을 고려하고, 자료 수집 중지 시점 결정 시 이론적 포화에 대해 고려한 결과, 최종적으로 15명이 연구에 참여하였다. 질적연구는 소수의 특징적인 참여자가 참여하기 때문에 참여자의 익명성이 보장되기 어려울 수 있다는 점을 고려하여, 연구에서 제시될 배경정보의 범위를 연구참여자에게 확인하는 과정을 진행하였고, 회신 의견을 반영하였다.

성별의 경우 여성이 14명, 남성이 1명이었으며, 연령 분포의 경우 30대가 11명, 40대가 4명으로, 전문상담교사제도 초기에 학부 또는 대학원을 졸업하고 다른 직업 경력 없이 전문상담교사로서 직업을 시작한 경우가 많았다. 경력의 경우 3년이 1명, 4년이 2명, 5년이 2명, 7년이 7명, 8년이 3명이었다. 공립과 사립의 구분에서는 공립학교가 10명, 사립학교가 5명이었다. 서울 10명, 경기 5명의 참여자가 모집되었으며, 최종 학력은 학사가 5명, 석사 이상이 10명이었다.

비교군의 경우 다음과 같은 특성을 지닌다. 성별의 경우 남교사 1명, 여교사 3명이었으며 연령분포의 경우 50대가 2명, 60대가 2명이었다. 경력의 경우 2년이 2명, 7년이 1명, 8년이 1명이었다. 비교군의 선정 과정에서 동료 추천 방식이 적용되었으나 연구 경력 이외의 다른 요인에 대해서는 통제하지 않았다. 비교군 중 일부의 참여자에게 개인적인 만족도를 물어본 결과, 정규직 교사가 아닌 전문상담사의 경우 만족도가 40%로 현저히 낮게 나타난 것이 특징적이었다.

| note | 배경정보

> 질적연구에서 어떠한 배경정보를 참여자에게 수집하고, 어떠한 정보를 본문에 제시할 것인
> 가 역시 필자가 미리 고려할 사항이었다. 우선, 배경정보에 포함할 목록을 결정할 때에는 연
> 구결과에 영향을 미칠 법한 요인들을 문헌분석에 기초하여 초안으로 작성하고, 이를 예비참
> 여자 집단(2~3명)에게 확인하는 과정이 실제적이고 합리적인 과정이라 생각된다. 그리고 연
> 구 본문에 제시할 때에는 필자가 필요하다고 생각하는 내용이라 할지라도 연구참여자가 부
> 담을 표하는 내용은 제시하지 않는다는 기준을 고려하여 자료를 정리하였다. 이러한 배경정
> 보를 독자의 관점에서 고려해 보면, 현재 질적연구에서 전개되는 이야기의 생생한 장면을 이
> 해하는 기본적인 단서가 된다.

(2) 면담 준비하기, 면담 진행하기

면담의 주요 과정은 예비면담과 본면담의 절차로 수행되었으며 예비면담을 통해 연구질문을 구체화하고 연구의 절차 및 진행 방식 등을 확정한 후 본면담을 진행하였다.

① 예비면담

연구의 진행 가능성을 파악하고 주제를 초점화하기 위해 예비연구를 실시하였다. 면담을 진행하기 위해 학교상담자(전문상담교사 포함), 조직적응, 근거이론의 방법으로 연구된 선행연구 분석을 통해 예비문항을 구성하였고 이를 지도교수와 협의하여 질문 내용을 확정하였다. 면담 질문의 내용은 '전문상담교사로서 어떤 경험을 하셨나요?', '학교에서 전문상담교사로서 생활하는 데 어려움이 있다면 무엇인가요?', '전문상담교사로서 잘 지내는 데 도움이 된 요인은 무엇인가요?' 등이다.

면담은 미리 준비한 질문을 기초로 하여 반구조화 형태로 진행되었다. 먼저, 필자에 대한 소개와 연구 참여에 대한 감사를 표하고 연구의 목적 및 방식을 설명한 후 연구 참여 및 녹음에 대한 동의를 구하였다. 본격적인 질문에 들어가기 이전에 가벼운 대화를 통해 긴장감을 낮추기 위해 노력하였고, 질문의 시작 전에 참여자의 준비도를 구두로 확인하였다. 예비면담의 경우 참여자의 반응의 깊이에 따라 1시간 30분~2시간 30분 정도의 면담을 진행하였고 모든 대화 내용은 녹음하였다.

면담을 실시한 이후에는 미리 준비한 문화상품권을 전달하고 감사의 마음을 표현하였으며 예비연구를 마치고 연구의 진행가능성이 확정된 후에 추가적으로 면담을

실시할 수 있음을 설명하였다.

　예비연구 단계에서 녹취된 면담자료는 한글 파일로 전사하였고 필자의 1차 분석 내용을 지도교수 및 근거이론 방법으로 박사학위를 받은 박사 1인에게 확인받는 과정을 통해 질문 목록의 적절성 및 본면담 실시 이전의 주의할 점 등에 대해 점검을 받았다.

| **note** | 면담 질문 작성

질적연구에서 질문의 내용과 구조를 결정하는 과정은 매우 중요하다. 애써 모은 자료에서 유의미한 내용을 찾지 못하는 연구 사례들의 원인을 파악해 보면, 면담을 잘못 실시한 초기의 문제인 경우가 많다. 필자의 경험에 근거하여 질문 구성에 도움이 되는 방안을 제안하면 다음과 같다.

첫째, 비슷한 주제를 다룬 좋은 선행연구를 찾아서 모델링하였다. 전문상담교사를 대상으로 하는 연구가 부족한 것이 본 연구의 필요성이 되었으므로, 비슷한 직업적 특성을 가질 것이라고 예상되는 대상자(예: 일반교사, 보건교사, 청소년상담사, 사회복지사, 특수교사 등)의 직업 적응을 다룬 질적연구를 우선적으로 살펴보았다. 이러한 과정에서 선행연구의 초점과 연구 방법, 질문 목록을 본 연구 계획과 견주어 가며 학습하였다.

둘째, 문헌분석을 통해 연구참여자로부터 도출될 수 있는 다양한 예상 답안과 그에 필요한 질문을 머릿속으로 그려 보는 과정을 진행하였다. 연구주제 또는 연구참여자와 관련된 선행연구에서 연구되고 있는 변인과 변인 사이의 관련성을 검토하였다. 또한 참여자들의 내러티브 (연구참여자의 면담 내용 중에서 연구결과 기술에 인용한 부분)를 제시한 연구결과를 꼼꼼히 살펴보고, 이러한 반응을 도출하기 위해 어떠한 질문을 해야 하는가의 관점에서 예상 및 확인하는 학습을 하였다.

셋째, 면담 진행의 흐름을 예상하여 각 내용이 자연스럽게 전환될 수 있도록 스토리를 구성하고 점검하였다. 전체 질문의 구조는 참여자가 이야기하는 상황을 가정하여 질문의 순서를 조정하였다. 그리고 이러한 질문을 스스로에게, 그리고 예비면담의 참여자들에게 제시하여 시연해 본 후 수정하였다.

이러한 질문 목록은 본면담을 진행하는 과정에서도 수정 및 보완된다. 예를 들어, 연구자의 관점에서 서로 다른 질문이라 생각하였지만 참여자들이 반복적으로 유사한 질문으로 인식하는 경우 통합 또는 변별하기 위해 수정하였다. 또한 연구참여자들이 응답하기 어려워하는 질문에 대한 대안질문을 마련하거나, 참여자의 응답 경향을 고려하여 질문의 순서를 조정하였다.

마지막으로, 이러한 준비 이외에 각 면담 중에 발생하는 다양한 상황에 대한 대응 역량이 필요하다. 이는 경험에 의해서만 형성될 수 있을 것이며 연구자의 집중력과 창의력을 요구한다.

결국, 좋은 질문을 만들기 위해서는 선행연구의 발판, 여러 연구자와의 논의, 예비연구 등을 기초로 진지한 고민의 과정을 거듭할 수밖에 없다. 면담 역시 해 봐야 실력이 는다(=상담도 그렇지 않은가?).

② 본면담

추천이나 자원의 방식으로 선정된 참여자와의 본면담을 실시하기 전에 전화면담을 통하여 연구의 취지와 연구 진행 방식을 설명하고 본인의 전반적인 만족도에 대해 평정하도록 하였다. 추천에 의한 방식의 경우, 추천자와의 관계 특성이 반영되어 참여를 거절하기 어려울 수 있음을 고려하여 자발적인 참여를 강조하여 설명하였다. 그리고 온라인 커뮤니티를 통한 지원의 경우, 명시된 표집 기준에 따라 자기 스스로를 평정하고 자발적으로 참여한다는 강점이 있지만 스스로를 '잘 적응했다'고 평가하는 개인적인 성격특성이 면담 과정에 반영될 수 있다는 점에 유의하여 면담 시간을 더 길게 확보하였고 구체적인 사건들을 중심으로 실제의 경험을 탐색하려고 노력하였다.

본면담은 3개월 정도 소요되었다. 면담 과정에서 사용된 주요 질문은 예비연구 과정에서 작성한 후 수정된 질문 목록을 기초로 하였다. 또한 면담을 진행하면서 추가적으로 생기는 질문 내용을 지속적으로 메모하고 연구문제와의 관련성을 점검하여 추가 및 수정하였다. 최종적으로 작성된 질문의 목록에 대해서는 근거이론 연구방법 워크숍에 참여하여 공개적으로 컨설팅받는 기회를 갖고 수정 및 보완하였다.

이와 같은 과정을 통해 선정된 주요 질문은 '지금까지 어떤 경험들을 하셨는지요?', '중요하다고 생각하시는 경험들에 대해서 이야기해 주시겠어요?', '전문상담교사로 지내는 과정에 영향을 미친 요인들은 무엇인가요?', '전문상담교사로 적응을 이루었다는 상태는 어떤 상태라고 생각하나요?' 등이다. 참여자에 따라 자신의 경험을 자연스럽게 이야기한 경우는 흐름에 따라 진행하였으며 필자의 추가 질문이 필요한 경우 동기 및 준비과정, 시작 및 진입단계, 전체적인 경험 탐색/적응과정 및 극복과정, 역할인식, 적응에 대한 이해, 내적·외적 평가, 직업의 의미 탐색/추가 질문 및 마무리의 7개 영역으로 구성한 면담 질문지를 참고하여 진행하였다.

〈표 6-1〉 전문상담교사의 직업 적응과정 연구에 활용된 질문 목록(김지연, 2014)

항목	질문 내용
동기 및 준비과정	이전 직업/직무 관련 경험이 있다면? 어떻게 해서 전문상담교사가 되려고 마음먹었나요? 전문상담교사의 길을 선택한 이유는 무엇인가요?
시작 및 진입단계	전문상담교사로 시작한 첫날/초기의 경험은 어떠했나요? (어려운 이야기를 많이 한다면) 그 이야기를 조금 더 해 주시겠어요? – 초기에 경험한 어려움은 어느 정도 지속되었나요?

전체적인 경험 탐색/ 적응과정 및 극복과정	지금까지 어떤 경험들을 하셨는지요?
	 중요하다고 생각하는 경험에 대해서 이야기해 주시겠어요?
	 어려움 경험 탐색
	  – 전문상담교사로서 지내면서 가장 힘들었던 부분이 있다면 무엇인가요?
	  – 어려움을 겪으면서 자신에 대해 어떤 생각과 느낌을 갖게 되었나요?
	  – 이직에 대해 고려했던 때가 있었다면 어떤 일이었나요?
	 보람을 느꼈던 경험 탐색
	  – 전문상담교사로 지내면서 가장 즐겁고 보람 있던 일은 무엇인가요?
	  – 가장 기억에 남는 상담 사례가 있다면 어떤 사례인가요?
	    (내담자의 개인 정보가 침해되지 않는 선에서 이야기해 주시겠어요?)
	 전문상담교사로 지내는 과정에 영향을 미친 요인들은 무엇인가요?
	  – 어려움의 극복과정에서 도움이 되었던 요인이 있다면 무엇인가요?
	  – 혹시 어려움을 가중시켰던 요인이 있다면 무엇인가요?
	  – 더 잘 지낼 수 있도록 도움이 되었던 요인이 있다면 무엇인가요?

역할인식	전문상담교사란 어떤 일을 하는 사람이라고 생각하나요? 전문상담교사의 일을 시작하기 전에 전문상담교사는 어떤 역할을 한다고 예상하셨나요? 실제는 어떠했나요? – (예상과 실제의 차이가 크다면) 어떻게 대처하셨나요? 지금 선생님이 하는 일 중에 가장 중요하다고 생각되는 역할은 무엇인가요? 선생님 본인은 어떤 일을 주로 하고 있다고 생각되나요? 본인이 더 몰입하게 되는/시간을 투자하게 되는 영역이 있다면 무엇인가요? 전문상담교사가 학교에 필요하다고 생각하나요?
적응에 대한 이해	전문상담교사로 '적응을 이루었다'는 상태는 어떤 상태라고 생각하나요?(전문상담교사의 직업 적응이란 무엇이라고 생각하나요?) 스스로 적응을 이루었다고 생각하나요? 스스로 적응을 이루었다면 그렇게 생각하게 된 시점, 계기, 사건이 있다면 언제인가요? 적응을 이루었다고 생각하기까지 어느 정도 시간이 소요되었나요? 적응을 이루었다고 생각하게 만든 요인이 있다면 무엇인가요?(무엇을 보고 내가 어느 정도 적응했다고 생각하게 되었나요?)

내적 · 외적 평가	스스로에게 어떤 평가를 하고 있나요?
	외부에서의 평가는 어떠하다고 생각되나요?
	외부에서의 평가를 가늠할 수 있는 평가 자료가 있다면 무엇인가요?
직업의 의미 탐색/ 추가 질문 및 마무리	학교에서의 삶 이외에 개인적인 삶의 만족도는 어떠한가요?
	10년 후의 나의 모습을 그려 본다면 어떠한가요?
	외부에서 도움을 받을 수 있다면 누가 어떻게 도움을 주면 좋겠다고 생각하나요?
	주변에 동료/후배가 이 일을 하고 싶다면 무엇이라고 조언해 주고 싶은가요?
	지금까지 전문상담교사로서의 경험을 한마디로 요약하여 말한다면 무엇인가요?
	– 전문상담교사로서의 역할을/삶을 한마디로 요약하면 무엇이라고 할 수 있나요?
	– 전문상담교사로서의 역할을/삶을 표현하는 핵심적인 범주가 무엇인가요?
	전문상담교사라는 직업이 나의 인생에서 어떤 의미를 갖고 있나요?
	더 하고 싶은 이야기가 있다면?
	면담 후의 전체적인 소감은?

질문의 형식은 전문상담교사로서의 시작부터 현재까지의 전체적인 과정과 사건을 회고적으로 살펴볼 수 있도록 개방적인 질문으로 안내하였으며, 참여자의 개인 특성에 따라 단답형으로 대답하거나 표면적인 사건만을 기술하는 경우 필자의 추가 질문을 통해 그 과정에서 개인의 느낌과 생각을 이야기할 수 있도록 촉진하였다.

본면담의 진행과정에서 연구에 대한 민감성을 유지하기 위해 관련 논문과 학술서적을 참고하였으며 면담자료의 전사, 녹음내용 듣기 등을 지속적으로 진행하면서 자료의 수집과 분석을 병행하였다. 면담 과정 중에는 떠오른 생각이나 느낌, 새로운 아이디어 등에 대한 메모를 작성하고 참여자가 제공하는 공문 등 관련 문서 내용을 확인하였으며, 면담 실시 직후에 받은 인상을 필자가 직접 음성으로 녹음하거나 메모하여 면담 당시의 느낌이나 상황을 상세하게 보존하려고 노력하였다. 이러한 자료 역시 워드로 요약 정리하거나 전사 자료로 변환하여 분석 과정에 참고하였다. 면담과 분석을 동시에 진행하며 비교한 결과, 더 이상 새로운 범주가 나오지 않는 포화(saturate)의 시점을 기준으로 15명의 면담이 실시되었다.

연구과정에서 필자의 연구질문을 초점화하고 이론적 표집 대상자와의 차별성을 인식하기 위해 연구참여자와 다른 특성을 지닌 전문상담교사 세 명과 전문상담사 한 명을 함께 면담하였다. 전문상담교사와 다른 특성의 예로는 이 연구의 참여자 선정에서 제외하였던 전직교사와, 교사가 아닌 상태에서 학교상담자의 역할을 수행하는 전문상담사가 포함되었다. 이 연구에서는 이러한 참여자들을 비교군이라고 언급하였다.

비교군의 자료는 전사한 후 여러 차례 읽어 보기를 진행하였으나 직접적인 내용 분석
은 실시하지 않았다. 이러한 비교군의 자료는 연구자가 연구참여자의 특성을 더 명확
하게 이해하고 학교상담 현장을 폭넓게 바라보는 틀을 형성하는 데 영향을 미쳤다.

| **note** | 본면담

본면담을 진행할 때, 전-중-후의 각 단계별로 고려한 사항은 다음과 같다.

첫째, 면담 이전에 연구참여자에게 연구 목적 설명, 설명문 및 동의서 내용을 안내 및 확인하
고, 질의응답시간을 갖는다. 면담 질문 목록을 이메일로 보낸 후, 하루 전 또는 당일 몇 시간
전에 면담 질문 목록을 휴대전화로 다시 송부하는 방식으로 참여자의 준비도를 향상시키기
위해 노력하였다. 그리고 면담 시작 직전에 필자가 면담 질문을 여러 번 읽어 가며 내용을 보
지 않고도 면담을 진행할 수 있을 정도로 준비하였다. 이는 면담의 실제 진행은 참여자의 응
답 내용 및 스타일(양식)에 따라 달라질 수 있지만, 예상하지 못한 흐름의 변경에서도 질문의
맥락과 전체 구조를 유지하는 데 도움이 되는 훈련 과정이었다. 둘째, 면담 중에는 연구의 초
점을 유지하기 위해 기본 질문에 충실하되, 연구자의 계획보다 참여자의 이야기에 더 집중해
야 하는 모순적인 진행을 하게 된다. 내가 오랜 기간 준비한 질문의 구조를 따라야 한다는 부
담감에 압도되지 않으면서 참여자의 흐름을 잘 따라가는 일, 그리고 순서상 뒤쪽에 배치되어
있던 질문이지만 참여자가 먼저 자세히 설명하거나, 통합하여 응답하는 내용 등을 잘 따라가
며 집중하는 일이 가장 중요하다. 이는 반구조화 면담의 당연한 과정이기도 하다. 대부분 면
담을 시작하고 나면 이야기가 길어지게 마련인데, 미리 약속한 시작 시간과 마치는 시간은 잘
지키려고 최대한 노력하였다. 또한 학교 현장에서 만나는 경우, 갑작스럽게 발생하는 학교의
업무가 있을 때, 당연히 그에 우선순위를 두어 기다리기도 하였다. 그리고 때로는, 연구를 위
한 면담 과정에서 상담에서와 같이 정서적으로 공감해야 할 것 같은 사안이 언급되기도 하였
는데, 이 과정에서 최대한 중립성을 유지하기 위해 노력하였다. 특정 내용에 대한 과도한 타
당화, 깊은 공감이 중립적인 면담 진행에 방해가 될 수 있기 때문이다. 다만, 모든 참여자의 말
에 집중하고 경청하는 것은 유지하려고 노력하였다. 면담의 마무리 단계에서는 이후의 진행
에 대한 안내, 예를 들면 연구결과 분석 후 자료에 대한 타당도 점검에 초대하고 감사 인사를
하는 등 후속 과정과의 연계를 준비하였다. 셋째, 면담 후에는 참여자와 이야기 나눈 내용에
대한 인상, 생각 등을 메모하고, 이전의 참여자 또는 예정된 참여자와의 공통적인 특성, 차별
적인 특성을 견주어 보는 과정을 지속하였다. 그리고 때로는 참여자와 간단한 메시지를 주고
받으며 연구과정에서 이야기하지 못한 피드백을 교환하는 경우가 있었다.

| note | 면담 소요 기간

본 연구의 면담에 소요된 연구 기간(예: 3개월)은 (1인의 연구자를 기준으로) 다른 일을 전혀 하지 않고 오로지 논문에만 집중하면서 소요된 기간이다. 만약 다른 일들과 논문작업을 병행하고, 참여자들의 일정에 필자가 시간을 맞춰 줄 수 없는 상황이라면, 연구참여자의 숫자가 달라지거나 면담의 형식이 일 대 다 또는 집단면담 등으로 달라진다면, 그리고 면담의 횟수가 증가한다면 등의 다양한 조건에 따라서 자료수집의 기간은 크게 달라질 수 있다. 박사학위논문 이후 몇 편의 질적연구를 더 수행했던 경험에 근거할 때, 장기간에 걸쳐 면담을 실시하는 것은 각 사례별 결과를 음미하는 데 도움이 되었다. 하지만 때로는 면담을 실시하는 집중 기간을 설정하여 아침, 저녁으로 2~3건의 면담을 진행할 때, 현재 마주하고 있는 주제에 더 깊이 몰입할 수 있다는 장점이 있었다. 이러한 기간의 설정 역시 연구참여자와 연구자의 여건을 고려한 과정일 것이다.

| note | 포화 상태의 의미

질적연구를 계획하는 연구자들을 만나 보면, 몇 명 정도를 만나야 하는지를 사전에 알고 싶어 하는 경우가 있다.[6] 하지만 근거이론에서는 이를 미리 결정하는 것이 어렵다. 이때 필자가 생각했던 방식은 만약 10번째 참여자를 만났고 그리고 11번째, 12번째에 새로운 이야기가 도출되지 않는다면, 그곳에서 멈추는 것이다. 물론 포화의 시점을 결정하기 전에 중요한 고려사항은 연구참여자의 배경정보가 연구결과에 영향을 미칠 수 있음을 고려하여 참여자의 특성을 지속적으로 모니터링하는 것이다. 예를 들면, '성별이 남성인 참여자가 많이 부족한데, 전문상담교사 중에 남성의 비율을 고려할 때, 최소한 ○명 정도는 만나야겠다', '서울 지역 참여자가 많은데, 지역에 따라 학교문화가 다를 수 있으니 다른 지역의 참여자를 더 적극적으로 찾아봐야겠다.', '경력이 적은 교사라 할지라도 이전에 직장 유무, 연령대에 따라 적응의 양상은 달라지겠지.'와 같은 생각들이다.

---

6) 질적연구방법에 따라 연구참여자의 숫자는 달라질 수 있다. 방법론별로 명확한 기준을 제시하기에는 어려움이 있지만, 상담학 영역의 질적연구 동향 분석을 한 연구 사례(김지연, 2018)에 따르면, CQR(합의적 질적분석)의 경우 9~11명(40.0%), 근거이론의 경우 9~11명(46.8%), 기술적 현상학 9~11명(60%), 해석적 현상학 6~8명(60.8%)의 경향이 가장 높은 비율로 나타났다.

(3) 연구자의 준비도를 점검하고 역량 최대화하기

근거이론적 접근으로 연구를 수행하기 위한 연구자의 준비도를 일괄적으로 가늠하기 어렵지만, 필자는 다음의 세 가지 관점에서 회고해 보았다.

첫째, 학교상담 영역에서의 실무 및 학습 이력이다. 필자는 교사로 재직한 경험이 있고 전문상담교사로서 학교상담실에 근무한 경험이 있으며, 학교상담망 정책 연구학교의 실무자 경험이 있다. 학교상담에 대한 관심을 바탕으로 교수·학습자료 개발 및 현직 교사교육, 진로교육 교과서 집필에 참여한 경험이 있으며 박사과정의 학업에서도 교육상담을 전공하여 발달적이고 예방적인 학교상담의 맥락을 깊이 있게 다루고 연구를 진행하기 위해 노력하였다.

둘째, 연구방법에 대한 전문성 향상 노력이다. 먼저, 질적연구방법 교과목을 수강하고 BK 연구방법론 워크숍에 참여하는 등 기본 역량을 갖추기 위해 노력하였다. 또한 본격적인 연구가 진행되던 시기에 대학원 내외에서 실시된 질적연구방법론 워크숍, 근거이론 워크숍 등에 참여하여 방법론과 관련된 역량 함양을 위해 노력하였다. 근거이론 집중 워크숍 기간 중에는 논문 컨설팅 시간에 연구의 내용을 주제로 컨설팅 받는 과정을 거침으로써 연구의 진행과정을 점검하고 피드백 내용을 연구에 반영하였다.

셋째, 상담 경험을 통해 면담에 필요한 기본 소양을 갖출 수 있었다. 필자는 박사과정 중에 대학생활문화원에서 자원상담원으로 개인상담 및 집단상담을 실시하였고, 경력개발센터에서 진로상담을 실시하였다. 또한 이에 앞서 학교 구성원과 소통했던 다년간의 경험이 있다. 이러한 과정이 면담자에게 요구되는 역량을 갖추는 데 도움이 되었을 것이다.

(4) 자료분석

Q: 이 연구방법론을 적용하여 연구를 하면서 어떤 방식으로 데이터를 수집하고 분석했나요?

근거이론에서는 자료의 수집과 분석을 동시에 수행한다. 필자 역시 이러한 안내에 충실하기 위해 자료 수집의 기간 중에, 이전에 진행한 면담 녹음 파일을 축어록으로 전사하는 과정을 진행하였다. 상담자 수련 과정에서 축어록 작업을 해 봤음에도 불구하고 녹음 파일을 전사하는 것은 참으로 고통스러웠다. 〈최근 기술의 발달로 녹음 파일을 한글로 전사해 주는 앱이나 프로그램들을 사용해 본 적이 있다. 그런데 아직 연구에 본격적으로 활용해 보고 싶은 도구를 발견하지는 못했다.〉 중간중간 떠오르는 생각을 메모하며 진행하다 보니 속도는 더없이 느려졌다. 기하급수적으로 증가하는 생각의 바다를 경험하자니, 빠져나올 방법이 없어 보였다. 연구 초기에는 1시간의 녹음 자료를 축어록으로 전사하는 경우, 6~8시간 이상이 소요되기도 하였다.

본격적인 분석의 과정은 개방코딩, 축코딩, 선택코딩의 단계로 진행하였다. 각 단계별 진행 흐름은 다음과 같다. 먼저, 최종적으로 모인 전체 전사 자료를 스프링 제본하여 본격적인 분석을 다시 시작했다. 끊임없는 과정 중에서 계속 무엇인가를 시작하고 또 시작하는 기분이었다. 기본적인 분석 단계를 진행하다 보면 생각이 자꾸 날아가는 경험을 한다. 여기서 실시하는 줄분석은 한 줄 한 줄 낱낱이 파헤치며 살펴보는 과정인데, 몇 권으로 묶인 축어록에서 낱낱의 문장 하나하나를 읽다 보면 그 양과 생각에 압도되어 버린다. 글을 읽다 보면, '내가 이 글을 왜 읽고 있지? 무엇을 찾아야 하지? 지금의 밑줄은 앞에 그은 밑줄과 어떻게 관련되어 있지?'라는 생각이 끝이 없다. 그리고 어디에서 어디까지를 발췌하여 개념으로 정리해야 하는지 늘 고민스러웠다. 너무 짧게 요약하면 발췌한 연구자 스스로도 이해가 잘 되지 않고, 너무 길게 정리하면 전사 자료를 읽는 것과 크게 다를 바 없어 내용이 요약되거나 통합되기에 어려움이 있었다. 이러한 어려움을 해결하기 위한 방법은 결국 각 단어와 문장의 의미를 명확하게 이해하려는 노력을 기울이면서 동시에 연구자가 개념화한 언어로 재진술해 보는 추상화의 과정이었다.

Strauss와 Corbin(1990, 1998)의 근거이론에서 주요 연구결과는 코딩분석 결과로 도출된 범주, 하위범주, 개념을 소개하는 것이 가장 우선이다. 이들은 이후에 결과를 설명하는 기초자료이면서 가장 중요한 소재가 된다. 이러한 범주화 과정에서는 다음과 같은 질문들을 제기하며 완성도를 높여 나갔다. 질문의 예는, 도출된 개념을 하위범주로 묶고 이를 다시 범주로 묶어 내는 과정에서는 각 내용이 서로 다른 내용인가, 다른 내용이라면 다르게 기술되었는가, 만약 서로 다른 위치에 있는데 유사한 내용으로 보인다면 어떻게 통합하여 표현해야 하는가, 개념들을 귀납적으로 묶어 보면 어떤 범주가 나타나는가, 새로 형성된 범주들은 서로 배타적인가, 그리고 그 아래에 있는 개념들을 포괄하고 있는가, 생성된 범주들의 숫자가 너무 많은데 이들은 또한 다른 관점에서 묶일 수 있는가, 그렇다면 앞서 분석된 범주들은 하위범주로 명명하고 이제 새로 묶어 가는 과정에서 도출된 것들은 범주로 명명할 수 있는가 등이다. 이러한 세세한 분석 과정에서는 전체 분석 단계 중에서 가장 많은 시간이 소요되었다. 이 과정이 개방코딩(open coding)이다.

1명의 참여자에게서 100개 내외의 개념이 도출된다고 하더라도 15명이면 1,500개의 개념이 나오는데 이를 귀납적으로 묶어 가는 과정이 쉽지 않았다. 엑셀에 정리한 자료를 스크롤바로 내려서 보더라도 전체적인 내용이 보이지 않았기에 결국은 컴퓨터 기반 프로세스가 잘 발달된 현대임에도 불구하고 모든 개념을 다 출력하여 낱개의 카드로 만들고 이를 일일이 위치 구분해 가며 분류하는 물리적 과정을 진행하였다. 하루 이틀에 끝나지 않는 과정인지라, 일정한 공간에 내용을 배치해 두고 몇 시간 들어가서 작업하고 중단되면 문을 잠궈 둔 채 다음에 다시 그 공간에 들어가 작업을 했다. 혹여 작은 낱말카드가 흩어질까 봐 조심조심했고, 그리고 작업이 완성될 때까지 검토를 지속했다.

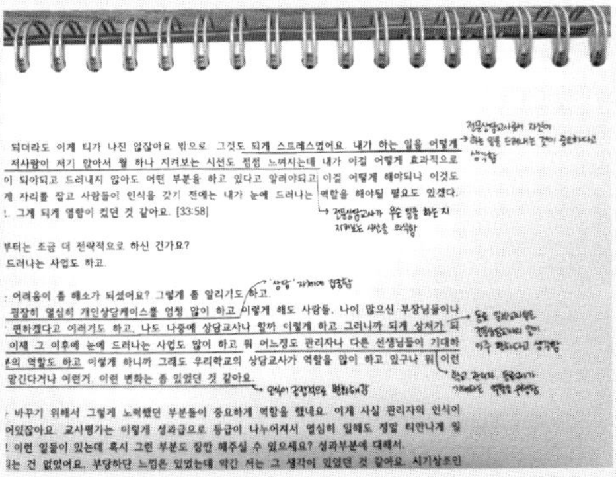

[그림 6-1] 개방코딩_줄분석을 통한 개념 도출

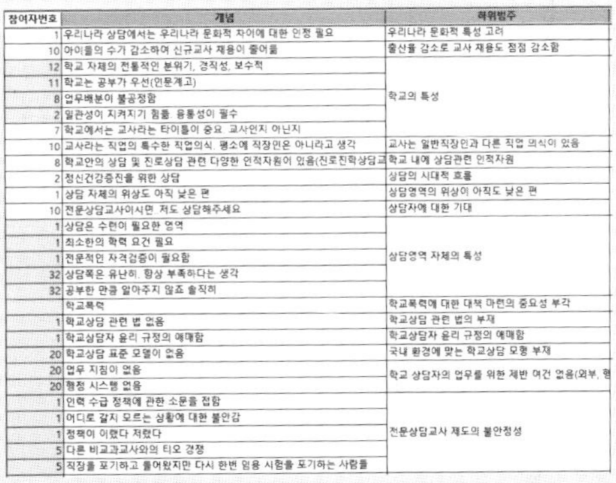

참여자번호	개념	하위범주
1	우리나라 상담에서는 우리나라 문화적 차이에 대한 인정 필요	우리나라 문화적 특성 고려
10	아이들의 수가 감소하여 신규교사 채용이 줄어듦	출산율 감소로 교사 채용도 점점 감소함
12	학교 자체의 전통적인 분위기, 경직성, 보수적	학교의 특성
11	학교는 공부가 우선(인문계고)	
8	업무배분이 불공정함	
2	일관성이 지켜지기 힘듦. 융통성이 필수	
7	학교에서는 교사라는 타이틀이 중요. 교사인지 아닌지	
10	교사라는 직업의 특수한 직업의식. 평소에 직장인은 아니라고 생각	교사는 일반직장인과 다른 직업 의식이 있음
8	학교안의 상담 및 진로상담 관련 다양한 인적자원이 있음(진로진학상담교	학교 내에 상담관련 인적자원
2	정신건강증진을 위한 상담	상담의 시대적 흐름
1	상담 자체의 위상도 아직 낮은 편	상담영역의 위상이 아직도 낮은 편
10	전문상담교사이시면 저도 상담해주세요	상담자에 대한 기대
1	상담은 수련이 필요한 영역	상담영역 자체의 특성
1	최소한의 학력 요건 필요	
1	전문적인 자격검증이 필요함	
32	상담쪽은 유난히. 항상 부족하다는 생각	
32	공부한 만큼 알아주지 않죠 솔직히	
	학교폭력	학교폭력에 대한 대책 마련의 중요성 부각
1	학교상담 관련 법 없음	학교상담 관련 법의 부재
1	학교상담자 윤리 규정의 애매함	학교상담자 윤리 규정의 애매함
20	학교상담 표준 모델이 없음	국내 환경에 맞는 학교상담 모형 부재
20	업무 지침이 없음	학교 상담자의 업무를 위한 제반 여건 없음(외부, 행
20	행정 시스템 없음	
1	인력 수급 정책에 관한 소문을 접함	전문상담교사 제도의 불안정성
1	어디로 갈지 모르는 상황에 대한 불안감	
1	정책이 이랬다 저랬다	
5	다른 비교과교사와의 티오 경쟁	
5	직장을 포기하고 들어왔지만 다시 한번 임용 시험을 포기하는 사람들	

[그림 6-2] 개방코딩_도출된 자료의 범주화

그리고 이렇게 완성된 기본 범주들을 활용하여 시간적 흐름과 영향요인으로 정리된 패러다임 모형을 구성하였다. 이 단계가 **축코딩**(axial coding)이다. 축코딩은 범주와 범주 간의 구조적인 관계를 이론을 만들어 나가려는 목적으로 체계적으로 연관시키는 과정이다. 축코딩의 단계에서는 개념과 개념, 개념과 범주, 범주와 범주 등 개방코딩의 결과로 나타난 자료들의 관계를 파악하는 과정을 진행하며 개방코딩과 축코딩을 순환적으로 진행한다. 또한 이러한 관계성에 대한 이해를 토대로 범주의 내용을 '인과적 조건', '현상', '맥락', '중재적 조건', '작용/상호작용', '결과'의 어느 곳으로 배치할 수 있는가를 결정해 나간다. 이때, '현상'을 어떻게 설명하느냐에 따라 전체적인 흐름이 바뀌기도 하고, 또 어떤 내용은 '맥락'이면서 동시에 '중재적 조건'이 되는 상황 등에서 수많은 의사결정을 해 나가게 된다. 이러한 상황에서 패러다임을 결정하기까지 지속적으로 다른 사람에게 설명해 보고,

스스로 이야기를 다시 완성해 보고, 백지 상태에서 패러다임 모형을 다시 그려 보고, 지도 교수님과 의논하는 변화무쌍한 과정을 진행한다.

 범주들의 관계분석을 통해 패러다임 모형이 어느 정도 안정되면, 이제 다 왔나라는 희망이 생기는데 그 기대는 시기상조이다. 앞서 분석한 범주, 패러다임 모형을 활용하여 과정에 대한 이야기를 구성하고 영향요인과의 관계를 그려 나가는 과정분석이 이루어지는 것은 또 다른 난관이다. 이 연구의 과정분석에서는 시간의 흐름에 따른 경과·추이를 표현하는 단계의 관점을 활용하였으며, 이러한 단계의 진행이 참여자의 특징적인 양상에 따라 달라질 수 있음을 고려하여 유형별 적응의 과정을 제시하였다. [그림 6-4]의 내용은 축코딩에서의 과정분석과 선택코딩에서의 유형분석 결과를 통합하여 제시한 예이다. 과정분석을 실시할 때, 분석된 범주들과 패러다임을 종합적으로 반영하여 시간적 흐름과 이에 영향을 미치는 조건들을 구체화하고, 이러한 설명이 연구참여자들의 경험을 잘 반영하고 있는가의 관점에서 여러 차례 점검을 하였다.

*2014. 4. 2. 분석 자료 중 발췌

[그림 6-3] 축코딩_패러다임 형성 예시

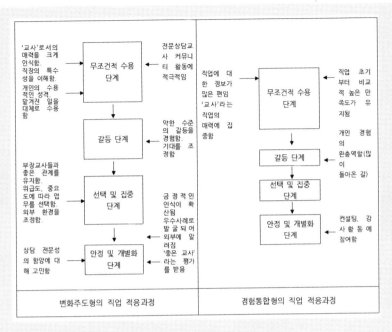

변화주도형의 직업 적응과정	경험통합형의 직업 적응과정

[그림 6-4] 축코딩, 선택코딩_과정분석과 유형 예시

　다음으로 **선택코딩**(selective coding)에서는 이야기의 윤곽을 정리한다. 이 단계는 또 한 번의 거리두기가 필요한 단계로서, 전체 자료를 통합적인 관점에서 바라보고 이야기하는 과정이다. 이를 통해 핵심범주가 도출되는데, 이 연구에서의 핵심범주는 '전문상담교사의 역할에 대한 상호합의와 전문성 함양을 통해 직업정체성을 형성해 나감'이었다. 이러한 핵심범주는 속성 및 차원을 지닌다. 핵심범주의 도출은 이후에 범주 간의 전후 관계를 설명하는 가설적 관계진술과 연결되는데, 이 연구에서는 개인 내적 측면, 상호작용 측면, 그리고 외부 환경 측면에서 결과를 정리하였다. 가설적 관계진술은 후속 연구를 위한 자산이다. 근거이론을 통해 발견한 아이디어들이 후속 연구를 위한 설계도로 구현된 것이라 할 수 있다. 결과를 완성하는 당시에는, 평생에 걸쳐 각각의 경로를 양적으로 검증해 본다면 참으로 흥미 있고 의미 있지 않을까 생각했다. 이 바람은 아직 구현하지 못하였다.

　한편, 선택코딩 단계에서 진행되는 유형 분석은 현재까지의 분석 결과를 토대로 도출 및 제시한다. 하지만 이 연구에서는 연구참여자 집단 내에 진로 결정 동기에 따른 세부 집단이 존재하고 이러한 세부 유형에 따라 직업 적응과정이 달라질 수 있다는 분석 결과를 토대로 유형에 따른 차별적인 적응의 단계를 과정분석 결과와 통합하여 제시하였다.

　이러한 코딩의 과정에서 연구자는 누군가 나와 함께 모든 내용을 함께 읽어 주고, 내 생각을 말하지 않아도 알아주며, 나의 고민을 들어 주면 좋겠다는 '기대'와 모든 과정을 그렇게 할 수 없음이라는 '현실' 사이에서 마음을 다잡는 일이 중요했다. 그리고 이 과정에서 같은 연구방법으로 연구를 수행한 경험이 있거나 그 과정을 세밀하게 알고 있는 연구자들과의 소통은 중요한 사회적 지지가 되었다.

마지막으로, 근거이론적 접근을 활용한 연구의 과정에서 연구과정 및 결과의 신뢰가능성과 타당성을 점검하는 노력에 대해 이야기하고자 한다. 질적연구는 주관성이 개입될 여지가 많고, '필자 혼자서 수행한 결과'라는 오해를 받는 경우가 있다. 그렇지만 학위논문 작성이라는 장기 연구과정에서 모든 면담 과정과 전체 자료의 분석 과정을 누군가와 계속 함께한다는 것은 현실적으로 어려울 수 있다. 따라서 지도교수님, 심사위원, 동료 연구자, 선후배 연구자들에게 연구의 과정 및 중간 분석 결과를 이야기하고, 어려움을 공유하며, 수시로 점검받는 과정을 통해 이를 보완하는 경우가 많다.

구체적으로, 이러한 타당도 점검은 연구의 초기 계획, 연구참여자 선정 조건 마련, 면담 질문 구성, 연구자료의 수집 과정, 자료 분석 과정, 범주 구성 과정, 패러다임 형성 과정 등 각 연구의 세부 절차마다 계속적으로 고려되어야 한다. 또한 타당성 평가의 보다 명확한 기준으로 언급되는 내용 중에서 이 연구의 타당성 평가는 Guba와 Lincoln(1981)의 사실적 가치, 적용가능성, 일관성/신뢰도(감사가능성), 중립성을 기초로 진행하였다.

먼저, 사실적 가치의 관점에서는 연구의 내적 타당도 확보를 위해 삼각검증(triangulation)의 방법을 활용하였다. 연구참여자 면담자료를 기초로 하되 시사·정책 자료, 장학 기관의 연구 보고자료, 교육청의 관련 공문 등과 비교하고, 분석 결과를 참여자에게 송부하여 수정·보완 의견을 수렴하는 과정을 거쳤다. 이러한 과정은 '실제'를 더 잘 반영한 연구결과를 도출하기 위한 노력이었다. 적용가능성의 측면에서는 본연구에 참여하지 않았지만 유사한 경험을 하였을 것으로 판단되는 현직 전문상담교사에게 연구결과를 설명하고 의견을 수렴하였다. 또한 학교상담의 맥락을 잘 알고 있는 부장교사를 통해 연구결과의 타당성을 점검하고, 전문상담교사와 직업적 특성의 일부를 공유하는 치료순회교사에게도 자신의 직업 적응과정과 비교해 보도록 하였다. 이러한 과정은 연구의 결과가 다른 맥락에서도 적용될 수 있을 것인가를 고려하는 과정이었다.

다음으로, 일관성의 관점에서는 학위논문에서 근거이론접근을 활용한 박사, 학교상담 및 진로상담 전문가인 현직 교수, 기관 소속 상담자 경험을 지닌 박사과정생 등에게 확인하는 외부자 검토를 거쳤다. 이러한 과정은 연구의 신뢰도를 높이는 과정이었다.

마지막으로, 중립성의 경우 연구과정과 결과에서 편견이 배제되도록 노력하고, 앞서 다른 타당도 점검 항목에 충실함으로써 중립성을 확보하고자 하였다.

3. 연구결과 기술하기

Q: 연구결과 분석 시, 특별히 주의해야 할 점은 무엇인가요?

첫째, 근거이론 연구에서 방대한 자료를 마주하고 그에 압도되지 않고 맥락과 초점을 유지하는 것에 유의해야 한다.

둘째, 각 과정을 완벽하게 진행하는 것과 전체 과정을 일단 완성하는 것 중에서 자신에게 맞는 스타일을 찾아서 작업하는 것도 좋다.

셋째, 특히 집중적인 분석을 실시하는 기간에는 다른 일들과 병행하지 않고, 온전히 생각을 집중할 수 있는 시간을 확보하는 것이 도움이 되었다.

넷째, 자신이 분석한 결과안을 다른 사람에게 설명해 보는 과정은 자신의 생각을 명확하게 하고, 동료 연구자의 피드백을 받을 수 있는 과정이었다.

1) 전문상담교사의 직업 적응과정에 대한 패러다임 모형

전문상담교사의 직업 적응과정을 설명하는 범주, 하위범주, 개념의 세부 내용은 연구결과에서 핵심적인 내용이다. 이 내용은 개방코딩의 결과물이다. 해당 내용을 '재료'로 이후에 설명되는 모든 결과가 도출된다. 이 절에서는 지면 관계상 일부 내용만을 발췌하여 제시하였다. 다음의 발췌 내용에서 가장 상위 내용인 '범주'들은 이후에 설명할 패러다임 설명의 주 재료가 된다.

〈표 6-2〉 개방코딩 결과로 도출되는 범주-하위범주-개념의 자료 제시:
전문상담교사의 직업 적응과정을 설명하는 범주, 하위범주, 개념(일부 발췌)

개념	하위범주	범주	비고
• 학교상담 관련 법 없음 • 학교상담자 윤리규정의 애매함 • 학교상담 표준모델 없음 • 업무지침, 행정시스템 없음	안정적인 시스템 부재	기준이 될 만한 행정체제 미비	인과적조건
• 교육청 담당자가 계속 바뀌고 업무에 대해 잘 알지 못함	학교상담을 모르는 장학사 배치 및 담당자의 잦은 이동		
• 학교에서 상담업무를 같이할 수 있는 사람이 없음 • Wee 센터 등 외부 연계가 원활하지 않음	내적, 외적 상담 네트워크가 미약함	학교의 상담 여건이 미흡함	
• 공립-뭘 하는지도 모르고 기대도 없음 • 사립-요구가 비교적 명확하고 틀이 있으나 자율성 폭이 좁음	공립/사립의 차이가 존재하는 상황에서 공립 또는 사립 학교에 발령을 받음		
• 학교에서는 경력과 나이가 우선 • 수업에 참여하는 사람이 진짜 교사 • 비교과 교사는 어차피 마이너리티	학교는 경력, 나이 중시, 수업 우선, 주류와 비주류 구분		
• 다른 선생님들과 함께하는 공간에서 상담 진행 • 부서 배치도 해마다 바뀜 • 상담해야 할 아이들이 너무 많음	학교의 상담 환경: 상담실 유무, 위치, 크기, 부서 배치, 독립 공간, 학생 수 많음		
• 취업의 필요성, 경제적인 필요 • 교직의 안정성, 사회적 인정감을 높게 평가함	'교사'로서의 매력에 집중하여 직업을 선택함	'교사' or '상담자'의 매력에 따라 직업을 선택함	
• 다른 사람을 도와주는 것의 가치를 중시함 • 전문상담교사제도가 생기기를 기다림 • 심리학, 상담공부 하는 것이 재미있음 • 상담을 하고 싶어서 역량을 쌓아 왔음	'상담자'로서의 매력에 집중하여 직업을 선택함		
• 교사도 아니고 상담자도 아니고 행정보조인 느낌 • 교사인지 상담자인지 동료교사, 학부모, 학생들도 혼란스러움	상담자인가 교사인가	이상과 현실의 불일치	현상
• 상담에 대한 부담감으로 행정업무를 선호함 • '나도 전문상담교사 1급이야. 나도 상담해.'	'전문'상담교사인데 전문성이 있는가		
• 자살위기, 고위험군 아이들에 대해 조마조마한 마음이 생김 • 상담을 하면서 내가 위기에 빠져들 것 같은 느낌	위기 학생의 상담 사례에 대응하기 어려움		

• 같은 교사라면서 보상, 승진에서 다른 대우를 받음 • 하는 일은 전혀 다른데 일반교사들과 같은 기준으로 평가받음	교사라는 이름이 있지만 교사인가		
• 상담 이외의 할 일 때문에 상담할 수 없음 • 과중한 수업 참여 요구를 받음 • 학교에서 상담자의 비밀보장 준수는 어려운 듯	상담자의 역할을 기대받지만 상담자인가		
• 능력 밖이고 힘들어도 혼자 열심히 하는 수밖에 다른 대안이 없음 • 전문성을 충족시킬 만한 기회가 제공되지 않음 • 쉼이 없는 업무의 연속 • 업무의 불명확성을 과잉활동으로 보상	개인의 기대와 조직의 역할 요구 불일치		
• 일반 교과 교사들과 같은 수준의 수업 요구 • 교문지도, 급식지도, 현장학습 인솔 등 업무 요구	조직의 기대와 개인의 역할 수행 불일치		
• 선생님들의 편견. '수업 다녀올게요. 쉬세요.' • 피드백이 없음을 넘어서 무관심 • 말썽 피운 아이들에게 한자쓰기를 시키라고 데려옴 • 전문상담교사에게 요구하는 태도적 측면(희생, 배려, 양보). 일과 사람을 같은 인격체로 평가 • 편견이라는 벽. '상담은 마술이다.' • 하는 일을 알려야 하는 것도 또 하나의 일 • 전문상담교사에 대한 좋지 않은 소문을 접함 • 이전 상담교사에 대한 부정적 평가를 접함	상담, 상담교사에 대한 편견이 높음		
• 교사로서의 본연의 업무는 당연히 해야 함 • 교사로서 학생에 대한 규율에 대해 강조하는 부분이 있어야 함	교사로서의 기본(basic)을 인정함		
• 부장교사, 고경력 교사의 기대에 미치지 못함을 인정함 • 상담에 대한 자신의 기대를 낮춤 • 교사들의 높지 않은 기대를 긍정적으로 해석함	주변의 기대를 내적으로 조정함	자신의 기대와 현실에서의 요구를 조정함	작용/상호작용
• 업무배분에 민감해지고 의견을 이야기함 • 공립학교에서 3년쯤 지나면 자신의 색깔을 드러내기 시작함 • 열정의 색깔이 바뀜. '내 목소리를 내야 할 때 목소리를 내는 것'	적극적으로 나의 목소리를 내기 시작함		

• '제가 1기인데 그래 봤자 이제 겨우 8년' • 현장에서의 경험이 쌓이니까 해마다 조금씩 달라짐	한 해 한 해 경험이 축적됨		
• 개인 상담을 통해 심리적 어려움을 조정하고 삶의 과제를 해결해 나감 • 업무시간에 은행업무, 상담실 준비물 구매도 조심스러움. 오히려 자기 관리를 더 철저히 함	자기 모습을 돌아보고 자기 관리를 철저히 함		
• 임용고시를 다시 치름 • 교무실과 상담실 두 곳에서 업무를 진행함	적극적으로 환경을 조정함		
• 학교상담은 가정의학과 • 학교에서의 상담은 단회 상담 • 학생들이 제시간에 오는 것만 해도 상담의 시작 • 수퍼바이저 교수님들도 이해할 수 없는 독특한 현장. '한번 와 보시라고 그래.' • 교사들의 짐을 덜어 주는 역할	학교상담과 학교상담자의 특수성, 전문영역을 이해함	역할을 조정하고 전문성 증진을 위해 힘씀	
• 아이들의 행동특성을 파악함 • 학생들의 어려움 유형을 파악함. '친구 아니면 진로' • 학생들의 발달단계를 이해함. '중학생과 고등학생은 정말 달라요.' • 특히 중학생의 경우 학부모를 만나야 할 일이 많음	학생들의 발달단계에 따른 특성을 이해함		
• 지속적으로 연수 참여, 상담실습, 스터디, 수퍼비전, 대학원 진학, 자격증 획득 • 전일제 대학원을 마치고 들어가도 아무도 알아주지 않음 • 전문성 함양을 위해 경제적인 투자가 많은 편. '1,000만 원 들었어요.'	아무도 알아주지 않는 전문성 증진을 위해 힘씀		
• 교육의 흐름에 따라 역할을 달리함 • 너무 과하지 않게 적당한 수준으로 열심히 함 • 여러 가지를 시도하고 실마리를 잡아 가는 시기	업무의 시행착오 거치고 역할을 조정함		
• 업무적으로 얽히지 않는 소수의 교사들과 친밀감을 형성하고 지지받음	친밀감을 위해 교사들과의 관계형성에 힘씀	목적에 따라 교사들과의 관계 특성을 다르게 함	
• 선생님들과의 관계는 전문적인 관계, 일을 중심으로 한 관계 • 부장교사들에게 전략적으로 부탁을 드리고 도와드림	업무적으로 도움이 될 만한 전략적인 관계를 맺기 위해 힘씀		
• 교육의 전문가는 고경력 교사 • 무조건 선배교사들에게 절대 충성함	학교의 교사로부터 배움		

〈표 6-2〉와 [그림 6-5]를 살펴보면, 표에서 '범주' 또는 '하위범주'에 해당하는 내용이 패러다임 모형을 설명하는 내용으로 배치되어 있다. 즉, 개방코딩 결과로 도출한 '범주', '하위범주'를 연결하며 그 관계성에 기초하여 패러다임 모형을 구성한다. 이 과정이 축코딩의 과정이다. 이때, 범주를 패러다임 모형으로 구성하는 과정에서 연구자가 현상을 주어진 틀(frame)에 맞추고 있는 것은 아닌가라는 의문이 생길 수 있다. 하지만 Strauss의 근거이론이 방법론의 발달 과정에서 가장 핵심적인 토대가 되었다는 것, 그리고 해결의 과정에 초점을 두고 연구참여자의 대응 과정을 분석하는 실용주의적 관점을 가지고 있으면서, 동시에 연구자가 연구자료와 함께 상호작용하는 과정을 중시하는 방법임(변기용, 2020)을 고려할 때, 그 강점을 충분히 발휘하면서 연구를 진행할 수 있을 것이다.

Strauss와 Corbin(1990, 1998)의 패러다임에서 제시하는 각 구성요소에 대한 설명을 제시하면 다음과 같다. 크게 구분하여 보면, 참여자가 주로 경험하는 현상의 과정을 설명하는 내용(현상-작용/상호작용-결과)과 그에 영향을 미치는 조건(인과적 조건, 맥락, 중재적 조건)으로 이해할 수 있다. 한편, Corbin과 Strauss(2014/2019)에서는 패러다임의 구성요소를 조건, 작용-상호작용, 결과로 간명하게 설명하면서 이들의 식별에 유연함을 가져야 한다는 관점이 제기되기도 하였다. 하지만 이 연구에서는 인과적 조건, 현상, 맥락, 중재적 조건, 작용/상호작용, 결과를 구분한 Strauss와 Corbin(1990, 1998)에 근거하여 내용을 분석하였다. 그 내용은 다음과 같다.

인과적 조건(causal conditions): 현상 발생의 계기, 가까운 시간, 가까운 거리

인과적 조건은 어떤 현상을 일어나게 하거나 발전하도록 하는 사건으로, 즉 현상에 직접적인 영향을 미치는 사건이나 일이다. 이 연구에서는 학교 현장에 전문상담교사의 안정적인 역할 수행을 위한 시스템이 없었다는 것, 학교 조직의 풍토를 반영했을 때 학교에서 상담을 한다는 것과 관련된 어려움, 그리고 취업 동기와 관련하여 '교사'로서의 매력 또는 '상담자'로서의 매력에 집중하여 직업을 선택한 것 등이 해당된다.

현상(phenomenon): 참여자들이 경험하는 것

'전문상담교사의 적응은 무엇에 관계되는 것인가?'라는 질문에서 '무엇'에 대한 답이라 할 수 있다. 이 연구에서는 '이상과 현실의 불일치'가 도출되었고 이를 설명할 수 있는 다양한 국면이 탐색되었다. 즉, 전문상담교사가 상담자와 교사로서의 역할을 모두 감당해야 하지만 상담자로서 그리고 교사로서 각각의 역할 수행에서도 안정감을 찾지 못한 경우가 많다는 점, 전문성을 갖추었길 기대받지만 아직 전문성에 대한 자신이 부족한 경우가 많아 현직에서 고민하게 되었다는 점, 그리고 학교상담의 중요성이 강조되고 있지만, 아직도 편견이 많다는 점 등이 불일치를 야기하는 주요한 세부현상으로 설명되었다.[7]

제가 1~2년차 때에 '어 이건 뭐지 난 교사인 거 같은데 상담사도 아닌 것이 교사도 아닌 것이…. (참여자 10)

뭐하고 있지? 교사도 아니고 상담자도 아니고 행정 보조 같은 느낌이 들죠. 애가 와요. 그러면 하던 일이 더 급한 거예요. 그럼 부장님이 너 가. 저의 의사도 묻지 않고 애들을 보내시기도 하고. (참여자 8)

저도 여기 처음 왔을 때. 교사인지 상담사인지 모르고 말씀 좀 함부로 하는 분들도 계셨고. 그런 거를 잘 견디시기가 힘들면 힘들어하시는 것 같고…. (참여자 8)

부담스러워요. 그냥 보건교사처럼 상담교사 이러면 좋겠어요. 왜냐하면 너무 과한 것 같아요. 전문이라는 게 사실 전문 아닌데…. 상담심리전문가도 슈퍼바이저급 돼야 붙여 주잖아요. 그런데 그게 되게 부담스럽더라구요. 저는 그냥 상담교사라고 이야기해요. (참여자 8)

수학교사의 전문성은 영어 선생님이 어떻게 함부로 못하지만 일반교사가 상담교사의 전문성을 넘볼 수 있는…. (참여자 7)

수련을 한 번도 해 보지 않고 보고서 하나 쓸 줄 모르는 그런 상담교사들이 학교에 들어가려니까, 전문성이 없으니까 그냥. 할 수 있는 게 없으니까 들어온 걸 하게 되는 거고. (참여자 1)

맥락(context): 현상의 발생과 패러다임 전체에 기여한 상황

전문상담교사가 학교에 적응한다는 것은 한 개인의 직업 적응 문제를 벗어나 학교와 가정, 사회, 상담문화 등 전체적인 체제적 관점에 기반을 둔 과정이다. 즉, 이러한 현상이 발생하는 배경이 되는 것으로 학교 조직의 특성, 상담이라는 학문이 가지고 있는 위

---

7) 근거이론적 접근에서 연구결과를 제시할 때, 패러다임 모형의 각 구성요소에 대한 설명과 함께 참여자들의 의미 있는 응답 내용을 함께 제시한다. 현재 원고에서는 지면관계상 '현상'에 해당하는 내러티브 일부를 포함하였다.

상, 학교폭력 예방을 위한 상담의 필요성 부각 맥락, 전문상담교사제도 자체가 초기 단계에 있다는 것, 그리고 한 개인의 성장 과정에서 상담 관련 경험이라는 보다 장기적이고 거시적인 관점의 요인들이 해당된다. 〈패러다임 모형의 그림에서 맥락을 표현하는 박스는 점선으로 표기하고 화살표 역시 점선으로 표기했다. 이는 '맥락'은 현상에만 영향을 미치는 것이 아니라 전체 직업 적응과정에 영향을 미치는 영향 요인임을 표현해 보려던 노력이었다.〉

중재적 조건(intervening conditions): **현상으로 나타난 '불일치'의 해결에 개입된 요인**

중재적 조건은 특정한 전후 관계 안에서 취해진 작용/상호작용 전략을 조장하거나 강요하도록 하는 조건으로, 작용/상호작용 전략을 촉진하거나 방해하는 역할을 해서 결국 결과에 영향을 미친다. 이 연구에서 작용/상호작용 전략과 결과에 영향을 준 중재적 조건은 개인 변인, 관계적 변인, 체제적 변인으로 분류할 수 있다. 개인 변인은 개인의 성격, 그동안의 이력, 꿈과 비전 등의 요인과 상담자와 교사로서 직업의 의미를 찾고 보람을 찾아 나가는 요인을 들 수 있다. 관계적 변인은 관리자, 부장교사, 학교 외부의 전문상담교사 커뮤니티 등 관계를 통해 업무를 조율하고 심리적으로 지원받는 데 영향을 준 요인이며, 체제적 변인은 한 개인이 전문상담교사로 적응해 나가는 동안 전문상담교사제도 자체도 일정 부분 발전하게 되면서 서로 상승 효과를 발휘하는 요인이라고 할 수 있다. 그중에서도 상담을 통해 학생들의 변화를 감지하는 등의 인상적인 순간들은 전문상담교사라는 직업에 적응해 나가는 데 중요한 영향요인이 된다.

작용/상호작용(action/interaction strategies): **현상으로 나타난 '불일치'의 해결을 위한 전략과 반응의 변화**

작용/상호작용의 전략에서 비롯된 이론의 정립은 근거이론의 핵심이라 할 수 있다. 작용/상호작용의 구성요소는 다시 그 상호작용에 영향을 미치는 등 연속적이고 상호적이다. 또한 작용/상호작용은 참여자들이 겪는 시행착오일지라도 그 자체로서 의미를 지닌다.

이 연구에서는 개인 내적인 측면과 외적이고 행동적인 측면으로 작용/상호작용을 구분하였다. 우선, 개인 내적인 측면에서는 자신의 기대와 현실에서의 요구를 조정하는 것으로 교사로서의 기본을 인정하는 것이나 주변의 기대를 내적으로 조정, 또는 점차 자신의 목소리를 내기 시작함 등과 같은 세부 내용이 있다. 외적이고 행동적인 측면에서는 크게 역할, 전문성이라는 업무적 측면과 교사들과의 관계적 측면이 나타났다. 역할의 측면에서 전문성은 지속적으로 중요한 키워드인데 학교상담의 전문영역을 이해하고 학생들의 발달단계를 이해하는 것 역시 상담 자체의 전문성 못지않게 중요한 부분이라 할수 있다. 그리고 교사들과의 관계 측면은 학교 조직에 적응하는 개인적인 차원뿐만 아니라 상담 업무를 추진하기 위한 전략적인 관계 형성의 관점에서도 중요한 부분이다.

결과(consequences): 현상으로 나타난 '불일치'의 해결을 위한 작용/상호작용의 결과

작용/상호작용 전략은 그에 따른 결과를 가져온다. 이 연구에서는 일정 부분에 대한 역할이 안정되고 전문성 획득, 심리적인 안정감, 인식의 변화라는 긍정적인 결과가 감지되었다. 또한 아직 남은 해결과제가 있다는 제도에 대한 제언과 특히 상담자로서의 전문성은 완벽함이 없어서 지속적으로 노력해야 한다는 '상담자'라는 직업의 특성이 결과로 정리되었다. 특히 현상으로 나타났던 '역할에 대한 불일치'로 인해 야기된 어려움들은 학교상담자로서의 고유한 역할이 안정되기 시작하고 개개인이 상담 및 교육에의 전문성을 획득하면서 '정체성의 획득'이라는 표현으로 자연스럽게 이어졌다.

참여자들의 모습을 고려할 때, 전문상담교사의 직업 적응과정은 각 개인에게 서로 다른 속도와 방향으로 나타나서 직업 적응의 결과 자체를 유형화하기 어려운 경향이 있다. 하지만 자신의 업무에 안정되고 만족도가 높은 조화와 일치라는 적응의 상태와 현재 상태에 대한 불만족, 소진 등으로 인한 부조화와 불일치의 과정을 겪고 있는 상태가 주기적으로 반복되거나 같은 시간에 공존할 수 있다는 사실을 고려한다면 이러한 다양한 결과는 오히려 자연스러운 과정으로 간주할 수 있다.

실제 연구의 과정에서는 이러한 패러다임 요소의 설명에 참여자의 내러티브를 생생하고 자세하게 담아낸다. 그리고 이러한 참여자들의 이야기 속에서 연구자들이 궁금해하는 이론화 과정의 구성요소를 찾아낼 수 있다. 다음은 이러한 패러다임을 그림으로 종합한 것이다.

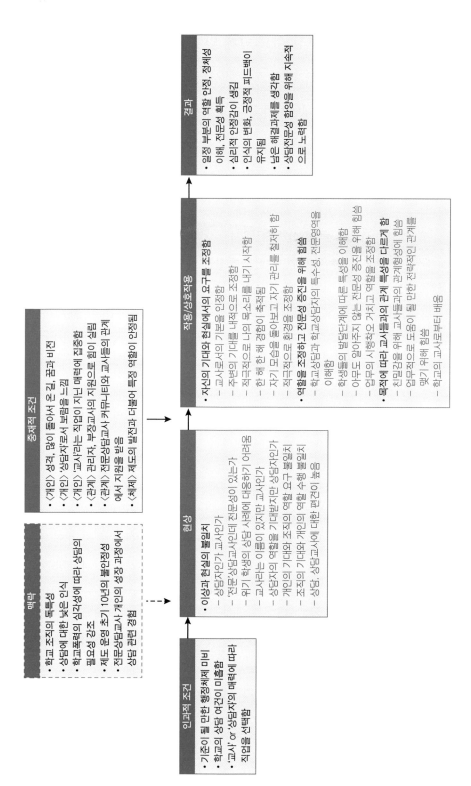

[그림 6-5] 전문상담교사의 직업 적응과정에 대한 패러다임 모형

2) 전문상담교사의 직업 적응과정 주요 단계 및 유형

축코딩의 단계 중 과정분석은 과정과 구조의 상호작용을 설명하는 단계이다. 근거이론에서는 이러한 '과정'을 단계로 개념화하거나, 융통성 있고 유동적인 작용/상호작용으로 개념화할 수 있으나(Strauss & Corbin, 1990), 이 연구에서는 과정분석을 단계로 개념화하였다. 또한 단계를 거쳐 가는 연구참여자의 특성을 고려하여 유형을 함께 설명하였다. 단, 각 유형은 서로 배타적으로 구분될 수 있는 것이기보다는 서로 다른 강 · 약점을 지니는 프로파일의 의미로 이해할 때, 보다 자연스러운 적용이 가능하다. 참고로, Strauss와 Corbin(1990, 1998)의 분석에서는 사례의 다양성을 고려하는 것을 선택코딩 단계에서 설명한다. 하지만 현재 연구에서는 과정분석의 결과를 모든 연구참여자가 경험하는 것이라고 표현하기에 어려움이 있어 이를 유형에 따라 단계의 설명을 달리하는 방식으로 통합하여 제시하였다. 구체적으로, 과정분석을 할 때에는 앞서 도출한 범주표와 패러다임 모형을 활용하게 된다. 예를 들어, 범주와 하위범주의 내용 중에서 시간적 흐름의 연속적 과정을 나타내는 일련의 범주를 확인하여 무비판적인 수용의 단계, 갈등, 새로운 선택과 집중, 안정화에 이르는 단계를 설명하였다.

이 연구에서 도출된 주요 유형 구분의 내용을 학위논문에 기초하여 제시하면 다음과 같다.

전문상담교사의 직업 적응과정은 교직전문성 추구형과 상담전문성 추구형의 두 가지 상위유형으로 정리될 수 있다. 이러한 유형의 차이는 전문상담교사라는 직업을 선택한 동기와 자신의 주요한 역할을 무엇이라 인식하고 있는가의 차이에서 비롯된다. 즉, 교직전문성 추구형은 경제적인 필요와 직업의 안정성이라는 외재적 동기를 직업선택의 이유로 고려하였고 학교에서 관계를 중심으로 교사의 역할을 잘 감당하여 조직의 일원으로 빠르게 흡수되는 등 현실에서의 조화와 일치를 추구한 경우이다. 그리고 상담전문성 추구형은 상담에 대한 열정이 높고 치료적인 상담을 구현하려는 내재적 동기가 높아 상담자로서의 전문성을 지속적으로 추구하는 등 자신의 이상을 유지하며 적응하는 유형이다.

교직전문성 추구형은 교사의 지위에 주로 의미를 부여하고 조직의 요구에 부응하는 만족과 충족을 모두 나타내는 경우로 정리될 수 있으며 상담전문성 추구형은 상담자로서의 역할기대가 매우 크며 자신의 상담전문성 함양을 통해 스스로 만족을 얻고 직업의 가치를 찾는 것으로 보인다. 교직전문성 추구형의 하위유형으로는 '변화주도

형', 경험통합형', '순응형'과 '타협형'의 네 가지 유형이 나타났으며 상담전문성 추구형
은 다른 하위유형이 분류되지 않았다.

구체적으로, 교직전문성 추구형과 상담전문성 추구형의 적응과정을 설명하는 단
계는 각각 4단계로 구분되었다. 교직전문성 추구형과 상담전문성 추구형의 각 첫 단
계는 '무조건적 수용 단계'와 '열정 단계'로 단계명이 구분되었지만 이후의 단계는 '갈
등 단계', '선택 및 집중 단계', '안정 및 개별화 단계'라는 같은 이름으로 명명되었다.
하지만 각 유형에 따라 각 단계의 실제적인 의미에는 차이가 있다. 또한 이러한 단계
구분은 재귀적 · 순환적일 수 있다.

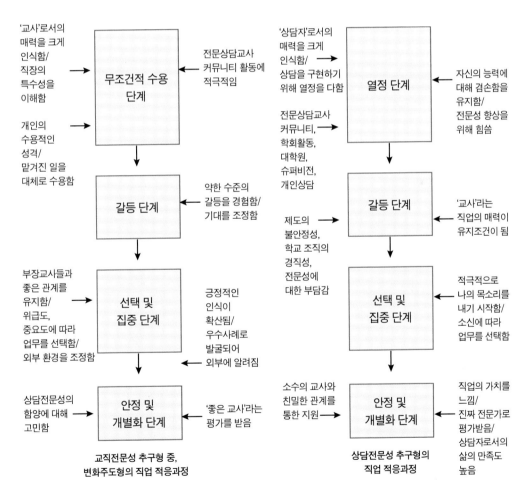

[그림 6-6] 교직전문성 추구형, 상담전문성 추구형 참여자의 적응과정 예시

앞서 설명한 전문상담교사의 직업 적응과정을 통합하여 제시하면 [그림 6-7]과 같다. 적응과정에서 참여자가 경험하는 '현상'은 '이상과 현실의 불일치'이다. 현상으로 나타난 불일치는 개인과 학교 조직, 제도의 영향요소가 복합적으로 작용하여 발생한 것이다. 이러한 불일치를 어떻게 경험하느냐는 유형에 따라 다르며 이 직업을 선택한 주요 동기와 역할에 대한 인식과 관련이 있다. 이 연구에서 나타난 상위유형인 교직전문성 추구형과 상담전문성 추구형은 불일치의 강도를 강하게 또는 약하게 지각한다는 면에서 차이가 있으며 각각 '무조건적 수용-갈등-선택 및 집중-안정 및 개별화' 또는 '열정-갈등-선택 및 집중-안정 및 개별화'의 적응단계를 거쳐 자신이 이해한 '적응'에 이른다.

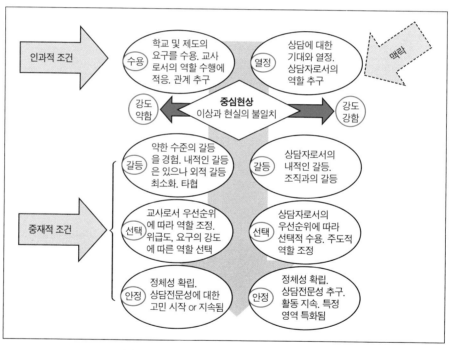

[그림 6-7]　전문상담교사의 직업 적응과정

3) 전문상담교사 직업 적응과정 핵심범주와 적응과정 이론

선택코딩 단계에서는 분석의 차원을 '이론'으로까지 발전시킨다. 구체적으로 참여자들의 이야기 윤곽(story line)을 정리하고, '핵심범주(core category)'를 도출한다. 여기서 핵심범주란 '연구에 표현된 주요 아이디어를 몇 마디로 요약할 수 있을 정도로 충분히 광범위하고 추상적으로 정리한 개념'(Corbin & Strauss, 2014/2019)으로, 결국 '무엇에 관한 연구인가'에 대한 답이다. 이 과정에서 통합이 이루어져야 하는데, 가장 고차원적이고 추상적으로 사고하는 과정이 필요하다.

다음으로 적응과정 이론은 핵심범주를 중심으로 범주 간의 전후 관계가 어떻게 만들어지고 연결되는지에 대한 가설적 상관관계를 설명한(박승민 외, 2012) '가설적 관계진술'로 정리될 수 있다. 이러한 가설적 관계는 근거이론을 통한 초기 이론을 구축한 이후에 정량적인 연구를 실시하는 근거를 제공한다. 구체적으로, 이 연구에서 가설적 관계진술의 도출을 위해서 범주 사이의 시간적 흐름, 일련의 과정에 영향을 미치는 조건 사이의 상관 및 인과 관계를 예측하였다.

〈학위논문 내용 중 발췌〉

(1) 핵심범주: '무엇에 대한 연구인가'

전문상담교사들의 직업 적응과정을 정리해 본 결과 '전문상담교사의 역할에 대한 상호합의와 전문성 함양을 통해 직업정체성을 형성해 나감'을 '전문상담교사의 직업 적응'의 개념으로 정의하였다. 핵심범주의 속성과 차원은 〈표 6-3〉과 같다.

〈표 6-3〉 핵심범주의 속성과 차원

핵심범주	속성	차원
전문상담교사의 역할에 대한 상호합의와 전문성 함양을 통해 직업 정체성을 형성해 나감	상호합의의 수준 전문성 함양의 수준 직업정체성의 형성 수준	높다-낮다 높다-낮다 높다-낮다

첫 번째 속성인 '상호합의의 수준'은 전문상담교사가 학교에 들어가서 적응하는 동안 전문상담교사가 조직문화 풍토에 적응하고 학교 조직 역시 전문상담교사라는 새로운 일원을 수용하는 과정에서 상호 간 합의와 이해를 통해 적응에 영향을 미친 것으로, 상호 이해와 합의의 수준이 높음과 낮음의 차원으로 나타났다.

두 번째 속성인 '전문성 함양의 수준'은 전문상담교사가 학교 조직 내에 있는 다른 교사들과는 차별적으로 부각되는 내용이라 할 수 있다. 전문상담교사는 상담자로서의 전문성에 대해 지속적으로 고민하는데 이를 위해 실제적으로 얼마나 노력하는지, 구체적으로 행동으로 옮기는지 등의 수준에 따라 높음, 낮음의 차원으로 구분되었다.

마지막으로, '직업정체성의 형성 수준'은 적응의 결과로 나타나는 특성을 포괄하는 것으로 학교에 대한 이해, 학생에 대한 이해, 교사에 대한 이해, 그리고 전문상담교사라는 직업에 대한 이해 등이 통합되어 전문상담교사라는 독특한 직업정체성을 형성하는 것이다. 이러한 직업정체성의 형성 수준 역시 각 개인에 따라 높고 낮음의 차이가 있는 것으로 정리되었다.

(2) 가설적 관계진술: 전문상담교사의 직업 적응과정 이론

전문상담교사의 직업 적응과정에 대한 가설적 관계진술은 개인 내적 측면, 상호작용 측면, 그리고 외부 환경의 세 가지 측면에서 기술하였다.

〈1〉 개인 내적 측면(일부 발췌)
• 개인의 성격특성은 전문상담교사의 직업정체성 형성에 영향을 미친다.
① 수용성이 높을수록 직업정체성 형성에 긍정적인 영향을 미친다.
② 호기심이 높을수록 직업정체성 형성에 긍정적인 영향을 미친다.
③ 인내심이 높을수록 직업정체성 형성에 긍정적인 영향을 미친다.

〈2〉 상호작용 측면(일부 발췌)
• 교사들과의 관계 추구 적극성은 전문상담교사의 직업정체성 형성에 영향을 미친다.
① 교사들과의 관계를 적극적으로 추구할수록 직업정체성 형성에 긍정적인 영향을 미친다.
② 교사들과의 관계를 소극적으로 추구할수록 직업정체성 형성에 부정적인 영향을 미친다.

〈3〉 환경적 측면(일부 발췌)
• 학교 조직 구성원의 상담에 대한 인식은 전문상담교사의 직업정체성 형성에 영향을 미친다.
① 학교 조직 구성원의 상담에 대한 인식이 긍정적일수록 직업정체성 형성에 긍정적인 영향을 미친다.

② 학교 조직 구성원의 상담에 대한 인식이 부정적일수록 직업정체성 형성에 부정적
인 영향을 미친다.

4. 논의 및 제언 기술하기

Q: 본인 연구가 상담학 연구 분야에 기여한 부분은 무엇인가요?

먼저, 학교상담자 인적 자원 자체에 대한 관심을 촉구하는 데 (미약하지만) 일조했다고
생각한다. 전문상담교사 자체에 관심을 두고 이들을 직접 대면하는 연구과정은 필자에
게도 통찰을 주었고, 필자 스스로 학교상담에 대한 발전방향을 고민하고, 학교상담 영역
에 대한 지속적인 연구를 할 수 있는 동기를 불러일으켰다.

박사학위논문의 주제에서 전문상담교사의 쟁점을 다룬 이후에도 학교상담에 대한 관
심을 유지하며 학교상담 영역, 특히 인적자원에 관련된 연구 맥락을 이어 가고 있다. 앞
으로도 학교상담, 전문상담교사, 진로전담교사, 담임교사의 상담 역량 등에 대해 관심을
갖고 연구를 지속해 나가려고 한다.

둘째, 전문상담교사라는 새로운 직업인의 직업 적응을 설명하는 초기 이론을 구축하
는 데 도움이 되었다고 생각한다. 이러한 이론의 구축은 가변적이고 계속적으로 다듬어
져야 하는 것이지만, 이러한 일련의 과정이 향후 전문상담교사의 발달 이론을 구축하는
데 도움이 될 것이라는 기대가 있다.

Q: 앞으로 이 분야 연구를 하기 위해 후속 연구자들이 유념해야 할 부분은 무엇인가요?

학교상담에 관여하는 인력이 다양하다. 일례로, 현재 연구에서 관심을 둔 '전문상담교
사'도 있지만 '전문상담사' 인력은 또 다른 특징을 지닌다. 이와 관련하여 이 연구의 참
여자 표집에서 비교군의 직업 만족도가 상대적으로 낮았던 것을 들 수 있다. 그리고 국
내 학교상담 체계인 Wee project를 들여다보면 class, center, school 등 전문상담교사가
근무하는 환경에 따라 이들의 적응 및 발달은 다른 양상을 보일 것으로 예측할 수 있다.

따라서 이 분야의 연구를 수행하기 위해서는 학교상담 내부의 대상 및 환경 특수성을 고려해야 한다. 또한 구체적인 연구문제 설정 이전에 학교상담 현장의 상담자들을 직접 만나서 이들의 최근 쟁점과 현장의 특성을 미리 파악하고 문헌분석을 통해 이미 연구된 주제와 이후에 연구가 필요한 주제를 확인하는 과정이 필요하다.

다음으로 외부의 연구자로서 학교 조직에 있는 참여자를 만나고 해당 조직에 들어가서 연구를 수행하는 것이 쉽지 않은 과정이다. 연구자의 관점에서는 현재 연구가 너무 소중하지만, 연구가 미치는 영향력은 너무 작아 보이고, 이 연구가 학교상담의 중요성을 강조하는 맥락이 되거나 전문상담교사 인력에 관심을 불러일으킬 수 있을 것이라는 장기적이고 잠재적인 성과는 눈에 잘 보이지 않기 때문이다. 그럼에도 전문상담교사의 인력 특성상 다른 사람의 일을 잘 돕고자 하는, 그리고 스스로 현직에서의 고민을 해결하고 성장하고자 하는 내적 동기가 있었기에 연구 수행이 가능했다. 따라서 연구 수행 과정에서 필자가 스스로 연구의 의의 및 가치를 되새기고, 참여자에 대한 믿음을 갖는 것이 장기적인 연구 수행 과정에서 집중력을 유지하게 하는 힘이 된다고 생각한다.

마지막으로, 학교상담 영역의 중요성을 인식하는 많은 연구자가 이 분야의 연구를 수행하고, 학교 현장의 상담자들 역시 주도적인 연구자 및 연구참여자가 되려는 노력을 지속적으로 해 나간다면, 현장을 이해하는 연구자, 연구력이 있는 상담자로 성장할 수 있을 것이다.

전문상담교사의 직업 적응과정을 주제로 연구를 수행한 지 약 8년이 지난 지금의 생각은 이러하다.

학교상담에 대한 평가는 이전과 사뭇 다른 것으로 체감된다. 최근에 진행 중인 다른 연구 맥락에서 현직 교사들을 만나 보면, 학교 현장에서 전문상담교사, 학교상담실의 중요성에 대한 공감대가 어느 정도 형성되어 있다는 것을 느낀다. 그리고 많은 이가 학교상담자에게 고마움을 표현하고, 이들의 역할이 얼마나 중요한지, 이들이 얼마나 어려운 사례들을 다루어 주는지 이야기하는 것을 들으면 반가운 마음이 가득하다.

이러한 긍정적인 변화의 원인이 무엇이었을까 생각해 보니, 결국은 학생의 위기사례가 증가하면서 학교상담실의 중요성이 높아지고, 학교상담자들 역시 이러한 시대적 요구, 각 학교와 교사 및 학생들의 요구에 능동적이고 열정적으로 대처했기 때문이라 생각한다. 물론 이 모든 것은 전문성을 전제로 해야 한다.

　또한 최근에 이르기까지 여러 연구자가 학교상담과 전문상담교사에 대해 연구를 수행하여 학계의 인식을 달리하는 데 영향을 미친 것도 이러한 변화에 일조하지 않았을까 생각해 본다. 이번에 소개한 연구가 전문상담교사의 적응을 중심으로 하는 초기의 발달을 다루었다면 이제는 이들의 더 적극적인 발달과 우수한 사례를 밝혀내는 데에 관심을 기울여야 할 시기라고 생각한다. 그리고 여러 연구자가 이미 그러한 관점에서 연구를 수행하고 있는 것을 살펴볼 수 있다.

　앞으로도, 학교상담의 중핵으로 자리 잡은 우수한 전문상담교사의 역할 수행을 살펴보고, 전문상담교사 선발 및 양성, 재교육에 대한 시사점을 도출하려는 노력이 지속적으로 이루어지길 기대한다. 또한 학교상담에 대한 성과 평가의 관점을 고려한 다양한 연구가 함께 수행되어 학교상담자의 중요성을 널리 알리는 노력 역시 지속되길 기대한다. 그리고 학교상담 장면에서 공존하고 있는 전문상담사의 적응을 둘러싼 여러 논란을 함께 살펴보고, 학교상담자로서 함께 성장할 이들을 지원하기 위한 방안, 진로 및 취업 지원의 관점에도 관심을 기울여야 한다.

〈부록〉 분석 과정을 설명하는 몇 가지 장면 소개

자료 분석 과정	필자의 설명
	녹음파일을 전사한 한글은 모두 출력하여 몇 권의 스프링 책으로 묶었다. 한글 자료의 편집 시에 오른쪽에 조금 더 여백을 두고, 단면 출력하여 필자가 추가로 메모할 수 있는 공간을 확보하였다. 최근 오프라인 자료보다 컴퓨터 화면상에서 분석을 수행하거나 Nvivo 프로그램 등의 분석 프로그램을 활용할 수도 있지만 이는 역시 필자 개인의 선호도에 따른 선택 사항이다(혹시 영어를 주요어로 사용하여 연구를 진행한다면, Nvivo의 강점을 보다 잘 활용할 수 있을 것이라 생각한다).
	원자료를 한 줄 한 줄 읽어 가며 연구질문과 연관되는 내용에 밑줄 긋고 이를 필자가 개념적으로 이해한 내용을 [ ] 안에 표기하는 방식으로 자료를 정리하였다. 이러한 기초작업을 한글 파일 내에서 실시하여 수작업을 줄이는 것도 방법이 될 수 있다. [참고로 최근에 근거이론 방법을 활용한 연구 수행 과정에서는 이전보다 더 큰 의미 단위(예: 문장, 문단)를 기초로 분석을 실시하여 수많은 작은 개념 대신 '의미'를 더 이해하려는 노력을 기울이고 있다.]

참여자번호	개념	하위범주
1	우리나라 상담에서는 우리나라 문화적 차이에 대한 인정 필요	우리나라 문화적 특성 고려
10	아이들의 수가 감소하여 신규교사 채용의 줄어듦	출산율 감소로 교사 채용도 점점 감소함
12	학교 자체의 전통적인 분위기, 경직성, 보수적	
11	학교는 공부가 우선(인문계고)	
8	업무배분이 불공정함	학교의 특성
2	일관성의 지켜지기 힘듦, 융통성이 필수	
7	학교에서는 교사라는 타이틀이 중요, 교사인지 아닌지	
10	교사라는 직업의 특수한 직업인지는 별로써 직장인은 아니라고 생각	교사는 일반직장인과 다른 직업 의식이 있음
8	학교안의 상담 및 진로상담 관련 다양한 인적자원이 있음(진로진학상담교사 내에 상담관련 인적자원	학교 내에 상담관련 인적자원
2	청소년건강증진을 위한 상담	상담의 시대적 흐름
1	상담 자체의 인식도 아직 낮은 편	상담영역의 위상이 아직도 낮은 편
1	전문상담교사이시면, 제도 상담해주세요	상담에 대한 기대
1	상담은 수련이 필요한 영역	
1	최소한의 학력 요건 필요	
1	전문적인 자격검증이 필요함	상담영역 자체의 특성
32	상담록은 유난히 항상 부족하다는 생각	
32	공부 한 만큼 알아주지 않을 싶었음	
	학교폭력	
1	학교교육에 대한 대책 마련의 중요성 부각	학교폭력에 대한 대책 마련의 중요성 부각
1	학교상담 관련 법의 부재	학교상담 관련 법의 부재
1	학교상담 윤리 규정의 애매함	학교상담 윤리 규정의 애매함
20	국내 환경에 맞는 학교상담 모델이 부재	
20	업무 지침이 없음	학교 상담자의 업무를 위한 제반 여건 없음(외부, 평
20	행정 지시형 업무	
1	인력 수급 정책에 관한 소문을 접함	
1	여교 일치 모르는 상황에 대한 불안감	
1	정책이 이행이 제한됨	전문상담교사 제도의 불안정성
5	다른 비교과교사와의 묘한 경쟁	
5	직장을 포기할 돌아왔지만 다시 한번 임용 시험을 포기하는 사람들	

줄분석을 실시한 자료를 다시 엑셀에 옮겨서 정리를 하였다. 그런데 자료가 너무 많다 보니 생각이 정리되지 않고 떨어져 있는 자료를 통합하기에 어려움이 있었다. 그래서 결국은 이 자료를 개념을 기준으로 출력하여 실제적인 분류 활동을 시작하게 되었다. 이 방법 역시 필자 개인의 선호도에 따른 선택 사항이다. (하지만 이러한 출력 및 직접 분류 작업은 이후의 연구에서는 수행하기 쉽지 않았다. 박사학위논문의 절박함과 질적 연구 경험이 부족했던 필자의 위기 의식이 이러한 수행 과정을 가능하게 했던 것 같다.)

각 개념을 유사한 쪽에 모으고, 해당 묶음이 유사하다고 인식한 이유를 설명하는 내용을 머릿속에서 정리한 후, 포스트잇에 작성하였다. 이것이 이후에 하위범주의 기초 자료가 되었고, 이보다 상위 내용이라 생각되는 것은 다른 색 포스트잇에 표기하여 위계의 수준을 표현하며 분석하였다.

자료에 대한 기초 분류가 되고 나니 이 자료를 어느 정도 고정하며 배치할 공간이 필요했다. 이를 위해 전지를 활용하여 해당 내용을 배치하고 범주명을 다시 정리했다.
그리고 인과적 조건, 현상, 맥락, 중재적 조건, 작용/상호작용, 결과라는 패러다임 구성요소를 고민하기 시작했다.

2014. 4. 2. 분석 자료 중 발췌

패러다임의 각 요소에 포함될 수 있는 내용에 대한 고민을 일정 기간 진행한 후, 이들을 패러다임 모형으로 구체화하기 시작했다. 각 참여자별 패러다임을 만들어 보기도 하고, 다시 전체로 통합해 보고, 자료에서 떠나 필자의 머릿속에 남겨진 자료만으로 패러다임 모형을 다시 그려 보기도 하였다. 왼쪽의 그림은 자료분석 중간에 자료를 보지 않고 머릿속의 생각들을 표현해 보았던 내용으로 기억한다. 아직, 현상을 무엇이라 명명할지 작용/상호작용을 어떻게 이해할 수 있을지 생각이 간명하게 정리되지 않은 상태이다.

참고문헌

강완, 장윤영, 정선혜(2011). 수학 수업 발문유형 분석 및 대안 탐색: 신임 교사 사례 연구. 초등수학교육, 14(3), 293-302.

금명자, 정경미, 이미숙(2009). 전문상담교사의 상담활동과 직무만족도. 중등교육연구, 57(3), 113-132.

김인규(2009). 전문상담교사제도 발전방안 연구. 상담학연구, 10(1), 517-534.

김지연(2014). 전문상담교사의 직업 적응과정 연구. 서울대학교 대학원 박사학위논문.

김지연(2018). 국내 상담학 분야의 질적연구 동향 분석: 상담학연구, 상담 및 심리치료학회지 게재 논문 분석(2013년~2017년). 질적탐구, 4(2), 131-168.

김지연, 김동일(2015). 전문상담교사의 직업 적응과정 연구. 상담학연구, 16(1), 73-93.

김혜숙, 이기학(2012). 전문상담교사 경력 단계별 연수 요구에 대한 개념도 연구. 한국심리학회지: 학교, 9(3), 505-528.

박근영, 임은미(2014). 전문상담교사의 소진경험에 대한 개념도 연구. 중등교육연구, 62(1), 171-198.

박승민, 김광수, 방기연, 오영희, 임은미(2012). 근거이론 접근을 활용한 상담연구과정. 서울: 학지사.

박은미(2012). 시각장애인 활동보조인의 복지제도 변경 전·후의 직무만족도 분석. 영남대학교 교육대학원 석사학위논문.

배인수, 이윤주(2011). 전문상담교사와 일반상담교사 배치 학교 학생들의 학교상담에 대한 인식. 상담학연구, 12(6), 2201-2233.

변기용(2020). 근거이론적 방법: 현장 기반 이론 생성을 위한 질적연구. 서울: 학지사.

서문희(2011). 전문상담교사의 처우만족과 심리적 안녕감 및 소진의 관계. 이화여자대학교 교육대학원 석사학위논문.

서지영(2011). 전문상담교사의 역할 수행에 대한 스트레스가 소진에 미치는 영향: 자기효능감과 사회적 지지의 조절효과. 한국교원대학교 대학원 석사학위논문.

이성혜(2009). 전문상담교사에 대한 고등학생의 역할기대와 역할수행 지각 연구. 강원대학교 교육대학원 석사학위논문.

이지희, 김희대, 이상민(2012). 전문상담교사의 전문성 증진을 위한 교육요구분석. 상담학연구, 13(1), 193-214.

이현아, 이기학(2009). 전문상담교사의 직무스트레스요인과 직무만족도, 심리적 소진의 관계. 한국심리학회지: 학교, 6(1), 83-102.

장재윤(2010). 직무만족과 직무에서 경험하는 정서간의 관계: 빈도 가설과 긍정성 비율 가설의 비교. 한국심리학회지: 산업 및 조직, 23(2), 275-295.

조영희, 허승희(2007). 전문상담교사의 역할수행 및 처우에 대한 만족도. 부산교육학연구, 20(1), 137-152.

진해영(2007). 중등학교 학생들의 상담인식에 기초한 학교상담 활성화 방안: 전문상담교사 양성과 관련하여. 숙명여자대학교 교육대학원 석사학위논문.

최상근(2011). Wee 프로젝트 운영 성과분석 및 발전계획 수립 연구. 서울: 한국교육개발원 수탁보고서.

홍수지, 장재윤, 김근영(2012). 하루 동안의 개인 내적 정서 변산성과 직무만족 및 삶의 만족간의 관계. 한국심리학회지: 사회 및 성격, 26(2), 117-136.

Birks, M., & Mills, J. (2015). *Grounded theory: A practical guide* (2nd ed.). (공은숙, 이정덕 역). 서울: 학지사메디컬. (원저는 2015년에 출판).

Corbin, J. M., & Strauss, A. L. (2019). *Basics of qualitative research: Techniques and procedures for developing grounded theory* (4th ed.). (김미영, 정승은, 차지영, 강지숙, 권유림, 김윤주, 박금주, 서금숙 역). 서울: 현문사. (원저는 2014년에 출판).

Guba, E. G., & Lincoln, Y. S. (1981). *Effective evaluation: Improving the usefulness of evaluation results through responsive and naturalistic approaches*. San Francisco, CA: Jossey-Bass.

Strauss, A. L., & Corbin, J. M. (1990). *Basics of qualitative research: Grounded theory procedures and techniques.* NY: Sage.

Strauss, A. L., & Corbin, J. M. (1998). *Basics of qualitative research: Techniques and procedures for developing grounded theory* (2nd ed.). CA: Sage.

제 7 장

상담자가 인식한 청소년 인터넷중독 증상:
개념도 방법을 중심으로[1]

개요

이 장은 청소년 인터넷중독에 대한 상담자의 인식을 주제로 연구한 박사학위논문[2]의 작성 과정을 기술하였다. 이 연구는 청소년 인터넷중독의 증상을 탐구하기 위하여 상담자의 인식을 개념도 (concept mapping)의 연구방법으로 살펴보았다. 이 장의 구성은, 첫째, 연구자가 연구주제를 선정하고 구체화한 과정, 둘째, 연구주제에 적합한 방법론을 탐색하고 선정하기까지의 과정과 선정된 연구방법인 개념도의 구체적인 활용 방법, 셋째, 연구결과와 연구의 의의를 포함하였다. 각 과정에서 박사학위논문 작성 중의 시행 착오와 주관적인 경험과 생각들이 포함되었다.

---

1) 이 장의 내용은 이윤희(2016)의 박사학위논문 중 일부를 발췌, 인용, 재구성하여 작성하였다.
2) 이윤희(2016). 상담자가 인식한 청소년 인터넷중독 증상: 개념도 방법을 중심으로. 서울대학교 대학원 박사학위논문.

1. 연구주제 잡기

1) 연구주제 탐색 방법

Q: 대학원 생활 동안 관심을 가진 주제는 어떤 것이었나요?

박사학위논문의 주제인 '인터넷중독'은 석박사학위과정을 시작하기 전부터 나의 개인적 어려움에서 시작된 관심사였다. 석사과정을 미국의 외딴 시골 대학에서 밟았는데 마땅히 외국 생활과 학업에서 오는 스트레스를 해소할 곳이 없었던 차에 인터넷 게임에 빠져들게 되었다. 마약이나 알코올처럼 어떤 물질이 투입된 것도 아닌데 내 자신이 이렇게 중독적으로 빠져드는 것이 신기하게 여겨졌고, 그때부터 나의 중독적(?) 경험을 발판 삼아 '인터넷중독', '게임중독'의 주제를 탐색하기 시작했다. 일상생활에 저해가 될 정도로 게임이나 인터넷에 빠져드는 과정이 물질중독과는 다른 행위 중독의 형태로 분류될 수 있다는 것을 알게 되었고, 나 자신의 행위를 분석하면서 이 주제에 흥미를 갖게 되었다.

박사과정을 시작하기 전에 한국청소년상담복지개발원에서 약 3년간 근무를 하였는데 이때 청소년 인터넷중독 관련 프로그램인 '11박 12일 청소년 인터넷중독 RESCUE School'을 담당하면서 실제 인터넷 사용문제를 가진 청소년들을 만나게 되었다. 이 무렵 청소년의 인터넷 사용문제가 사회의 주요한 이슈로 부각되었고, 이 프로그램은 청소년 인터넷 사용문제를 정의할 수 있는 개념은 없었지만 중독이라 불릴 만큼 심각해지던 때에 개발된 최초의 장기치료 청소년 프로그램이었다. 인터넷 사용문제를 중독이라고 지칭할 수 있을까 하는 인터넷중독 개념에 대한 관심이 생겨난 것은 처음 이 업무를 담당했던 해의 참가 학생 중 한 명이 한 말에서 비롯되었다. 그 학생은 캠프 장소에 걸려 있는 '청소년 인터넷중독 캠프'라는 현수막을 보고 내게 다가와 굉장히 억울한 표정으로 "저 중독자 아닌데요. 저 중독 아니에요."라고 하는 것이었다. 순간 무심코 중독이라 부여한 명칭이 당사자에게는 낙인이 될 수 있겠구나 하는 생각이 들었고, 중독이라는 용어를 청소년 인터넷 사용문제를 정의하는 개념으로 지칭할 수 있을까 고민하게 되었다. 내 연구주제의 출발점은 이 경험에서였던 것 같다. 이렇게 직장생활에서 경험했던 주제를 바탕으로 박사과정 중에 이 주제에 대한 관심을 확대해 나갔다.

Q: 학위논문 연구주제를 결정하면서 지도교수님과 나눈 대화 중 가장 인상적이었던 대화는
　　무엇인가요?

　　평소 지도교수님과 함께하는 연구팀에서 '청소년'과 '인터넷 사용문제' 관련 주제로 프
로젝트를 많이 하고 있었고, 특히 한국정보화진흥원의 청소년 인터넷중독 및 스마트폰
중독 척도 개발 등의 연구에 참여하면서 교수님과 관심사를 지속적으로 교류하였다. 일
상적으로 연구와 관련된 주제에 대해서 자주 교수님과 이야기를 나누었기 때문에 박사
논문의 주제는 자연스럽게 이 주제로 이어졌던 것 같다. 볕 좋은 어느 날 지도교수님과
청소년 인터넷 사용문제를 어떻게 볼 수 있을까에 대해 이야기를 나누다가 이 주제로
박사논문을 써 보는 게 어떨까 이야기하게 되었다. 평소 내가 궁금해했었고 필요하다고
생각했던 주제이기 때문에 박사논문으로 써 볼 만하다는 생각이 들었다. 이 주제에 대
한 지속적인 관심과 경험이 축적되어 왔고 지도교수님과도 꾸준히 소통하여 왔기에 상대
적으로 박사논문의 연구주제는 자연스럽게 결정되었던 것 같다.

　　박사논문의 연구주제는 석사과정 때부터 관심이 있던 내용이고, 박사과정 입학 전
직장에서 관련 일을 하고 왔기 때문에 '청소년'과 '인터넷 사용문제'에 관한 키워드
는 항상 가지고 있었다. 더구나 박사과정 입학 후에도 연구실의 청소년과 인터넷 사
용문제와 관련한 여러 프로젝트 진행에 참여했기 때문에 관심 주제를 발전시켜 나갈
수 있었다. 나의 경우는 박사 입학 전 내 관심 분야의 연구를 주도적으로 진행하고
있는 지도교수님을 찾았고, 운 좋게도 입학을 해서 지도를 받게 된 것이 기존의 연구
관심사를 지속적으로 발전시켜 나가는 데 주요한 도움이 되었던 것 같다.

　　박사논문 진행을 위하여, 우선 연구 초기의 질문인 '청소년 인터넷 사용문제는 어떻
게 나타날까? 그것을 인터넷중독으로 볼 수 있을까?'를 아우를 수 있는 연구주제가 무
엇일지에 대해 고민하기 시작하였다. 이를 위해 국내외 선행연구를 탐색했는데 청소
년 인터넷 사용문제에 대해 많은 연구가 진행되고 있었지만 주로 당시의 연구들은 척
도 개발, 진단 및 평가와 관련된 연구에 치중해 있었고 완전히 zero base에서 이 현
상이 무엇인가에 대해 탐색한 연구는 거의 없었다. 따라서 청소년 인터넷 사용문제의
현상을 zero base에서 출발하여 한번 살펴보는 것이 좋겠다는 생각이 들었고, 이것
이 청소년 인터넷중독 증상의 탐색과 연결되었다. 또한 당시 내 박사논문의 연구결과

가 실제로 현장에서 활용되면 좋겠다는 생각을 했었는데, 그러기 위해서는 현장에서 일하는 상담자와 관련된 연구를 하는 것이 좋겠다는 생각이 들었다. 상담자들이 가지고 있는 practical knowledge, 즉 실무적 지식이 교육을 통해 습득되는 명시적 지식이 아니라, 경험하여 알고 있는 암묵적 지식을 중심으로 살펴보는 것이 청소년 인터넷 사용문제의 증상을 가장 실제적으로 알려 줄 수 있을 것이라 보았다.

2) 여러 대안 중 연구주제 정하기

Q: 연구주제를 선정할 때 가장 고민했고, 어려웠던 점은 무엇인가요? 다른 주제들 가운데 최종 연구주제를 결정한 이유는 무엇인가요?

박사논문의 연구주제는 개인적으로 평소 고민을 해 왔었고 대략적으로 생각해 왔었기 때문에 선정하는 것은 어렵지 않았다. 오히려 드디어 이 주제로 내가 박사논문을 쓰는구나 하는 생각이 들어서 감회가 새로웠다.

하지만 연구를 구체화시켜 나가는 과정에서 왜 상담자의 인식이 필요한지, 그 상담자의 인식이 실제에 어떤 도움을 줄 수 있을 것인지를 고민하는 과정의 논리 구성이 필요했던 것 같다. 결론적으로 청소년 인터넷중독에 대한 상담자 인식의 중요성에 대한 근거로, 상담자는 청소년이 의뢰되는 바로 접점의 현장에서 문제를 다루고 있기 때문에 어떤 현상이 일어나고 있는지 잘 말해 줄 수 있다고 보았다. 또한 의학적 입장에서 바라보는 진단과 평가의 관점보다는 문제해결과 효과적인 개입의 관점에서 접근하고 있기 때문에 적합한 대상이라고 생각했다. 무엇보다 청소년 인터넷 사용문제의 단순한 해결과 증상의 감소보다는 인간의 성장과 발달을 궁극적인 목표로 하는 상담자의 입장이 청소년 인터넷중독 문제를 가장 현실적이고 유용하게 기술하기에 적합한 대상이라 여겨졌다. 아울러 상담자는 청소년의 문제적인 인터넷 사용의 결과로 바로 의뢰되는 현장에서 일하면서 인터넷중독 개념에 대한 이해의 결과를 가장 잘 활용할 수 있는 대상이기 때문에 그들의 관점에서 바라보는 청소년 인터넷중독의 개념을 파악하는 것이 중요하다고 보았다.

한 가지 더 고민스러웠던 부분은 논문에서 인터넷 '중독'이라는 용어를 쓰는 부분이었다. 박사논문을 쓰고 있던 무렵은 DSM-5의 개정이 한창 논의되고 있던 때였고, 인터넷 중독을 행위중독의 일종으로 볼 수 있는가에 대한 찬반 논의가 활발할 때였다. 인터넷 사용문제를 중독으로 볼 수 있는가, 그렇지 않은가에 대한 논의가 여전히 있는 상황에서 연구 제목에 '중독'의 용어를 사용한다는 것이 청소년 인터넷 사용문제에 대한 정의를 이미 내린 것 같은 인상을 주는 듯했다. 국외 연구에서 사용되는 '병적 인터넷 사용', '문제적 인터넷 사용', '과도한 인터넷 사용', '강박적 인터넷 사용', '가상공간 중독', '높은 인터넷 의존성', '병리적 전자미디어기기 사용' 등의 용어를 고려해 보았으나, 인터넷 사용문제의 병리적 현상을 가장 잘 표현하며, 국내에서 보편적으로 인식되고 있는 용어로서 '중독'이라는 용어를 사용하게 되었다. 박사논문 제출 이전까지 이 용어의 사용이 고민되는 부분이었다.

3) 연구의 필요성에 대한 논리 만들기

Q: 연구문제를 어떻게 구체화했나요? 연구문제와 방법론을 어떻게 연결시켜 봤나요?

연구의 필요성을 구체화하는 과정은 나에게는 마치 지도를 그려 나가는 과정처럼 느껴졌다. 지도를 그리듯이 연구 필요성에 관한 논리를 진행시켜 나가다 보면 어느 틈에 또 빈 곳이 있고, 그 빈 곳을 다시 채워서 그려 나가다 보면 또 다시 허점을 발견하게 되는 반복의 과정이었다.

연구의 필요성은 다음과 같은 과정을 통해서 구체화하였다.

첫째, 국내외 선행연구에서 인터넷 사용문제를 어떻게 개념화하고 정리해 나가는지를 탐색하고 정리하였다. 인터넷 사용문제와 관련한 개념은 비교적 최근에 제시되어 관련된 여러 연구에도 불구하고 인터넷 사용문제를 어떻게 개념화하고 지칭할 것인가에 대한 연구자 간의 합의는 이루어지지 못했다. 인터넷중독의 개념은 1990년대 Goldberg(1995)와 Young(1996) 등에 의해 과도한 인터넷 사용을 지칭하는 개념으로 제시되었고 이후 많은 연구자가 인터넷 사용으로 인한 부정적 결과에 주목하고 이러한 현상을 정의하고자 하였다. 박사논문을 쓰기 시작하던 2013년에는 DSM-5의 개정을 위한 논의가 활발하게 이루어지고 있던 시기였는데, 인터넷 사용문제를 독립된 질환으로 간주할 수 있을 것인가 하는 문제가 중요한 이슈 중 하나였다. 인터넷 사용문제 또는 인터넷중독 개념에 대한 논의는 주로 국외 논문들에서 다루어지고 있어 국외 논문들을 중심으로 다양한 관점에서 바라보는 개념에 대해서 정리해 나갔다.

둘째, 이 주제와 관련하여 누가 가장 잘 말해 줄 수 있을까를 고민하였다. 처음 이 주제를 생각했을 때 이 현상에 대해 가장 잘 이야기해 줄 수 있는 대상은 상담자들이라는 생각이 들었다. 나의 박사논문 주제 자체가 현장에서 도출된 것이므로 내 관심사가 보편적인 것인가에 대해 현장에서 청소년 인터넷 사용문제를 다루고 있는 상담자들에게 많이 질문했었다. 혼자만 관심 있는 주제가 아닌, 이 개념에 대한 연구가 실제 현장에서 일하고 있는 실무자들이 궁금해하고 연구의 결과를 통해 정보를 얻고 활용성이 있을지 현장의 상담자들에게 확인했다. 다음으로 청소년 인터넷 사용문제에 대한 자료를 얻는 원천으로 상담자의 인식이 필요한 이유를 고민하였는데, 상담자는 바로 청소년의 사용문제가 의뢰되는 직접적인 현장에서 청소년을 접하면서 문제를 다루기 때문에 이 주제에 대한 생생한 경험에서 비롯되는 현실적이고 실용적인 측면을 포함한 인터넷중독의 개념을 이야기해 줄 수 있을 것이라 생각했다. 또한 상담자는 성격 및 정신장애를 다루는 병리적인 문제의 해결도 하지만, 주로 내담자의 행동, 사고, 태도의 변화 및 심리적 갈등의 해결을 한다고 보았다. 따라서 상담자 개입의 초점은 직면한 문제의 해결에 있으며, 문제발생의 예방 및 건전한 발달과 성장을 촉진하는 데 있다고 보았다(구광현 외, 2005; 김계현, 2000; 김동일 외, 2013; 박성수 외, 1997; 양명숙 외, 2013; Gladding, 2009). 즉, 상담자는 병리와 비병리를 판단하고 장애를 진단하는 의학적 관점보다는 문제의 진행 과정이 아직 과도기적인 상태에 있는 청소년의 인터넷 사용문제에 대해서 이야기해 줄 수 있는 적합한 대상으로 여겨졌다.

상담자의 관점이 중요한 또 다른 이유로 많은 청소년이 주로 상담 현장에서 인터넷중독 문제를 호소하고 있으며(Acier & Kern, 2011), 교사나 학부모에 의해 곧바로 병원 치료 세팅을 찾기보다는 상대적으로 심리적 장벽이 낮은 상담기관을 찾게 된다는 점에 주목하였다. 실제로 한국정보화진흥원의 인터넷중독 실태조사(한국정보화진흥원, 2012)에서도 인터넷중독 문제로 상담치료를 받고 싶은 방법의 중복응답을 허용했을 때 개인상담이 80.1%로 가장 선호도가 높았고, 병원치료가 가장 선호도가 낮은 것으로 나타났다. 따라서 이렇게 내담자가 의뢰되는 시점에서 상담자가 인터넷 사용문제를 어떻게 인식하고 있는가는 문제 판단과 개입에 주요하게 영향을 미칠 것으로 보았다. 가령, 상담장면에 내담자가 의뢰되었을 때 인터넷중독 문제를 비행이나 학업중단 등의 문제로 혼동하여 다루지 않기 위해 상담자들은 어떤 기준과 내용을 가지고 인터넷중독을 판단할지에 대한 정보가 필요할 것이다. 상담자가 현장에 의뢰되는 청소년 인터넷중독의 개념에 대한 정보를 가지고 있다면 문제 판단을 위한 민감도가 높아지고, 효과적인 개입의 가능성이 높아질 것이다. 하지만 많은 상담자가 청소년 인터넷 사용문제를 다루는 현장에 있지만 이를 어떻게 인식하고 있는지에 대해 정리된 연구가 당시에는 드물었다. 따라서 이 연구를 통해 상담자들이 인식하고 있는 청소년 인터넷중독의 개념, 즉 증상을 종합 및 요약해서 정보를 제공해 줄 수 있다면, 인터넷중독 내담자가 의뢰되었을 때 현상을 설명하고 개입의 판단을 용이하게 할 수 있을 것으로 보았다.

다음으로 현상을 잘 이야기해 줄 수 있을 것이라 생각했던 대상은 직접 인터넷 사용문제를 경험하고 있는 청소년이었고, 다음으로 부모, 교사였다. 청소년은 자신이 경험하고 있는 증상이기 때문에 지금―여기에서 생생하게 경험하고 있는 내용이 도출될 수 있겠지만, 과연 자신이 경험하고 있는 증상들을 잘 표현해서 말해 줄 수 있을지, 그리고 주로 자신의 인터넷 사용으로 인한 문제적 결과를 부인하는 경향성이 높은데 이에 대해 다양한 관점으로 이야기해 줄 수 있을지 의문이 들었다. 따라서 자신이 경험하고 있는 증상을 직접 이야기한다는 측면에서는 내용이 의미가 있겠지만 현실적으로 가능한가와 청소년 자신이 경험하는 인터넷중독의 다양한 증상이 잘 논의될 수 있을지에 대해서는 그렇지 않을 것이라는 판단을 하였다. 다음으로 고민한 대상은 부모, 교사였는데, 이들은 인터넷중독 문제를 경험하는 청소년을 가장 가까이에서 지켜보고 사용문제가 있다고 판단하여 청소년을 상담 현장에 오게끔 의뢰하는 대상이다. 부모 및 교사가 경험하는 청소년 인터넷중독의 증상을 파악하였을 때 연구결과의 적용이나 활용성 측면에서 어떤 시사점을 발견하기가 어려울 것 같아 연구대상에서 제외하였다.

셋째, 왜 '청소년' 인터넷중독의 개념에 대한 인식을 연구해야 하는지 그 필요성에 관한 논리를 발전시켜 나갔다. 각종 언론매체를 통하여 청소년 인터넷중독의 위험성과 예방 및 치료에 대한 개입의 필요성이 논의되던 시기였기 때문에 필요성에 대한 논리는 단순하였다. 즉, 청소년이 인터넷의 문제적 사용의 부정적 영향을 가장 많이 받고 있고 주목되고 있는 대상이었기 때문이다. 다른 중독 연구의 결과에서도 청소년기는 역동적인 발달과정에 있으며, 정서적으로 불안정하고 충동성이 높은 특성이 나타나는데(금명자, 김택호, 김은영, 2002; 박경란, 김희숙, 2011), 특히 청소년은 중독 대상에 대해 취약한 것으로 보고된다(Gupta & Derevensky, 2000; Shaffer, 2000). 특별히 중독에 더 취약한 시기가 있으며(Hyder & Juul, 2008), 약물사용과 같은 물질중독의 경우 청소년기에 해당하는 십대 후반에서 이십대 초반에 발생가능성이 가장 높다고 알려져 있다(Derevensky & Gupta,

2004; Dusenbury, Khuri, & Millman, 1992: 조성일, 2011 재인용). 더구나 중독 과정이 너무 어린 나이 때 시작되었을 경우 중독으로 쉽게 빠져들 뿐만 아니라 지속성과 결과의 심각성도 증가하는 것으로 보고된다(장덕희, 송순인, 2010; Dickson, Derevensky, & Gupta, 2004; Gupta & Derevensky, 1998; Lynch, Maciejewski, & Potenza, 2004; Vitaro, Wanner, Ladouceur, & Brendgen, 2004). 이러한 현상은 청소년 인터넷중독에 있어서도 마찬가지인 것으로 나타나는데, 인터넷 사용자의 연령이 낮을수록 더 많은 문제를 경험하고, 성인에 비해 청소년의 인터넷중독 현상이 훨씬 더 심하며, 심리적, 신체적 피해가 더욱 심각한 것으로 보고된다(이창욱 외, 2009; Leung, 2007). 심지어는 뇌 구조 및 뇌 활동에 있어서의 부정적 영향 또한 보고되고 있다(심도현, 이순형, 2005; Lin et al., 2012; Yuan et al., 2011).

청소년 인터넷 사용문제에 주목하는 또 다른 이유는 부정적 영향을 받기 쉬운 대상이라는 것과는 다른 측면의 청소년기 특징 때문이다. 청소년기는 신체적 및 정서적으로 변화 없는 고정된 상태라기보다는 역동적으로 변화하는 과정에 있기 때문에 이 시기에 어떤 개입을 하는가에 따라 증상의 호전이 가능하며 이후 성인기 정신건강의 기초가 되는 주요한 개입 시점이기 때문에(강경미, 2013; 김승옥, 이경옥, 2007; 김주연, 2002; 한국청소년개발원, 2005; Brenner, 1997; Lerner, 1987) 청소년을 대상으로 하는 연구가 필요하다고 보았다.

다음으로 적합한 연구방법론에 대해서 고민을 하였다. 연구주제의 출발점이 청소년 인터넷 사용문제가 어떻게 나타나는가, 즉 인터넷중독의 증상을 zero base에서 살펴보자는 것, 즉 어떤 가설을 가지고 접근하는 것이 아니라 현상 자체를 '아래에서부터 위로' 탐색해 나가기 위한 것이었기 때문에 우선 다양한 질적연구방법 중에서 고민을 하였다. DSM−5에서 행위중독으로 분류되는 병적도박의 경우 기저의 원인, 내담자의 성격, 발달과정 등에 대한 탐색보다는 병적도박이라는 하나의 질병단위를 고안해 내기에 충분한 행동과 결과를 종합하고 개별화하는 데 주목하고 있다(Valleur & Bucher, 2010). 그렇다면 같은 행위중독의 카테고리로 분류될 수 있는 인터넷중독의 경우에도 인터넷중독 행동과 결과를 파악하는 것이 필요하겠다는 생각이 들었다. 이에 상담자가 생각하는 청소년 인터넷중독의 행동과 결과를 잘 파악하기 위한 질적연구의 방법론으로 아직 탐색 단계에 있는 개념이나 문제 영역을 다루는 데 유용한(권해수, 서정아, 정찬석, 2007; 김지영, 2007; 민경화, 최윤정, 2007; 정찬석, 2005) 개념도 연구법(concept mapping)을 떠올리게 되었다. 청소년 인터넷중독 증상은 아직 그 개념이 공식적으로 확립되어 있지 않고, 이론 전 단계에 있기 때문에 '아래에서부터 위로'의 탐색적 차원에서 살펴보고자 하는 의도에 부합되는 연구방법론이라고 판단되었다.

2. 방법론 정하고 공부하기

1) 적용한 연구방법론 소개

Q: 적용해 보려고 고민한 방법론에는 어떤 것이 있나요? 대안 중에서 선택한 이유는?

이 연구를 위해서 다른 질적연구방법론으로 델파이 방법, 합의적 질적연구(CQR), 현상학 등의 방법 등을 고려했었다. 델파이 방법은 전문가의 견해를 이끌어 내고 종합하여 예측하려는 문제에 관하여 집단적 판단으로 정리하려는 일련의 절차를 말한다(이종성, 2006). 이 방법은 결과가 집단의 합의를 통해 도출된다는 점, 면대면 토의과정에서 상호 간 심리적 효과를 최대한 배제하려고 한다는 방법적인 측면에서 여러 촉진적인 방법을 통해서 최대한 다양한 인터넷중독 행동과 결과들을 도출해 내고자 하고 zero base에서 현상을 살펴보고자 하는 이 연구의 목적과 부합하지 않아서 제외하였다. 합의적 질적연구(CQR)는 질적 자료를 연구자 간의 합의를 통해 코딩하고 범주화해 나가면서 결과를 도출해 나간다는 측면에서 고려하였으나, 언제 끝날지 모르는 박사논문을 쓰는 동안 지속적으로 함께 참여해 줄 팀원을 구한다는 것은 현실적으로 어려울 것 같았다. 현상학적 방법은 만약 청소년을 대상으로 했다면 적합할 것 같았으나 상담자의 인식을 탐색하는 방법으로는 적합하지 않다고 여겨져서 제외하였다.

Q: 내가 선택한 방법론이 얼마나 할 만한 것인가요?

개념도(concept mapping)의 방법은 연구대상으로부터 질적 자료를 수집하고 이를 양적 분석을 통해 구조화하는 방법이다. 표면적으로는 질적인 방법과 양적인 방법을 혼합한 하이브리드 형태의 연구방법론으로 보이지만 실제로 경험했을 때 중요도나 작업량

의 측면에서 질적연구 수행과 분석 과정이 훨씬 많은 비중을 차지하였다. 따라서 질적
연구 수행의 경험이 있는 연구자가 수행하면 훨씬 의미 있는 자료들이 도출되는 데 유
리할 것 같다. 개념도의 방법은 연구대상뿐 아니라 연구과정상에 주제를 개념화하는 과
정에서도 실제 맥락에서 관계가 있는 사람들이 참여하기 때문에 실제 현실에서 동떨어
지지 않는 결과가 도출될 가능성이 높다. 이러한 현장의 관계자가 참여하는 연구결과의
도출 방식 때문에 연구결과의 현장 적용 가능성을 높여 준다는 측면이 다른 연구방법과
구별되는 장점으로 여겨진다. 또한 연구결과로 질적 분석 방법을 통해 도출된 개념들이
다차원분석과 군집분석과 같은 통계적 방법으로 분석되어 중요한 개념 요소를 중심으로
사사분면에 그림으로 나타나고 개량적인 방식으로 결과를 확인할 수 있다는 측면이 장
점이다.

2) 연구 진행 과정

Q: 이 연구방법으로 연구를 진행하는 과정에서 특히 유의할 점은 무엇인가요? 어려웠던 부분
   과 이겨 낸 방법은 무엇인가요?

개념도 방법론을 적용한 연구과정에서는 연구자 본인뿐 아니라 많은 관련 전문가 및
실무자가 참여한다. 각 단계마다 인터뷰 질문 개발 참여자, 인터뷰 참여자, 진술문 통합
과정의 참여자, 진술문 피드백 과정의 참여자, 진술문 유사성 분류 및 중요성 평가 참여
자가 있다. 각 단계마다 많은 사람이 연구에 참여하기 때문에 사전에 연구참여자를 확
보하고, 평소에 협력이 가능한 좋은 관계를 가지는 것이 중요하다. 연구 진행 과정에서
돌발적 상황이 생길 수 있기 때문에 전체 연구참여자의 너그러운 이해가 필요한 순간이
발생하기도 한다.

나의 경험에서는 진술문 유사성 분류 및 중요성 평가 단계에서 개념도 연구를 수행한
바가 있었던 분의 도움을 받아 한국청소년상담복지개발원에서 개발한 개념도 연구 지원
시스템(https://www.kyci.or.kr/wordGroupProg/wordGroupProg.asp?idx=15&p_step=1)[3]을
활용하였는데 이 시스템이 잘 작동하지 않고 중간에 다운되는 현상이 발생하여 평가자

---

3) 이 개념도 연구 지원시스템은 더 이상 사용 가능하지 않다.

들이 평가의 과정을 반복해야 하는 어려움을 겪다가 결국 몇 분이 평가를 포기하는 상황이 발생하였다. 다시 우편으로 진술문을 포함한 카드를 발송하고 추가로 평가자를 더 모집해야 하는 상황이 발생하였는데, 나의 경우에는 다행히 연구에 참여한 평가자들이 너그러이 이해를 해 주서서 연구를 계속 진행할 수 있었다. 개념도 연구에서는 많은 연구참여자가 존재하기 때문에 여러 사람의 도움이 필수적이고 이러한 측면을 염두해 두어야 한다.

또한 방법론에 대한 국내 도서가 출판된 것이 없어서 영문으로 된 Kane과 Trochim (2007)의 『Concept mapping for planning and evaluation』을 참고하였고, 그 외에 주로 연구논문이나 연구 수행 경험이 있는 연구자의 도움을 받아야 했다. 어떻게 연구방법을 적용해야 할지 스스로 찾아보고 적용을 고민하는 데 많은 시간이 필요했다.

이 연구는 다음의 세 가지 기본과정을 수행하였다.

첫째, 상담자들을 인터뷰하여 청소년 인터넷중독에 대한 인식을 수집하고, 수집된 자료를 코딩, 종합, 축약, 정리하는 과정을 거쳤다. 둘째, 연구자와 상담자들이 함께 비구조화된 분류작업을 통해 유사한 개념을 묶고 생각과 경험을 범주화하는 과정을 수행했다. 셋째, 이 자료를 바탕으로 다차원척도법과 군집분석을 통해 통계적 분석을 실시하고 최종 결과를 도출하였다.

전체적인 연구 절차를 요약적으로 나타내면 다음과 같다.

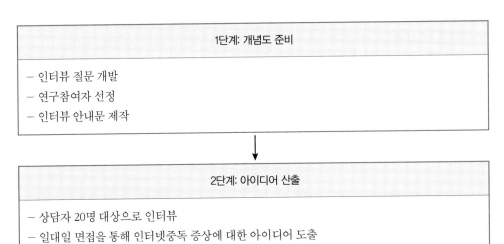

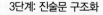

3단계: 진술문 구조화
- 축어록 제작 - 인터넷중독 증상에 대한 내용 목록 추출 - 핵심어 추출하여 유사한 것끼리 묶고 적절성 검토(평정자 4인) - 각 묶음별 대표진술문 생성 및 검토 후 최종 진술문으로 축약 - 최종 진술문에 대한 상담심리 · 임상심리 전문가 피드백 반영

4단계: 개념도 분석
- 연구참여자 또는 관련 전문가로부터 진술문 유사성 분류 및 중요도 평정 - 다차원척도법과 군집분석 실시 - 주요 차원의 수 결정 및 증상에 대한 잠재축의 구성

5단계: 개념도 해석
- 차원 해석 및 도출된 차원들의 중요도 확인

각각의 상세한 절차는 다음과 같다[이하 이윤희 박사학위논문(2016)에서 발췌].

(1) 개념도 준비 단계

첫 번째 단계는 개념도를 위한 준비 단계로서 초점질문을 개발하고 연구참여자를 선정하였다. 우선, 초점질문 개발을 위하여 예시(안)를 만들었다.

연구자가 작성한 예시(안)를 가지고 상담교수 한 명과 예비연구에 참여한 두 명의 상담자를 대상으로 적절성과 타당성 검토를 위하여 직접 만나 초점질문평가서를 제시하고 피드백을 받았다. 적절성과 타당성 검토를 위한 기준은 은혜경(2010)이 사용한 세 가지 기준을 참조하여 설정하였다. ① 상담자들이 인식하는 청소년 인터넷중독 증상에 대한 응답을 끌어낼 수 있는 정도, ② 인식을 평가하지 않고 자유롭게 이야기하게 하는 정도, ③ 쉽게 이해할 수 있는 이해 수준 정도. 초점질문 평가서에 대한 피드백을 바탕으로 초점질문을 선정한 후 다시 또 다른 예비연구에 참여한 두 명의 상담자를 대상으로 초점질문을 한 후 적절성과 타당성에 대해 세 가지 기준을 바탕으로 피드백을 받았다. 예비연구에서 초점질문을 가지고 인터뷰해 본 결과 초점질문이 어떤 경우 명확히 와닿지 않을 수 있다는 피드백을 참고하여 그러한 경우 보충질문을

① 청소년 인터넷중독의 증상은 무엇인가요?

② 선생님께서 인식하기에, 인터넷중독으로 상담이 의뢰된 청소년이 보이는 인터넷중독이라 부를 수 있는 증상은 무엇인가요?

③ 무엇을 청소년 인터넷중독의 증상으로 인지할 수 있습니까? 상담 장면에서 인터넷중독으로 의뢰되었던 아이들의 증상을 말씀해 주십시오.

④ 인터넷 사용문제를 겪는 청소년을 만나 본 경험 중에서 중독증상을 보였던 청소년을 떠올려 주시기 바랍니다. 이들이 보여 준 인터넷중독 증상은 어떠했습니까? 추상적이고 이론적인 응답보다는 가급적 '관찰 가능한 행동이나 상태'를 자세히 말씀해 주십시오.

↓

초점질문: 선생님께서 인식하는 청소년 인터넷중독의 증상은 무엇인가요?

보충질문: 인터넷 사용문제를 겪는 청소년을 만나 본 경험 중에서 중독증상을 보였던 청소년을 떠올려 주시기 바랍니다. 이들이 보여 준 인터넷중독 증상은 어떠했습니까? 추상적이고 이론적인 응답보다는 가급적 '관찰 가능한 행동이나 상태'를 자세히 말씀해 주십시오.

[그림 7-1] 초점질문 개발과정 및 내용

추가하기로 하였다. 이러한 초점질문에 대한 피드백을 종합하여 상담전공 교수 1인과 논의한 결과, [그림 7-1]에서 제시한 바와 같이 초점질문과 보충질문을 구성하였다. 더불어 초점질문과 관련하여 인터뷰 참여자들이 엄격한 정신병리의 준거를 적용한 중독의 개념과 혼란이 있을 수 있음을 발견하고, 이 연구의 인터넷중독 개념을 인터뷰 전에 다음과 같이 안내하였다.

현재까지 '인터넷중독'이라는 용어를 사용하기에는 분명한 진단준거와 조작적 정의가 합의된 것이 없으나 최근 인터넷의 문제적 사용으로 인한 부정적 결과에 대해서 '인터넷중독'이라는 용어가 대중적으로 통용되고 있습니다. 이 연구에서는 용어의 적절성에 대해서는 논외로 하고, 청소년이 인터넷의 과도한 사용으로 인하여 심각한 일상생활의 장애가 유발되는 현상에 대해 '인터넷중독'이라 지칭하여 사용하고자 합니다.

(2) 진술문 산출 단계

청소년 인터넷중독 증상에 관한 아이디어 진술문을 추출하기 위해 선정된 상담자 20명과 개별 인터뷰를 진행하였다. 인터뷰는 2013년 10월 24일부터 12월 10일까지 실시되었다. 인터뷰 전 참여자들과 미리 전화통화를 하여 연구의 취지와 목적, 인터뷰 방식과 내용에 대해서 설명하고, 궁금한 점과 우려사항에 대하여 응답하였으며, 약속시간과 장소를 정했다. 또한 사전에 이메일로 '인터뷰 안내문'을 보내어 인터뷰에 대한 공식적인 안내와 함께, 인터뷰 내용에 대해 생각해 볼 수 있는 기회를 줌으로써 참여자들의 불안감과 부담감을 덜어 주고자 노력하였다. '인터뷰 안내문'에는 이 연구의 취지와 목적, 인터뷰의 초점 질문 등이 포함되었다.

실제 인터뷰 진행 시 면접 참여에 대한 감사인사와 연구의 취지와 목적, 인터뷰 소요시간과 전체 진행과정에 대한 안내를 하였다. 인터뷰 내용에 대한 녹음 및 축어록 작성과 서울대학교 생명윤리위원회에서 요구하는 연구윤리과정에 대해서 설명하고 연구참여자용 설명서 및 동의서에 서명을 받았다. 인터뷰에 소요된 시간은 50분에서 70분가량 소요되었다.

인터뷰가 진행되는 동안 연구자는 참여한 상담자들의 생각을 떠올리고 그들의 인식을 이끌어 낼 수 있도록 촉진하는 역할을 하였다. 이러한 촉진자로서의 연구자의 역할은 질적연구에서 주요한데, 참여 상담자들은 인터뷰를 진행하면서 인식이 도출되고 몇몇 상담자는 '오늘 하는 모든 이야기를 내가 처음해 보는' 경험을 하였다고 보고하였다. 또한 청소년 인터넷중독 증상이 무엇인가에 대한 초점질문에 대해 대답하기 어려워하는 상담자에게는 보충질문을 이어서 하였으며, 관련 아이디어가 풍부하게 도출되도록 도왔다.

인터뷰가 끝난 이후 연구자는 상담자들이 진술한 청소년 인터넷중독의 증상을 개략적으로 정리하였으며, 상담자들이 언급하는 새로운 개념이 더 이상 도출되지 않는 개념의 포화지점을 찾고자 하였다. 기존의 개념도를 사용한 선행연구에는 인터뷰 대상자를 보통 10명에서 20명 정도로 구성하고 있는 것으로 나타나고 있으며(고은영, 2011; 권해수, 서정아, 정찬석, 2007; 정찬석, 2005; 조영미, 김동민, 송경수, 유지현, 2009; 최윤정, 김계현, 2007), Trochim(1989)도 일반적으로 10명에서 20명으로 제안하고 있다. 이에 따라 이 연구에서도 20명으로 인터뷰 대상자 수를 결정하였고, 실제로 인터뷰를 진행해 가는 도중 17~18번째 상담자에 이르렀을 때 청소년 인터넷중독 증상에 대한 새로운 개념이 거의 도출되지 않음을 확인하였다.

(3) 진술문 구조화 단계

① 진술문 추출

연구자는 청소년 인터넷중독에 대한 상담자들의 인터뷰 내용을 모두 축어록으로 작성하였고 한 줄씩 분석하여 청소년 인터넷중독과 관련된 증상을 도출하였다. 이렇게 각 상담자를 통해 도출된 아이디어 진술문은 중복되는 부분이 많고 방대하기 때문에 아이디어 진술문을 줄이기 위하여 핵심어 분석방법을 활용하였다. Kane과 Trochim(2007)은 진술문을 줄이는 데 적용될 수 있는 방법으로 핵심어 추출법을 제안하고 있는데 이 연구에서는 [그림 7-2]와 같은 방법을 수정하여 활용하였다.

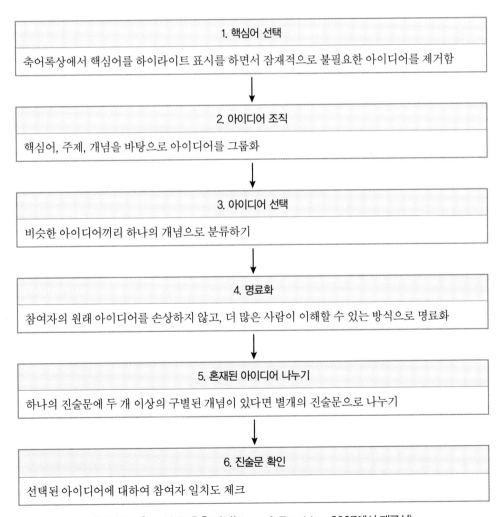

[그림 7-2] **진술문 추출 과정(Kane & Trochim, 2007에서 재구성)**

진술문 추출 과정은, 첫째, 연구자가 축어록상에 나타난 인터넷중독과 관련된 증상을 밑줄로 표시해 가면서 읽은 후, 이를 엑셀 파일에 기록하는 작업을 하였다. 이 과정에서 각 참여자가 언급한 진술문이 수집되었다. 각 진술문을 코딩하기 위한 방법으로 상담교수 1인과의 논의를 거쳐 '인터넷중독 청소년들은 ○○○을 나타낸다'의 코딩 체계를 만들었다. 즉, 각 참여자가 언급한 청소년 인터넷중독 증상이 ○○○ 안에 표현될 수 있도록 하였다. 1차적으로 이러한 코딩체계를 바탕으로 연구자가 각 진술문에 대한 핵심어를 추출하였다. 둘째, 추출된 핵심어를 바탕으로 아이디어를 그룹화하는 작업을 수행하였다. 이 과정에서 상담전공 박사 2인과 박사수료자 1인이 참가하였고, 각 아이디어는 120개로 그룹화되었다. 셋째, 120개로 그룹화된 아이디어를 가지고 비슷한 아이디어끼리는 하나의 개념으로 묶고 재분류하는 작업을 거쳤다. 이 과정에도 동일한 상담전공 박사 2인과 박사수료자 1인이 참가하였고, 결과적으로 총 85개의 핵심개념이 도출되었다. 넷째, 연구자는 85개의 핵심개념에 대한 진술문을 명료화하는 작업을 수행하였다. 이 과정에서 상담심리전문가 1인과 임상심리전문가 1인의 피드백을 받아서 진술문이 좀 더 명료하게 이해될 수 있도록 수정하였다. 다섯째, 참여자의 생각이 잘 반영되었는지 확인하기 위하여 네 명의 인터뷰 상담자에게 이메일을 통하여 참여자 일치도 체크를 실시하였다. 이들의 피드백을 반영하여 최종적으로 축약, 편집, 종합된 총 69개의 진술문이 도출되었다.

② 최종 진술문의 유사성 분류 및 중요성 평정

최종적으로 선정된 69개의 진술문에 대하여 유사성에 따른 분류와 각 진술문의 중요도를 평정하도록 하였다. 평정은 두 가지 방향으로 이루어졌는데 기본적으로 한국청소년상담복지개발원에서 개발한 컨셉매핑 연구지원시스템을 활용하였다. 연구참여자들에게 전화와 메일로 관련 시스템으로 접속할 수 있는 인터넷 사이트(https://www.kyci.or.kr/wordGroupProg/wordGroupProg.asp?idx=15&p_step=1)를 안내하고 평정을 요청하였다. 다른 한편으로는 인터넷 시스템이 원활하지 않은 경우, 69개의 진술문을 포함한 카드(9cm×3cm)를 평정 절차 안내서와 함께 우편으로 송부하여 평정하도록 하였다. 연구참여자에게는 '의미가 비슷하다고 생각하는 것끼리' 묶도록 요청하였다. 제한 조건으로는 그룹의 개수는 상관없으나 모든 카드를 하나로 묶거나 한 그룹에 한 개의 카드만 속하지 않도록 하였다. 유사성 분류 작업에 참여한 23명의 상담자는 진술문을 7개부터 15개까지 범위로 분류하였다. 11개로 분류한 사람이 7명으로 가장 많았고, 9개와 10개로 분류한 사람이 각 5명, 12개 3명, 그 외 7개, 13개, 15개가 각 1명으로 나타났다.

　이러한 유사성 평정 작업은 다차원척도 분석을 위한 비유사성 자료를 얻기 위한 과정으로 이 결과를 토대로 유사성 행렬표가 작성된다. 즉, 연구참여자들이 같은 의미라고 묶은 진술문의 빈도수가 유사성 지수가 되는 것이다. 다음으로 유사성 평정 이후에 69개의 청소년 인터넷중독 증상에 대한 진술문을 제시하고 중요도를 5점 척도로 평정하도록 하였다. 각 참여자는 진술문에 대해 청소년 인터넷중독 증상으로 어느 정도 중요하다고 생각하는지를 평가하였다.

　박사논문 진행 과정 중 다차원척도 분석을 위한 비유사성 행렬표를 얻는 부분에서 어려움이 있었다. 알고 보면 단순한 과정이나 이 과정이 상세하게 기술된 논문이나 교재가 없어서 어떻게 구해야 하는지 헤맸다. 개념도 연구를 진행하는 데 도움이 되기 위해 가능한 상세히 기술해 보고자 한다. 우선, 다차원척도 분석, 이 연구에는 ALSCAL 분석을 위한 비유사성 행렬표를 얻기 위해 유사성 행렬표를 얻는 작업을 진행하였다. 유사성 행렬표를 만들기 위해 23명의 상담자에게 69개의 진술문 중 유사하다고 생각하는 진술문을 분류하게 하였고, 분류의 결과는 [그림 7-3]과 같다. 이 유사성 행렬표는 분석을 위하여 비유사성 행렬표로 바꾸어 주어야 하는데 변환한 비유사성 행렬표는 [그림 7-4]와 같다. 유사성 행렬표의 비유사성 행렬표의 변환과정은 엑셀에서 전체 분류자 수에서 유사하다고 분류한 진술문의 합계를 빼면 된다. 가령, 1번 진술문과 2번 진술문이 유사하다고 분류한 상담자는 [그림 7-3]을 보면 21명이다. 아마도 1번 진술문과 2번 진술문은 유사성이 높을 가능성이 있다. 이를 비유사성 행렬표로 만들면 [그림 7-4]의 1번 진술문과 2번 진술문에 대해 총 23명의 상담자 중 2명만 유사하지 않다고 분류하고 있다(23-21 = 2). 따라서 비유사성 행렬표의 값은 2가 된다. 이런 식으로 유사성 행렬표를 엑셀을 활용하여 비유사성 행렬표로 변환하여 다차원분석을 실시하였다.

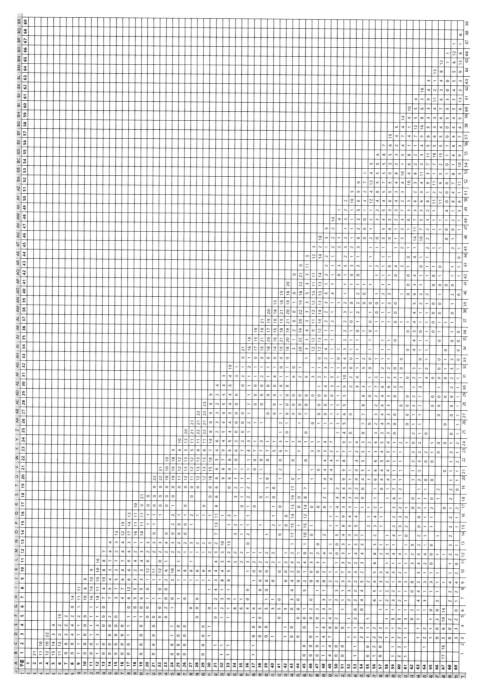

[그림 7-3] 다차원분석을 위한 유사성 행렬표

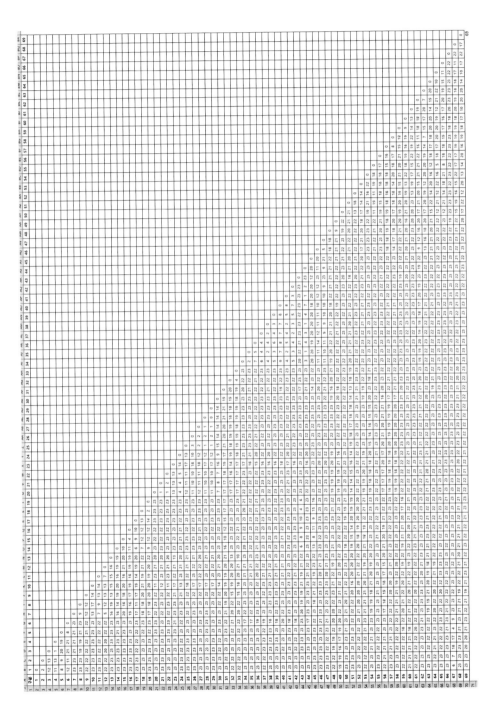

[그림 7-4] 다차원분석을 위한 비유사성 행렬표

(4) 개념도 분석 및 해석 단계

연구참여자들의 유사성 분류 및 영향도 평정 자료를 통계적으로 분석하여 청소년 인터넷중독 증상에 대한 차원과 개념도, 군집을 도출하기 위한 자료분석이 이루어졌다. 첫 번째 단계로 23명의 유사성 평정 참여자가 각 진술문의 유사성을 평정한 자료를 가지고 유사성 행렬표를 만들었다. 같은 집단으로 묶인 진술문은 1, 다른 집단으로 묶인 진술문은 0으로 코딩이 되어서 개인별 유사성 행렬표가 전체 파일로 합산된다. 이 단계는 컨셉매핑 연구지원시스템에서 자동적으로 엑셀파일 형태의 결과물로 도출되었다. 두 번째 단계에서는 이러한 유사성 행렬표를 가지고 다차원분석을 하기 위해 비유사성 행렬표를 제작하였다. 비유사성 행렬표의 매트릭스에서는 숫자가 클수록 비유사함을 나타낸다. 세 번째 단계에서는 SPSS21 통계 프로그램을 활용하여 다차원척도 분석 가운데 ALSCAL 분석을 실시하였다.

마지막으로, 다차원척도 분석 결과 도출된 2차원상의 좌푯값을 가지고 위계적 군집분석(Ward 방법)을 실시하여 좌푯값을 그렸다. 또한 군집의 적절성 및 하위 군집 확인을 위해 평균연결법에 의한 위계적 군집분석을 실시하고 두 결과를 비교하였다. 이 연구는 Ward 방식의 군집분석 결과가 연구결과를 보다 잘 반영하는 것으로 판단되어 이를 반영하여 개념도를 작성하였다.

3. 연구결과 기술하기

Q: 연구결과 분석 시, 특별히 주의해야 할 점은 무엇인가요?

이 연구는 인터뷰 참여자들의 인식 탐색을 통해 수집된 질적 자료를 바탕으로 다차원척도법과 군집분석의 양적 분석 방법을 통해 자료를 통계적으로 처리하는 방법이 결합되어 있다. 양적 분석을 하기 위한 자료를 마련하기 위해 연구참여자의 생각과 경험 내용을 수집하고 종합, 축약, 정리하는 질적 분석의 과정이 필요한데, 이 과정에서 무엇보다 질적자료를 잘 다룰 수 있는 연구자의 역량이 중요하다. 이에 연구자의 이전 질적연구분석의 경험이 어느 정도 필요하다.

1) 청소년 인터넷중독 증상의 내용

상담자가 인식한 청소년 인터넷중독 증상 최종 진술문은 총 69개로 다음과 같다.

〈표 7-1〉 청소년 인터넷중독 증상

번호	진술문
1	게임을 막으니까 폭발적으로 공격적 행동을 한다.
2	게임을 못하는 상태에서 벽에 머리를 박거나 바닥에 찧는 등 자해하는 행동을 보인다.
3	게임을 하지 않았을 때 안절부절못한다.
4	게임을 못하는 상태에서 굉장히 예민하고 날카롭게 반응한다.
5	게임 스토리가 칼이나 총으로 상대편을 죽이고 때리는 것이기 때문에 공격적 행동을 쉽게 따라 한다.
6	갈등을 가까운 사람에게는 공격적인 성향으로 표출하나 타인들에게는 잘 표출하지 못하고 오히려 자신에게 공격성을 표출한다.
7	다른 건 시큰둥하고 잘 느끼지 못하는데 게임에 대해서는 눈을 반짝이며 감정도 느끼고, 생각을 한다.
8	일상적으로 있을 때도 게임화면이 떠다닌다거나 계속 그 생각만 한다.
9	게임을 하기 위해서 모든 것에 물불을 가리지 않는다.
10	게임을 하느라 일상적인 생리적 욕구 충족을 위한 행동이 우선 순위에서 밀려난다.
11	대화 내용이 다 게임 이야기이다.
12	게임 외 다른 것에는 전혀 흥미가 없다.
13	게임캐릭터에 돈을 쓰는 것에 굉장히 관대하다.
14	게임 공간에서는 캐릭터만 존재하지 자신에 대한 개념은 존재하지 않는다.
15	가상과 현실을 구분해 내지 못한다.
16	게임 안에 들어가서 현실적 문제로부터 차단되어 있다.
17	사람들이 게임캐릭터로 돌아다니는 것처럼 느껴진다.
18	사이버세계에서 자기효능감이 높다.
19	현실에서 충족되지 못하는 욕구(자존감, 통제감, 인정의 욕구)를 채운다.
20	밥을 잘 안 먹고 한꺼번에 폭식한다.
21	자는 것을 아침에 하는 밤낮이 바뀐 생활을 한다.
22	위생상태, 외모에 신경쓰지 않는다.

23	게임과 관련된 가족 갈등이 계속 일어난다.
24	집 밖에 안 나온다.
25	학습에 전혀 흥미없다.
26	제때 학교에 가지 않거나 아예 안 간다.
27	수업시간에 멍하니 앉아 있거나 잔다.
28	학생으로 해야 할 일(숙제 등)을 하지 못한다.
29	성적이 안 좋다.
30	목, 허리, 눈, 척추 등에 신체적 증상이 나타난다.
31	현실에서는 멍하다.
32	게임을 하기 위해 부모님과 선생님에게 거짓말한다.
33	게임을 하기 위해 돈이 필요하면 훔친다.
34	필요할 때 적절하게 자기를 잘 표현하지 못한다.
35	사람과 눈을 잘 마주치지 못한다.
36	게임을 위한 관계로, 대인관계가 깊이 없이 피상적이다.
37	자신이 하고 싶은 이야기만 하고 상대의 반응을 신경쓰지 않는다.
38	대인관계에서 상대에 대해 반응이 없거나 느리다.
39	타인의 의도를 부정적으로 왜곡한다.
40	함께 있어도 벽처럼(감정 있는 생생한 사람으로) 함께 있지 않은 느낌이다.
41	또래와(다른 사람과) 잘 지내고 싶은 마음은 있으나 구체적인 방법을 모르거나 잘못된 방법을 사용하고 있다.
42	사람에 대한 관심이 없다.
43	가상세계에서 느꼈던 강한 자존감, 능력, 관계가 현실에서도 그대로 유지된다고 믿는다.
44	사람들을 만났을 때 긴장감이 크다.
45	가상으로 지어진 이야기, 허무맹랑한 얘기를 한다.
46	이야기하는 데 집중을 못한다.
47	10분, 20분 이상 대화를 길게 하는 것을 힘들어한다.
48	무기력하고 위축되어 있다.
49	bipolar처럼 어떨 때는 툭툭 튀다가 어떨 때는 가라앉는다.
50	자신을 게임에서 벗어날 수 없고 게임을 할 수밖에 없는 사람으로 인식한다.
51	현실적인 문제(시험, 부모님)가 어떻게 되든 상관하지 않는다.

52	게임을 얼마나 많이 했는지의 감각이 없다.
53	자신이 이렇게 행동했을 때 결과가 이럴 것이다는 연계가 안 된다.
54	오랜 시간, 학교에 있는 시간만 빼고 게임을 한다.
55	게임을 많이 했다고 스스로 알지만 조절이 안 된다.
56	인터넷을 빼면 대신 뭐 할지 대안이 없어 생활이 무너진 느낌이다.
57	(게임을 하는 것 이외에) 한 군데 앉아 있는 것을 힘들어한다.
58	(게임을 하는 것 이외에) 집중력을 요하는 과제에서 기능이 떨어진다.
59	게임에서 일상에서 얻을 수 없는 빠른 피드백, 긴장감을 추구한다.
60	즉각 보상이 주어지니까 지연되는 것을 못 참는다.
61	게임을 갈수록 더 자극적이고 센 것을 하게 된다.
62	오래 생각하는 것을 귀찮아한다.
63	게임 외 자극에는 주의를 기울이지 않고 흘러버리기 때문에 다른 것들은 잘 기억하지 못한다.
64	스트레스 상황이 되면 상황에 대한 감정이나 의식과정 없이 자동적으로 게임을 한다.
65	게임에 회의적이고 하기 힘들어 끄고 싶어 하면서도 계속하게 된다.
66	인터넷 사용 조절에 대한 동기가 없다.
67	자기도 모르게(순간 욱해서) 기물을 파손하거나 던진다.
68	자신의 인터넷 사용문제를 부인한다.
69	더 하고 싶고 계속 많이 해도 만족스럽지 않다.

2) 청소년 인터넷중독 증상의 차원과 군집

(1) 청소년 인터넷중독 증상의 차원

① 차원의 수 결정

상담자들이 청소년의 인터넷중독 증상을 어떠한 차원에 따라 인식하는지 확인하기 위하여 차원의 수를 결정하는 작업을 진행하였다. 유사성 평정의 결과를 바탕으로 다차원척도를 분석한 결과는 다음과 같다.

〈표 7-2〉 차원별 합치도 및 설명량

차원의 수	합치도(stress)	설명량(R²)	설명량 증가
1차원	.51	.27	
2차원	.29	.56	.29
3차원	.19	.73	.17
4차원	.13	.83	.10
5차원	.10	.87	.4
6차원	.08	.91	.4

이 연구의 다차원척도 분석 결과에 의해 나타난 차원 수에 따른 합치도와 설명량을 살펴보면, 2차원까지 추출하였을 때 합치도는 .29(R^2=.56), 3차원까지 추출하였을 때 .19(R^2=.73), 4차원까지 추출하였을 때 .13(R^2=.83), 5차원까지 추출하였을 때 .10(R^2=.87), 마지막으로 6차원까지 추출하였을 때 .08(R^2=.91)로 나타난다.

다차원척도 분석에서 차원의 수를 결정하기 위해서 중요한 과제 중 하나는 원자료의 정보가 최대한 반영이 되면서 가능한 가장 낮은 차원의 수로 단순한 공간에서 시각화하는 것이다(박광배, 2000). 다차원척도 분석에 있어 차원의 수를 결정하는 일반적인 기준은 합치도, 해석 가능성, 효율성의 세 가지로 제시되고 있다(최한나, 2007). 첫째, 합치도는 각 개인이 평정한 유사성 자료와 최종적으로 도출된 공간 도면 사이의 차이를 나타내는 것으로 이 차이의 정도는 스트레스 값(stress value)으로 표현된다. 즉, 스트레스 값은 불일치의 정도로 볼 수 있는데(노형진, 정한열, 2006), 이 값이 적을수록 합치도가 높다는 것을 의미한다. 둘째, 해석 가능성은 구분된 차원들이 실제 자극의 속성에 근거하여 해석 가능한지의 여부를 의미한다. 셋째, 효율성은 해석 가능성과 합치도를 고려하여 가능한 단순하고 적은 차원의 수를 결정하는 것이 바람직함을 나타낸다.

또한 Kruskal과 Wish(1978)는 적절한 Stress 값의 기준을 .10 이하로 제시하고 있다. 하지만 이러한 통계학자 관점에서의 기준은 대부분의 개념도 연구에 엄격하게 적용되기 어려운 것으로 판단된다(김수임, 2012; Kane & Trochim, 2007). 스트레스 값이 낮은 것이 반드시 바람직하다고 볼 수 없는 이유는 스트레스 값의 속성상 자료의 동점과 결측치가 많을수록 값이 감소하고, 심상자극의 수가 많을수록 높아진다는 점에 있다(박광배, 2000). 이는 동점과 결측치가 많다는 것이 바람직한 것이 아니고, 반면

심상자극의 수가 많다는 것은 도출된 공간도면이 안정적이라는 것을 의미하기 때문이다(박광배, 2000). 실제로 개념도를 사용한 다른 선행연구들의 스트레스 값을 살펴보면 2차원을 기준으로 하였을 때 민경화(2012)의 연구에서 .35, 김수임(2012)의 연구에서 .27, 조영미 외(2009)의 연구에서 .34 등으로 나타난다.

　차원의 수를 정하는 것과 관련하여 차원의 수가 증가할수록 스트레스 값은 감소하는 반면 그만큼 해석 가능성과 단순성이 낮아지므로 가능한 적은 차원의 수로 설명하는 것이 바람직하다고 본다. 다차원분석에서 차원의 수를 정하는 방식은 일반적으로 스크리플롯(scree plot) 방식을 사용하는데(박광배, 2000), Kruskal(1964)은 스트레스 플롯이 처음 크게 꺾이는 지점('elbow')으로 차원의 수를 선택할 것을 제안하였다. 왜냐하면 그 이상 차원 수가 증가한다 해도 합치도의 증가가 크지 않기 때문이다. 따라서 산출된 스트레스 값을 차원 수와 대비하여 스트레스 플롯을 그려 보면 [그림 7-5]와 같다.

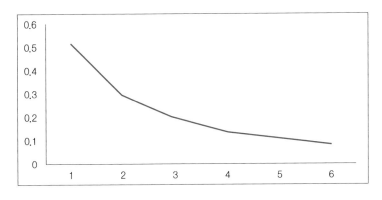

[그림 7-5]　차원에 따른 스트레스 플롯

　스트레스 플롯을 살펴보면 2차원에서 합치도 값이 가장 크게 줄어들었고(.22), 3차원 이상에서는 .10, .06, .03으로 완만하게 감소하고 있다. 결과적으로 이 연구에서는 앞에서의 논의 사항들을 종합적으로 고려하여 두 개의 차원이 가장 적절한 것으로 판단하여 진행하였다.

② 차원별 청소년 인터넷중독 증상의 분포 및 차원 해석
차원의 수를 두 개로 정하고 각 차원의 좌푯값을 기준으로 진술문의 위치를 2차원

공간에 제시하면 [그림 7-6]과 같다.

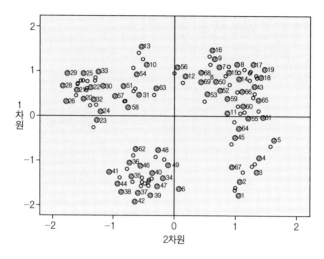

[그림 7-6] 다차원척도 분석 결과(1차원*2차원)

앞에서 표시된 진술문의 위치는 상담자 인식의 유사성에 근거한다. 즉, 가까이에 위치한 진술문은 상담자들이 비슷하게 인식한다는 것을 나타내며, 진술문 사이의 거리가 멀수록 상담자들이 다르게 인식한다는 것을 의미한다. 다차원분석을 통하여 얻어진 좌푯값을 통해 각 차원의 의미를 구체적으로 살펴보면 다음과 같다.

1차원(X축)에서 정적 방향의 극단에서부터 위치해 있는 증상들을 차례로 살펴보면 다음과 같다.

5. 게임 스토리가 칼이나 총으로 상대편을 죽이고 때리는 것이기 때문에 공격적 행동을 쉽게 따라 한다(좌푯값: 1.57).

61. 게임을 갈수록 더 자극적이고 센 것을 하게 된다(좌푯값: 1.37).

18. 사이버세계에서 자기효능감이 높다(좌푯값: 1.34).

19. 현실에서 충족되지 못하는 욕구(자존감, 통제감, 인정의 욕구)를 채운다(좌푯값: 1.33).

4. 게임을 못하는 상태에서 굉장히 예민하고 날카롭게 반응한다(좌푯값: 1.32).

1차원(X축)의 부적 방향의 극단에서부터 위치해 있는 증상들을 차례로 살펴보면 다음과 같다.

26. 제때 학교에 가지 않거나 아예 안 간다(좌푯값: −1.61).

28. 학생으로 해야 할 일(숙제 등)을 하지 못한다(좌푯값: −1.59).

29. 성적이 안 좋다(좌푯값: −1.59).

25. 학습에 전혀 흥미없다(좌푯값: −1.53).

27. 수업시간에 멍하니 앉아 있거나 잔다(좌푯값: −1.50).

이와 같은 진술문의 위치와 내용을 근거로 전체적인 의미를 살펴보면, 1차원의 정적인 방향은 전반적으로 인터넷에서만 나타날 수 있는 증상, 즉 인터넷 게임과 관련된 문제증상들이고, 부적인 방향은 전반적으로 청소년의 일반적 문제와 관련된 증상들이다. 즉, 정적인 방향에서는 인터넷 게임상의 공격적 행동을 따라 하고, 더욱 자극적인 게임을 하게 되고, 사이버세계의 높은 효능감 등 다른 중독 형태에서는 보이지 않는 인터넷만의 고유의 특성이 두드러지는 증상이 나타났고, 부적인 방향에서는 학교 등교 문제, 성적, 학생으로 할 일을 안 하는 등 청소년기에 흔히 나타날 수 있는 일반적인 문제 행동 증상이 나타났다. 이에 따라 1차원의 이름을 '비특이적 인터넷중독 증상(internet−unspecific addiction symptoms)−특정 인터넷중독 증상(internet−specific addiction symptoms)' 차원으로 명명하였다.

다음으로 2차원(Y축)에서 정적 방향으로 극단에서부터 위치해 있는 증상들을 살펴보면 다음과 같다.

13. 게임캐릭터에 돈을 쓰는 것에 굉장히 관대하다(좌푯값: 1.40).

16. 게임 안에 들어가서 현실적 문제로부터 차단되어 있다(좌푯값: 1.32).

10. 게임을 하느라 일상적인 생리적 욕구 충족을 위한 행동이 우선 순위에서 밀려난다(좌푯값: 1.26).

9. 게임을 하기 위해서 모든 것에 물불을 가리지 않는다(좌푯값: 1.12).

7. 다른 건 시큰둥하고 잘 느끼지 못하는데 게임에 대해서는 눈을 반짝이며 감정도 느끼고, 생각을 한다(좌푯값: 1.10).

2차원(Y축)의 부적 방향의 극단에서부터 위치해 있는 증상들을 차례로 살펴보면 다음과 같다.

6. 갈등을 가까운 사람에게는 공격적인 성향으로 표출하나 타인들에게는 잘 표출하지 못하고 오히려 자신에게 공격성을 표출한다(좌푯값: −1.78).

1. 게임을 막으니까 폭발적으로 공격적 행동을 한다(좌푯값: −1.65).

2. 게임을 못하는 상태에서 벽에 머리를 박거나 바닥에 찧는 등 자해하는 행동을 보인다(좌푯값: −1.61).

42. 사람에 대한 관심이 없다(좌푯값: −1.58).

37. 자신이 하고 싶은 이야기만 하고 상대의 반응을 신경쓰지 않는다(좌푯값: −1.56).

이와 같은 진술문의 위치와 내용이 의미하는 바를 살펴보면, 2차원의 정적인 방향은 인터넷중독이 개인 심리내적으로 영향을 주어서 게임만이 제일 우선 순위에 놓이고, 관심과 흥미가 게임에만 집중해 있어 외부 현실 세계와 멀어지게 되는 것과 관련된 증상들이다. 반면, 부적인 방향은 인터넷중독이 개인에게 영향을 주어 대인간에서 문제로 표현되는 증상들과 관련이 있다. 즉, 부적 방향으로 갈수록 적어도 대인간에서 드러나는 증상으로 표현되는 반면, 정적 방향으로 갈수록 게임중독의 영향이 개인 내 문제로 들어와서 오히려 현실로부터 차단되어 가는 모습을 보인다. 따라서 2차원의 이름을 '개인내 문제(personal problems)−대인간 문제(inter−personal problems)' 차원으로 명명하였다.

(2) 청소년 인터넷중독 증상의 군집

이 연구에서는 상담자들이 인식한 청소년 인터넷중독 증상에 대한 진술문 69개가 어떻게 분류되는지 알아보기 위하여 군집분석을 실시하였다. 군집분석은 두 가지 방식으로 실시하였다. 첫 번째로 다차원척도 분석 결과 생성된 2차원상의 좌푯값을 이용하여 군집화하는 계층적 군집분석인 Ward 방법을 실시하였다. 두 번째로 비계층적 군집분석인 K−means 군집분석 방법을 실시하였다. K−means 군집분석은 초기의 군집의 수 K를 규정하여 결정된 초기 군집에 각 개체를 할당하는 식으로 이루어지며(이성규, 홍성언, 박수홍, 2006), 계층적 군집분석 결과를 토대로 군집 개수의 범위를 정한 후 가장 적합한 군집 개수를 찾아간다(강성현, 2005; 허명회, 양경숙, 2011). 이 연구에서는 김재희(2008)가 제안한 대로 계층적 군집방법으로 적절한 군집의 개수를 정한 후 K−means 방법을 사용해 개체들을 재배치하는 하는 방법을 따라서 군집분석을 실시하였다.

① 계층적 군집분석 결과

다차원척도 분석 결과로 도출된 2차원상 좌푯값을 사용하여 위계적 군집분석 방법인 Ward 방법을 실시하였다. 군집의 수를 결정하기 위해 [그림 7-7]의 덴드로그램을 살펴본 결과 군집 수를 3개에서 6개까지 고려해 볼 수 있음을 알 수 있다. 다른 방법으로 군집의 개수를 확인하기 위해 허명회, 양경숙(2011)이 제안한 대로 계수(coefficients)가 급속히 증가하는 단계를 찾았는데, [그림 7-8]과 [그림 7-9]에서는 4, 5, 6개의 군집 수를 고려해 볼 수 있는 것으로 나타난다.

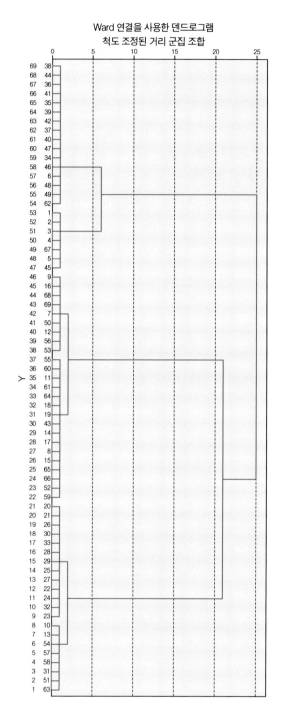

[그림 7-7] Ward 방법에 의한 군집분석 덴드로그램

군집화 일정표

단계	결합 군집		계수	처음 나타나는 군집의 단계		다음 단계
	군집 1	군집 2		군집 1	군집 2	
1	38	44	.000	0	0	38
2	57	58	.000	0	0	49
3	20	21	.001	0	0	36
4	28	29	.001	0	0	27
5	25	27	.001	0	0	21
6	18	19	.002	0	0	26
7	1	2	.002	0	0	59
8	40	47	.003	0	0	15
9	14	17	.003	0	0	29
10	68	69	.005	0	0	43

중략

단계	결합 군집		계수	처음 나타나는 군집의 단계		다음 단계
57	8	52	3.601	41	47	63
58	7	12	4.304	50	54	64
59	1	3	5.042	7	55	66
60	6	48	5.814	56	48	66
61	20	23	6.791	46	51	65
62	10	31	7.987	39	49	65
63	8	11	9.755	57	44	64
64	7	8	12.859	58	63	67
65	10	20	16.231	62	61	67
66	1	6	29.981	59	60	68
67	7	10	78.949	64	65	68
68	1	7	138.032	66	67	0

[그림 7-8] Ward 연결법에 의한 군집화 일정표

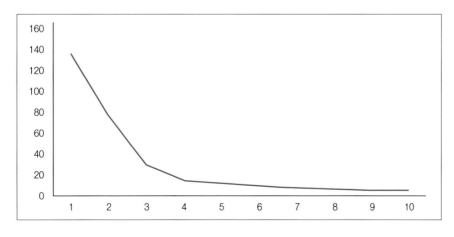

[그림 7-9] 계숫값을 이용한 산비탈 그림

최종적으로 다차원분석 결과, Ward 군집분석의 결과 및 연구자의 관련 전문성과 사전 지식에 근거하여 군집의 수는 5개가 적절한 것으로 판단하였다.

② 비계층적 군집분석 결과

계층적 군집분석 결과를 토대로 군집의 개수를 5개로 정한 후 비계층적 방법을 이용해서 군집을 형성하였다. 〈표 7-3〉의 최종 그룹 평균을 통해 각 그룹의 특징을 살펴볼 수 있다. 2차원 축을 그렸을 때 군집 4와 군집 5는 4사분면 중 4분면에 속하고 비특이적 인터넷중독 증상-개인내 문제 특징을, 군집 2는 2사분면에 속하고 특정 인터넷중독 증상-대인간 문제 특징을 나타낸다. 또한 군집 1은 1사분면으로 특정 인터넷중독 증상-개인내 문제 특징, 군집 3은 3사분면에 속하고 비특이적 인터넷중독 증상-대인간 문제 특징을 나타낸다.

〈표 7-3〉 K-means 군집분석에 의한 최종 그룹 평균

	군집				
	1	2	3	4	5
표준화 점수(1차원)	.99506	1.15536	−.48166	−1.41424	−.48820
표준화 점수(2차원)	.67202	−1.15761	−1.37974	.54631	.76207

〈표 7-4〉를 보면 각 그룹 간 평균차는 그룹 1과 그룹 2, 그룹 2와 그룹 4가 3.083으로 가장 크게 벌어지는 집단임을 알 수 있다. 또한 전반적으로 특정 인터넷중독 증상-개인내 문제 특징을 나타내는 군집 1의 증상들이 총 23개로 가장 많이 분포되어 있다.

〈표 7-4〉 K-means 군집분석에 의한 최종 군집 중심 간의 거리

군집	1	2	3	4	5
1		2.413	3.083	2.140	.951
2	1.837		1.652	3.083	2.527
3		1.837	2.528	2.413	1.486
4	1.486	2.527	2.142	.951	
5	2.528	1.652		2.140	2.142

〈표 7-5〉 K-means 군집분석에 의한 각 군집에 속한 개체 수

각 군집의 케이스 수		
군집	1	23.000
	2	7.000
	3	16.000
	4	13.000
	5	10.000
유효		69.000
결측		.000

〈표 7-6〉의 분산분석 결과는 각 차원에 대하여 집단별 평균차 검증을 한 것으로 각 차원 모두 집단 분류에 유의함을 확인할 수 있다.

〈표 7-6〉 K-means 군집분석에 의한 분산분석 결과

	군집		오차		F	유의확률
	평균제곱	자유도	평균제곱	자유도		
표준화 점수(1차원)	16.053	4	.059	64	271.330	.000
표준화 점수(2차원)	14.978	4	.126	64	118.550	.000

③ 군집분석 결과에 따른 분류 및 개념도

다음으로 군집의 특성을 반영하여 각 군집에 이름을 붙였다. 군집명을 정하는 과정에서 다차원척도분석 결과 도출된 2차원 축의 특성과 상담자들이 유사성 평정시에 각 분류에 붙여 준 명칭, 인터넷중독 선행연구를 참조하였다. 또한 이 연구의 청소년 인터넷중독 증상 진술문을 도출할 때 진술문 코딩체계를 '인터넷중독 청소년은 … 증상을 나타낸다'로 만들어 정리하였기 때문에 군집의 명칭 부여에 있어서도 이 체계에 적합하도록 구성하였다. 군집의 순서는 4사분면 중 오른쪽 상단을 중심을 시작으로 시계방향으로 순서를 부여하였다. 각 군집의 이름과 포함 진술문은 〈표 7-7〉에 제시하였다.

〈표 7-7〉 최종 군집 및 군집별 진술문

군집		청소년 인터넷중독에 대한 군집별 진술문
〈군집 1〉 인터넷 게임 조절 및 현실 전환(switch)의 어려움 (23개)	7	다른 건 시큰둥하고 잘 느끼지 못하는데 게임에 대해서는 눈을 반짝이며 감정도 느끼고, 생각을 한다.
	8	일상적으로 있을 때도 게임화면이 떠다닌다거나 계속 그 생각만 한다.
	9	게임을 하기 위해서 모든 것에 물불을 가리지 않는다.
	11	대화 내용이 다 게임 이야기이다.
	14	게임 공간에서는 캐릭터만 존재하지 자신에 대한 개념은 존재하지 않는다.
	15	가상과 현실을 구분해 내지 못한다.
	16	게임 안에 들어가서 현실적 문제로부터 차단되어 있다.
	17	사람들이 게임캐릭터로 돌아다니는 것처럼 느껴진다.
	18	사이버세계에서 자기효능감이 높다.
	19	현실에서 충족되지 못하는 욕구(자존감, 통제감, 인정의 욕구)를 채운다.
	43	가상세계에서 느꼈던 강한 자존감, 능력, 관계가 현실에서도 그대로 유지된다고 믿는다.
	50	자신을 게임에서 벗어날 수 없고 게임을 할 수밖에 없는 사람으로 인식한다.
	52	게임을 얼마나 많이 했는지의 감각이 없다.
	53	자신이 이렇게 행동했을 때 결과가 이럴 것이다는 연계가 안 된다.
	55	게임을 많이 했다고 스스로 알지만 조절이 안 된다.
	59	게임에서 일상에서 얻을 수 없는 빠른 피드백, 긴장감을 추구한다.
	60	즉각 즉각 보상이 주어지니까 지연되는 것을 못 참는다.
	61	게임을 갈수록 더 자극적이고 센 것을 하게 된다.
	64	스트레스 상황이 되면 상황에 대한 감정이나 의식과정 없이 자동적으로 게임을 한다.
	65	게임에 회의적이고 하기 힘들어 끄고 싶어 하면서도 계속하게 된다.
	66	인터넷 사용 조절에 대한 동기가 없다.
	68	자신의 인터넷 사용문제를 부인한다.
	69	더 하고 싶고 계속 많이 해도 만족스럽지 않다.

	1	게임을 막으니까 폭발적으로 공격적 행동을 한다.
	2	게임을 못하는 상태에서 벽에 머리를 박거나 바닥에 찧는 등 자해하는 행동을 보인다.
〈군집 2〉 인터넷 게임으로 인한 이상행동 (7개)	3	게임을 하지 않았을 때 안절부절못한다.
	4	게임을 못하는 상태에서 굉장히 예민하고 날카롭게 반응한다.
	67	자기도 모르게(순간 욱해서) 기물을 파손하거나 던진다.
	5	게임 스토리가 칼이나 총으로 상대편을 죽이고 때리는 것이기 때문에 공격적 행동을 쉽게 따라 한다.
	45	가상으로 지어진 이야기, 허무맹랑한 얘기를 한다.
	38	대인관계에서 상대에 대해 반응이 없거나 느리다.
	44	사람들을 만났을 때 긴장감이 크다.
	36	게임을 위한 관계로, 대인관계가 깊이 없이 피상적이다.
	41	또래와(다른 사람과) 잘 지내고 싶은 마음은 있으나 구체적인 방법을 모르거나 잘못된 방법을 사용하고 있다.
	35	사람과 눈을 잘 마주치지 못한다.
	39	타인의 의도를 부정적으로 왜곡한다.
〈군집 3〉 대인간 상호작용의 어려움 (16개)	42	사람에 대한 관심이 없다.
	37	자신이 하고 싶은 이야기만 하고 상대의 반응을 신경쓰지 않는다.
	40	함께 있어도 벽처럼(감정 있는 생생한 사람으로) 함께 있지 않은 느낌이다.
	47	10분, 20분 이상 대화를 길게 하는 것을 힘들어한다.
	34	필요할 때 적절하게 자기를 잘 표현하지 못한다.
	46	이야기하는 데 집중을 못한다.
	6	갈등을 가까운 사람에게는 공격적인 성향으로 표출하나 타인들에게는 잘 표출하지 못하고 오히려 자신에게 공격성을 표출한다.
	48	무기력하고 위축되어 있다.
	49	bipolar처럼 어떨 때는 톡톡 튀다가 어떨 때는 가라앉는다.
	62	오래 생각하는 것을 귀찮아한다.

	20	밥을 잘 안 먹고 한꺼번에 폭식한다.
	21	자는 것을 아침에 하는 밤낮이 바뀐 생활을 한다.
	26	제때 학교 가지 않거나 아예 안 간다.
	30	목, 허리, 눈, 척추 등에 신체적 증상이 나타난다.
〈군집 4〉	33	게임을 하기 위해 돈이 필요하면 훔친다.
학업 및	28	학생으로 해야 할 일(숙제 등)을 하지 못한다.
일상생활의 어려움	29	성적이 안 좋다.
(13개)	25	학습에 전혀 흥미없다.
	27	수업시간에 멍하니 앉아 있거나 잔다.
	22	위생상태, 외모에 신경쓰지 않는다.
	24	집 밖에 안 나온다.
	32	게임을 하기 위해 부모님과 선생님에게 거짓말한다.
	23	게임과 관련된 가족 갈등이 계속 일어난다.
	10	게임을 하느라 일상적인 생리적 욕구 충족을 위한 행동이 우선 순위에서 밀려난다.
	12	게임 외 다른 것에는 전혀 흥미가 없다.
	13	게임캐릭터에 돈을 쓰는 것에 굉장히 관대하다.
	31	현실에서는 멍하다.
〈군집 5〉	51	현실적인 문제(시험, 부모님)가 어떻게 되든 상관하지 않는다.
인터넷 게임 몰입	54	오랜 시간, 학교에 있는 시간만 빼고 게임을 한다.
(10개)	56	인터넷을 빼면 대신 뭐 할지 대안이 없어 생활이 무너진 느낌이다.
	57	(게임을 하는 것 이외에) 한 군데 앉아 있는 것을 힘들어한다.
	58	(게임을 하는 것 이외에) 집중력을 요하는 과제에서 기능이 떨어진다.
	63	게임 외 자극에는 주의를 기울이지 않고 흘려버리기 때문에 다른 것들은 잘 기억하지 못한다.

이상의 분류된 5개의 군집을 2차원상에 표상한 개념도는 [그림 7-10]과 같다.

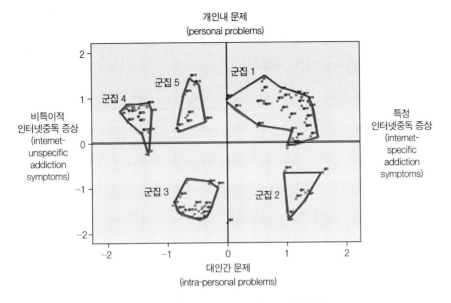

[그림 7-10]　청소년 인터넷중독 증상 개념도

　연구결과 도출된 개념도를 살펴보면 다음과 같은 특징을 가지고 있다. 첫째, 2개의 차원(비특이적 인터넷중독 증상–특정 인터넷중독 증상, 개인내 문제–대인간 문제)을 기준으로 할 때 진술문은 4개 사분면으로 나누어 분포된다. 우선, 1사분면은 특정 인터넷중독 증상–개인내 문제증상으로 구분되고 이곳에 분류되는 증상들은 인터넷 게임 특성과 관련성을 가지며 개인내 문제와 관련되어 있다. 여기에는 군집 1 '인터넷 게임 조절 및 현실 전환(switch)의 어려움'에 포함되는 진술문들이 속한다. 2사분면은 특정 인터넷중독 증상–대인간 문제증상으로 구분되며, 문제증상이 인터넷 게임 고유의 특성과 관련되어 있으면서 동시에 대인 간 장면에서 드러나는 문제증상들이다. 군집 2 '인터넷 게임으로 인한 이상행동'이 여기에 포함된다. 3사분면은 비특이적 인터넷중독 증상–대인간 문제증상으로 구분되며 인터넷의 특성보다는 일반적인 청소년 문제와 관련되어 있으면서 대인간의 문제로 표현되는 진술문들이 분포되어 있다. 군집 3 '대인간 상호작용의 어려움'의 진술문들이 속한다. 마지막으로, 4사분면은 비특이적 인터넷중독 증상–개인내 문제증상으로 구분되고 일반적 청소년 문제와 관련되어 있으면서 대인간에 문제가 드러나기보다는 개인내 문제와 관련된 진술문들이 분포되어 있다. 군집 4 '학업 및 일상생활의 어려움'와 군집 5 '인터넷 게임 몰입'의 진술문들이 속한다.

둘째, 진술문의 5개 군집은 4사분면상에 고루 위치하고 있으나 주로 많은 진술문이 1사분면과 4사분면상에 위치해 있다. 따라서 상담자들이 인식한 청소년 인터넷중독 증상 진술문들은 개인내 문제에 해당하는 축상에 많이 분포되어 나타나는 것으로 볼 수 있다. 즉, 상담자들은 청소년 인터넷중독 증상을 대인간 차원에서 갈등으로 많이 드러난다기보다는 많은 증상이 개인 내부로 향하여 흥미상실, 자기에 대한 낮은 개념, 생활에 대한 통제력 상실 등을 가져오고 그것이 청소년 학업 및 일상생활의 문제와 관련되어 많이 나타나는 것으로 인식하고 있었다.

셋째, 각 군집별 특성을 살펴보면, 군집 1 '인터넷 게임 조절 및 현실 전환의 어려움' 증상은 인터넷 게임의 특성이 증상에 핵심적으로 작용하고, 그 영향이 대인간 장면에서 드러나기보다는 개인 내부에 주로 영향을 미치는 특성을 나타낸다. 가령, 인터넷 게임에 빠져들어 조절이 어렵고, 현실과 인터넷 게임 가상 간의 전환이 쉽게 되지 않기 때문에 이것이 개인 내부에 작용하여 흥미, 자신에 대한 개념, 생활에 대한 통제 등이 영향을 받는다. 또한 도박, 알코올 같은 다른 중독과 구별되는 인터넷중독만의 고유한 특징을 잘 보여 주는 증상을 포함하고 있다. 가령, 주로 게임내 캐릭터에 대한 몰입, 게임내 가상세계과 현실 구분의 어려움 등을 나타내는 증상을 포함하고 있다. 그리고 같은 군집 내에서도 X축의 정적 방향으로 갈수록 좀 더 인터넷 게임 고유의 특성과 관련된 형태의 증상에 가까워지고(예: 사이버세계에서 자기효능감이 높다), 부적 방향으로 갈수록 일반적 청소년 문제증상과 관련된 형태의 증상으로 좀 더 심리 내적문제로 들어가서 현실과 멀어져 있으며(예: 게임 안에 들어가서 현실적 문제로부터 차단되어 있다), 군집 2는 좀 더 대인간 상황에서 문제가 드러나는 형태(예: 즉각 보상이 주어지니까 지연되는 것을 못 참는다)로 나타난다(예: 게임 외 다른 것에는 전혀 흥미가 없다). 한편, Y축의 정적 방향으로 갈수록 좀 더 개인내 문제와 관련하여 현실과 멀어져 있으며(예: 게임 안에 들어가서 현실적 문제로부터 차단되어 있다), 부적 방향으로 갈수록 좀 더 대인간 상황에서 문제가 드러나는 형태(예: 즉각 보상이 주어지니까 지연되는 것을 못 참는다)로 나타난다.

군집 2 '인터넷 게임으로 인한 이상행동' 증상의 경우 증상들이 주로 인터넷 게임과 관련되어 있으며, 그것이 대인관계의 장면에서 표현되어 나타나는 증상들이 포함되어 있다. 군집 3 '대인간 상호작용의 어려움' 증상의 경우 인터넷 게임의 고유한 특성과 관련되었다기보다는 일반적인 청소년 문제와 관련되어 있으면서 대인장면에서 드러나는 증상들이 분포되어 있다. 군집 4 '학업 및 일상생활의 어려움' 증상은 인터넷 게임의 특성이 주요하게 반영되어 있기보다는 일반적인 청소년 문제행동 증상에 대한 진술문이 포함되어 있다. 가령, 제때 학교에 가지 않거나, 학습에 대한 흥미가 없음 등의 진술문을 포함한다. 군집 5 '인터넷 게임 몰입'은 좀 더 인터넷 게임의 특성이 반영되었지만 역시 일반적인 청소년 문제행동의 형태로 나타나는 증상들이다. 가령, 인터넷 게임이 생리적인 욕구 충족에 우선하게 되고, 게임 외 다른 자극에 주의를 기울이지 않기 때문에 기억력이 떨어지는 증상 등을 포함한다.

3) 청소년 인터넷중독 증상의 중요도

(1) 청소년 인터넷중독 증상의 내용별 중요도

이 연구를 통해 수집된 청소년 인터넷중독 증상에 대한 69개 진술문이 23명의 상담자에게 중요하다고 생각되는 정도를 5점 리커트 척도로 평가하였다. 이는 상담자들이 청소년 인터넷중독을 잘 나타내는 증상이 무엇이라고 생각하는지에 대한 인식으로 해석할 수 있을 것이다. 청소년 인터넷중독 증상 69개의 진술문 목록을 중요도의 평균(표준편차의 범위 0.51~1.22)에 따라 내림차순으로 〈표 7-8〉에 제시하였다.

〈표 7-8〉 청소년 인터넷중독 증상에 대한 중요도

	내용	평균	표준편차
1	게임을 막으니까 폭발적으로 공격적 행동을 한다.	4.57	0.51
4	게임을 못하는 상태에서 굉장히 예민하고 날카롭게 반응한다.	4.57	0.66
3	게임을 하지 않았을 때 안절부절못한다.	4.52	0.79
9	게임을 하기 위해서 모든 것에 물불을 가리지 않는다.	4.52	0.67
16	게임 안에 들어가서 현실적 문제로부터 차단되어 있다.	4.52	0.67
54	오랜 시간, 학교에 있는 시간만 빼고 게임한다.	4.48	0.67
21	자는 것을 아침에 하는 밤낮이 바뀐 생활을 한다.	4.43	0.66
32	게임을 하기 위해 부모님과 선생님에게 거짓말한다.	4.43	0.66
10	게임을 하느라 일상적인 생리적 욕구 충족을 위한 행동이 우선 순위에서 밀려난다.	4.39	0.66
52	게임을 얼마나 많이 했는지의 감각이 없다.	4.39	0.66
28	학생으로 해야 할 일(숙제 등)을 하지 못한다.	4.35	0.78

69	더 하고 싶고 계속 많이 해도 만족스럽지 않다.	4.35	0.78
23	게임과 관련된 가족 갈등이 계속 일어난다.	4.30	0.76
26	제때 학교에 가지 않거나 아예 안 간다.	4.30	0.63
55	게임을 많이 했다고 스스로 알지만 조절이 안 된다.	4.30	0.93
56	인터넷을 빼면 대신 뭐할지 대안이 없어 생활이 무너진 느낌이다.	4.30	0.7
19	현실에서 충족되지 못하는 욕구(자존감, 통제감, 인정의 욕구)를 채운다.	4.26	0.75
60	즉각 보상이 주어지니까 지연되는 것을 못 참는다.	4.26	0.75
61	게임을 갈수록 더 자극적이고 센 것을 하게 된다.	4.26	0.81
65	게임에 회의적이고 하기 힘들어 끄고 싶어 하면서도 계속하게 된다.	4.22	0.9
30	목, 허리, 눈, 척추 등의 신체적 증상이 나타난다.	4.17	0.83
33	게임을 하기 위해 돈이 필요하면 훔친다.	4.17	0.58
8	일상적으로 있을 때도 게임화면이 떠다닌다거나 계속 그 생각만 한다.	4.13	0.97
14	게임 공간에서는 캐릭터만 존재하지 자신에 대한 개념은 존재하지 않는다.	4.13	0.92
24	집 밖에 안 나온다.	4.13	0.87
66	인터넷 사용 조절에 대한 동기가 없다.	4.13	0.87
25	학습에 전혀 흥미없다.	4.09	0.73
27	수업시간에 멍하니 앉아 있거나 잔다.	4.09	0.9
51	현실적인 문제(시험, 부모님)가 어떻게 되든 상관하지 않는다.	4.09	0.67
58	(게임을 하는 것 이외에) 집중력을 요하는 과제에서 기능이 떨어진다.	4.09	0.85
50	자신을 게임에서 벗어날 수 없고 게임 할 수밖에 없는 사람으로 인식한다.	4.04	0.71
67	자기도 모르게(순간 욱해서) 기물을 파손하거나 던진다.	4.04	0.93
22	위생상태, 외모에 신경쓰지 않는다.	4.00	0.9
31	현실에서는 멍하다.	4.00	0.9
59	게임에서 일상에서 얻을 수 없는 빠른 피드백, 긴장감을 추구한다.	4.00	0.8
63	게임 외 자극에는 주의를 기울이지 않고 흘려버리기 때문에 다른 것들은 잘 기억하지 못한다.	4.00	0.67
64	스트레스 상황이 되면 상황에 대한 감정이나 의식과정 없이 자동적으로 게임을 한다.	4.00	0.95
15	가상과 현실을 구분해 내지 못한다.	3.96	1.22
18	사이버세계에서 자기효능감이 높다.	3.96	0.71
2	게임을 못하는 상태에서 벽에 머리를 박거나 바닥에 찧는 등 자해하는 행동을 보인다.	3.91	1.16

5	게임 스토리가 칼이나 총으로 상대편을 죽이고 때리는 것이기 때문에 공격적 행동을 쉽게 따라 한다.	3.91	1
7	다른 건 시큰둥하고 잘 느끼지 못하는데 게임에 대해서는 눈을 반짝이며 감정도 느끼고, 생각을 한다.	3.91	0.95
20	밥을 잘 안 먹고 한꺼번에 폭식한다.	3.91	0.95
29	성적이 안 좋다.	3.91	1
43	가상세계에서 느꼈던 강한 자존감, 능력, 관계가 현실에서도 그대로 유지된다고 믿는다.	3.91	0.85
57	(게임을 하는 것 이외에) 한 군데 앉아 있는 것을 힘들어한다.	3.91	1
12	게임 외 다른 것에는 전혀 흥미가 없다.	3.87	1.14
49	bipolar처럼 어떨 때는 툭툭 튀다가 어떨 때는 가라앉는다.	3.87	0.92
53	자신이 이렇게 행동했을 때 결과가 이럴 것이다는 연계가 안 된다.	3.87	0.63
62	오래 생각하는 것을 귀찮아한다.	3.87	0.81
68	자신의 인터넷 사용문제를 부인한다.	3.87	0.63
13	게임캐릭터에 돈을 쓰는 것에 굉장히 관대하다.	3.83	0.89
6	갈등을 가까운 사람에게는 공격적인 성향으로 표출하나 타인들에게는 잘 표출하지 못하고 오히려 자신에게 공격성을 표출한다.	3.78	1
44	사람들을 만났을 때 긴장감이 크다.	3.78	0.85
47	10분, 20분 이상 대화를 길게 하는 것을 힘들어한다.	3.78	0.85
11	대화 내용이 다 게임 이야기이다.	3.74	0.92
17	사람들이 게임캐릭터로 돌아다니는 것처럼 느껴진다.	3.74	1.01
40	함께 있어도 벽처럼(감정 있는 생생한 사람으로) 함께 있지 않은 느낌이다.	3.74	1.1
41	또래와(다른 사람과) 잘 지내고 싶은 마음은 있으나 구체적인 방법을 모르거나 잘못된 방법을 사용하고 있다.	3.74	0.75
48	무기력하고 위축되어 있다.	3.74	0.92
45	가상으로 지어진 이야기, 허무맹랑한 얘기를 한다.	3.70	1.18
46	이야기하는 데 집중을 못한다.	3.70	0.88
36	게임을 위한 관계로, 대인관계가 깊이 없이 피상적이다.	3.65	0.88
37	자신이 하고 싶은 이야기만 하고 상대의 반응을 신경쓰지 않는다.	3.65	0.88
38	대인관계에서 상대에 대해 반응이 없거나 느리다.	3.65	0.93
34	필요할 때 적절하게 자기를 잘 표현하지 못한다.	3.57	0.95

35	사람과 눈을 잘 마주치지 못한다.	3.52	0.99
42	사람에 대한 관심이 없다.	3.35	1.07
39	타인의 의도를 부정적으로 왜곡한다.	3.22	1

상담자들은 69개의 모든 진술문에 대해서 평균 중요도를 보통 이상(3.22점)으로 평가하였다(1점: 전혀 중요하지 않음, 2점: 별로 중요하지 않음, 3점: 보통임, 4점: 중요함, 5점: 매우 중요함). 진술문별 평균 점수는 3.22에서 4.57로 나타났는데, 이는 상담자들이 청소년 인터넷중독 증상을 나타내는 69개 진술문에 대해 보통 수준 이상으로 중요하다고 인식하는 것으로 해석할 수 있다.

상담자들이 청소년 인터넷중독 증상으로 가장 중요하다고 평가한 진술문은 '1. 게임을 막으니까 폭발적으로 공격적 행동을 한다', '4. 게임을 못하는 상태에서 굉장히 예민하고 날카롭게 반응한다', '3. 게임을 하지 않았을 때 안절부절못한다'의 게임을 못하게 될 때의 증상을 가장 높은 평균 점수, 즉 5점 중 각각 4.57, 4.57, 4.52로 평가하였다. 다음으로 '9. 게임을 하기 위해서 모든 것에 물불을 가리지 않는다', '16. 게임 안에 들어가서 현실적 문제로부터 차단되어 있다'로 5점 중 4.52의 평균 점수를 나타내었다.

(2) 청소년 인터넷중독 증상의 군집별 중요도

다차원척도 분석을 통해 도출된 좌푯값에 대한 Ward 군집분석을 통해 확인된 5개 군집별 중요도 평가 결과를 〈표 7-9〉에 제시하였다.

〈표 7-9〉 청소년 인터넷중독 증상의 군집별 중요도

군집	평균	표준편차
군집 4: 학업 및 일상생활의 어려움	4.18	0.79
군집 2: 인터넷 게임으로 인한 이상행동	4.17	0.89
군집 1: 인터넷 게임 조절 및 현실 전환의 어려움	4.11	0.83
군집 5: 인터넷 게임 몰입	4.10	0.82
군집 3: 대인간 상호작용의 어려움	3.66	0.92

　군집별로 청소년 인터넷중독 증상의 중요도를 살펴보면 군집 4의 '학업 및 일상생활의 어려움'의 평균이 가장 높게 나타났다. 상담자들은 청소년의 인터넷중독 증상으로 불규칙한 생활, 학교 생활 및 학습에 대한 등한시, 비행, 신체적 영향 등을 포함하는 발달적으로 청소년기 과업을 수행하는 데 저해가 되는 증상들을 가장 주요하다고 평가하였다. 반면, 군집 3의 '대인간 상호작용의 어려움'은 중요도에 있어 평균값이 가장 낮은 것으로 나타나는데 이는 상담자들이 대인관계 문제를 일상생활의 영향에 비해 인터넷중독 증상으로 덜 중요하게 인식하는 것으로 볼 수 있다. 다음으로 중요도를 살펴보면 군집 2 '인터넷 게임으로 인한 이상행동', 군집 1 '인터넷 게임 조절 및 현실 전환의 어려움', 군집 5 '인터넷 게임 몰입' 순으로 나타난다

4. 논의 및 제언 기술하기

Q: 본인 연구가 상담학 연구 분야에 기여한 부분은 무엇인가요?

　첫째, 이 연구는 상담이라는 전문영역에 있어서 교육적, 발달적, 문제해결적인 개입에 초점화된 상담자의 인식을 바탕으로 청소년 인터넷중독의 증상을 도출하고 정리하였다는 측면에서 의의가 있다. 연구결과, 상담자들은 청소년 인터넷중독의 원인과 과정상 나타나는 증상에 주로 주목하고 있었다. 이는 상담자들이 인터넷중독 내담자의 내적 경험 파악과 이를 통한 현재의 문제해결에 주목하고 있음을 시사한다. 따라서 다양한 변화 가능성을 내포한 청소년의 인터넷중독 문제에 있어서는 정상인지 또는 비정상인지, 병리인지 또는 병리가 아닌지 주목하는 진단과 평가의 입장보다는 문제해결과 관련된 과정적 요인에 주목하는 상담자의 관점이 실제의 청소년 인터넷중독을 다루는 데 유용할 것으로 보이며, 이 연구는 이러한 상담자 관점의 인터넷중독 증상 내용을 제시하고 있다. 결과적으로 이 연구를 통해 수집된 청소년 인터넷중독 증상은 인터넷중독의 병리 전(preaddiction)의 단계에서 교육적, 예방적, 발달적으로 개입하는 데 있어 청소년 인터넷중독의 결과 지표뿐만 아니라 원인 및 과정적인 지표로서 활용될 수 있을 것으로 보인다.

　둘째, 1990년대 이래 현재까지 수많은 인터넷중독 관련 연구가 수행되어 왔다. 하지

만 인터넷중독의 정의와 관련하여 대체적으로 과도한 인터넷 사용이 해롭고, 장애가 되며, 충동적이고, 중독적이라는 것에는 대부분이 동의를 하고 있으나(Griffiths, 1990; Zsolt, Beatrix, & Sandor, 2008) 실제로 어떻게 개념화할 것인가에 대한 보편적인 동의는 없었다. 또한 인터넷중독에 있어서도 일차적 질환인지 이차적 질환인지에 대한 논의가 있으나 우선 병리적으로 해석하기 전에 실제로 인터넷중독 증상이 어떻게 나타나고 있는지 그 현상을 살펴보는 것이 무엇보다 필요하다. 이 연구에서는 이러한 필요성에 주목하고 지금까지 인터넷중독 및 기존 중독 연구에서 제시하여 왔던 개념이나 구성요소가 아니라, 탐색적인 차원에서 '밑에서부터 위로' 올라가는 방식으로 인터넷중독 현상의 직접적이고 근원적인 자료를 수집하였다는 데 의의가 있다. 이러한 연구결과는 궁극적으로는 인터넷중독의 개념과 진단과정에서 나타나는 현상에 대해 설명할 수 있는 이론적 근거를 제공할 수 있을 것이다.

셋째, 이 연구의 결과는 상담자의 인식을 바탕으로 수집된 결과이기 때문에 같은 상담자들이 이용하는 데 있어 실제적이고 현장 활용성이 높을 것이다. 이 연구의 결과로 청소년 인터넷중독 증상 69개의 진술문이 도출되었고 2개의 차원과 5개의 군집으로 구분되었다. 이러한 69개 증상의 목록 및 차원과 군집에 대한 정보는 상담자가 임상현장에서 인터넷중독으로 의뢰된 청소년의 문제 특성을 파악하고 개입의 방향을 결정하는 데 참고할 수 있는 자료가 될 것이다. 예를 들어, 내담자가 지금 드러내는 증상이 어떤 차원과 군집으로 설명될 수 있는지, 증상이 동시에 나타나는지 또는 특정 증상만이 두드러지게 나타나는지, 그래서 전체적으로 내담자의 인터넷중독 증상의 모습은 어떠한지, 다른 측면의 증상은 없는지를 종합적으로 체크해 볼 수 있는 기초자료가 될 것이다. 특히 초심 인터넷중독 상담자들에게 경력 상담자들의 임상 경험을 바탕으로 한 지식을 전달한다는 측면에서도 의의가 있을 것이다. 더불어, 이 연구에서 제시된 결과는 청소년 인터넷중독에 대한 상담자 훈련 및 관련 프로그램 개발 시, 인터넷중독 진단 기준 및 관련 척도 개발 시에 참조할 수 있는 유용한 기초 자료로 활용될 수 있을 것이다.

Q: 앞으로 이 분야 연구를 하기 위해 후속 연구자들이 유념해야 할 부분은 무엇인가요?

개념도 연구방법을 적용할 경우 주제와 관련된 맥락에 있는 사람들이 연구과정에서 참여하는 비중이 높기 때문에 이를 고려하여 연구를 계획해야 한다. 이들은 인터뷰 대상자이면서 동시에 연구자료를 종합하고 결과를 도출하는 과정 등 여러 단계에서 참여하게 된다. 따라서 참여자가 연구하고자 하는 주제에 적합한 대상인지 사전에 충분히 고려하여 섭외되어야 하며, 연구 참여를 위해 미리 양해를 구하고, 연구 중도 탈락 경우까지 고려한 충분한 참여자 수가 확보되어야 할 것이다.

또한 연구 전체의 진행 과정에서 연구자의 주관과 판단이 중요하다. 개념도 연구의 결과가 양적자료로 전환되어 사사분면에 그림으로 나타나는 등 개량적인 방식으로 결과를 확인할 수 있다고 해서 양적연구처럼 보이기도 하지만 개인적으로는 개인의 주관이 더 주요하게 작용하는 질적연구에 가깝다고 본다. 인터뷰를 통한 자료 수집, 인터뷰 내용의 진술문 전환, 비슷한 군집으로 묶고 군집과 양 축의 이름을 명명하기 등 생각보다 많은 과정에서 연구자의 주관과 판단이 개입한다. 이 과정에서 연구자의 깊은 고민이 필요하기 때문에 연구주제에 대한 폭넓은 지식과 이해가 필수적이며 연구의 각 단계에서 나름의 논리와 기준을 가지고 깊이 숙고하는 것이 필요할 것으로 여겨진다.

후속 연구를 위한 제언을 덧붙이면 다음과 같다.

첫째, 이 연구는 상담자가 인식하는 청소년 인터넷중독 증상을 탐색적인 차원에서 살펴보았다. 그 결과, 상담자가 인식하는 69개의 청소년 인터넷중독 증상이 도출되었다. 추후연구로서 연구결과 도출된 69개의 청소년 인터넷중독 증상을 바탕으로 청소년 인터넷중독 증상 표식(index)을 개발할 수 있을 것이다. 가령, 이 연구결과 도출된 증상은 인지/행동/정서적 측면, 주관적 증상/객관적 증상 측면, 과정/결과 증상 측면으로 나눌 수 있는데 이를 활용하여 청소년 인터넷중독의 문제 감지와 특성 파악을 위한 표식을 분류하고 정리해 볼 수 있을 것이다.

둘째, 이 연구에서는 청소년 인터넷중독 증상을 상담자의 인식을 토대로 살펴보았다. 상담자가 청소년 인터넷중독 증상을 바라보는 그들만의 관점이 있듯이 의사나 임상 등 다른 전문성을 바탕으로 한 관점에서의 독특한 인터넷중독 증상이 있을 것이다. 추후 연구로 다른 정신건강 분야, 특히 정신의학적 관점에서의 청소년 인터넷중독 증상이 수행되어 양 전문가 집단 사이의 공통점과 차이점을 비교할 수 있다면, 청소년 인터넷중독 현상에 대한 풍부한 정보를 수집하고 이를 바탕으로 효과적인 개입 전략을 마련할 수 있을 것이다.

셋째, 인터넷중독과 같은 행위중독으로 분류되면서 상대적으로 오랜 연구 역사를 가지고 있는 도박 연구에서는 문제성 도박자 및 병적도박자를 구별할 수 있는 특징적인 증상이 있다는 연구결과를 오랫동안 축적해 왔다(Derevensky & Gupta, 2000). 병적도박자들을 구별하는 중요한 증상은 집착, 추격매수, 가족과 친구에게 거짓말, 도박을 줄이려고 하면 긴장되고 초조함, 기타 자금의 사용, 내성, 도피, 학교 결석, 집에서 절도, 돈 문제로 도움 구하기, 직장 및 교육관계 위험, 집 밖에서 돈 훔치기 순으로 나타난다(Derevensky & Gupta, 2000). 인터넷중독 연구에서는 현재까지 주로 동일한 차원상에서 임의적인 컷오프 점수를 기반으로 고위험, 잠재위험, 일반사용자군 등으로 인터넷중독 정도를 구분하고 있지만 실제 임상현장에서는 모든 증상이 똑같이 중독적 현상에 기여하는 것으로 보이지는 않는다. 마찬가지로 이 연구결과 도출된 청소년 인터넷중독 증상 또한 모두 동일한 비중으로 나타나지는 않을 것이다. 즉, 청소년 인터넷중독을 구분하는 데 있어 인터넷중독자와 일반 사용자, 또는 고위험과 잠재 위험군으로 구분할 수 있는 가중치가 다른 특징적인 증상이 있을 것으로 보인다. 이 연구결과, 상담자의 관점에서는 '금단'과 '현실차단'에 해당하는 증상들이 높은 가중치를 갖는 것으로 나타났다. 향후 연구에서는 이러한 연구결과를 보완하여 다각적인 관점에서 병리적 인터넷 사용자를 구분할 수 있는 특징적인 증상을 밝힌다면 현상에 대한 이해와 효과적인 상담개입에 대한 정보를 줄 수 있을 것이다.

참고문헌

강경미(2013). 발달심리학. 경기: 양서원.

강성현(2005). SPSS 통계자료분석. 서울: ㈜통계정보.

고은영(2011). 청소년 ADHD 판별의 구성요인 탐색: 특성과 진단에 대한 임상심리전문가와 전문상담교사의 인식 중심으로. 서울대학교 대학원 박사학위논문.

구광현, 이정윤, 이재규, 이병임, 은혁기(2005). 학교상담의 이론과 실제. 서울: 학지사.

권해수, 서정아, 정찬석(2007). 대안학교와 소년보호교육기관 청소년의 학교밖 경험 비교: 개념도 방법론을 통하여. 상담학연구, 8(2), 657-674.

금명자, 김택호, 김은영(2002). 청소년상담의 기초. 서울: 한국청소년상담원.

김계현(2000). 상담심리학 연구. 서울: 학지사.

김동일, 김은하, 김은향, 김형수, 박승민, 박중규 외(2013). 청소년 상담학 개론. 서울: 학지사.

김수임(2012). 조직 팀장의 인지도식에 기반한 리더십 유연성 저해요인 구조: 기업상담 관점에서.

서울대학교 대학원 박사학위논문.

김승옥, 이경옥(2007). 아동의 인터넷 게임 중독 및 과몰입의 개념적 이해. 어린이미디어연구, 6(2), 63-83.

김주연(2002). 초등학생의 인터넷 중독 경향과 관련요인 연구. 서울대학교 대학원 석사학위논문.

김재희(2008). SAS를 이용한 다변량 통계 분석. 서울: 교우사.

김지영(2007). 네트워크 성과측정 기획을 위한 개념도 연구법(Concept Mapping) 적용가능성. 한국사회복지학, 59(3), 281-304.

노형진, 정한열(2006). 한글 spss 기초에서 응용까지. 서울: 형설출판사.

민경화(2012). 상담자가 인식한 작업동맹 위기 표지. 서울대학교 대학원 박사학위논문.

민경화, 최윤정(2007). 상담학 연구에서 개념도(concept mapping) 방법의 적용. 상담학연구, 8(4), 1291-1307.

박경란, 김희숙(2011). 인터넷중독 집단상담통합프로그램이 인터넷중독경향 고등학생의 자기결정성과 인터넷중독에 미치는 효과. 대한간호학회지, 41(5), 694-703.

박광배(2000). 다차원척도법. 서울: 교육과학사.

박성수, 김혜숙, 이숙영, 김창대, 유성경(1997). 청소년상담원리. 서울: 한국청소년상담원.

심도현, 이순형(2005). 좌반구성 인지과제 수행시 컴퓨터게임 중독성향 아동과 비교집단 아동의 뇌지수 차이. 인간발달연구, 12(4), 191-207.

양명숙, 김동일, 김명권, 김성회, 김춘경, 김형태 외(2013). 상담이론과 실제. 서울: 학지사.

은혜경(2010). 경력단절 기혼여성의 재취업 성공요인 탐색. 서울대학교 대학원 박사학위논문.

이성규, 홍성언, 박수홍(2006). 평균연결법과 K-means 혼합클러스터링 기법을 이용한 공시지가 유사가격권역의 설정. 대한지리학회지, 41(1), 121-135.

이종성(2006). 델파이방법. 서울: 교육과학사.

이창욱, 김대진, 박이진, 조근호, 채숙희, 박재우 외(2009). 인터넷중독의 행동 표현양상, 중독 유형 및 공존 질환에 따른 생물학적 치료 및 상담의 최적화를 위한 연구. 서울: 가톨릭대학교 건강증진지원사업지원단.

장덕희, 송순인(2010). 청소년 인터넷 게임중독에 미치는 요인에 관한 연구: 실업계 고등학생을 중심으로. 사회복지개발연구, 16(2), 183-202.

정찬석(2005). 청소년 내담자가 지각한 상담의 도움 측면 탐색 연구: 개념도 방법론을 통한 상담자와의 비교. 연세대학교 대학원 박사학위논문.

조성일(2011). 인터넷 중독 청소년에서의 애착형성과 충동성-주의력. 중앙대학교 대학원 박사학위논문.

조영미, 김동민, 송경수, 유지현(2009). 청소년 인식에 의한 인터넷 중독의 원인 탐색: 개념도 접근
　　을 중심으로. 상담학연구, 10(1), 469-483.

최윤정, 김계현(2007). 고학력 기혼여성의 진로단절 위기 경험에 대한 개념도(Concept Mapping)
　　연구: 진로지속 여성과 중단 여성 간의 비교. 상담학연구, 8(3), 1031-1045.

최한나(2007). 좋은 수퍼비전 관계에 대한 수퍼바이지의 인식차원. 서울대학교 대학원 박사학위
　　논문.

한국정보화진흥원(2012). 2011년 인터넷중독 실태조사. 서울: 한국정보화진흥원.

한국청소년개발원(2005). 청소년상담론. 서울: 교육과학사.

허명회, 양경숙(2011). SPSS 다변량자료분석. 서울: 한나래출판사.

Acier, D., & Kern, L. (2011). Problematic internet use: Perceptions of addiction counsellors.
　　Computers & Education, 56, 983-989.

Brenner, V. (1997). Psychology of computer use: Parameters of internet use, abuse and
　　addiction: The first 90 days of the internet usage survey. *Psychol Rep, 80*(3), 879-882.

Derevensky, J., & Gupta, R. (2000). Prevalence estimates of adolescent gambling: A
　　comparison of SOGS-RA, DSM-IV-J, and the GA 20 questions. *Journal of Gambling
　　Studies, 16*, 227-252.

Derevensky, J., & Gupta, R. (2013). *Gambling problems in youth: Theoretical and applied
　　perspectives.* (한영옥, 이재갑, 김한우, 김태우, 김현정, 홍주학, 이연숙 역). 서울: 시그마프레
　　스. (원저는 2004년에 출판).

Dickson, L., Derevensky, J., & Gupta, R. (2004). Harm reduction for the prevention of youth
　　gambling problmes: Lessons learned from adolescent high-risk prevention problems.
　　Journal of Adolescent Research, 19, 233-263.

Dusenbury, L., Khuri, E., & Millman, R. B. (1992). Adolescent substance abuse: a
　　sociodevelopmental perspective. *Substance abuse: A comprehensive textbook*, 832-842.

Gladding, S. T. (2014). 상담심리학(*Counseling: a comprehensive profession*, 6th ed.). (노성덕,
　　김호정, 이윤희, 채중민, 김병관 역). 서울: 학지사. (원저는 2009년에 출판).

Goldberg, I. (1995). Internet addictive disorder(IAD) Diagnostic criteria. Available at www.
　　psycom.net/iadcriteria.html

Griffiths, M. D. (1990). The acquisition, development and maintenance of fruit machine gambling in adolescence. *Journal of Gambling Studies, 6,* 193−204.

Gupta, R., & Derevensky, J. (1998). Adolescent gambling behavior: A prevalence study and examination of the correlates associated with excessive gambling. *Journal of Gambling Studies, 14,* 319−345.

Gupta, R., & Derevensky, J. (2000). Adolescents with gambling problem: Form research to treatment. *Journal of Gambling Studies, 16,* 315−342.

Hyder, A., & Juul, N. (2008). Games, gambling, and children: Applying the precautionary principle for child health. *Journal of Child and Adolescent Psychiatric Nursing, 21*(4), 202−204.

Kane, M., & Trochim, W. M. K. (2007). *Concept mapping for planning and evaluation.* CA: Sage Publications.

Kruskal, J. B. (1964). Multidimensional scaling by optimizing goodness of fit to a nonmetric hypothesis. *Psychometrika, 29*(1), 1−27.

Kruskal, J. B., & Wish, M. (1978). *Multidimensional scaling.* London: Sage Publications.

Lerner, R. M. (1987). The concept of plasticity in development. In J. J. Gallagher & C. T. Ramey (Eds.), *The malleability of children.* Baltimore: Brookes Publishing.

Leung, L. (2007). Stressful life events, motives for Internet use, and social support among digital kids. *Cyberpsychology Behaviors, 10*(2), 204−214.

Lin, F., Zhou, Y., Du, Y., Qin, L., Zhao, Z., Xu, J., & Lei, H. (2012). Abnormal whit matter integrity in adolescents with Internet Addiction Disorder: A tract−based spatial statistics study. *Plos One, 7,* e30253.

Lynch, W. J., Maciejewski, P. K., & Potenza, M. N. (2004). Psychiatric correlates of gambling in adolescents and young adults grouped by age at gambling on set. *Archives of General Psychiatry, 61*(11), 1116−1122.

Shaffer, H. (2000). Introduction: Youth gambling. *Journal of Gambling Studies, 16,* 113−114.

Trochim, W. M. K. (1989). An introduction to concept mapping for planning and evaluation. *Evaluation and Probram Planning, 12,* 1−16.

Valleur, M., & Bucher, C. (2010). *Le jeu pathologique.* (최의선 역). 서울: 도서출판 눈. (원저는 2005년에 출판).

Vitaro, R., Wanner, B., Ladouceur, R., & Brendgen, M. (2004). Trajectories of gambling during adolescence. *Journal of Gambling Studies, 20*(1), 47-69.

Young, K. S. (1996). Internet addiction: The emergence of a new clinical disorder. *Cyber Psychology and Behavior, 1,* 237-249.

Yuan, K., Qin, W., Wang, G., Zeng, F., Zhao, L., & Yang, X., et al. (2011). Microstructure abnormalities in adolescents with Internet Addiction Disorder. *Plos One, 6*(6), e20708.

Zsolt, D., Beatrix, S., & Sandor, R. (2008). The three-factor model of Internet addiction: The development of the Problematic Internet Use Questionnaire. *Behavior Research Methods, 40*(2), 563-574.

제8장

국내 외국인 유학생을 위한 다문화 상담 역량: 개념도 방법론[1]

개요

이 장은 외국인 유학생 상담을 하는 국내 대학 상담센터와 상담자의 다문화 상담 역량을 개념도 방법론을 사용하여 탐색적으로 확인한 박사학위논문[2]의 작성 과정을 기술하였다. 먼저, 연구자가 어떤 맥락에서 해당 연구주제를 선정하고 계획하였는지를 소개하였다. 둘째, 연구문제를 탐구하기 위해 고려해 본 연구방법들을 살펴보고, 최종적으로 선택한 개념도 방법을 활용한 과정을 기술하였다. 셋째, 논문에서 도출된 주요 연구결과와 의의를 살펴보면서 개념도 연구의 유의사항을 제시하였다.

---

1) 이 장의 내용은 남지은(2019)의 박사학위논문 중 일부를 발췌, 인용, 재구성하여 작성하였다.
2) 남지은(2019). Conceptualizing Multicultural Counseling Competence for International Students in Korea: A Focus on University Counseling Centers and Counselors. 서울대학교 대학원 박사학위논문.

1. 연구주제 잡기

1) 연구주제 탐색 방법

Q: 대학원 생활 동안 관심을 가진 주제는 어떤 것이었나요?

나는 어린 시절을 주로 체코와 미국에서 자란 한국인으로서 이러한 독특한 개인적 경험이 한국 사회에 미칠 수 있는 긍정적인 영향을 꿈꾸어 왔다. 특히 9세 때 한국을 떠난 뒤 항상 문화적 소수자로 살았던 시간들을 통해 다양한 소수자 집단(문화적 소수자, 장애인, 노인 등)과 그들의 심리적 건강 및 리질리언스에 대해 관심을 키워 왔다. 성인이 되어 모국으로 돌아와서 처음 했던 일은 인성교육 관련 일이었다. 사회에서 서로 다른 사람들이 조화롭고 행복하게 살아가기 위해서는 우선 사회 내 모든 구성원의 좋은 인성이 계발되어야 할 것이라고 생각했기 때문이었다. 그 생각의 연장으로 상담 접근을 통한 인성 발달을 좀 더 공부해 보고자 석사과정에 입학하였다.

석사과정을 시작한 후 하고 싶은 것이 더 많아졌다. 운이 좋게도 지도교수님은 상담 전공뿐만 아니라 특수교육 전공 주임을 맡고 계셨고, 대학원 과정 초반부터 다양성과 장애 관련 연구 프로젝트에 참여할 수 있는 기회를 주셨다. 석사와 박사과정 동안 지도교수님은 나의 현재 배경, 역량뿐만 아니라 미래의 비전과 가능성까지 고려하셔서 다양한 프로젝트에 참여할 수 있도록 제안하셨다. 또 대학 상담센터에서 진행되는 탄탄한 상담 실습과정 덕분에 석사 초반부터 실제 상담 사례들을 접할 수 있었다. 따라서 내게는 개인적인 삶에서의 경험을 통해 관심을 가지게 된 주제, 대학원 생활을 하면서 지도교수님 덕분에 참여하게 된 프로젝트를 통해서 관심을 가지게 된 주제, 또 상담 현장에서 직접 상담을 해 보면서 관심을 가지게 된 주제들이 좋은 자산으로서 차곡차곡 쌓이게 되었다. 가끔 걷잡을 수 없이 확장되어 가는 연구주제 속에서 혼란스럽기도 하였지만, 방황이 아닌 모험을 할 수 있었던 것은 이끌어 주신 지도교수님과 대학원 교육과정이 자율성을 허락해 주었기 때문이라 생각한다. 호기심을 나무라지 않고, 여러 관심사를 실제로 탐색해 볼 수 있도록 해 준 환경 덕분에, 나는 매 경험을 통해 무언가를 배웠고, 내 것으로 만들었으며, 순간순간 계속해서 내가 갈 길을 주도적으로 점검하고 결정할 수 있었다. 덕분에 개인으로 주도해야 하는 석사, 박사학위논문 주제를 가장 관심 있는 문화적 소수자 관련 내용으로 정할 수 있었다. 석사학위논문은 '제3문화 아이들(TCK)'을, 박사학위논문은 국내 대학의 외국인 학생들을 돕기 위한 연구를 진행하였다.

Q: 학위논문 연구주제를 결정하면서 지도교수님과 나눈 대화 중 가장 인상적이었던 대화는 무엇인가요?

석사과정을 마무리할 즈음, 지도교수님은 "남지은 선생이 대학원에서 또한 한국에서 잘 적응하는지 보면, 우리 학교와 우리나라가 정말 좋은 곳인지 확인해 볼 수 있을 것 같다."라는 말씀을 해 주셨다. 문화적 소수자의 적응에 있어 '환경'의 중요성을 강조해 주신 이 말은, 내게 여러 가지 의미로 다가왔다. 먼저, 조금 삐걱거리고 휘청거리더라도 모든 탓을 나 개인이 안고 가진 않아도 될 거라는 메시지로 다가와서 따뜻했고 안심이 되었다. 한편으로는 적응은 나 혼자 잘한다고 되는 것이 아니니 너무 혼자 애쓰지 않아도 되고, 오히려 내가 속한 공동체를 한번 의지해 보라는 제안으로 들렸다. 또 내가 여기에 존재하며 잘 살아가는 것만으로도 내가 바라던 대로 모국에서 선한 영향력을 끼칠 수 있을 거라는 응원 같았다.

석사학위논문 주제를 결정할 때에는 지도교수님이 이런저런 주제를 내게 제안해 주시기도 했다. 나의 관심사와 동떨어진 것이 아니라 실제로 내가 좋아하는 키워드가 담긴 주제들이었기에 숙고하는 과정을 거쳤지만, 결국 내가 개인적으로 하고 싶었던 교차문화 청소년을 대상으로 연구를 하였다. 그런 전례가 있어서였을까? 박사논문 연구주제를 결정할 때에는 지도교수님께서 내가 내 안을 잘 들여다보면서 진지하게 주제 선정 과정에 임할 수 있도록 촉진자 역할을 해 주셨다.

나: 아무래도 박사학위논문은 다문화 상담 관련 주제로 해야 할 것 같아요. 그냥 그 주제로 해야 할 것 같은 느낌… 책임감?

지도교수님: 뭐가 되었든 박사학위논문 주제는 앞으로 계속 남지은 선생을 따라다닐 거예요. 잘 생각해서 결정하길.

나: 그런데 자꾸 다른 주제들도 욕심이 나요.

지도교수님: 연구에는 개인적인 현장 경험과 스토리가 중요하지요. 자신이 하고 있는 일들을 잘 녹여 내 보면 어떨까?

나: 그러고 싶어요.

지도교수님: 앞으로 연구는 계속할 수 있다는 것을 잊지 말기 바라요. 그러나 논문을 진행하기 위하여, 지금은 실현 가능성이 중요해요. 지금 시점에서 가능한 범위가 뭘까?

연구주제를 탐색한 방법을 구체적으로 살펴보면 다음과 같다.

첫째, 기본적으로 대학원 과정 수업 및 실습 중 떠오르는 질문들을 하나의 파일에 정리해 두는 습관을 가지려고 노력했었다. 그런 일상에서의 질문들이 연구질문들로 구체화될 수 있고, 그것이 나의 연구주제가 될 수 있기 때문이다.

둘째, 내가 마음이 가는 내담자 집단(교차문화인, 유학생, 장애인 등을 비롯한 '소수자 집단')을 꾸준히 만나 함께 이야기하고 함께 고민하였다. 박사과정 중에는 특히 국내 외국인 유학생 집단과의 교류가 많았기 때문에 자연스레 유학생 관련 연구문제들이 가장 많이 떠올랐다.

셋째, 지도교수님 및 친한 동료들과 다양한 주제에 대해 자유롭게 이야기 나누는 시간들을 가졌다. 박사과정 수학을 한 대학원은 연구를 중시하는 분위기여서 이러한 시간들이 낯설거나 인위적이지 않았던 것 같다. 여러 사람과 함께 비슷한 열의를 가지고 연구 관련 이야기를 나눌 수 있었던 것이 참 축복이었다.

넷째, 연구와 관련된 '수다'를 떠는 것 외에도 관심 가는 연구주제와 관련된 선행연구를 자주 찾아보았다. 내가 생각하고 있는 연구주제로 어떤 연구들이 진행되어 왔는지, 내가 특히 궁금하게 생각하는 연구질문을 혹시 다른 사람이 이미 탐색하지는 않았는지 살펴보았다. 다문화 상담과 관련해서는 국내보다는 국외에서 연구가 훨씬 많이 축적되어 있기 때문에 해외 연구들을 많이 접했다.

다섯째, 관심 주제에 대한 선행연구들 속에서 아직 탐구되지 않은 영역을 발견하려고 노력했다. 다문화 상담 역량이라는 키워드로 선행연구들을 공부하면서 알게 된 점은, 다문화로 묶이는 다양한 집단이 각각 특유의 상담적 요구들이 있을 수 있다는 점이었다. 다문화 상담 교재의 목차를 훑어보면 다문화 집단을 한눈에 볼 수 있는데, 그 안에 포함되어야 하는 집단들이 누락되어 있는 걸 보았다. 유학생 집단이 그중 하나였다.

여섯째, 나의 상담 실무 경험 속에서 연구주제를 발견하고 구체화하였다. 다문화 상담을 실제로 진행해 보면서 소수자에 대한 지원을 제공하기 위해서는 상담자의 역량도 중요하지만 상담기관의 역량 또한 중요하다는 것을 뼈저리게 느꼈다. 따라서 상담기관이 갖춰야 할 역량도 꼭 탐구해 봐야겠다는 다짐을 했었다.

2) 여러 대안 중 연구주제 정하기

Q: 연구주제를 선정할 때 가장 고민했고, 어려웠던 점은 무엇인가요? 다른 주제들 가운데 최종 연구주제를 결정한 이유는 무엇인가요?

1) 다문화 상담(유학생 상담)

결론부터 말하자면 결국 내가 선택한 박사학위논문 주제는 2014년부터 서울대학교 대학생활문화원에서 실제로 외국인 유학생 상담을 활성화시킨 경험을 토대로 나타난 연구주제였다. 이것을 나의 최종 연구주제로 결정했던 이유는 다음과 같다. 나를 아는 사람들 모두 "그래, 당연히 네가 이 주제를 연구해야지."라고 생각할 만한 주제, 충분히 독특해서 아무나 할 수 없는 주제였기에 이 연구주제에 대한 일종의 '의무감'이 있었다. 그리고 그 의무감이 무겁게만 느껴지지 않았던 이유는 유학생 상담 현장에서 이 연구주제의 필요성을 절실히 느끼면서 '충분한 흥미'를 가지고 있었기 때문이다. 또한 실무 경험 중 구축해 온 다른 실무자들과의 관계가 있었기에 내가 개인적으로 학위논문 연구로 수행해도 무리 없이 도움을 받을 수 있을 거라는 '실행가능성에 대한 자신감'이 있었다. 마지막으로, 이 주제는 개인적으로도 의미가 있지만 대학과 국가 차원에서도 명확한 시사점이 있는 주제라는 '기여에 대한 확신'이 있었다. 하지만 사실 가장 중요했던 이유는 학위논문을 쓰겠다고 마음을 먹은 그 시기, 나의 개인적인 삶의 상황을 고려했을 때 이 주제는 나에게 가장 졸업에 유리한 '전략적 선택'이었다는 것이다. 여기에 대한 내용은 좀 더 뒤에 나온다.

2) 상담 과정, 상담자 복지와 교육

하지만 그 주제로 마음을 잡기까지 내적 갈등이 없었던 것은 아니다. 모두 나열하기 어렵지만, 상담을 배우고 또 실제로 해 보면서 다문화 상담이라는 디테일한 영역에 대한 이슈가 아니라 좀 더 근본적이고 본질적인 상담 그 자체와 관련된 다양한 연구문제에 관심이 많았다. 나는 원래 궁금한 것도 많고, 비판적으로 생각하고 질문을 던지는 일이 자연스러운 사람이라 항상 연구주제의 무한한 가능성을 앞에 두고 흥분하는 스타일이다. 나는 나의 그런 모습을 잘 안다. 노트북, 휴대전화 메모 어플, 카카오톡에서의 셀프톡, 다이어리, 그 외 여러 다른 노트, 여기저기 굴러다니는 포스트잇… 곳곳에 그렇게 흥분하며 적어 둔 연구주제가 넘쳐났다. 문제는 실천이다. 끈기다. 연구가 아닌 다른 일에도 쉽게 흥분한다는 점이다. 연구보다 더 재미있고 의미 있는 일들이 내 삶에 항상 너무 많다는 것이다.

학위논문 연구는 삶의 여건이 따라 줘야 한다. 하지만 그 여건은 그 누구도 아닌 나 스스로가 주도적으로 만들어 나가야 한다. 나는 박사과정을 수료하고 바로 결혼을 했다. 그리고 얼마 안 되어 첫째 아이를 임신하게 되었고, 학위논문 계획서 발표를 미뤘다. 그러다가 막상 첫째를 출산하고 그 순간을 누려야 할 산후조리원에서야 계획서 발표를 결심했다. 내 눈앞에 태어난 아이가 너무 예뻐서 더 미룬다면 난 졸업을 하지 못할 수도 있겠다는 것을 깨달았다. 지극히 개인적이고 주관적인 기준으로 '더 깊이 있는' 연구주제들에 대한 욕심을 내려놓고, 당장 내가 하고 있던 상담 실무와 연결지어 실질적인 연구를 하는 것이 맞다고 느껴졌다. 일종의 논문 전략이었다. 박사학위논문 주제 결정의 순간 내게 가장 위로와 힘이 되었던 셀프톡은 '다른 건 차차 하면 돼.'였다. 뭐라도 해서 졸업하지 않으면, 그 많은 연구주제는 내 삶에서 어차피 사라질 운명이라고 생각하였다.

결국 나는 첫째 아이가 생후 40일이 되던 날 연구 계획서 발표를 했다. 그때만 해도 논문 심사를 받기까지 또 한 명의 아이를 낳는 상황이 필요할 줄은 몰랐다. 둘째 아이가 생후 95일이 되던 날 심사를 통과했다. 2년이라는 시간과 두 아이의 출산, 내가 의도치 않게 만들어 낸 내 학위논문 완성에 필요했던 여건이었다.

3) 연구의 필요성에 대한 논리 만들기

Q: 연구문제를 어떻게 구체화했나요? 연구문제와 방법론을 어떻게 연결시켜 봤나요?

1) 다문화 상담(유학생 상담)

내 연구의 필요성에 대한 설득을 하려면 기본적으로 내가 관심을 가지고 있는 주제 현상이 현 시점에서 왜 주목을 해야만 하는 것인지가 먼저 나와 독자들 모두에게 납득이 가야 할 것이다. 즉, 나의 경우에는 "다문화 상담 중에서도 외국인 유학생 상담에 대해 연구를 하려는 것이 지금 왜 중요한가?"라는 질문에 대한 답을 먼저 제시해 주어야 했다. 최근 우리나라 사회는 급속하게 문화적으로 다양해지고 있다. 우리나라 다문화 인구에 포함되는 사람들은 국제결혼 이주 여성, 북한 난민, 외국인 노동자, 그리고 외국인 유학생들이다. 내가 논문을 쓰기 시작했던 2018년 당시에는 국내 대학의 학위과정에 등록한 외국인 유학생의 수가 86,036명에 이르렀다(교육부, 2018). 비학위 프로그램 학생 56,169명을 더하면, 총 142,205명의 유학생이 한국에 거주하고 있었다. 우리나라 정부는 2023년까지 20만 명의 유학생을 모집한다는 공식 목표를 가지고 'Study Korea Project'를 선포한 바 있다. 가장 큰 이유는 국내 학령인구 감소 현상을 들 수 있고, 국내 대학들은 등록 정원을 채우기 위해 외국인 학생들을 적극적으로 유치하려는 노력을 하고 있다. 대학기관 평가의 주요 평가 항목으로 유학생 비중이 포함되어 있기도 하다. 내가 학위논문을 발표한 지 몇 년이 지난 현 시점은 어떠한가? 코로나19 팬데믹 상황에서도 한국 정부는 외국인 유학생 보호조치 및 수업권을 보장하는 정책들을 실시하였고, 그 결과 팬데믹 이전의 예측대로 국내 유학생 증가 추세는 지속적으로 이어졌다. 특히 학위과정에 등록한 외국인 유학생 수는 계속 증가하여 2021년에는 120,018명에 이르렀다(교육부, 2021).

다양한 삶의 문제를 가지고 상담을 찾는 다문화 내담자들이 늘어나는 만큼 문화적 요인이 치료 환경에 어떻게 영향을 미치는지 이해할 필요성이 커지고 있다. 특히 외국인 유학생들은 한국 대학생들과 비슷한 발달 문제를 가지고 있으면서도, 각자의 출신 문화와 관련된 요인과 더불어 '유학생 신분'이 주는 특유의 상황적 이슈를 안고 있다. 모든 유학생은 처음에는 높은 기대와 희망을 가지고 한국에 온다. 다른 문화에서 새로운 경험을 쌓는 것에 대한 설렘과 학문적 목표를 성취하려는 열망은 보통 타지 생활에 대한 불안을 능가한다. 하지만 곧 상당수의 유학생은 유학지에서 언어 및 문화 장벽, 학업적 적응, 문화적 차이로 인한 차별, 향수병, 외로움과 같은 문제들을 경험하게 된다. 외국인 유학생의 자연스러운 적응 이슈가 적절하게 다루어지지 못하는 경우, 국내 생활에 대해 만족도가 낮아지게 된다. 이러한 부적응으로 인해 유학생활을 중단하거나 심지어 유학생활 중 자살을 하는 심각한 사례도 존재한다. 이렇듯 타지에서 적절한 사회적 지원 시스템 없이 외롭게 어려움을 겪는 유학생들에게 심리상담은 꼭 필요한 자원이 될 수 있다. 하지만 안타깝게도 국내 외국인 유학생들은 어려움을 해결할 수 있는 사회적 지원 체계나 심리적 지원 체계가 부족하다고 느끼고 있다(강영신, 이혜지, 2016). 우리나라 교육부도 여러 어려움을 겪고 있는 많은 유학생이 적절하게 지원을 받지 못하고 있다는 것을 인정하면서 유학생들의 생활 및 심리적 관리 문제를 지적해 왔다.

자, 이 정도면 외국인 유학생 상담이라는 현상에 대해 연구를 진행해야 할 필요는 충분해 보인다. 그렇다면 이제 이러한 맥락에서 먼저 어떤 연구부터 수행하는 것이 좋을까? 즉, 외국인 유학생 상담을 활성화하기 위해서는 어떤 구체적인 연구문제들이 도출 될 수 있으며 무엇부터 연구해야 할까? 외국인 유학생을 적극 유치하고 있는 대학의 학 생상담센터들은 이제 유학생들에게도 상담서비스를 제공해야 한다는 압박에 직면해 있 다. 앞서 언급했듯이 한국 정부는 2011년부터 매년 대학기관평가에 유학생 상담 서비스 유무를 반영하는 '외국인 유학생 유치·관리 역량 인증제'를 시행하고 있다. 하지만 외 국인 유학생들에게 적절한 상담 서비스를 효과적으로 제공할 수 있는 실무자가 부족한 상황이다. 내가 연구를 수행한 2018년 당시 교내상담기관에 외국인 유학생 전담 전임상 담인력을 둔 대학은 한양대학교, 중앙대학교, KAIST, 서울대학교뿐이었다. 이 외의 대 학들은 제한된 예산과 제도적 지원으로 인해 외국인 유학생 상담을 할 수 있는 시간제 상담인력을 고용하거나 기존의 상담원들이 외국인 유학생 사례를 받고 있었다. 즉, 상담 을 신청한 외국인 유학생에게 항상 외국인 유학생 상담에 대한 전문성이나 경험을 갖춘 상담자를 배정할 수 없는 현실에서 기존 상담자들도 다문화 내담자를 만날 기회가 점 차 증가하고 있음을 시사한다. 특히 한국어를 어느 정도 할 줄 아는 외국인 유학생은 다 문화 또는 외국인 유학생 상담에 대한 어떠한 훈련이나 경험도 없는 한국인 상담인력에 게 배치될 가능성이 높다. 게다가 국내 대학의 외국인 유학생 전담 상담자들도 외국인 과 소통할 수 있는 언어 및 문화적 역량을 갖추고는 있지만 유학생 상담의 효과적인 전 략 및 방법들을 찾기 위해 각자 시행착오를 겪으며 고군분투하고 있었다. 즉, 외국인 유 학생 상담에 요구되는 역량에 대한 가이드라인이 부재한 상황에서 상담 실무자와 기관 은 계속해서 혼란스러울 수밖에 없다는 결론에 다다른다.

　다행히 나는 외국인 유학생 상담 분야의 인싸(insider)였고, 외국인 유학생 상담에 필 요한 상담자와 상담기관의 역량이라는 연구문제를 탐구할 필요성을 나 스스로 통감하며 개인적인 상담 현장 경험과 스토리에 기반하여 생생하게 피력할 수 있었다. 우선, 내가 외국인 유학생을 대상으로 하는 상담자와 기관의 문화역량에 관심을 가지게 된 배경을 돌아보았다. 서울대학교 대학생활문화원(상담센터)에도 2013년도까지는 외국인 유학생 상담부라는 실체가 없었다. 그해 나는 석사를 졸업하고, 외국인 유학생 상담을 활성화 하고 싶다는 목표를 갖게 되었다. 지도교수님과 당시 센터 원장님(김창대 교수님)의 지지 를 받으며 먼저 외국인 유학생 상담의 '수요 입증'을 하기 위해 열심을 다했다. 그 결과, 2015년에는 드디어 제한된 예산을 받아 외국인 유학생 상담팀을 소위 '개척'할 수 있었 다. 턱없이 부족한 자원(인적, 물적, 정보 등)에도 외국인 유학생들을 돕고 싶다는 마음으로 꿋꿋이 달렸지만, 개인적으로 가장 맥이 빠지는 순간은 기관과 동료상담자들이 외국인 유학생 상담의 독특한 필요나 상황을 알아주지 않을 때였다. 예컨대, 영어로 해야 하는 문서 작업을 할 때 "한국에 왔으면 한국어로 해야지."라고 지나가는 멘트를 한다든지, 사례회의에서 우울감과 무력감을 호소하는 외국인 사례를 발표했더니 동료상담자는 학생의 문화적응 요소는 무시한 채 섣불리 성격문제나 우울증으로 개념화해 버리기도 했다. 또 외국인 유학생 상담 중 학생이 기숙사 방을 갑자기 빼야 하는 상황에 처하면 부동산과 연결을 해 주고, 무슨 내용인지 모르겠다며 자동차 보험료 고지서를 가지고 온 학생에게는 고지서 내용을 알려 주었다. 지도교수님과 깊은 오해가 있어 중퇴할 위험이 있는 내담자를 위해 교수-상담자-내담자 3자 미팅이 필요할 때가 있었는데, 다른 상담자들은 그런 사례들을 들으며 그런 것도 상담자가 해야 하는 것이냐며 의문을 표시하고, 윤리나 경계 문제를 논하기도 하였다. 상담자로서 스스로 느낀 역량의 한계들이 분명 있었지만, 그와 더불어 내가 속한 기관의 역량에 대해서도 고려해야 한다는 것을 깨달았다.

이렇게 현장의 필요성이 확인되었다면 마지막으로 점검해야 할 부분은 '이 연구문제를 다룬 연구가 이미 있는가?'에 대한 확인이다. 나는 '외국인 유학생 상담에서의 다문화 상담 역량'을 개념화하기 위한 선행 시도들이 있는지, 있다면 혹시 어떠한 제한점들이 있었는지를 살펴보았다. 여러 학자가 다문화 역량에 대한 다양한 정의를 제시해 왔지만, 대부분 기본적으로 미국에서 Sue 등(1982)이 제시한 핵심적이고 공통적인 요소들에 기반하고 있었다. 즉, 다문화 역량은 인식/태도, 지식 및 기술이라는 세 가지 영역으로 구성되는 것으로 나타났다. 하지만 다문화 상담 역량에 대한 기존 정의와 모델은 여러 가지 면에서 국내 외국인 유학생 상담에 적용하는 데 한계가 있다고 보였다.

첫째, 미국에서 개념화된 다문화 상담 역량은 한국처럼 문화 구성이 다른 나라에 적합하지 않을 수 있다. 다르게 말하면, 단일문화 사회의 역사가 긴 한국에서의 다문화 상담 역량은 비교적 긴 다문화 사회의 역사를 가진 미국과 질적으로 다른 의미를 가질 수 있다. 그만큼 국내 맥락에서 다문화 상담 역량이 논의될 필요성이 있었다.

둘째, 다문화 상담 역량은 외국인 유학생 상담의 맥락에서 연구된 바가 없었다. Sue(1998)는 일부 상담 기술은 모든 문화 집단에서 유용하지만, 일부 기술은 특정 하위 집단에게만 효과적일 수 있다고 주장했다. 이러한 관점에서 Sue와 Sue(2016)는 다문화 인구의 각 하위 그룹(예: 아프리카계 미국인, 이민자 및 난민, LGBT, 노인 등)과 협력하기 위한 구체적인 접근 방식을 개괄적으로 설명한 바 있다. 하지만 여기에 외국인 유학생 집단은 포함되어 있지 않았다. 즉, 많은 해외 학자(예: Fraga, Atkinson, & Wampold, 2004; Hook, Davis, Owen, & Worthington, 2013; Kim & Sim, 2012; Lee & Cho, 2011)와 국내 연구자들(예: Kee & Cho, 2012; Lee, 2011)이 다문화 상담에서 요구되는 역량에 대해 탐구를 하였지만 그들 중 특별히 외국인 유학생들을 대상으로 한 연구는 없다는 점을 알게 되었다.

셋째, 기존의 다문화 상담 역량을 개념화한 시도들은 문헌 검토로 다문화 상담 역량의 구성요소를 도출해 내는 목록화 기법(list technique; Spitzberg, 1989)을 통해 수행되었다. 즉, 다문화 상담 역량에 대한 정의는 몇몇 연구자에 의해 이론적으로 공식화된 것이며, 다문화 상담 서비스에 직접 참여하는 사람들에 의해 실증적으로 검증되지 않았다. 특수한 상담 영역에서 요구되는 상담 역량에 대해 가장 잘 이야기해 줄 수 있는 대상은 실제로 그 상담 영역에서 실무를 진행해 본 사람들일 것이다. 따라서 외국인 유학생 상담을 집중적으로 진행해 본 경험이 있는 상담자들의 관점과 인식, 성공 및 실패 경험 등을 질적연구를 통해 다문화 상담 역량을 개념화해 보는 것이 필요하다고 보았다.

넷째, 이러한 다문화 상담 역량 모델을 상담 현장에서 실제로 어떻게 적용할 수 있는지에 대한 의문이 여전히 해결되지 않고 있어(Garran & Rozas, 2013; Ridely, Baker, & Hill, 2001) 다문화 상담에 적용될 수 있는 실질적인 지침이 시급한 것으로 나타났다. 다문화 상담 역량이 실제로 적용 가능하려면 역량의 구성 요소가 구체적인 행동지표들로 기술되어야 하며, 더 나아가 역량 수행 방법에 대한 지침이 제공될 필요가 있었다.

다섯째, 다문화 상담 역량을 기관 차원 및 수준에서 탐색해 본 연구가 부재한 상황이었다. 하지만 다문화적 관점을 상담에 성공적으로 통합하기 위해서는 수많은 개인적, 조직적 요인이 함께 작용되어야 한다. 다르게 표현하자면, 상담자 개인 차원의 다문화 상담 역량을 확보하는 것도 중요하지만, 이와 더불어 상담서비스를 운영하는 기관 또한 다문화 상담 역량을 제대로 갖추는 것도 절실하다. Lum(2011)은 문화적 역량을 개인적, 조직적, 사회적 등 세 가지 수준으로 분류하였다. Sue와 Sue(2016)도 다문화 능력에는 개인적, 기관/시스템적 수준 등 두 가지 수준이 있다고 주장하면서 아무리 문화적으로 유능한 상담자들이 있더라도 그들을 고용하는 상담기관이 문화적으로 유능하지 않으면 효과적인 상담이 이루어지기 어렵다고 보았다. 생각해 보면 상담 서비스는 상담자와 내담자가 만나는 50분 동안만 이루어지는 것이 아니다. 상담 서비스는 내담자가 센터 직원과 통화하거나 이메일을 주고받는 것, 상담센터를 방문하여 상담 신청을 하는 것, 접수면접을 하는 것 등 더 많은 활동 및 경험을 포함한다. 이렇듯 대학상담센터는 상담자들이 다문화 상담 역량을 더 잘 발휘할 수 있는 환경을 조성하고 다문화 내담자들이 효과적인 서비스를 제공받을 수 있도록 기관의 다문화 상담 역량을 갖추는 노력을 해야 한다. 이러한 노력을 구체적으로 어떻게 해야 할지에 대한 연구를 통해 기관의 다문화 상담 역량을 개념화할 필요가 있었다.

　이러한 기존 연구들이 가졌던 한계점을 고려할 때, 질적연구 방법을 사용하여 상담자의 관점에서 외국인 유학생 상담에서의 다문화 상담 역량을 조사할 필요가 있어 보였다. 구체적으로, 유학생에게 상담 서비스를 제공하는 데 도움이 되는 개인(상담자)과 기관(상담센터)의 행동을 이끌어 내기 위해 구체적인 행동지표들이 정리되어야 했다. 또 도출된 각각의 역량 행동지표는 중요도와 실행 정도 측면에서 평가됨으로써 국내 유학생 상담의 현 실태에 기반하여 앞으로 실천되어야 할 역량들의 우선순위를 명확하게 할 필요가 있었다.

2. 방법론 정하고 공부하기

1) 적용한 연구방법론 소개

Q: 적용해 보려고 고민한 방법론에는 어떤 것이 있나요? 여러 대안 중에서 선택한 이유는?

　기존 역량 연구들을 살펴보았을 때 주로 사용되는 질적연구 방법은 델파이, 합의적 질적연구(CQR), 그리고 개념도인 것으로 나타났기 때문에 나는 연구계획서 준비단계에서 이 세 가지 방법을 고려했었다.

　먼저, 전문가 집단 합의 방식인 델파이 방법을 제외시켰는데, 그 이유는 아직 외국인 유학생 상담의 전문가라고 불릴 수 있는 사람이 없기 때문이다. 전문가의 견해를 종합하고 정리하는 과정인 델파이 기법은 아직 외국인 유학생 상담에서의 다문화 상담 역량에 대한 기초자료가 축적되지 않은 현 상황에서 사용하기 애매했다. 따라서 외국인 유학생 상담 진행 경험이 있는 상담자의 인식을 토대로 역량을 도출하는, 보다 기초적이고 탐색적인 연구를 먼저 진행할 필요가 있다고 판단했다.

개념도와 CQR 두 방법은 모두 질적 방법을 통해 연구참여자의 경험이나 인식을 생생하게 도출하여 원자료를 얻고, 그 내용을 범주화하는 체계적인 과정을 거친다는 점에서 유사하다. 하지만 다음과 같은 이유로 내 연구목적을 달성하기 위한 방법론으로는 개념도가 가장 적합하다고 생각하였다.

첫째, CQR은 연구자 간의 논의와 동의과정을 통해 경험자료 내용을 범주화하고 감수자에게 검토를 받는 합의에 의한 질적연구법인 반면, 개념도 방법은 연구대상자가 연구의 자료를 자신이 구성하는 방식대로 분류하는 절차를 거쳐 연구자의 편견을 감소시켜 준다. 외국인 유학생 상담이라는 독특한 상담 맥락에서의 다문화 상담 역량은 기존 다문화 상담 역량에 비해 개념적 범주가 다를 것이라는 주장으로 이 연구의 필요성을 어필한 만큼, 연구자의 선입관이나 기존 체계에 맞추는 것이 아니라, 연구참여자들의 의미체계를 전적으로 사용하고자 하였다. 둘째, 개념도 방법은 연구참여자들이 분류한 결과에 대한 해석에서 통계분석 결과를 통찰의 근거로 삼아 연구자의 편견을 더욱 감소시켜 준다. 즉, 개념도는 탐색을 위해 수집된 질적인 자료를 질적으로 분석하는 접근법과는 다른 강점을 갖는다. 따라서 개념도를 사용하면 현장의 목소리를 더 생생하게 있는 그대로 반영할 수 있을 것으로 판단되었다.

역량연구에서는 흔하게 쓰이는 방법은 아니지만 근거이론 또한 관심 주제에 대한 심층적인 자료를 획득할 수 있는 방법론이다. 하지만 개념도가 근거이론에 비해 분석 절차가 간소하고, 수집된 자료에 대한 분류와 명명에 연구참여자를 직접 참여시킴으로써 그들의 의미체계를 보다 적극 반영할 수 있으며, 자료를 다변량 통계방법을 활용해 분석함으로써 연구자의 통찰에 양적 근거를 마련해 준다는 점을 고려하여 이 연구에서는 개념도를 활용하기로 하였다.

Q: 내가 선택한 방법론이 얼마나 할 만한 것인가요?

개념도 방법은 Q-sort 또는 Q-방법으로도 알려져 있으며, 한 주제에 대한 질적 및 양적 정보를 모두 제공해 줄 수 있는 구조화된 개념화 방법이다. 구체적으로는 연구참여자들과 함께 진행하는 브레인스토밍과 비구조화된 분류(sorting)에 기반한 질적 분석과 다변량 통계분석에 기반한 양적 분석을 합친 혼합방법이며, 과정 내내 연구대상자의 적극적인 참여가 요구된다. 따라서 개념도 방법으로 탐구하려는 연구주제에 대해서 연구자와 비슷한 열정을 가지고 있고, 연구의 필요성에 공감하며 적극적으로 참여해 주려는 대상자 pool이 확보되었다면 해당 연구는 이미 반은 성공했다고 볼 수 있다.

　개념도 방법에서 수행해야 하는 양적 분석은 고난이도의 통계 방법을 요구하지 않는다. 개념도에서 사용되는 통계 분석은 다차원분석과 군집분석 정도이지만, 이러한 양적 분석은 여러 참여자로부터 취합된 질적 자료를 체계적으로 정리하고, 참여자의 개념적 구조가 시각적으로 표현될 수 있게 하며, 중요도나 실행도 등의 기준으로 양적 비교 또한 가능하게 한다. 따라서 연구자가 질적연구를 수행하기 위한 역량과 끈기를 갖추고 있고, 개념도 방법의 여러 단계마다 적극적으로 참여해 줄 연구대상자들이 있다면 개념도 방법이 가지는 여러 장점을 반영하는 의미 있는 연구결과를 도출해 낼 수 있을 것이다.

2) 연구 진행 과정

Q: 이 연구방법으로 연구를 진행하는 과정에서 특히 유의할 점은 무엇인가요? 어려웠던 부분과 이겨 낸 방법은 무엇인가요?

　개념도 방법으로 연구를 진행하는 과정에서 특히 유의할 점에 대해 떠올려 볼 때, 먼저 개념도 방법을 적용하는 과정에서 고려해야 할 구체적인 유의점과 더불어 질적연구를 하기에 앞서 알고 시작하면 좋을 전반적인 유의점이 떠오른다.

　먼저, 개념도 방법을 적용하는 과정에서 내가 겪었던 어려움과 그것을 이겨 내기 위해 사용했던 방법들을 공유해 보고자 한다.

1) 연구방법에 대한 경험 부족

　나는 박사학위논문을 쓰기 전까지 질적연구 방법에 대한 훈련과 경험이 부족했다고 할 수 있다. 질적연구와 관련 방법론 수업을 하나 들었던 것이 전부였다. 그래서 내가 논문 계획서를 준비하면서 전공 교수님들께 "개념도라는 방법론을 처음 시도한다는 문제가 가장 큰 문제다."라는 피드백을 받기도 했다. 이 지적에 대해 반박할 여지가 없었으나, 달리 생각해 보면 사실 이 문제는 훈련과 경험을 쌓으면 해결될 문제였다. 나는 학교에서 방학 동안 개설되는 질적연구방법론 워크숍과 개념도 방법론에 대한 온라인 강의를 들었다. 또한 생각해 보니 구체적인 질적연구 방법론은 달랐지만 내가 지도교수님 지도하에 참여했던 여러 연구 프로젝트가 질적연구 수행과 분석 과정을 포함했었다는 걸 깨달았다. 생각보다 나는 질적연구 수행 경험이 상당히 있었던 것이다. 그 경험들을 떠올려 보고 그때의 결과물을 다시 검토하면서 질적연구자의 자세를 취하는 연습을 하였다. 또 가장 도움이 되었던 것은 개념도 방법을 사용한 국내외 논문들을 열심히 찾아 읽고 공부한 것이었다. 사실 논문들을 주로 참고했던 이유는 개념도 방법론을 소개하는 질적연구방법 교재를 찾기 어려웠기 때문이었는데, 그렇게 한 덕분에 다양한 실제 연구 사례를 접하면서 개념도를 적용하는 여러 방법과 전략에 대해서 공부할 수 있었다. 특히 국내 개념도 연구는 대부분 비슷한 절차와 전략으로 수행되고 있었지만, 해외에서 진행된 개념도 연구들을 살펴보면서 개념도의 좀 더 창의적인 적용 예시들을 볼수 있었다. 마지막으로, 국내 상담학 분야에서 개념도 연구를 많이 한 선배들에게 직접 연락하여 도움을 요청하였다. 글로만 읽어서는 실제로 어떻게 적용해야 하는지 잘 그려지지 않았던 연구 절차들에 대해서 질문하고 실질적인 도움을 받았다. 예컨대, 다차원분석을 실시하기 위해서는 유사성 행렬표를 비유사성 행렬표로 전환시켜야 할 필요가 있는데 이 작업을 수월하게 할 수 있도록 하는 엑셀 파일을 전달받기도 했다.

2) 개념화 작업의 어려움

알 것 같고 당연한 것 같지만, 막상 나열하려면 어려운 게 어떤 개념과 관련된 아이디어일 것이다. 즉, 개념도 연구를 할 때 참여자들이 연구의 초점 개념에 대한 아이디어들을 쉽게 생각해 내지 못할 수 있다. 그렇기 때문에 개념도 연구를 진행하기 위해서는 초점 질문을 잘 개발하는 게 중요하다. 이를 위해 기존 문헌들을 열심히 검토하는 과정을 반드시 거쳐야 하지만, 초점 질문 개발에 가장 도움이 되는 절차는 파일럿 인터뷰를 해보는 것이다. 즉, 초점 질문을 확정하기 전에 최소 두 명의 잠재 참여자들과 반구조화된 인터뷰를 진행해 보고, 참여자들이 나의 질문을 잘 이해하는지, 이야기를 잘하는지를 살펴봐야 한다. 물론 파일럿 인터뷰를 진행하면서까지 초점 질문을 수정·보완하였음에도 불구하고 실전에 가서 특정 참여자들이 쉽게 답을 잘 못하는 경우도 있을 것이다. 그런 경우를 대비해서 나의 초점 주제/질문에 대해 어떻게 다각적으로 물어볼 수 있을지 미리 고민을 해 두어 다양한 구체화 질문을 많이 개발해 둘 필요가 있다. 또 참여자들끼리의 상호작용을 통해 브레인스토밍이 더 활성화되는 경향을 예상해 볼 때, 어쩌면 인터뷰를 개별 인터뷰가 아닌 초점집단 인터뷰 형식으로 진행했다면 더 효율적일 수 있다.

3) 참여자의 참여 중단 상황

개념도 과정에 대해 구체적으로 설명을 한 뒷부분을 보면 알겠지만, 개념도 과정은 보통 여섯 단계를 거쳐야 한다. 모든 참여자가 첫 단계부터 마지막 단계까지 함께해 주면 좋겠지만, 상황에 따라 그렇게 할 수 없게 되는 경우도 발생한다. 나의 연구에서도 연구과정 중 해외 이주와 같은 개인 사정으로 인해 참여자가 일부 단계에만 참여하기도 하였다. 즉, 개념도 과정의 단계별로 참여자 수가 달랐다. 하지만 다행히 개념도 과정의 단계별로 다른 그룹 또는 하위 그룹이 참여하는 것은 허용 가능하며(Trochim & McLinden, 2017) 연구자들에 의해 널리 실행된다(Rosas, 2005)는 점을 확인하였다.

다음으로 질적연구를 하기에 앞서 알고 시작하면 좋을 전반적인 유의점들을 떠올려 보면 다음과 같다.

첫째, 풍부한 자료를 기꺼이 쏟아내어 줄 열의 있는 참여자 모집이 가장 중요하다. 이를 위해 연구자는 본인이 접근 가능한 모든 전문적, 개인적 인맥을 활용해야 한다. 나는 외국인 유학생 상담에서의 다문화 상담 역량을 상담자 역량과 기관 역량으로 구분하여 진행하였기 때문에 사실 연구 두 개를 진행한 것이나 다름이 없었다. 그만큼 연구자 관점에서는 수집하고 분석하고 해석해야 하는 자료가 많았고, 참여자 관점에서도 연구 참여를 위해 소모된 시간과 노력이 컸다. 이 조언이 다소 우습게 들릴 수 있겠지만, 만약 질적연구를 하기로 마음먹었다면 평소에도 인간관계를 잘해 두는 게 중요하다.

둘째, 질적연구에서 요구되는 분석 과정을 거치다 보면, 때때로 끝이 보이지 않는 터널 속에 있는 기분을 느끼기 마련이다. 질적 자료 분석을 하기에 앞서 대략적인 기한을 정해 둘 것을 추천한다. 그렇지 않으면 한없이 늘어질 수 있다.

셋째, 학위논문 연구를 질적 방법으로 한다면, 분석 과정에서 함께 고민해 줄 좋은 동료를 한 명이라도 구해야 한다. 학위논문을 수행하는 것 자체로도 외롭고 불안하기 마련인데, 질적연구과정을 홀로 끌고 가는 일은 더욱 외롭고 불안하다. 지도교수님이 적극적으로 분석에 참여해 주는 것은 너무나도 큰 행운이고 감사할 일이지만, 긴 질적 자료 분석 시간과 과정을 나와 함께해 줄 누군가가 있어서 때때로 찾아오는 고비 같은 순간을 잘 넘겨야 한다. 나의 경우에는 같이 상담 분야에서 종사하는 동생이 큰 도움을 주었는데, 이 지면을 빌려 동생에게 고마운 마음을 다시 한번 전하고 싶다. 또 나와 비슷한 시기에 학위논문을 준비했던 동료들과 지지 그룹을 만들어 서로 연구 일정 및 진도를 공유하였던 것이 큰 힘이 되었다.

3) 연구 진행 절차

연구문제는 '국내 외국인 유학생에게 상담 서비스를 제공하는 상담자와 대학상담센터의 다문화 상담 역량은 무엇인가?'였다. 이에 대한 실용적인 답을 얻기 위해 다음 두 가지 구체적인 질문을 던져 보면서 개념도 방법의 절차들을 적용하였다. 첫째, 외국인 유학생 상담자는 대학상담센터와 상담자의 다문화 상담 역량을 무엇으로 인식하는가? 둘째, 외국인 유학생 상담자는 대학상담센터와 상담자의 다문화 상담 역량 지표의 ① 중요도, ② 현재 실행도를 어떻게 인식하고 있는가? 즉, 내 연구에서는 개념도를 활용하여 외국인 유학생 상담에서의 다문화 상담 역량 영역(역량군집)과 구성요소(행동지표, 진술문)를 확인하고, 잠재구조를 시각적으로 표상하여 차원분석과 개념도 해석을 통해 관련 주체의 관점을 보다 생생하고 명료하게 이해하고자 하였다. 개념도 연구과정은 6단계로 구분될 수 있는데, 바로 개념도를 위한 준비 단계, 아이디어 산출 단계, 진술문의 구조화 단계, 아이디어 표현 단계, 개념도 해석 단계, 그리고 개념도의 활용 단계이다. 각 단계에서 내가 수행한 작업들을 정리해 보면 다음과 같다.

(1) 개념도를 위한 준비 단계

이 준비(preparation) 단계에서는 개념화 작업의 초점을 외국인 유학생 상담의 다문화 상담 역량으로 정하고, 효과적인 초점 질문(focusing question)을 개발하기 위해 외국인 유학생 상담 경험이 있는 상담자 1인과 내담자 1인을 대상으로 파일럿 인터뷰를 진행하였다. 그 결과, "국내 대학에서 외국인 유학생에게 효과적으로 상담 서비스를 제공하기 위해 상담자에게 필요한 다문화 상담 역량은 무엇이고, 대학상담센터가 갖춰야 할 다문화 상담 역량은 무엇일까요?"라는 기본 질문에 파일럿 참여자들이 쉽게 답변하지 못하는 것으로 나타났다. 따라서 브레인스토밍 과정을 용이하게 하기 위해 초점 질문을 "상담자의 어떤 생각, 태도, 말, 행동이 외국인 유학생 상담에 도움이 되었다고 생각하나요? 또 기관 차원에서 상담센터가 외국인 유학생에게 상담 서비스를 제공하기 위해 잘한 일은 무엇이었고, 더 잘하기 위해 할 수 있는 것은 무엇이 있을까요?"로 재구성하였다. 이 외에도 두 명의 유학생 상담자들과 합의하는 과정을 거쳤다.

다음으로, 실제로 연구에 참여할 잠재 대상자들을 선정하여 연락을 취했다. 개념도는 이론적으로는 한 명의 참여자를 대상으로도 수행될 수 있다(Trochim & McLinden, 2017). 하지만 다양한 상담자로부터 여러 관점을 이끌어 냄으로써 외국인 유학생 상담에 필요한 다문화 상담 역량이라는 미지의 주제를 더욱 풍부하게 탐구할 수 있다고 판단하였다. 이를 위해 이 연구에서는 다양성을 위한 기회주의적 표본추출 방법(opportunistic sampling for heterogeneity; Trochim, Donnelly, & Arora, 2016)을 사용하였다. 먼저, 외국인 유학생들과 활발하게 상담 실무를 진행하고 있는 대학상담센터 상담자 20명의 연락처 목록을 만들었다. 그런 다음, 한번에 다섯 명의 상담자에게 연락하여 인터뷰 기간 중 첫 주에 하루 한 명의 상담자를 면담할 수 있도록 일정을 잡았다. 그렇게 첫 다섯 번의 인터뷰를 진행한 후에는 명단에서 새로운 상담자 한 명씩에게 연락을 하여 추가 면담을 진행하였다. 만약 새로운 인터뷰에서 연구주제에 대한 새로운 아이디어 진술문이 도출되었다면 아직 탐구되어야 할 부분들이 남아 있을 거라는 가정을 하게 된다. 그럴 경우, 명단에서 다음 상담자에게 연락을 하여 추가 인터뷰를 잡는 식으로 진행하였다. 그렇게 열 번의 인터뷰를 진행한 후에는 이전의 인터뷰 내용과 비교했을 때 연구주제에 대한 새로운 아이디어가 생성되지 않는 것 같았다. 열한 번째 인터뷰는 주제에 대한 다양한 주요 관점이 철저하게 조사되었는지를 확인하기 위해 진행되었다. 명단에 있는 나머지 대상자들은 카드소팅과 중요도/실행도 평정 단계에서 참여하도록 요청하였다. 모든 참가자로부터 인구통계학적 정보(성별, 나이, 국적, 상담관련 최종 학위, 상담 수련 국가, 상담 경험 기간, 유학생 상담 경험 기간, 상담에서 사용하는 언어 등)를 받았다.

(2) 아이디어 산출 단계

아이디어 산출(generation) 단계는 참여 상담자 11명과 면대면 인터뷰 방식으로 브레인스토밍을 하는 과정을 통해 이루어졌다. 인터뷰는 각 참여자가 선택한 장소(보통 참여자의 직장 내)에서 약 1시간 동안 진행되었다. 브레인스토밍된 모든 내용을 녹음하였고, 최대한 즉시 전사하였다. 전사된 인터뷰 내용을 분석하면서 그 안에서 역량 지표와 관련된 진술문들을 정리하였다. 초기 역량 진술문들은 인터뷰 원자료에서 그대로 가져왔지만, 곧 진술의 명료성을 위해 수정 및 통합 과정을 거쳤다. 즉, ① 여러 아이디어가 포함된 진술문은 쪼개져서 하나의 진술문이 하나의 아이디어를 반영할 수 있도록 하였고, ② 중복되는 아이디어는 통일하였으며, ③ 모호한 진술문은 명료화하였고, ④ 지나치게 구체적인 '노하우'나 개인적 선호도를 반영한 진술문은 삭제

되었다. 진술문을 수정하거나 삭제하는 결정은 상담전문가 세 명(연구자, 연구자의 지도교수, 외국인 유학생 상담 경험이 있는 전공 교수)으로 구성된 팀에서의 합의과정을 거쳐 내려졌다. 진술문 편집 과정 내내 참여자들의 원래 관점 및 인식이 흐려지지 않도록 특별한 주의를 기울였다.

이 개념도 연구에 참여하는 대상자들은 인터뷰에 응하는 것뿐만 아니라 진술문 분류(카드소팅) 및 중요도/실행도 평정에도 참여하게 된다. 분류와 평정이라는 후속 작업은 아이디어 산출 단계에서 얻어진 진술문 수가 증가할수록 복잡해지기 때문에 한 개념도 연구에서 권장되는 진술문 수는 약 100개이다(Kane & Trochim, 2007). Rosas와 Kane(2012)은 개념도 방법을 적용한 연구들을 개관하면서 연구당 평균 진술문 수는 약 96개라고 보고한 바 있다. 이 연구에서는 기관 역량 진술문은 초기 77개의 진술문이 편집 과정을 거쳐 48개로 축약되었고, 상담자 역량 진술문은 초기 233개의 진술문이 편집 과정을 통해 78개로 축약되었다.

(3) 진술문의 구조화 단계

진술문의 구조화(structuring) 단계는 앞서 정리된 최종 진술문들이 서로 어떻게 관련되어 있는지에 대한 정보를 얻고자 연구참여자들이 자신에게 이해가 되는 방식으로 진술문을 분류하고 평정하게 하는 단계이다. 나는 면대면 분류 및 평정 작업을 진행하기 위해 13명의 참여자를 또 만났다.

먼저, 각 참여자에게 스스로 납득할 수 있는 방식으로 최종 진술을 분류해 달라고 요청하였다. 내가 진술문 분류를 위해 사용한 방법은 카드소팅(card sorting)법이었기에 이 단계에서 참여자들을 만날 때 나는 기관 역량 진술문이 각각 인쇄된 종이 카드 48개와 상담자 역량 진술문이 각각 인쇄된 종이 카드 78개를 가지고 갔다. 참여자들은 진술문 카드를 '자신에게 이해가 되는 방식으로' 혹은 '함께하는 것처럼 보이는 것끼리' 한 무더기(pile)에 함께 놓도록 요청받았다. 무더기의 수는 정해져 있지 않지만 ① 한 무더기에는 두 개 이상의 진술문 카드가 포함되어야 하고, ② 모든 진술문 카드를 하나의 무더기로 분류할 수 없다는 두 가지 조건을 부과하였다(Kane & Trochim, 2007).

구조화 단계의 두 번째 파트는 진술문의 중요도와 현재 실행도를 평정하는 것이었다. 이 평정 활동에는 19명의 상담자가 참여하였다. 개념도를 만들어 내는 과정에 이러한 평정 과정이 반드시 필요한 것은 아니지만(Trochim & McLinden, 2017), 이 연구의 중요한 목표 중 하나는 외국인 유학생 상담 현장의 실무자들에게 어떤 다문화 상담 역량이 보다 상대적으로 더 중요한지에 대한 지침을 제공하는 것이었다. 또한 참여자들은 각 역량 진술문의 내용을 자신이 또는 자신이 속한 상담기관이 실제로 실천하고 있는지 평가하도록 요청받았다. 평정은 기관 역량에 대한 설문지와 상담자 역량에 대한 설문지로 구분되어 각 역량 진술문이 5점 리커드 척도(매우 중요함 5점, 중요함 4점, 약간 중요함 3점, 중요하지 않음 2점, 전혀 중요하지 않음 1점)에서 평정될 수 있도록 진행되었다. 분류 과제에 참여한 참여자들은 분류 작업을 한 후 바로 종이 설문지를 받아 평정을 완료하였으며, 평정과제에만 참여한 참여자들은 연구자에게 이메일을 통해 설문지 파일을 받아 평정을 한 후 평정결과를 다시 이메일로 보내 왔다.

(4) 아이디어 표현 단계

아이디어 표현(representation) 단계는 앞의 구조화 단계에서 생성된 정보를 분석하고 개념지도(concept map)를 그리는 과정을 수반한다. 아이디어들을 지도에 표현하기 위해서 Windows용 SPSS22를 사용하여 일련의 다변량 통계 분석을 통해 수행하였다. 이를 위해 먼저 13명의 참가자가 카드소팅을 통해 제공한 진술문 분류 결과를 토대로 엑셀 파일에 유사성 행렬표를 코딩했다. 구체적으로 절차를 기술해 보자면, 기관 역량(48개의 진술문)의 경우, 각 참여자마다 48×48 행렬표가 생성되었고, 상담자 역량(78개의 진술문)의 경우, 각 참여자마다 78×78 행렬표가 생성되었다. [그림 8-1]을 보면 하나의 엑셀 파일 내에 탭이 여러 개 있는 것을 볼 수 있다. 이 연구의 경우, 13명의 참여자가 카드소팅에 참여했으므로 1부터 13으로 명명된 탭이 만들어졌다. 각 탭에는 참여자별 유사성 행렬표가 들어가 있다.

예를 들어, [그림 8-2]는 참여자 A의 기관 역량 카드소팅 결과를 유사성 행렬표로 코딩한 것이다. 참여자 A는 카드소팅 때 1번 진술문과 2번 진술문을 같은 무더기로 분류하였기 때문에 1번 진술문과 2번 진술문의 접점 셀의 값은 1로 코딩되었고, 1번 진술문과 3번 진술문은 다른 무더기로 분류하였기 때문에 1번 진술문과 2번 진술문의 접점 셀에 값을 넣지 않았다(0으로 코딩하여도 된다). 그런 다음 탭([그림 8-1]의 '통합값' 탭)을 하나 더 만들어 참여자별 유사성 행렬표를 합산하여 전체 참여자 유사성 행렬표를 만들었다. [그림 8-1]에서 볼 수 있듯이 셀에 합산 수식(이 연구의 경우, = '1'!B2 + '2'!B2 + '3'!B2 + '4'!B2 + '5'!B2 + '6'!B2 + '7'!B2 + '8'!B2 + '9'!B2 + '10'!B2 + '11'!B2 + '12'!B2 + '13'!B2)을 넣었다. 각 탭에 개별 참여자 유사성 행렬표들이 제대로

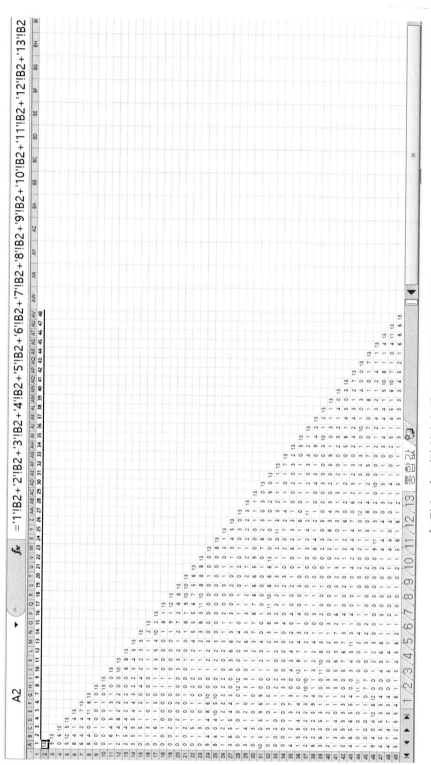

[그림 8-1] 기관 역량에 대한 전체 참여자 유사성 행렬표

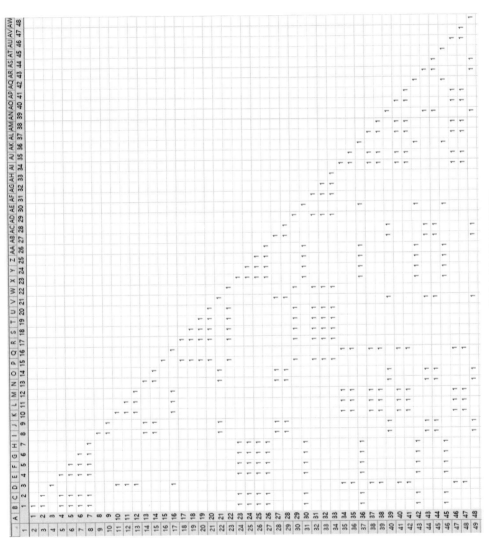

[그림 8-2] 참여자 A의 유사성 행렬표

코딩되어 있다면 사선으로 내려가는 가장 위 숫자들은 모두 참여자 수(이 연구의 경우, 13)여야 한다.

그런 다음 전체 참여자 유사성 행렬표는 다차원척도(multidimensional scaling) 분석을 위한 비유사성 행렬표로 변환되었다. 다차원척도 분석은 각 진술문을 다른 진술문들과의 유사성의 정도에 따라 2차원(x, y) 지도에 표시해 준다. 즉, 더 자주 함께 묶인 진술문은 지도에서 서로 더 가깝게 위치하는 반면, 덜 자주 함께 묶인 진술문은 서로 더 멀리 배치된다(Trochim & McLinden, 2017).

다음으로, 각 진술문의 x, y 좌표 정보는 Ward의 알고리즘을 사용한 계층적 군집분석을 수행하는 데에도 사용된다. 이 군집분석의 목적은 최적의 군집 수를 결정하는 것이다. 이 연구에서는 해석에 적합한 군집의 수를 결정하기 위해 세 가지 지침을 사용했다. 첫째, 최종 군집 수는 참여자들이 카드를 분류한 최대 무더기 수를 넘어서지 않는다. 일반적으로 최종 군집 수를 결정할 때 참여자들이 제시한 평균 군집 수와 가까운 수가 적합하다고 본다. 둘째, 다양한 다중군집 방법을 통해 생성된 덴드로그램(dendrogram)을 모두 후보로 두었다. 셋째, 개념적 명확성, 각 군집 내에서의 항목 유사성, 군집 간 차이점을 검토하면서 여러 군집분석 결과의 적합성을 판단하여 최종 군집 수와 구성을 결정하였다. 선택된 최종 군집 솔루션을 기반으로 개념도를 작성하게 되는데, 이때 각 군집은 다각형으로 그려진다. 다각형의 모양은 각 군집의 가장 가장자리 진술문의 수와 위치에 따라 달라진다. 다각형의 크기는 군집에 포함된 내용의 폭을 반영한다.

마지막으로, 중요도 및 실행도 평정결과는 '점수 평정 지도(point rating map)' 및 '군집 평정 지도(cluster rating map)'로 시각적으로 표현될 수 있다. 이때, 두 가지 평정결과(중요도 대 실행도)를 비교하기 위해서 '패턴 매칭표(pattern match)'를 만들 수도 있다. 하지만 이 표는 Concept System이라는 소프트웨어를 사용해야만 쉽게 만들 수 있다. 이 연구에서는 이 소프트웨어를 사용하지 않았기 때문에, 평정결과는 다른 형태로 시각적으로 표현되었다. 이 연구에 사용된 대체 그래프 형식은 참여자 전체의 평균 평정점수를 한눈에 쉽게 볼 수 있게 하면서 중요도 평정결과와 실행도 평정결과를 비교할 수 있게 한다는 점에서 효과적이었다.

(5) 개념도 해석 단계

개념도의 해석(interpretation)은 앞에서 언급된 관련 분야의 참여자 및 전문가들과 함께 수행되었다. 이 단계에서는 각 차원 및 군집에 포함된 진술문의 내용을 검토하여 차원과 군집을 명명하는 작업이 이루어졌다. 또 차원과 군집 결과에 대해서 대학 상담센터와 상담자의 외국인 유학생 상담 역량이라는 주제와 관련된 논의를 하였다.

(6) 개념도의 활용 단계

개념도 연구의 결과가 어떻게 활용(utilization)될 수 있는지에 대한 논의를 하는 단계이다. 이 논의는 연구의 목적과 참여자의 피드백을 고려하여 이루어졌으며, 구체적인 내용은 논의 및 제언 기술하기 절에서 살펴볼 수 있다.

3. 연구결과 기술하기

Q: 연구결과 분석 시, 특별히 주의해야 할 점은 무엇인가요?

군집화(clustering) 과정은 개념도 분석의 절차상 일부분이며, 역량 군집을 제시하는 것 또한 분석 결과의 일부분이다. 하지만 군집화 작업은 하면 할수록 구체성과 생생함이 상실되면서 추상화되는 경향이 있다. 즉, 개념도 방법의 핵심 분석인 군집분석의 결과를 도출해 낼 때 연구자는 '진술문들을 군집으로 묶는 과정이 어쩔 수 없이 가져오는 추상화 효과를 어떻게 최소화할 것인가'에 대해서 고민해 봐야 한다.

내 연구의 목적은 효과적인 외국인 유학생 상담을 위한 다문화 상담 역량의 행동지표를 도출하여 관련 실무자들이 보다 효과적인 외국인 유학생 상담서비스를 제공하도록 돕는 것이었다. 따라서 아이디어 진술문들이 모두 행동지표로서 역할을 할 수 있도록 표현하였다. 그렇게 할 때 연구결과 부분에 제시되는 진술문들이 곧 상담기관과 상담자에게는 외국인 유학생 상담에서 다문화 상담 역량을 구체적으로 어떻게 발휘할 것인지에 대한 가이드라인을 제공해 줄 수 있을 것이라고 생각했기 때문이다. 이때 행동지표로 표현된 진술문들이 원자료의 생생함과 구체성을 파손하지 않도록 노력하였다. 이 노력은 개념도 방법의 두 번째 단계인 아이디어 산출 단계의 마지막 과정인 '획득한 아이디어를 분석, 종합, 편집'하는 과정에서 이루어지게 된다. 이 과정이 어쩌면 개념도 연구의 성공 여부를 좌우한다고도 할 수 있다. 이 과정에서 연구자는 다른 관련 전문가들과 함께 진술문의 생생함과 구체성을 상실하지 않으면서 중복되는 아이디어는 통일하고, 아이디어를 (과잉추상화 혹은 과잉일반화가 아닌) 명료화하는 작업을 하는 것이 중요하다.

다음으로, 군집화 과정을 통해 유사한 행동지표들은 명명된 '어떤 역량'으로 묶여서 모든 사람이 이해하기 쉬운 수준으로 빠른 정보 제공과 전달을 할 수 있을 것이라 기대된다. 하지만 원자료에 있는 구체성을 상실하면서까지 군집화하는 과정은 지양되어야 할 것이다. 즉, 군집화 과정에서 유의해야 하는 점은 군집의 수를 선택할 때 논리적 유사성을 엄격하게 적용하여 과한 군집화를 하지 않는 것이다. 솔직히 군집분석을 통해 역량을 도출해 낸 연구들을 보다 보면 과한 클러스터링을 한 결과로 역량의 이름만으로는 도대체 어떤 구체적인 내용을 담고 있는지 예상하기 힘든 역량 군집을 만들어 낸 경우도 보게 된다. 개념적 명료성과 각각의 군집 안에 있는 진술문들의 유사성, 그리고 군집 간의 차이를 분명하게 하기 위해서 군집 간 진술문과 군집 내 진술문을 꼼꼼히 검토할 필요가 있다. 또 군집에 대한 명명은 지도상에 문항 사이의 상대적 거리를 고려하고, 군집 내 문항의 유사성을 검토한 후, 참여자들이 각 분류에 붙여 준 명칭을 참조하여 작성해야 한다. 통계적으로나 논리적으로 잘 묶이지 않는 진술문이 있다면 그 또한 의미 있는 결과이며, 그것에 대한 심층적인 해석을 논의에서 다루어야 한다.

1) 외국인 유학생 상담을 제공하는 대학상담센터의 다문화 상담 역량

(1) 외국인 유학생 상담을 제공하는 대학상담센터의 다문화 상담 역량 진술문

외국인 유학생 상담을 제공하는 대학상담센터의 다문화 상담 역량에 대한 아이디어는 대학상담센터에서 외국인 유학생들을 상담한 경험이 있는 11명의 상담자로부터 도출되었다. 개별 인터뷰를 통해 수집된 내용에서 초기 77개의 역량 진술문이 생성되었으며, 최종적으로는 앞에서 언급된 진술문 수정 과정을 통해 48개로 줄어들었다.

〈표 8-1〉 외국인 유학생 상담을 제공하는 대학상담센터의 다문화 상담 역량 진술문

번호	진술문
1	연간 계획단계에서 수요조사를 통해 외국인 유학생들에게 실질적으로 필요한 프로그램을 확인한다.
2	외국인 유학생들의 언어의 한계, 문화권의 영향 등을 고려하여 비언어적 검사(예: HTP, KFD 등)를 활용한다.
3	외국어로 진행한 검사를 채점 및 해석할 수 있는 인력/번역비가 준비되어 있다.
4	문화적 타당성 및 규준문제를 고려하여 적절한 심리검사를 구비해 두고 활용한다.
5	외국인 유학생의 한국 문화 및 학교적응을 위한 다양한 서비스(교육, 행사)를 기획 및 실시한다.
6	외국인 유학생들이 상담센터와 친근해질 수 있도록 홍보성/Outreach 프로그램(arts & crafts, socializing)들을 기획 및 실시한다.
7	외국인 유학생들의 삶과 어려움(외로움, 대인관계, 진로, 학사경고 등)을 다방면으로 이해하고 적절한 개입을 기획한다.
8	교내 한국인 교직원 및 학생들을 대상으로 한 다문화 민감성 교육 프로그램을 기획 및 실시한다.
9	외국인 유학생을 만나는 교직원들을 대상으로 외국인 유학생의 부적응 신호들에 대한 교육을 실시한다.
10	센터 내 모든 안내와 공지들을 외국어(최소 영문)로도 제시한다.
11	상담절차에 필요한 모든 문서(예: 신청서, 동의서, intake 검사지)를 외국어(영어 기본)로 번역 및 검수하여 구비한다.
12	상담 사례 관리의 효율성 제고를 위해 외국인 유학생 신청서를 내국인 학생 신청서와 최대한 동일하게 준비한다.
13	외국인 유학생 상담 신청이 많아 대기가 길어질 상황에 미리 대비한다(예: 개인상담 외 프로그램으로 안내, 추가 상담인력, 의뢰 가능한 외부 상담자 및 기관 확보).
14	외국인 유학생 상담업무와 절차에 대해 센터 내부적으로 모두(행정실 및 신청실 근무자, 다른 상담원들)에게 공유한다.
15	외국인 유학생 상담자의 교외 네트워크 활동을 격려한다.
16	센터 내(센터장을 비롯하여 내부직원들 사이에서) 외국인 유학생 또한 내국인 학생과 동일하게 맞이하고 서비스를 제공해야 한다는 인식을 확산시킨다.
17	외국인 유학생 상담자의 고충 경감 및 소진 방지를 위해 힘쓴다(예: 인력 충원과 심적인 지지).
18	외국인 유학생 상담자가 외국인인 경우, 필요한 한국 문화나 학교자원에 대한 정보 교육이나 resource를 제공해 준다.
19	기관 내 외국인 유학생 상담 수퍼비전 기회를 제공한다(예: 센터 내 공개 수퍼비전에도 주기적으로 외국인 학생 상담 사례를 받는다).

20	외국인 유학생 상담 수퍼비전을 효과적으로 제공할 수 있는 수퍼바이저 리스트를 정기적으로 업데이트한다.
21	해당 학교의 외국인 유학생 분포를 고려하여 외국인 유학생 상담을 책임지고 활성화시킬 수 있는 전임 인력을 고용한다.
22	시간제 외국인 유학생 상담자는 상담 사례 진행에만 집중할 수 있도록 지원한다.
23	외국인 신입생을 대상으로 정신건강 스크리닝을 실시하여 상담이 필요한 학생들에게 상담을 적극적으로 권유한다.
24	외국인 유학생들이 위기상황으로 가지 않을 수 있도록 정신건강 예방 프로그램을 기획하고 실시한다.
25	외국인 유학생들이 겪는 심리외적 어려움들을 해결해 줄 수 있는 기관(예: 법률 상담소, 부동산, 병원 등) 및 인력 리스트를 갖고 있다.
26	센터 내 외국인 유학생용 위기 대처 방안(병원 동행, 통역을 위한 상담자 외 인력 등)이 별도로 구비되어 있다.
27	센터의 자원과 상황을 고려하여 외국인 유학생의 행정적 신분 유형(예: 교환/방문, 어학연수, 정규 대학원생 등)에 따라 상담 서비스 제공 범위 규정을 수립하고 교내 유관기관에 알린다.
28	외국인 유학생 상담사업을 지속적으로 활성화시킬 수 있는 예산을 확보한다.
29	외국인 유학생 상담업무를 외국인 유학생 전담상담자에게 모두 맡기기보다 분담 가능한 부분을 파악하여 센터 내 다른 직원들에게 적절하게 분담하고 교육한다.
30	외국인 유학생 상담 수요를 효율적으로 충족하기 위한 방안을 개인상담 외에도 다양하게 마련한다(예: 집단상담, 지지집단 형성 등).
31	외국인 상담자의 행정 일을 최대한 줄여 준다.
32	외국인 유학생 사례를 의뢰할 수 있는 외부 상담기관 및 상담자 리스트를 구비해 둔다.
33	수퍼비전, 위기 핫라인 등 하나의 대학이 할 수 없는 일들은 국내 타 대학들과 협력하여 추진한다.
34	외국인 유학생들이 자주 활용하는 장소, 기관, 행사, 정보망을 파악하고 다양한 홍보매체(메일링, 게시판, 방문교육, 행사참여 등)를 통해 외국인 유학생 상담 서비스를 널리 알린다.
35	센터 웹사이트를 외국어로 구축한다.
36	외국인 유학생을 지도학생으로 두고 있는 교수들에게 개별 연락을 하여 외국인 유학생 상담부의 존재를 알리고, 필요시 자문을 제공한다.
37	상담이 생소하거나 거부감이 있는 외국인 유학생이 있을 수 있으므로 상담 자체를 가볍게(예: 일시적인 고민이라도 누군가와 함께 나누면 좋다는 식으로) 홍보한다.
38	홍보 메일을 보낼 때 반드시 외국어(예: 영어나 중국어)로 보낸다.
39	지역사회 내 주요 유관기관(예: 병원, 경찰)과 협력 프로토콜을 만든다.
40	상담센터 신청실/안내데스크 근무자가 외국인 유학생 방문 시 적절히 안내를 할 수 있도록 교육한다(기본 외국어역량, 외국인 유학생 서비스 및 절차에 대한 지식 소유).

41	상담 신청 시 외국인 유학생이 연락처를 제대로 기입했는지 재차 확인을 하고 학생이 선호하는 연락 방식을 알아 둔다.
42	내·외적 자원이 부족하여 상담 종결을 어려워하는 경우가 많으므로, 연장 사유에 대한 판단을 위한 지침을 수립해 둔다.
43	외국인 유학생들의 고충에 기여하는 학교시스템 차원의 문제(상대평가, 성적공개 등)를 학교에 적극적으로 알려 개선을 도모한다.
44	외국인 유학생이 접촉하는 교내기관(기숙사, 대외협력팀)들과 사전연계망을 구축한다.
45	외국인 유학생들 간의 연계, 지지, 정보교환을 활성화할 수 있는 방안을 마련한다(예: 이슈별 지지집단 형성).
46	상담 대기 발생 시 다양한 방법(격주 상담, 체크인, 전화/이메일 상담 등)을 활용하여 학생이 방치된 느낌을 받지 않도록 한다.
47	문화 간 시간 개념과 언어적 차이를 고려해 예약된 상담시간을 문자나 이메일로 안내한다.
48	심리적 위기에 처한 외국인 유학생이 상담 외 시간에도 도움을 요청할 수 있는 현실적인 방안을 마련한다.

(2) 외국인 유학생 상담을 제공하는 대학상담센터의 다문화 상담 역량 차원

다음으로 외국인 유학생 상담자들이 인식하는 대학상담센터의 다문화 상담 역량 차원은 어떠한지를 확인하였다. 최적의 차원 수를 결정하기 위해 Windows용 SPSS22를 사용하여 1차원부터 5차원까지의 스트레스 값(stress value)을 계산하고 비교하였다. 스트레스 값을 차원 수와 대비한 스트레스 플롯(plot)은 2차원에서 두드러지게 꺾이는 지점('elbow')이 발생함을 보여 주었다([그림 8-3] 참조). 2차원의 스트레스 값은 0.21로 나타나 Rosas와 Kane(2012)이 제시한 상한치인 0.39에 훨씬 못 미쳤다. 이 스트레스 값으로 표현된 합치도는 개념도 분석을 진행하는 데 데이터에 충분한 안정성이 있음을 확인해 주었다. 차원의 수를 선택할 때 활용되는 다른 권장 기준은 ① 해석 가능성(개념적 적합도), ② 단순성, ③ 안정성(Kruskal & Wish, 1978)이 있으며, 이러한 기준 역시 2차원이 가장 적절하다는 판단을 지지하였다. 또한 학자들은 공간적 표현(spatial representations)은 일반적으로 3차원이나 4차원보다 차원 수가 크면 유용하지 않다고 지적한 바 있다(Goodyear et al., 2005).

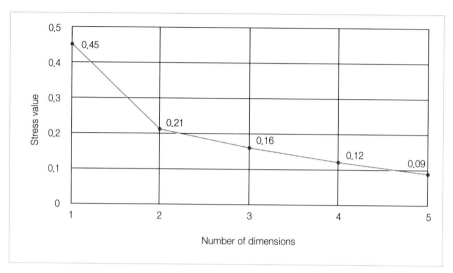

[그림 8-3] 대학상담센터의 다문화 상담 역량: 스트레스 플롯

　진술문이 함께 분류된 빈도를 바탕으로 그려진 대학상담센터의 외국인 유학생 상담 역량 개념도를 검토한 결과, 다음 두 차원이 이 지도를 특징짓는 것으로 나타났다([그림 8-5] 참조). 가로축인 1차원은 '대학상담센터가 지원의 대상'을 나타내는 것으로 해석되었다. 구체적으로, 내담자 지원에 대한 진술문은 지도의 오른쪽 부분에, 상담자 지원에 대한 진술문은 지도의 왼쪽 부분에 배치되었다. 세로축인 2차원은 '대학상담센터 자원의 원천'을 나타내는 것으로 해석되었다. 구체적으로, 지도 상단에는 기관 자체의 내부 자원을 활용하여 외국인 유학생 상담을 강화하는 진술문이, 하단에는 외부 자원을 활용하여 외국인 유학생 상담을 강화하는 진술문이 위치하고 있었다. 1차원과 2차원의 양극단에 배치된 진술문은 각각 〈표 8-2〉와 〈표 8-3〉에서 확인할 수 있다.

〈표 8-2〉 1차원(x축)의 양극단에 배치된 대학상담센터 역량 진술문

부적 방향	정적 방향
17. 외국인 유학생 상담자의 고충 경감 및 소진 방지를 위해 힘쓴다(예: 인력 충원과 심적인 지지).	1. 연간 계획단계에서 수요조사를 통해 외국인 유학생들에게 실질적으로 필요한 프로그램을 확인한다.
18. 외국인 유학생 상담자가 외국인인 경우, 필요한 한국 문화나 학교자원에 대한 정보 교육이나 resource를 제공해 준다.	5. 외국인 유학생의 한국 문화 및 학교적응을 위한 다양한 서비스(교육, 행사)를 기획 및 실시한다.

20. 외국인 유학생 상담 수퍼비전을 효과적으로 제공할 수 있는 수퍼바이저 리스트를 정기적으로 업데이트한다.

15. 외국인 유학생 상담자의 교외 네트워크 활동을 격려한다.

21. 해당 학교의 외국인 유학생 분포를 고려하여 외국인 유학생 상담을 책임지고 활성화시킬 수 있는 전임 인력을 고용한다.

7. 외국인 유학생들의 삶과 어려움(외로움, 대인관계, 진로, 학사경고 등)을 다방면으로 이해하고 적절한 개입을 기획한다.

24. 외국인 유학생들이 위기상황으로 가지 않을 수 있도록 정신건강 예방 프로그램을 기획하고 실시한다.

45. 외국인 유학생들 간의 연계, 지지, 정보교환을 활성화할 수 있는 방안을 마련한다(예: 이슈별 지지집단 형성).

〈표 8-3〉 2차원(y축)의 양극단에 배치된 대학상담센터 역량 진술문

부적 방향	정적 방향
39. 지역사회 내 주요 유관기관(예: 병원, 경찰)과 협력 프로토콜을 만든다.	19. 기관 내 외국인 유학생 상담 수퍼비전 기회를 제공한다(예: 센터 내 공개 수퍼비전에도 주기적으로 외국인 학생 상담 사례를 받는다).
44. 외국인 유학생이 접촉하는 교내기관(기숙사, 대외협력팀)들과 사전연계망을 구축한다.	10. 센터 내 모든 안내와 공지들을 외국어(최소 영문)로도 제시한다.
8. 교내 한국인 교직원 및 학생들을 대상으로 한 다문화 민감성 교육 프로그램을 기획 및 실시한다.	22. 시간제 외국인 유학생 상담자는 상담 사례 진행에만 집중할 수 있도록 지원한다.
9. 외국인 유학생을 만나는 교직원들을 대상으로 외국인 유학생의 부적응 신호들에 대한 교육을 실시한다.	31. 외국인 상담자의 행정 일을 최대한 줄여 준다.
25. 외국인 유학생들이 겪는 심리외적 어려움들을 해결해 줄 수 있는 기관(예: 법률 상담소, 부동산, 병원 등) 및 인력 리스트를 갖고 있다.	3. 외국어로 진행한 검사를 채점 및 해석할 수 있는 인력/번역비가 준비되어 있다.

(3) 외국인 유학생 상담을 제공하는 대학상담센터의 다문화 상담 역량 군집

앞서 언급한 바와 같이, 해석을 진행할 최적의 군집 수를 결정하기 위해 세 가지 지침이 사용되었다. 첫째, 최종 군집 수가 참여자들이 카드를 분류한 최대 무더기 수를 넘어서지 않는다. 참여자들은 진술문을 4개에서 11개까지의 무더기로 분류했었고, 13명의 카드소팅 참여자의 평균 무더기 수는 6.77개(SD=2.68)였다. 둘째, 다양한 다중군집 방법을 통해 생성된 덴드로그램(dendrogram)을 모두 후보로 두었다. [그림 8-4]는 Ward의 최소 분산(minimum variance)을 사용한 덴드로그램으로, 최대 군집 수로 5개를 제안하였다. 다른 군집화 방식들은 더 많은 군집 수(평균 연결법=최대 12개, 중심 연결법=최대 14개)를 고려할 수 있는 기회를 제공했다. 셋째, 군집분석 결과

의 해석 가능성을 검토하였다. 그 결과, 5개 이상의 군집을 가진 경우 해석하기 어려운 것으로 나타났다. 따라서 군집의 수는 5개가 가장 유용한 것으로 판단하였다.

각 군집은 앞서 언급한 군집 명명 과정을 통해 군집 1 '지속적인 서비스를 위한 협력 및 옹호 역량', 군집 2 '상담자 지원 역량', 군집 3 '외국인 유학생 친화적인 환경 구축 역량', 군집 4 '외국인 유학생을 위한 적극적인 홍보 역량', 그리고 군집 5 '상담 서비스의 다양화 역량'으로 명명되었다.

군집 1 '지속적인 서비스를 위한 협력 및 옹호 역량'은 외국인 유학생의 웰빙을 실질적으로 증진하기 위해 외부 기관이나 사람들과 협력하는 것과 관련된 11개의 진술문을 포함하였다. 참여자들은 실무를 하면서 다양한 어려움을 겪고 있는 외국인 유학생을 도울 때 대학상담센터가 홀로 수행할 수 없는 여러 측면이 있다는 것을 알게 되었다고 하였다. 구체적으로는 교내 구성원의 전반적인 문화적 감수성을 높이기 위해 한국인 학생과 교직원에게 훈련과 자문을 제공하는 것이 대학상담센터가 맡아야 할 임무라고 생각했다(진술문 8번, 9번, 36번). 특히 43번 진술문은 대학상담센터가 고통받고 있는 외국인 유학생이 상담실 밖에서도 목소리를 낼 수 있도록 옹호하는 노력도 해야 한다는 것을 의미하였다. 또한 외국인 유학생 상담 서비스 활성화에 필요한 예산을 확보하기 위해서 외부 자원들과 협력 및 네트워킹이 필요하다고 생각하였다(진술문 28번). 상담 수퍼비전, 위기관리, 사례 의뢰 등은 모두 기관 차원의 노력으로 가장 잘 확보될 수 있는 외부 자원이 필요한 과제들이다(진술문 27번, 33번, 32번, 25번). 진술문 44번과 39번은 다른 기관들과의 공식적인 협력을 구축하는 것(예: 프로토콜 구축)에 대해 구체적으로 언급하였다.

군집 2 '상담자 지원 역량'은 외국인 유학생 서비스를 제공하는 상담자들을 적절하게 지원해 주는 고용주로서의 상담센터 역할에 대해 기술한 13개의 진술문으로 이루어졌다. 우선, 진술문 21번은 대학상담센터가 외국인 유학생 전담하는 전임상담자를 고용해야 한다고 명시하였다. 또 다른 진술문들(17번, 18번, 15번, 29번, 20번, 14번, 22번, 31번, 19번, 3번, 16번, 40번)은 센터가 외국인 유학생 상담자들이 소진되지 않고 가장 효과적으로 서비스를 운영할 수 있도록 필요한 자원과 지원을 제공해야 한다고 밝혔다. 진술문을 통해 외국인 유학생 상담자들이 상담센터에 구체적으로 요청하고 싶은 것이 무엇인지를 살펴보면, 상담 수퍼비전을 제공해 주는 것, 업무와 사고방식을 공유하는 것, 행정 업무를 최소한으로 줄여 주는 것 등으로 나타났다.

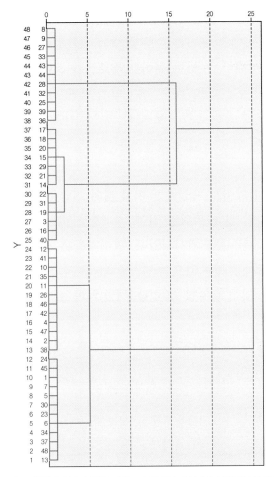

[그림 8-4]   대학상담센터 역량: Ward의 최소 분산을 사용한 덴드로그램

군집 3 '외국인 유학생 친화적인 환경 구축 역량'은 외국인 유학생 내담자의 편의를
가장 잘 도모할 수 있는 공간을 구축하기 위해서 상담센터가 수행해야 할 13가지 구
체적인 행동 조치를 담고 있다. 세부적인 절차적 준비에 해당되는 내용에는 상담 신
청서, 심리검사, 홈페이지, 외국어로 된 공지사항(진술문 12번, 10번, 35번, 11번, 4번,
2번) 등 중요한 자료들을 준비하는 것이 포함되었다. 또한 외국인 유학생들이 전반적
으로 학교생활 중 친절한 대우를 받지 못하는 상황이나 적절한 자원이 부족해서 어
려움을 겪는 상황이 빈번하게 있다는 사실을 고려했을 때, 상담센터와 컨택한 모든
외국인 유학생에게 적절하고 신속한 대응을 하는 것이 중요함을 강조하였다(진술문
41번, 46번, 47번, 26번).

군집 4 '외국인 유학생을 위한 적극적인 홍보 역량'은 외국인 유학생들에게 효과적으로 다가갈 수 있는 방법을 제안하는 다섯 개의 진술문을 포함하고 있다. 예컨대, 외국인 유학생이 쉽게 이해할 수 있는 언어로 홍보물을 준비하고 이러한 자료를 효과적으로 전달해야 한다(진술문 38번, 34번). 아웃리치 방안으로는 신입생을 대상으로 하는 정신건강검진, 다채롭고 흥미로운 홍보 행사, 친절한 메시지를 통한 홍보(진술문 23번, 6번, 37번) 등이 추진될 필요가 있다고 하였다.

군집 5 '상담 서비스의 다양화 역량'에는 외국인 유학생들을 위한 다양한 프로그램과 서비스에 대한 아이디어를 제공하는 여섯 개의 진술문이 포함되었다. 특히 정신건강 예방 프로그램, 지원 및 네트워킹 집단, 주제별 교육 프로그램, 문화 적응 개입(진술문 24번, 45번, 7번, 5번) 등이 제시되었다. 참여자들은 개별 상담만으로는 외국인 유학생들의 니즈를 충족시킬 수 없으며(진술문 30번), 적절한 서비스를 기획하기 위해 수요조사를 실시하는 것이 유용할 것(진술문 1번)이라고 입을 모았다.

〈표 8-4〉 외국인 유학생 상담을 제공하는 대학상담센터의 다문화 상담 역량 군집별 진술문

군집명(진술문 수)	#	군집별 진술문
군집 1: 지속적인 서비스를 위한 협력 및 옹호 역량 (11개)	8	교내 한국인 교직원 및 학생들을 대상으로 한 다문화 민감성 교육 프로그램을 기획 및 실시한다.
	9	외국인 유학생을 만나는 교직원들을 대상으로 외국인 유학생의 부적응 신호들에 대한 교육을 실시한다.
	36	외국인 유학생을 지도학생으로 두고 있는 교수들에게 개별 연락을 하여 외국인 유학생 상담부의 존재를 알리고, 필요시 자문을 제공한다.
	43	외국인 유학생들의 고충에 기여하는 학교시스템 차원의 문제(상대평가, 성적공개 등)를 학교에 적극적으로 알려 개선을 도모한다.
	27	센터의 자원과 상황을 고려하여 외국인 유학생의 행정적 신분 유형(예: 교환/방문, 어학연수, 정규 대학원생 등)에 따라 상담 서비스 제공 범위 규정을 수립하고 교내 유관기관에 알린다.
	33	수퍼비전, 위기 핫라인 등 하나의 대학이 할 수 없는 일들은 국내 타 대학들과 협력하여 추진한다.
	25	외국인 유학생들이 겪는 심리외적 어려움들을 해결해 줄 수 있는 기관(예: 법률 상담소, 부동산, 병원 등) 및 인력 리스트를 갖고 있다.
	32	외국인 유학생 사례를 의뢰할 수 있는 외부 상담기관 및 상담자 리스트를 구비해 둔다.

	44	외국인 유학생이 접촉하는 교내기관(기숙사, 대외협력팀)들과 사전연계망을 구축한다.
	39	지역사회 내 주요 유관기관(예: 병원, 경찰)과 협력 프로토콜을 만든다.
	28	외국인 유학생 상담사업을 지속적으로 활성화시킬 수 있는 예산을 확보한다.
군집 2: 상담자 지원 역량 (13개)	17	외국인 유학생 상담자의 고충 경감 및 소진 방지를 위해 힘쓴다(예: 인력 충원과 심적인 지지).
	18	외국인 유학생 상담자가 외국인인 경우, 필요한 한국 문화나 학교자원에 대한 정보 교육이나 resource를 제공해 준다.
	20	외국인 유학생 상담 수퍼비전을 효과적으로 제공할 수 있는 수퍼바이저 리스트를 정기적으로 업데이트한다.
	15	외국인 유학생 상담자의 교외 네트워크 활동을 격려한다.
	29	외국인 유학생 상담업무를 외국인 유학생 전담상담자에게 모두 맡기기보다 분담 가능한 부분을 파악하여 센터 내 다른 직원들에게 적절하게 분담하고 교육한다.
	21	해당 학교의 외국인 유학생 분포를 고려하여 외국인 유학생 상담을 책임지고 활성화시킬 수 있는 전임 인력을 고용한다.
	14	외국인 유학생 상담업무와 절차에 대해 센터 내부적으로 모두(행정실 및 신청실 근무자, 다른 상담원들)에게 공유한다.
	22	시간제 외국인 유학생 상담자는 상담 사례 진행에만 집중할 수 있도록 지원한다.
	31	외국인 상담자의 행정 일을 최대한 줄여 준다.
	19	기관 내 외국인 유학생 상담 수퍼비전 기회를 제공한다(예: 센터 내 공개 수퍼비전에도 주기적으로 외국인 학생 상담 사례를 받는다).
	3	외국어로 진행한 검사를 채점 및 해석할 수 있는 인력/번역비가 준비되어 있다.
	16	센터 내(센터장을 비롯하여 내부직원들 사이에서) 외국인 유학생 또한 내국인 학생과 동일하게 맞이하고 서비스를 제공해야 한다는 인식을 확산시킨다.
	40	상담센터 신청실/안내데스크 근무자가 외국인 유학생 방문 시 적절히 안내를 할 수 있도록 교육한다(기본 외국어역량, 외국인 유학생 서비스 및 절차에 대한 지식 소유).
	12	상담 사례 관리의 효율성 제고를 위해 외국인 유학생 신청서를 내국인 학생 신청서와 최대한 동일하게 준비한다.

	41	상담 신청 시 외국인 유학생이 연락처를 제대로 기입했는지 재차 확인을 하고 학생이 선호하는 연락 방식을 알아 둔다.
	10	센터 내 모든 안내와 공지들을 외국어(최소 영문)로도 제시한다.
	35	센터 웹사이트를 외국어로 구축한다.
	11	상담절차에 필요한 모든 문서(예: 신청서, 동의서, intake 검사지)를 외국어(영어 기본)로 번역 및 검수하여 구비한다.
	26	센터 내 외국인 유학생용 위기 대처 방안(병원 동행, 통역을 위한 상담자 외 인력 등)이 별도로 구비되어 있다.
군집 3: 외국인 유학생 친화적인 환경 구축 역량 (13개)	46	상담 대기 발생 시 다양한 방법(격주 상담, 체크인, 전화/이메일 상담 등)을 활용하여 학생이 방치된 느낌을 받지 않도록 한다.
	42	내·외적 자원이 부족하여 상담 종결을 어려워하는 경우가 많으므로, 연장 사유에 대한 판단을 위한 지침을 수립해 둔다.
	4	문화적 타당성 및 규준문제를 고려하여 적절한 심리검사를 구비해 두고 활용한다.
	47	문화 간 시간 개념과 언어적 차이를 고려해 예약된 상담시간을 문자나 이메일로 안내한다.
	2	외국인 유학생들의 언어의 한계, 문화권의 영향 등을 고려하여 비언어적 검사(예: HTP, KFD 등)를 활용한다.
	48	심리적 위기에 처한 외국인 유학생이 상담 외 시간에도 도움을 요청할 수 있는 현실적인 방안을 마련한다.
	13	외국인 유학생 상담 신청이 많아 대기가 길어질 상황에 미리 대비한다(예: 개인상담 외 프로그램으로 안내, 추가 상담인력, 의뢰 가능한 외부 상담자 및 기관 확보).
	38	홍보 메일을 보낼 때 반드시 외국어(예: 영어나 중국어)로 보낸다.
	23	외국인 신입생을 대상으로 정신건강 스크리닝을 실시하여 상담이 필요한 학생들에게 상담을 적극적으로 권유한다.
군집 4: 외국인 유학생을 위한 적극적인 홍보 역량 (5개)	6	외국인 유학생들이 상담센터와 친근해질 수 있도록 홍보성/Outreach 프로그램(arts & crafts, socializing)들을 기획 및 실시한다.
	34	외국인 유학생들이 자주 활용하는 장소, 기관, 행사, 정보망을 파악하고 다양한 홍보매체(메일링, 게시판, 방문교육, 행사참여 등)를 통해 외국인 유학생 상담 서비스를 널리 알린다.
	37	상담이 생소하거나 거부감이 있는 외국인 유학생이 있을 수 있으므로 상담 자체를 가볍게(예: 일시적인 고민이라도 누군가와 함께 나누면 좋다는 식으로) 홍보한다.

	24	외국인 유학생들이 위기상황으로 가지 않을 수 있도록 정신건강 예방 프로그램을 기획하고 실시한다.
	45	외국인 유학생들 간의 연계, 지지, 정보교환을 활성화할 수 있는 방안을 마련한다(예: 이슈별 지지집단 형성).
군집 5: 상담 서비스의 다양화 역량 (6개)	1	연간 계획단계에서 수요조사를 통해 외국인 유학생들에게 실질적으로 필요한 프로그램을 확인한다.
	7	외국인 유학생들의 삶과 어려움(외로움, 대인관계, 진로, 학사경고 등)을 다방면으로 이해하고 적절한 개입을 기획한다.
	5	외국인 유학생의 한국 문화 및 학교적응을 위한 다양한 서비스(교육, 행사)를 기획 및 실시한다.
	30	외국인 유학생 상담 수요를 효율적으로 충족하기 위한 방안을 개인상담 외에도 다양하게 마련한다(예: 집단상담, 지지집단 형성 등).

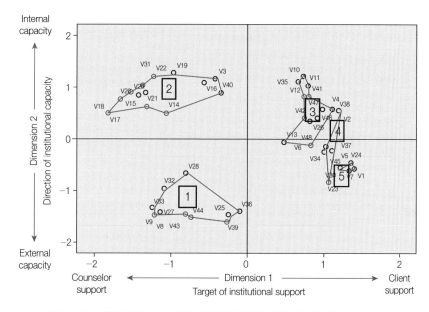

[그림 8-5] 대학상담센터의 외국인 유학생 상담을 위한 다문화 상담 역량 개념도

(4) 대학상담센터의 외국인 유학생 상담을 위한 다문화 상담 역량 중요도 및 실행도 평정

각 진술문별 중요도 평가 평균은 4.28로 나타나 참여자들이 전반적으로 진술문을 대학상담센터의 외국인 유학생 상담 역량을 나타내는 중요한 행동지표로 평가한 것으로 보인다. 가장 높은 중요도 점수를 받은 대학상담센터 역량 진술문들은 〈표

8-5〉에 나열되어 있다. 이와 대조적으로, 실행도의 평균은 2.86이었다. 즉, 참여자들은 현재 대학상담센터가 외국인 유학생 상담 역량의 중요한 지표들을 충족시키지 못하고 있다고 보았다. 가장 실행도가 낮게 평가되었던 대학상담센터 역량 지표들은 〈표 8-6〉에 나와 있다.

〈표 8-5〉 가장 높은 중요도 점수(>4.5)를 받은 대학상담센터 역량 진술문

번호	군집	진술문	평균(SD)
11	3	상담절차에 필요한 모든 문서(예: 신청서, 동의서, intake 검사지)를 외국어(영어 기본)로 번역 및 검수하여 구비한다.	4.89(0.32)
10	3	센터 내 모든 안내와 공지들을 외국어(최소 영문)로도 제시한다.	4.74(0.45)
19	2	기관 내 외국인 유학생 상담 수퍼비전 기회를 제공한다(예: 센터 내 공개 수퍼비전에도 주기적으로 외국인 학생 상담 사례를 받는다).	4.74(0.45)
28	1	외국인 유학생 상담사업을 지속적으로 활성화시킬 수 있는 예산을 확보한다.	4.74(0.45)
7	5	외국인 유학생들의 삶과 어려움(외로움, 대인관계, 진로, 학사경고 등)을 다방면으로 이해하고 적절한 개입을 기획한다.	4.58(0.51)
21	2	해당 학교의 외국인 유학생 분포를 고려하여 외국인 유학생 상담을 책임지고 활성화시킬 수 있는 전임 인력을 고용한다.	4.58(0.61)
3	2	외국어로 진행한 검사를 채점 및 해석할 수 있는 인력/번역비가 준비되어 있다.	4.53(0.70)
30	5	외국인 유학생 상담 수요를 효율적으로 충족하기 위한 방안을 개인상담 외에도 다양하게 마련한다(예: 집단상담, 지지집단 형성 등).	4.53(0.51)
35	3	센터 웹사이트를 외국어로 구축한다.	4.53(0.70)

〈표 8-6〉 가장 낮은 실행도 점수(<2.5)를 받은 대학상담센터 역량 진술문

번호	군집	진술문	평균(SD)
20	2	외국인 유학생 상담 수퍼비전을 효과적으로 제공할 수 있는 수퍼바이저 리스트를 정기적으로 업데이트한다.	1.79(0.79)
23	4	외국인 신입생을 대상으로 정신건강 스크리닝을 실시하여 상담이 필요한 학생들에게 상담을 적극적으로 권유한다.	2.00(1.00)
9	1	외국인 유학생을 만나는 교직원들을 대상으로 외국인 유학생의 부적응 신호들에 대한 교육을 실시한다.	2.05(0.85)
8	1	교내 한국인 교직원 및 학생들을 대상으로 한 다문화 민감성 교육 프로그램을 기획 및 실시한다.	2.11(0.94)

36	1	외국인 유학생을 지도학생으로 두고 있는 교수들에게 개별 연락을 하여 외국인 유학생 상담부의 존재를 알리고, 필요시 자문을 제공한다.	2.16(1.01)
43	1	외국인 유학생들의 고충에 기여하는 학교시스템 차원의 문제(상대평가, 성적공개 등)를 학교에 적극적으로 알려 개선을 도모한다.	2.16(1.12)
33	1	수퍼비전, 위기 핫라인 등 하나의 대학이 할 수 없는 일들은 국내 타 대학들과 협력하여 추진한다.	2.21(0.92)
24	5	외국인 유학생들이 위기상황으로 가지 않을 수 있도록 정신건강 예방 프로그램을 기획하고 실시한다.	2.21(0.98)
27	1	센터의 자원과 상황을 고려하여 외국인 유학생의 행정적 신분 유형(예: 교환/방문, 어학연수, 정규 대학원생 등)에 따라 상담 서비스 제공 범위 규정을 수립하고 교내 유관기관에 알린다.	2.26(0.73)
19	2	기관 내 외국인 유학생 상담 수퍼비전 기회를 제공한다(예: 센터 내 공개 수퍼비전에도 주기적으로 외국인 학생 상담 사례를 받는다).	2.32(1.29)
29	2	외국인 유학생 상담업무를 외국인 유학생 전담상담자에게 모두 맡기기보다 분담 가능한 부분을 파악하여 센터 내 다른 직원들에게 적절하게 분담하고 교육한다.	2.37(1.01)
39	1	지역사회 내 주요 유관기관(예: 병원, 경찰)과 협력 프로토콜을 만든다.	2.42(1.17)
34	4	외국인 유학생들이 자주 활용하는 장소, 기관, 행사, 정보망을 파악하고 다양한 홍보매체(메일링, 게시판, 방문교육, 행사참여 등)를 통해 외국인 유학생 상담 서비스를 널리 알린다.	2.42(0.96)
32	1	외국인 유학생 사례를 의뢰할 수 있는 외부 상담기관 및 상담자 리스트를 구비해 둔다.	2.47(1.26)

참여자들이 파악한 각 군집의 중요도/실행도를 비교하기 위해 각 군집의 평균 중요도 및 실행도를 계산하였다([그림 8-6] 참조). 중요도의 경우, 군집 2 '상담자 지원 역량'(M=4.35)이 가장 높게 평가되었고, 그다음으로는 군집 5 '상담 서비스의 다양화 역량'(M=4.34), 군집 3 '외국인 유학생 친화적인 환경 구축 역량'(M=4.31), 군집 1 '지속적인 서비스를 위한 협력 및 옹호 역량'(M=4.18), 군집 4 '외국인 유학생을 위한 적극적인 홍보 역량'(M=4.15) 순으로 나타났다. 실행도의 경우, 군집 1 '지속적인 서비스를 위한 협력 및 옹호 역량'(M=2.40)이 가장 부족한 역량으로 평가됐으며, 군집 4의 '외국인 유학생을 위한 적극적인 홍보 역량'(M=2.73), 군집 5 '상담 서비스의 다양화 역량'(M=2.76), 군집 2 '상담자 지원 역량'(M=2.81), 군집 3 '외국인 유학생 친화적인 환경 구축 역량'(M=3.40)이 뒤를 이었다.

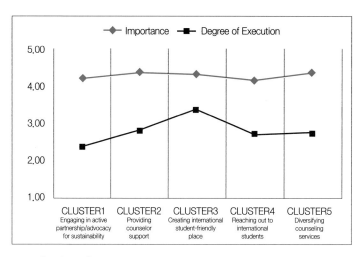

[그림 8-6]　대학상담센터 역량: 군집별 중요도와 실행도 비교

2) 외국인 유학생 상담을 제공하는 상담자의 다문화 상담 역량

(1) 외국인 유학생 상담을 제공하는 상담자의 다문화 상담 역량 진술문

　　외국인 유학생 상담을 제공하는 상담자의 다문화 상담 역량에 대한 아이디어는 현재 대학상담센터에서 외국인 유학생을 상담하고 있는 11명의 상담자로부터 도출되었다. 개별 인터뷰를 통해 수집된 내용에서 초기 233개의 역량 진술문이 생성되었다. 그다음, 중복되거나 모호하거나 지나치게 개인적인 '노하우'나 선호도를 반영하는 진술문들을 수정하거나 제거하는 등 철저한 검토 작업을 거쳐 최종적으로 78개의 진술문을 남겼다(〈표 8-7〉 참조).

〈표 8-7〉 외국인 유학생 상담을 제공하는 상담자의 다문화 상담 역량 진술문

번호	진술문
1	외국인 유학생 상담과 관련된 여러 일을 도맡아 하는 봉사정신과 상담자 역할 범위에 대한 유연성이 있다.
2	미비한 외국인 유학생 지원 체계의 현실과 문제점을 인지하고 안주하기보다 주도적으로 개선방안을 모색한다.
3	외국인 유학생 상담의 활성화를 도모하기 위해 센터와 교내외 관련 기관 및 담당자들과 원만한 대외관계를 형성 및 유지한다.

4	학교와 외국인 유학생 사이의 중간 역할을 수행하며 필요시 외국인 유학생의 필요를 학교나 센터에 적극적으로 요구한다.
5	학교에서 오는 메일 중 장학금 관련, 프로그램 관련 등 외국인 유학생들에게 도움될 만한 것들이 있는지 잘 살펴보고 전달한다.
6	타 대학의 외국인 유학생 상담자와의 교류를 통해 자원을 공유하고 지지망을 형성한다.
7	외국인 유학생 집단 내에서도 문화적, 개인적 다양성이 존재하므로 개별 내담자의 문화에 대해 알아보고 배우려는 자세를 갖는다.
8	외국인 유학생의 문화 심리적 특성에 기반하여 국내 대학에서의 적응과정 중 어떤 어려움이 있을지 예상할 수 있다.
9	외국인 유학생들의 어려움들에 대해 미리 숙지하고 이를 공감할 수 있도록 노력한다.
10	외국인 유학생의 호소문제/어려움이 문화적인지, 개인적인지, 상황적인지를 파악한다.
11	외국인 유학생의 부적응 문제를 단순히 학생 개인의 문제로 보지 않고 개인과 문화적 요소를 모두 고려하여 이해한다.
12	상담자 자신의 문화와 내담자의 문화 간에 차이가 상담 관계 안에서 어떤 역동을 불러일으키는지를 이해한다.
13	나의 문화적 배경 및 가치관이나 학생의 국가와 문화에 대한 사전지식/경험에 기반한 편견이나 차별적 반응을 조심한다.
14	한국에서의 인종차별 현상(예: 백인에게 호의적인 태도, 흑인, 라틴계, 동남아계, 조선족에 대한 편견 등)에 대해 알고 있다.
15	상담과정 중 상담자의 문화적 무지나 선입견이 드러날 경우 서로 솔직하게 이야기하도록 내담자와 미리 약속한다.
16	외국인 유학생 내담자의 외양적인 부분(피부색, 외모, 냄새 등)으로 인한 차별적인 반응을 하지 않으려는 노력을 한다.
17	외국인에게 차별 없이 대해야 하는 부분도 있지만 차별을 둬야 하는 부분(예: 행정적인 도움 등)도 있음을 안다.
18	수퍼비전이나 교육 분석을 통해 상담자 자신을 점검하며 문화적 민감성을 키워 나간다.
19	관계 자원이 부족한 외국인 유학생 내담자의 경우, 내담자가 상담자에게 과하게 의존하거나 상담자가 내담자를 과하게 보호하려는 마음이 생길 수 있다는 점을 기억한다.
20	내가 직접 속하지 않은 문화에 대해 다 알 수 없다는 점을 인정하는 동시에 다른 국가/문화에 대한 지식을 갖추려고 끊임없이 노력한다.
21	내담자의 문화와 경험에 대해 지레짐작하지 않고 구체적으로 질문을 한다.
22	외국인 유학생들의 정신건강 문제를 암시하는 신호(성적, 외적인 용모, 표정 등)들을 잘 캐치한다.
23	외국인 유학생 내담자에 대한 관심, 개방적인 태도 및 경청하는 자세를 더욱 티가 나게 표현한다.

24	상황상 직접 도와주지 못하더라도, 도와주고 싶은 마음을 직접적으로 표현한다.
25	상담자의 타지/유학생활 경험, 소외 경험 등에 대해 깊이 성찰하고 상담과정에서 내담자를 이해하고 공감하는 데에 활용한다.
26	상담 장면 내외로 외국인과의 상호작용 경험이 있고, 외국인과 편안하게 소통할 수 있다.
27	외국인 유학생의 출신국가/문화에 따라 상담자의 관심도, 친숙함이 다르다는 것을 인지하고 있다.
28	외국인 유학생의 신분(교환/정규, 학부/대학원)에 따른 특성 및 심리적 이슈들에서의 차이를 알고 있다.
29	외국인 유학생으로서 흔하게 겪을 수 있는 일상생활과 관련된 어려움들에 대해 잘 알고 있고, 정보/해결책 제안을 적절히 해 줄 수 있다.
30	외국인 유학생들의 고유한 제약 상황(예: 장학금, 비자 기간 등)에 대해 알고 있고, 이와 관련하여 각 내담자의 구체적인 상황에 대해 알고 있다.
31	문화적인 차이를 머리로 인식하는 것뿐만 아니라 다름을 마음으로 수용한다.
32	문화 통역자 역할을 해 줄 수 있을 정도로 한국 문화와 시스템에 대해 잘 알고 있다.
33	자신이 했던, 혹은 하고자 하는 행동이 한국 문화에서 적절한 행동인지에 대해 궁금해하는 외국인 유학생에게 피드백을 제공한다.
34	최근 지역사회 및 교내에서 발생한 외국인 관련 사건사고들을 파악하고 있다.
35	소진 예방 및 관리를 위해 할 수 있는 일들(예: 다른 외국인 유학생 상담자들과 지지망 형성, 사례 수 관리 등)을 알고 있고 한다.
36	외국인 유학생과 상담을 편안하게 진행할 수 있을 정도의 외국어 구사 능력을 갖추고 있다.
37	학교 및 주변 환경에 존재하는 외국인 유학생을 위한 자원들을 파악하고 있다.
38	외국인 유학생과 관련된 학교 규정(예: 학사경고에 대한 규정)에 대한 지식을 갖추고 있다.
39	자신이 일하고 있는 학교의 외국인 유학생 통계 정보(출신 국가별, 학위과정별)를 파악하고, 단대별 외국인 유학생 비율과 분위기를 알고 있다.
40	외국인 유학생에게 필요한 정보(학업, 생활, 취업 등 관련)들을 어떤 경로를 통해 얻을 수 있는지 알고 안내를 해 줄 수 있다.
41	재외동포, 입양인 등 한국계 외국인 집단의 문화 및 정체성 이슈에 대해서 알고 있다.
42	상담 전문성과 경력을 갖추고 있다.
43	상담관계에 문화적/언어적 차이가 존재하더라도 상담관계 내에서 충분히 소통할 수 있다는 자신감이 있다.
44	외국인 유학생이 가지고 오는 여러 다양한 욕구를 상담자 혼자 모두 충족시킬 수 없음을 인정하고 조급해하지 않는다.
45	감히 공감하기 어려운 경험을 한 외국인 유학생 내담자에게 공감을 할 때 겸허한 마음을 갖는다.

46	외국인 유학생의 입장에 서서 도와주려는 마음, 열정, 성실성이 있다.
47	외국인 유학생들은 보다 직접적인 케어 및 정보제공이 필요할 수 있다는 점을 인지하고 적절하게 제공한다.
48	심리검사에 거부감을 가지는 외국인 유학생이 있을 수 있으므로 상담 신청 시 접수면접을 먼저 하고 검사에 대한 안내 제공 후 필요시 검사를 실시한다.
49	상담 스케줄링을 할 때 해당 외국인 유학생이 모국 출신 학생과 마주치지 않게 일정을 조율할 필요가 있는지 물어본다.
50	상담경험이나 기대에 대해 구체적으로 물어보고, 상담이 익숙지 않은 문화권에서 온 학생에게 상담에 대해 자세히 안내한다.
51	외국인 유학생 내담자가 제공하거나 누락시킨 정보를 내담자의 문화 맥락에서 해석한다.
52	접수면접 시 한국으로 유학을 오게된 경로, 동기 및 목적에 대해 물어본다.
53	접수면접 시 학생의 문화적 배경에 대해 질문하고 기록해 둔다.
54	외국인 유학생 내담자가 기본적인 관계 자원이나 문제 해결 능력이 있는지 체크한다.
55	상담자–내담자 관계의 역할/경계에 대한 구조화를 하여 상담자에 대한 부적절한 태도나 기대를 줄인다.
56	평상시와 위기 시, 상담자와 연락하는 방법을 명료화한다(예: 전화, 챗어플, 이메일).
57	외국인 유학생 상담자의 경우 상담실 밖에서의 활동이 많으므로 내담자와 이중관계의 가능성을 고려하여 경계를 잘 설정하고 행동방침(예: 밖에서 마주칠 경우)을 사전 논의한다.
58	한국 문화에 대한 소개 및 교육을 제공하여 외국인 유학생이 처한 어려움을 한국 문화의 맥락 속에서 받아들일 수 있도록 돕는다.
59	문화차이로 인한 오해가 존재할 때, 이를 짚어 주고 진솔하게 다룬다.
60	한국에 대해 이야기할 때나 문화차이로 인한 오해를 풀어 주려고 할 때 상담자가 일방적으로 한국인의 편에 서지 않도록 유의한다.
61	일반적인 현상(예: 따돌림)이라도 그 문화에서 이 외국인 유학생에게 그 현상이 어떤 의미였는지를 깊이 있게 질문하고 탐색한다.
62	외국인을 대하는 온정주의를 경계하며 내담자를 아이 취급하지 않고 강점기반 상담을 하려고 노력한다.
63	외국인 유학생의 말/행동/태도가 그 학생의 원래 문화에서는 적절한 것인지를 항상 확인한다.
64	상담에서 사용되는 언어가 상담자나 내담자에게 모국어가 아닌 경우 외국인 유학생 내담자의 표정, 말의 뉘앙스, 앞뒤 맥락 등을 기반으로 언어적 전달 오류를 유의하며 집중하여 경청한다.
65	외국인 유학생 내담자의 출신 국가의 전반적인 문화와 별개로 그 문화 맥락에서의 학생의 개인적인 세부 문화(예: 출신지역 특성, 종교, 성정체성)를 간과하지 않고, 이에 대해 구체적으로 탐색한다.

66	상담 외적 도움(번역/통역, 중재, 예약, 정보검색, 돈 등)을 요청할 때 외국인 유학생 내담자가 처한 상황에서 그 의미를 탐색하고, 직접 도움을 주기보다 다른 자원을 연결시켜 줄 수 있는지 먼저 확인한다.
67	하나의 상담 이론/접근을 고집하지 않고 외국인 유학생의 문화를 고려하여 상담 접근을 유연하게 선택한다.
68	상담관계의 라포 형성에 더욱 신경 쓰고, 더 많은 '노골적인' 지지를 제공한다.
69	한국에서 외국인 유학생으로 사는 경험을 타당화/정상화한다.
70	외국인 유학생의 문화적응 단계를 고려하여 적절한 개입과 지지를 제공한다(예: 적응초기일 경우 더욱 직접적이고 실질적인 도움 제공).
71	Microaggression(미묘한 차별)을 주의한다(예: "한국어 너무 잘하네요.").
72	외국인 유학생들이 기본적으로 가지고 있는 일상에서의 스트레스, 긴장 등을 완화할 수 있는 방법을 알려 주고 연습시킨다.
73	내국인으로서는 사소하게 생각될 수 있는 생활적 어려움에도 관심을 기울여 준다(예: 수면, 식사, 거주환경).
74	종결절차(구조화, 의뢰 등)에 시간과 에너지를 충분히 쏟는다.
75	다문화에 특화된 수퍼비전을 받는다(다문화 수퍼바이저를 찾기 어렵다면 외국인 유학생 상담 경험이 있는 동료로부터 동료 수퍼비전을 받는다).
76	다양한 외국인 유학생 상담 업무(상담, 교육 및 프로그램 기획, 홍보, 네트워킹)에 시간과 에너지를 적절히 배분한다.
77	외국인 유학생 상담에 수반되는 추가적 에너지를 고려하여 하루에 감당할 수 있을 만큼의 사례 수만 진행한다.
78	외국인 유학생의 심리적 위기 상황 시 대처 및 연계 방안과 절차(예: 입원)를 미리 숙지하고, 이에 기반하여 행동한다.

(2) 외국인 유학생 상담을 제공하는 상담자의 다문화 상담 역량의 차원

다음으로 외국인 유학생 상담자들이 인식하는 상담자의 다문화 상담 역량의 차원은 어떠한지를 확인하였다. 최적의 차원 수를 결정하기 위해 Windows용 SPSS22를 사용하여 1차원부터 5차원까지의 스트레스 값(stress value)을 계산하고 비교하였다. 스트레스 값을 차원 수와 대비한 스트레스 플롯(plot)은 2차원에서 두드러지게 꺾이는 지점('elbow')이 발생함을 보여 주었다([그림 8-7] 참조). 2차원의 스트레스 값은 0.21로 나타나 Rosas와 Kane(2012)이 제시한 상한치인 0.39에 훨씬 못 미쳤다. 이 스트레스 값으로 표현된 합치도는 개념도 분석을 진행하는 데 데이터에 충분한 안정성

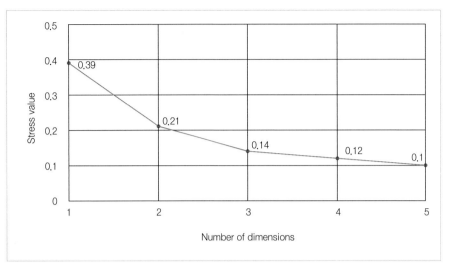

[그림 8-7] 상담자의 다문화 상담 역량: 스트레스 플롯

이 있음을 확인해 주었다. 차원의 수를 선택할 때 활용되는 다른 권장 기준은 ① 해석 가능성(개념적 적합도), ② 단순성, ③ 안정성(Kruskal & Wish, 1978)이 있으며, 이러한 기준 역시 모두 2차원이 가장 적절하다는 판단을 지지하였다. 또한, 학자들은 공간적 표현(spatial representations)은 일반적으로 3차원이나 4차원보다 차원 수가 크면 유용하지 않다고 지적한 바 있다(Goodyear et al., 2005).

진술문들이 함께 분류된 빈도를 바탕으로 그려진 상담자의 외국인 유학생 상담 역량 개념도를 검토한 결과, 두 차원이 이 지도를 특징짓는 것으로 나타났다([그림 8-9] 참조). 가로축인 1차원은 '상담자 자원의 원천'을 나타내는 것으로 해석되었다. 구체적으로, 외부 자원을 활용하는 것(예: 학생을 외부 자원에 연결시켜 주는 것)과 관련된 진술문들은 지도의 오른쪽 부분에, 상담자 내적 자원을 활용하는 것(예: 문화적으로 민감한 상담 기술 제공)과 관련된 진술문들은 지도의 왼쪽 부분에 배치되었다. 세로축인 2차원은 '상담자 노력의 방향'을 나타내는 것으로 해석되었다. 구체적으로, 지도 상단에는 적극적인 행동(예: 논의하기, 물어보기, 상담 수퍼비전 받기)을 요하는 노력에 대한 진술문들이, 하단에는 개인적 자질(예: 태도, 지식, 능력, 경험)을 활용하는 노력에 대한 진술문들이 위치하고 있었다. 1차원과 2차원의 양극단에 배치된 진술문들은 각각 〈표 8-8〉과 〈표 8-9〉에서 확인할 수 있다.

〈표 8-8〉 1차원(x축)의 양극단에 배치된 상담자 역량 진술문

부적 방향	정적 방향
60. 한국에 대해 이야기할 때나 문화차이로 인한 오해를 풀어 주려고 할 때 상담자가 일방적으로 한국인의 편에 서지 않도록 유의한다.	5. 학교에서 오는 메일 중 장학금 관련, 프로그램 관련 등 외국인 유학생들에게 도움될 만한 것들이 있는지 잘 살펴보고 전달한다.
70. 외국인 유학생의 문화적응 단계를 고려하여 적절한 개입과 지지를 제공한다(예: 적응초기일 경우 더욱 직접적이고 실질적인 도움 제공).	40. 외국인 유학생에게 필요한 정보(학업, 생활, 취업 등 관련)들을 어떤 경로를 통해 얻을 수 있는지 알고 안내를 해 줄 수 있다.
23. 외국인 유학생 내담자에 대한 관심, 개방적인 태도 및 경청하는 자세를 더욱 티가 나게 표현한다.	37. 학교 및 주변 환경에 존재하는 외국인 유학생을 위한 자원들을 파악하고 있다.
59. 문화차이로 인한 오해가 존재할 때, 이를 짚어 주고 진솔하게 다룬다.	3. 외국인 유학생 상담의 활성화를 도모하기 위해 센터와 교내외 관련 기관 및 담당자들과 원만한 대외관계를 형성 및 유지한다.
71. Microaggression(미묘한 차별)을 주의한다 (예: "한국어 너무 잘하네요.").	6. 타 대학의 외국인 유학생 상담자와의 교류를 통해 자원을 공유하고 지지망을 형성한다.

〈표 8-9〉 2차원(y축)의 양극단에 배치된 상담자 역량 진술문

부적 방향	정적 방향
17. 외국인에게 차별 없이 대해야 하는 부분도 있지만 차별을 둬야 하는 부분(예: 행정적인 도움 등)도 있음을 안다.	57. 외국인 유학생 상담자의 경우 상담실 밖에서의 활동이 많으므로 내담자와 이중관계의 가능성을 고려하여 경계를 잘 설정하고 행동방침(예: 밖에서 마주칠 경우)을 사전 논의한다.
16. 외국인 유학생 내담자의 외양적인 부분(피부색, 외모, 냄새 등)으로 인한 차별적인 반응을 하지 않으려는 노력을 한다.	50. 상담경험이나 기대에 대해 구체적으로 물어보고, 상담이 익숙지 않은 문화권에서 온 학생에게 상담에 대해 자세히 안내한다.
14. 한국에서의 인종차별 현상(예: 백인에게 호의적인 태도, 흑인, 라틴계, 동남아계, 조선족에 대한 편견 등)에 대해 알고 있다.	78. 외국인 유학생의 심리적 위기 상황 시 대처 및 연계 방안과 절차(예: 입원)를 미리 숙지하고, 이에 기반하여 행동한다.
43. 상담관계에 문화적/언어적 차이가 존재하더라도 상담관계 내에서 충분히 소통할 수 있다는 자신감이 있다.	77. 외국인 유학생 상담에 수반되는 추가적 에너지를 고려하여 하루에 감당할 수 있을 만큼의 사례 수만 진행한다.
26. 상담 장면 내외로 외국인과의 상호작용 경험이 있고, 외국인과 편안하게 소통할 수 있다.	18. 수퍼비전이나 교육 분석을 통해 상담자 자신을 점검하며 문화적 민감성을 키워 나간다.

(3) 외국인 유학생 상담을 제공하는 상담자의 다문화 상담 역량의 군집

앞서 언급한 바와 같이, 해석을 진행할 최적의 군집 수를 결정하기 위해 세 가지 지침이 사용되었다. 첫째, 최종 군집 수가 참여자들이 카드를 분류한 최대 무더기 수를 넘어서지 않는다. 참여자들은 진술문을 2개에서 19개까지의 무더기로 분류했고, 13명의 카드소팅 참여자의 평균 무더기 수는 8.31개(SD=4.79)였다. 둘째, 다양한 다중군집 방법을 통해 생성된 덴드로그램(dendrogram)을 모두 후보로 두었다. [그림 8-8]은 Ward의 최소 분산(minimum variance)을 사용한 덴드로그램으로, 최대 군집 수로 6개를 제안하였다. 다른 군집화 방식들은 더 많은 군집 수(평균 연결법=최대 14개, 중심 연결법=최대 16개)를 고려할 수 있는 기회를 제공했다. 셋째, 군집분석 결과의 해석 가능성을 검토하였다. 그 결과, 6개 이상의 군집을 가진 경우 해석하기 어려운 것으로 나타났다. 따라서 군집의 수는 6개가 가장 유용한 것으로 판단하였다.

각 군집은 앞서 언급한 군집 명명 과정을 통해 군집 1 '외국인 학생 상담을 위한 인식, 태도, 능력', 군집 2 '외국인 학생 이해를 위한 지식', 군집 3 '문화적으로 민감한 상담 전략', 군집 4 '지지적인 환경 구축을 위한 절차적 전략', 군집 5 '확장된 상담자 역할', 그리고 군집 6 '자기관리 및 전문성 개발'로 명명되었다.

군집 1 '외국인 학생 상담을 위한 인식, 태도, 능력'은 외국인 유학생에게 효과적인 상담을 제공하기 위해 상담자가 갖춰야 할 자질과 관련된 진술문들이 포함되었다. 구체적으로, 참여자들은 외국인 유학생들이 돌봄과 지원에 있어 '차별적 대우'가 필요하다는 것(진술문 17번), 외국인 유학생 집단 내에 다양성이 존재한다는 것(진술문 7번), 그리고 외국인 유학생들과 지나치게 융합된 관계의 위험이 있다는 것(진술문 19번)을 상담자가 인지하고 있는 것이 중요하다고 생각하였다. 또한 참여자들은 상담자가 내담자에 대한 자신의 태도가 내담자의 국가/문화에 따라 다를 수 있으며(진술문 27번), 타 문화에 대한 지식은 절대로 완벽할 수 없다는 점을 깨달아야 한다고 하였다(진술문 20번). 외국인 유학생 상담자는 문화요소들이 상담 관계의 역동에 미치는 영향을 인식할 필요가 있고(진술문 12번, 16번, 13번), 그런 인식을 넘어 외국인 유학생 상담에 대한 마음과 열정 및 열심(진술문 46번)뿐만 아니라 문화적 차이에도 불구하고 효과적으로 의사소통할 수 있을 것이라는 자신감(진술문 43번) 등의 태도를 가져야 한다. 상담자가 갖춰야 할 능력으로는 상담 전문성과 경험(진술문 42번), 외국어 유창성과 의사소통 능력(진술문 26번, 36번), 내담자의 문화적 · 심리적 특성을 바탕으로 내담자의 어려움에 대한 가설을 세우고(진술문 8번) 빈번하게 나타날 수 있는 어려움들에 대해

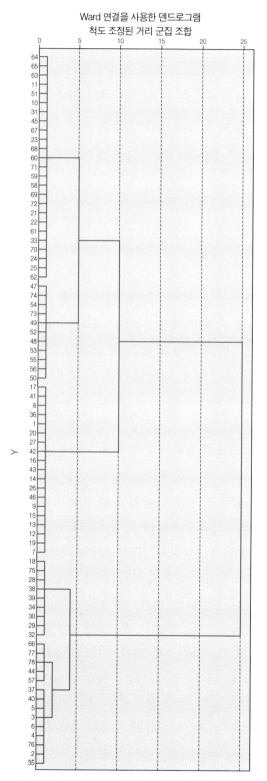

[그림 8-8] 상담자 역량: Ward의 최소 분산을 사용한 덴드로그램

공감할 수 있는 능력(진술문 9번) 등이 포함되었다.

군집 2 '외국인 학생 이해를 위한 지식'은 상담자가 외국인 유학생 상담을 하면서 습득해야 할 구체적인 정보들을 언급하였다. 필수 지식으로 한국 문화와 제도(진술문 32번, 14번), 외국인 유학생들의 이슈(진술문 41번, 29번, 28번, 30번, 34번), 외국인 유학생과 관련된 소속 학교별 정보(진술문 38번, 39번) 등의 주제가 포함되었다.

군집 3 '문화적으로 민감한 상담 전략'은 외국인 유학생과의 상담에서 활용할 수 있는 구체적인 전략들을 밝힌 진술문들이 포함되어 있었다. 정리해 보자면, 크게 효과적인 ① 라포 형성, ② 이해, ③ 개입을 위한 전략들로 구분될 수 있었다. 라포 형성과 관련된 진술문은 관계에 존재하는 문화적 차이를 다루는 전략(진술문 15번, 60번, 59번, 31번, 71번)과 보다 명시적으로 지지를 제공하는 전략(진술문 68번, 23번, 24번)을 제시하였다. 내담자에 대한 상담자의 이해를 촉진하는 전략과 관련된 진술문은 내담자의 문화와 경험에 대한 깊은 탐색을 하고(진술문 63번, 65번, 10번, 11번, 51번, 21번, 61번), 문화 간 의사소통(진술문 64번)과 정신건강 문제의 비언어적 징후(진술문 22번)에 특별히 신경을 쓰며, 공감을 더 잘하기 위해 겸허함과 자기성찰을 활용할 것(진술문 45번, 25번)을 제안하였다. 한편, 진술문 31번('문화적인 차이를 머리로 인식하는 것뿐만 아니라 다름을 마음으로 수용한다.')과 45번('감히 공감하기 어려운 경험을 한 외국인 유학생 내담자에게 공감을 할 때 겸허한 마음을 갖는다.')은 상담자의 태도에 대한 진술로 보일 수 있어 군집 1에 포함되는 역량 지표로 주장될 수도 있다. 그러나 군집 1에는 상담회기 안팎에서 외국인 유학생 내담자들과 교류할 때 좀 더 폭넓게 적용되어야 할 상담자 자질이 포함되어 있었다. 참여자들은 두 역량 지표를 상담자가 상담회기 내 과정에서 활용할 수 있는 실제 전략들로 제안한 것으로 보인다. 개입과 관련된 진술문들은 상담자가 내담자의 문화, 현재 상태 및 강점에 민감한 접근법(진술문 67번, 70번, 62번)을 선택할 때 유연하게 작업해야 함을 강조하고 있었다. 참여자들은 또한 외국인 유학생 내담자의 구체적인 경험을 정상화하고 타당화하는 개입을 하면서도 한국 문화뿐만 아니라 스트레스 해소 방법에 대해 교육하는 것이 도움이 된다고 주장하였다(진술문 72번, 58번, 69번, 33번).

군집 4 '지지적인 환경 구축을 위한 절차적 전략'은 외국인 유학생 내담자의 니즈에 맞게 조정될 수 있는 상담 절차들로 구성되어 있다. 구체적으로, 외국인 유학생들을 위해 서비스 순서 변경(진술문 48번), 추가 서비스 제공(진술문 49번, 47번), 추가 정보 요청(진술문 50번, 52번, 53번) 및 특정 노력 강조(진술문 54번, 73번, 55번, 56번, 74번)

등을 하는 전략들이 포함되었다. 참여자들은 이러한 전략들이 반드시 꼭 해야 하는 것은 아니지만 경험상 효과적인 절차적 전략이라는 데 동의하였다.

군집 5 '확장된 상담자 역할'은 상담회기 내에서 수행하게 되는 전통적인 상담자 역할 이외에 외국인 유학생 상담에서 흔하게 하게 되는 다른 역할을 강조하는 진술문을 포함하였다. 이러한 역할에는 외국인 유학생 상담 서비스를 개선하고(진술문 1번, 2번, 3번, 76번, 6번), 상담실 밖에서 외국인 유학생들에게 도움을 제공하며(진술문 5번, 40번, 37번), 외국인 유학생에 대한 옹호 활동을 하는 것(진술문 4번)이 언급되었다. 진술문 1번('외국인 유학생 상담과 관련된 여러 일을 도맡아 하는 봉사정신과 상담자 역할 범위에 대한 유연성이 있다.')은 상담자의 태도에 대한 진술이며 군집 1에 속하는 것으로 간주될 수도 있겠지만, 태도의 내용 때문에 더 많은 참가자가 이 진술문을 군집 5로 분류한 것으로 보인다. 실제로 개념도를 살펴보면 해당 진술문은 군집 1의 진술문들과 나머지 군집 5의 진술문들 중간에 위치하고 있다.

군집 6 '자기관리 및 전문성 개발'은 외국인 유학생 상담자가 자신의 업무를 보다 건강하게 수행하기 위해 취할 수 있는 조치들이 담겨 있다. 참여자들은 전문성 개발을 위해 문화적으로 민감한 수퍼비전을 받는 것(진술문 18번, 75번), 업무량과 관여도를 관리하기 위해 소진 예방 조치를 하는 것(진술문 35번, 44번, 57번, 66번, 77번, 78번)을 외국인 유학생 상담자의 중요한 역량으로 생각하였다.

〈표 8-10〉 외국인 유학생 상담을 제공하는 상담자의 다문화 상담 역량 군집별 진술문

군집명 (진술문 수)	#	군집별 진술문
군집 1: 외국인 학생 상담을 위한 인식, 태도, 능력 (15개)	17	외국인에게 차별 없이 대해야 하는 부분도 있지만 차별을 둬야 하는 부분(예: 행정적인 도움 등)도 있음을 안다.
	7	외국인 유학생 집단 내에서도 문화적, 개인적 다양성이 존재하므로 개별 내담자의 문화에 대해 알아보고 배우려는 자세를 갖는다.
	19	관계 자원이 부족한 외국인 유학생 내담자의 경우, 내담자가 상담자에게 과하게 의존하거나 상담자가 내담자를 과하게 보호하려는 마음이 생길 수 있다는 점을 기억한다.
	27	외국인 유학생의 출신국가/문화에 따라 상담자의 관심도, 친숙함이 다르다는 것을 인지하고 있다.
	20	내가 직접 속하지 않은 문화에 대해 다 알 수 없다는 점을 인정하는 동시에 다른 국가/문화에 대한 지식을 갖추려고 끊임없이 노력한다.

	12	상담자 자신의 문화와 내담자의 문화 간에 차이가 상담 관계 안에서 어떤 역동을 불러일으키는지를 이해한다.
	16	외국인 유학생 내담자의 외양적인 부분(피부색, 외모, 냄새 등)으로 인한 차별적인 반응을 하지 않으려는 노력을 한다.
	13	나의 문화적 배경 및 가치관이나 학생의 국가와 문화에 대한 사전지식/경험에 기반한 편견이나 차별적 반응을 조심한다.
	42	상담 전문성과 경력을 갖추고 있다.
	36	외국인 유학생과 상담을 편안하게 진행할 수 있을 정도의 외국어 구사 능력을 갖추고 있다.
	26	상담장면 내외로 외국인과의 상호작용 경험이 있고, 외국인과 편안하게 소통할 수 있다.
	8	외국인 유학생의 문화 심리적 특성에 기반하여 국내 대학에서의 적응 과정 중 어떤 어려움이 있을지 예상할 수 있다.
	9	외국인 유학생들의 어려움들에 대해 미리 숙지하고 이를 공감할 수 있도록 노력한다.
	46	외국인 유학생의 입장에 서서 도와주려는 마음, 열정, 성실성이 있다.
	43	상담관계에 문화적/언어적 차이가 존재하더라도 상담관계 내에서 충분히 소통할 수 있다는 자신감이 있다.
군집 2: 외국인 학생 이해를 위한 지식 (9개)	14	한국에서의 인종차별 현상(예: 백인에게 호의적인 태도, 흑인, 라틴계, 동남아계, 조선족에 대한 편견 등)에 대해 알고 있다.
	32	문화 통역자 역할을 해 줄 수 있을 정도로 한국 문화와 시스템에 대해 잘 알고 있다.
	41	재외동포, 입양인 등 한국계 외국인 집단의 문화 및 정체성 이슈에 대해서 알고 있다.
	28	외국인 유학생의 신분(교환/정규, 학부/대학원)에 따른 특성 및 심리적 이슈들에서의 차이를 알고 있다.
	29	외국인 유학생으로서 흔하게 겪을 수 있는 일상생활과 관련된 어려움들에 대해 잘 알고 있고, 정보/해결책 제안을 적절히 해 줄 수 있다.
	30	외국인 유학생들의 고유한 제약 상황(예: 장학금, 비자 기간 등)에 대해 알고 있고, 이와 관련하여 각 내담자의 구체적인 상황에 대해 알고 있다.
	34	최근 지역사회 및 교내에서 발생한 외국인 관련 사건사고들을 파악하고 있다.
	38	외국인 유학생과 관련된 학교 규정(예: 학사경고에 대한 규정)에 대한 지식을 갖추고 있다.

	39	자신이 일하고 있는 학교의 외국인 유학생 통계 정보(출신 국가별, 학위과정별)를 파악하고, 단대별 외국인 유학생 비율과 분위기를 알고 있다.
	15	상담과정 중 상담자의 문화적 무지나 선입견이 드러날 경우 서로 솔직하게 이야기하도록 내담자와 미리 약속한다.
	60	한국에 대해 이야기할 때나 문화차이로 인한 오해를 풀어 주려고 할 때 상담자가 일방적으로 한국인의 편에 서지 않도록 유의한다.
	59	문화차이로 인한 오해가 존재할 때, 이를 짚어 주고 진솔하게 다룬다.
	31	문화적인 차이를 머리로 인식하는 것뿐만 아니라 다름을 마음으로 수용한다.
	71	Microaggression(미묘한 차별)을 주의한다(예: "한국어 너무 잘하네요.").
	68	상담관계의 라포 형성에 더욱 신경 쓰고, 더 많은 '노골적인' 지지를 제공한다.
	23	외국인 유학생 내담자에 대한 관심, 개방적인 태도 및 경청하는 자세를 더욱 티가 나게 표현한다.
군집 3: 문화적으로 민감한 상담 전략 (26개)	24	상황상 직접 도와주지 못하더라도, 도와주고 싶은 마음을 직접적으로 표현한다.
	63	외국인 유학생의 말/행동/태도가 그 학생의 원래 문화에서는 적절한 것인지를 항상 확인한다.
	65	외국인 유학생 내담자의 출신 국가의 전반적인 문화와 별개로 그 문화 맥락에서의 학생의 개인적인 세부 문화(예: 출신지역 특성, 종교, 성정체성)를 간과하지 않고, 이에 대해 구체적으로 탐색한다.
	10	외국인 유학생의 호소문제/어려움이 문화적인지, 개인적인지, 상황적인지를 파악한다.
	11	외국인 유학생의 부적응 문제를 단순히 학생 개인의 문제로 보지 않고 개인과 문화적 요소를 모두 고려하여 이해한다.
	51	외국인 유학생 내담자가 제공하거나 누락시킨 정보를 내담자의 문화 맥락에서 해석한다.
	21	내담자의 문화와 경험에 대해 지레짐작하지 않고 구체적으로 질문을 한다.
	61	일반적인 현상(예: 따돌림)이라도 그 문화에서 이 외국인 유학생에게 그 현상이 어떤 의미였는지를 깊이 있게 질문하고 탐색한다.

	64	상담에서 사용되는 언어가 상담자나 내담자에게 모국어가 아닌 경우 외국인 유학생 내담자의 표정, 말의 뉘앙스, 앞뒤 맥락 등을 기반으로 언어적 전달 오류를 유의하며 집중하여 경청한다.
	22	외국인 유학생들의 정신건강 문제를 암시하는 신호(성적, 외적인 용모, 표정 등)들을 잘 캐치한다.
	45	감히 공감하기 어려운 경험을 한 외국인 유학생 내담자에게 공감을 할 때 겸허한 마음을 갖는다.
	25	상담자의 타지/유학생활 경험, 소외 경험 등에 대해 깊이 성찰하고 상담 과정에서 내담자를 이해하고 공감하는 데에 활용한다.
	67	하나의 상담 이론/접근을 고집하지 않고 외국인 유학생의 문화를 고려하여 상담 접근을 유연하게 선택한다.
	70	외국인 유학생의 문화적응 단계를 고려하여 적절한 개입과 지지를 제공한다(예: 적응초기일 경우 더욱 직접적이고 실질적인 도움 제공).
	62	외국인을 대하는 온정주의를 경계하며 내담자를 아이 취급하지 않고 강점기반 상담을 하려고 노력한다.
	72	외국인 유학생들이 기본적으로 가지고 있는 일상에서의 스트레스, 긴장 등을 완화할 수 있는 방법을 알려 주고 연습시킨다.
	58	한국 문화에 대한 소개 및 교육을 제공하여 외국인 유학생이 처한 어려움을 한국 문화의 맥락 속에서 받아들일 수 있도록 돕는다.
	69	한국에서 외국인 유학생으로 사는 경험을 타당화/정상화한다.
	33	자신이 했던, 혹은 하고자 하는 행동이 한국 문화에서 적절한 행동인지에 대해 궁금해하는 외국인 유학생에게 피드백을 제공한다.
군집 4: 지지적인 환경 구축을 위한 절차적 전략 (11개)	49	상담 스케줄링을 할 때 해당 외국인 유학생이 모국 출신 학생과 마주치지 않게 일정을 조율할 필요가 있는지 물어본다.
	47	외국인 유학생들은 보다 직접적인 케어 및 정보제공이 필요할 수 있다는 점을 인지하고 적절하게 제공한다.
	48	심리검사에 거부감을 가지는 외국인 유학생이 있을 수 있으므로 상담 신청 시 접수면접을 먼저하고 검사에 대한 안내 제공 후 필요시 검사를 실시한다.
	50	상담경험이나 기대에 대해 구체적으로 물어보고, 상담이 익숙지 않은 문화권에서 온 학생에게 상담에 대해 자세히 안내한다.
	52	접수면접 시 한국으로 유학을 오게된 경로, 동기 및 목적에 대해 물어본다.

	53	접수면접 시 학생의 문화적 배경에 대해 질문하고 기록해 둔다.
	54	외국인 유학생 내담자가 기본적인 관계 자원이나 문제 해결 능력이 있는지 체크한다.
	73	내국인으로서는 사소하게 생각될 수 있는 생활적 어려움에도 관심을 기울여 준다(예: 수면, 식사, 거주환경).
	55	상담자-내담자 관계의 역할/경계에 대한 구조화를 하여 상담자에 대한 부적절한 태도나 기대를 줄인다.
	56	평상시와 위기 시, 상담자와 연락하는 방법을 명료화한다(예: 전화, 챗어플, 이메일).
	74	종결절차(구조화, 의뢰 등)에 시간과 에너지를 충분히 쏟는다.
군집 5: 확장된 상담자 역할 (9개)	1	외국인 유학생 상담과 관련된 여러 일을 도맡아 하는 봉사정신과 상담자 역할 범위에 대한 유연성이 있다.
	2	미비한 외국인 유학생 지원 체계의 현실과 문제점을 인지하고 안주하기보다 주도적으로 개선방안을 모색한다.
	3	외국인 유학생 상담의 활성화를 도모하기 위해 센터와 교내외 관련 기관 및 담당자들과 원만한 대외관계를 형성 및 유지한다.
	76	다양한 외국인 유학생 상담 업무(상담, 교육 및 프로그램 기획, 홍보, 네트워킹)에 시간과 에너지를 적절히 배분한다.
	6	타 대학의 외국인 유학생 상담자와의 교류를 통해 자원을 공유하고 지지망을 형성한다.
	5	학교에서 오는 메일 중 장학금 관련, 프로그램 관련 등 외국인 유학생들에게 도움될 만한 것들이 있는지 잘 살펴보고 전달한다.
	40	외국인 유학생에게 필요한 정보(학업, 생활, 취업 등 관련)들을 어떤 경로를 통해 얻을 수 있는지 알고 안내를 해 줄 수 있다.
	37	학교 및 주변 환경에 존재하는 외국인 유학생을 위한 자원들을 파악하고 있다.
	4	학교와 외국인 유학생 사이의 중간 역할을 수행하며 필요시 외국인 유학생의 필요를 학교나 센터에 적극적으로 요구한다.
군집 6: 자기관리 및 전문성 개발 (8개)	18	수퍼비전이나 교육분석을 통해 상담자 자신을 점검하며 문화적 민감성을 키워 나간다.
	75	다문화에 특화된 수퍼비전을 받는다(다문화 수퍼바이저를 찾기 어렵다면 외국인 유학생 상담 경험이 있는 동료로부터 동료 수퍼비전을 받는다).
	35	소진 예방 및 관리를 위해 할 수 있는 일들(예: 다른 외국인 유학생 상담자들과 지지망 형성, 사례 수 관리 등)을 알고 있고 한다.

44	외국인 유학생이 가지고 오는 여러 다양한 욕구를 상담자 혼자 모두 충족시킬 수 없음을 인정하고 조급해하지 않는다.
57	외국인 유학생 상담자의 경우 상담실 밖에서의 활동이 많으므로 내담자와 이중관계의 가능성을 고려하여 경계를 잘 설정하고 행동방침(예: 밖에서 마주칠 경우)을 사전 논의한다.
66	상담 외적 도움(번역/통역, 중재, 예약, 정보검색, 돈 등)을 요청할 때 외국인 유학생 내담자의 처한 상황에서 그 의미를 탐색하고, 직접 도움을 주기보다 다른 자원을 연결시켜 줄 수 있는지 먼저 확인한다.
77	외국인 유학생 상담에 수반되는 추가적 에너지를 고려하여 하루에 감당할 수 있을 만큼의 사례 수만 진행한다.
78	외국인 유학생의 심리적 위기 상황 시 대처 및 연계 방안과 절차(예: 입원)를 미리 숙지하고, 이에 기반하여 행동한다.

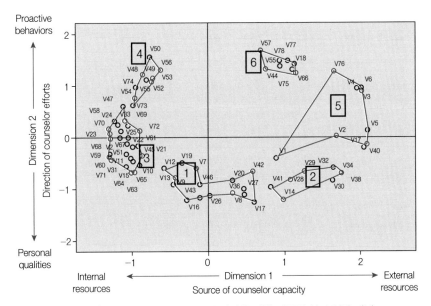

[그림 8-9]　상담자의 외국인 유학생 상담을 위한 다문화 상담 역량 개념도

(4) 상담자의 외국인 유학생 상담을 위한 다문화 상담 역량 중요도 및 실행도 평정

각 진술문별 중요도 평가 평균은 4.28로 나타나 참여자들이 전반적으로 진술문을 상담자의 외국인 유학생 상담 역량을 나타내는 중요한 행동지표로 평가한 것으로 보인다. 가장 높은 중요도 점수를 받은 상담자 역량 진술문들은 〈표 8-11〉에 나열되어 있다. 이와 대조적으로, 실행도의 평균은 3.73이었다. 여기에서 유의해야 할 점은 이 상담자 역량의 실행도 평정 부분이 본질적으로 자신의 역량에 대한 자가 평가(self-rating survey)였다는 점이다. 참여자들은 자신(상담자)이 현재 외국인 유학생 상담 역량의 중요한 지표를 충분히 충족시키지 못하고 있다고 보았다. 가장 실행도가 낮게 평가되었던 상담자 역량 지표들은 〈표 8-12〉에 나와 있다.

〈표 8-11〉 가장 높은 중요도 점수(>4.5)를 받은 상담자 역량 진술문

번호	군집	진술문	평균(SD)
42	1	상담 전문성과 경력을 갖추고 있다.	4.79(0.42)
13	1	나의 문화적 배경 및 가치관이나 학생의 국가와 문화에 대한 사전지식/경험에 기반한 편견이나 차별적 반응을 조심한다.	4.74(0.45)
12	1	상담자 자신의 문화와 내담자의 문화 간에 차이가 상담 관계 안에서 어떤 역동을 불러일으키는지를 이해한다.	4.68(0.58)
16	1	외국인 유학생 내담자의 외양적인 부분(피부색, 외모, 냄새 등)으로 인한 차별적인 반응을 하지 않으려는 노력을 한다.	4.68(0.48)
18	6	수퍼비전이나 교육분석을 통해 상담자 자신을 점검하며 문화적 민감성을 키워 나간다.	4.68(0.48)
36	1	외국인 유학생과 상담을 편안하게 진행할 수 있을 정도의 외국어 구사 능력을 갖추고 있다.	4.68(0.48)
7	1	외국인 유학생 집단 내에서도 문화적, 개인적 다양성이 존재하므로 개별 내담자의 문화에 대해 알아보고 배우려는 자세를 갖는다.	4.63(0.60)
11	3	외국인 유학생의 부적응 문제를 단순히 학생 개인의 문제로 보지 않고 개인과 문화적 요소를 모두 고려하여 이해한다.	4.63(0.50)
21	3	내담자의 문화와 경험에 대해 지레짐작하지 않고 구체적으로 질문을 한다.	4.63(0.50)
61	3	일반적인 현상(예: 따돌림)이라도 그 문화에서 이 외국인 유학생에게 그 현상이 어떤 의미였는지를 깊이 있게 질문하고 탐색한다.	4.63(0.60)
20	1	내가 직접 속하지 않은 문화에 대해 다 알 수 없다는 점을 인정하는 동시에 다른 국가/문화에 대한 지식을 갖추려고 끊임없이 노력한다.	4.58(0.61)
43	1	상담관계에 문화적/언어적 차이가 존재하더라도 상담관계 내에서 충분히 소통할 수 있다는 자신감이 있다.	4.58(0.61)
59	3	문화차이로 인한 오해가 존재할 때, 이를 짚어 주고 진술하게 다룬다.	4.58(0.51)
75	6	다문화에 특화된 수퍼비전을 받는다(다문화 수퍼바이저를 찾기 어렵다면 외국인 유학생 상담 경험이 있는 동료로부터 동료 수퍼비전을 받는다).	4.58(0.51)

78	6	외국인 유학생의 심리적 위기 상황 시 대처 및 연계 방안과 절차(예: 입원)를 미리 숙지하고, 이에 기반하여 행동한다.	4.58(0.61)
10	3	외국인 유학생의 호소문제/어려움이 문화적인지, 개인적인지, 상황적인지를 파악한다.	4.53(0.51)
27	1	외국인 유학생의 출신국가/문화에 따라 상담자의 관심도, 친숙함이 다르다는 것을 인지하고 있다.	4.53(0.61)
46	1	외국인 유학생의 입장에 서서 도와주려는 마음, 열정, 성실성이 있다.	4.53(0.70)
56	4	평상시와 위기 시, 상담자와 연락하는 방법을 명료화한다(예: 전화, 챗어플, 이메일).	4.53(0.51)

〈표 8-12〉 가장 낮은 실행도 점수(<3.0)를 받은 상담자 역량 진술문

번호	군집	진술문	평균(SD)
49	4	상담 스케줄링을 할 때 해당 외국인 유학생이 모국 출신 학생과 마주치지 않게 일정을 조율할 필요가 있는지 물어본다.	2.58(1.07)
39	2	자신이 일하고 있는 학교의 외국인 유학생 통계 정보(출신 국가별, 학위과정별)를 파악하고, 단대별 외국인 유학생 비율과 분위기를 알고 있다.	2.63(1.26)
35	6	소진 예방 및 관리를 위해 할 수 있는 일들(예: 다른 외국인 유학생 상담자들과 지지망 형성, 사례 수 관리 등)을 알고 있고 한다.	2.74(0.81)
5	5	학교에서 오는 메일 중 장학금 관련, 프로그램 관련 등 외국인 유학생들에게 도움될 만한 것들이 있는지 잘 살펴보고 전달한다.	2.84(1.12)
34	2	최근 지역사회 및 교내에서 발생한 외국인 관련 사건사고들을 파악하고 있다.	2.89(1.20)
76	5	다양한 외국인 유학생 상담 업무(상담, 교육 및 프로그램 기획, 홍보, 네트워킹)에 시간과 에너지를 적절히 배분한다.	2.89(1.20)

　참여자들이 파악한 각 군집의 중요도/실행도를 비교하기 위해 각 군집의 평균 중요도 및 실행도를 계산하였다([그림 8-10] 참조). 중요도의 경우, 군집 1 '외국인 학생 상담을 위한 인식, 태도, 능력'(M=4.53)이 가장 높게 평가되었고, 그다음으로는 군집 6 '자기관리 및 전문성 개발'(M=4.36), 군집 4 '지지적인 환경 구축을 위한 절차적 전략'(M=4.27), 군집 3 '문화적으로 민감한 상담 전략'(M=4.27), 군집 2 '외국인 학생 이해를 위한 지식'(M=4.11), 군집 5 '확장된 상담자 역할'(M=4.03) 순으로 나타났다. 실행도의 경우, 군집 5 '확장된 상담자 역할'(M=3.13)이 가장 부족한 역량으로 평가됐으며,

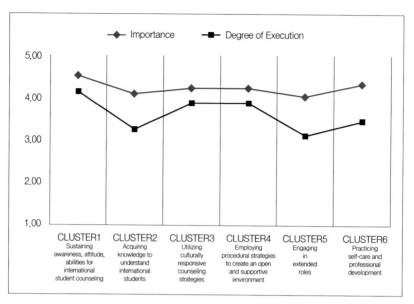

[그림 8-10]   상담자 역량: 군집별 중요도와 실행도 비교

군집 2의 '외국인 학생 이해를 위한 지식'(M=3.26), 군집 6 '자기관리 및 전문성 개발' (M=3.45), 군집 4 '지지적인 환경 구축을 위한 절차적 전략'(M=3.89), 군집 3 '문화적으로 민감한 상담 전략'(M=3.89), 군집 1 '외국인 학생 상담을 위한 인식, 태도, 능력' (M=4.13)이 뒤를 이었다.

4. 논의 및 제언 기술하기

Q: 본인 연구가 상담학 연구 분야에 기여한 부분은 무엇인가요?

상담기관(특히 대학상담센터)의 다문화 상담 역량에 대해서는 알려진 바가 거의 없다. 또한 외국인 유학생 상담에 관여하는 상담자들의 다문화 상담 역량에 대한 실증 연구가 부족한 상황이다. 이 연구는 외국인 유학생들과 함께 일하는 대학상담센터와 상담자들의 다문화 상담 역량을 체계적으로 조사하기 위한 첫 번째 공식 연구 시도로서 그 의의가 있다. 국내 대학 캠퍼스의 외국인 유학생 수는 계속해서 증가할 것으로 예상되며, 그들은 상담 서비스에 대한 분명한 필요를 가지고 있는 내담자군이기 때문에 대학상담센터와 상담자는 외국인 유학생 상담을 효과적으로 수행할 현실적인 의무가 있다. **역량** 있는 대학상담센터와 상담자가 제공하는 접근 가능하고 적절한 상담 서비스는 **외국인** 유학생이 새로운 문화 및 학업 환경에 적응할 때 경험하게 되는 관련된 다양한 이슈를 다루면서 실질적인 도움을 주는 중추적인 역할을 할 수 있을 것이다. 현재까지 국내외 대학상담센터와 상담자는 이 특별한 내담자군에게 상담 서비스를 제공할 때 활용할 수 있는 실질적인 지침, 훈련전략 또는 자원을 갖추고 있지 않다. 이 연구는 외국인 유학생들을 위한 상담 성과를 개선하기 위한 노력의 중요한 출발점이 될 것이다. 나는 대학상담센터와 상담자가 절실히 필요한 외국인 유학생 상담 서비스를 함께 발전시켜 나가는 모습을 기대하며 이 연구의 범위를 대학상담센터와 상담자 모두의 다문화 상담 역량을 살펴보는 것으로 정했었다.

나아가 이 연구의 연구결과는 외국인 유학생 상담과 관련된 연구, 프로그램 및 척도 개발, 기관 및 상담자 평가 등을 촉진하는 데 사용될 수 있다. Tomlinson-Clarke(2013)는 상담자의 현재 문화적 역량 수준을 기준점으로 삼고 그 수준에서 순차적으로 관련 경험을 쌓아 가는 것이 문화적 역량기반 훈련 접근법의 중요한 기초가 된다고 주장했다. 이에 대학상담센터와 상담자들은 발전적인 다문화 학습 경험을 하기 위해, 먼저 이 연구에서 개념화한 다문화 상담 역량을 살펴보고, 구체적으로 역량 군집 내 행동지표 목록을 통해 자신이 개선해야 할 영역들을 파악할 수 있다. 특히 상담자 역량의 군집 2 '외국인 학생 이해를 위한 지식'과 같은 특정 역량은 외국인 유학생 상담을 막 시작하려는 상담자들을 대상으로 하는 필수 훈련프로그램의 주제로 전환될 수 있다.

이 연구에 참여한 모든 상담자는 최종적으로 도출된 외국인 유학생 상담에서의 다문화 상담 역량의 영역과 행동지표를 열렬히 승인해 주었다. 참여자들은 이 연구의 결과가 자신의 외국인 유학생 상담을 위한 다문화 상담 역량에 대한 인식과 이해를 반영하였고, 더욱 명료하게 만들어 주었다고 밝혔다. 그들은 모두 이 연구에 대한 격려와 감사를 표했고, 연구에 참여하는 과정을 통해 자신의 역할과 상담 업무가 타당화되고 높이 평가되었다는 느낌을 갖게 했다고 말했다. 특히 상담자의 역량 군집 5의 '확장된 상담자 역할' 행동지표를 보면서 자신의 업무가 정말 역동적이고 복잡하다는 것을 실감할 수 있었다고 하였다. 더 나아가 이들은 이러한 외국인 유학생 상담의 현실을 제대로 알고 있었더라면 자신이 홀로 경험했던 심리적 부담과 스트레스가 줄어들었을 것이라고 평했다. 예컨대, 업무량이 부당하게 많다는 도움이 되지 않는 생각에 시달리기보다는, 외국인 유학생 상담의 실제가 원래 그렇게 복잡하다는 점을 인정하고 조금 더 빨리 자신이 해야 하는 여러 일을 계획하고 조정하는 것으로 넘어갈 수 있었을 거라고 하였다.

Q: 앞으로 이 분야 연구를 하기 위해 후속 연구자들이 유념해야 할 부분은 무엇인가요?

내 연구의 주제였던 '외국인 유학생 상담' 연구를 하려고 하거나, 방법론으로 '개념도' 연구를 택하려고 하는 후속 연구자들에게 해 주고 싶은 이야기가 많지만, 이 질문을 받았을 때 가장 먼저 해 주고 싶은 이야기 하나만 추려서 적으려고 한다. 외국인 유학생 상담 분야 연구를 하는 경우, 외국인 유학생 집단 내 다양성을 항상 염두에 두고 과일반화를 하지 않는 자세로 연구결과를 분석하고 해석해야 한다. 한 명의 외국인 유학생 개인은 외국인 유학생 집단 전체가 가지고 있는 특성과 출신 국가별 외국인 유학생 하위집단이 가지고 있는 특성, 그리고 외국인 유학생 개개인이 가지고 있는 특성 등 여러 층의 특성을 모두 가지고 있음을 기억하고, 외국인 유학생 이슈를 입체적으로 이해해 보려는 자세를 취해야 한다. 개념도 연구에서 유념해야 할 부분은 앞부분('연구 진행 절차')에 적은 내용을 참고하길 바란다.

후속 연구를 위한 제언을 덧붙이면 다음과 같다.

첫째, 이 연구에서 도출된 지식/결과를 상담자 교육에 어떻게 통합할 것인가는 여전히 중요한 숙제로 남아 있다. 최근 국내 상담 관련 전공 교육과정에 다문화 상담 교과목이 점점 더 빈번하게 개설되고 있는 추세이다. 따라서 한 학기 동안 진행되는 다문화 상담 수업에서 외국인 유학생 상담 역량이라는 주제를 모듈 형식으로 접목시키는 방법이 현실적이고 효과적일 수 있다. 이 외에도 상담 관련 전공 학생들을 대상으로 하는 특강, 대학상담센터에서 진행하는 상담자 대상 워크숍 등을 통해 외국인 유학생 상담 실제에 대해 교육하면서 상담자의 다문화 상담 역량을 증진시킬 수 있을 것이다. 뿐만 아니라 전국대학교학생상담센터 협의회에서 매년 개최하는 연차학술대회에서 대학상담센터장과 직원을 대상으로 기관 차원의 외국인 유학생 상담에 필요한 다문화 상담 역량 훈련을 해 볼 수도 있을 것이다.

둘째, 이러한 역량을 개발해 나가는 것이 외국인 유학생을 '전문'으로 상담하는 '특수' 상담자만의 몫인지 아니면 대학상담센터에서 실무를 하는 모든 상담자가 노력해야 하는 부분인지 여부가 흥미로운 논의점이 될 것이다. 앞서 언급했듯이 이제는 기존 상담자도 다문화 내담자를 만날 기회가 점차 증가하고 있다. 따라서 일반 상담자를 대상으로도 외국인 유학생 상담에 대한 인식 및 실태 조사를 해 볼 만하다.

셋째, 역량에 대한 문화적 맥락이 변화함에 따라 기관과 개인 역량의 내용도 변화될 가능성이 있다. 따라서 우리나라가 아닌 다른 국가 맥락에서 외국인 유학생과 함께 일하는 대학상담센터와 상담자의 다문화 상담 역량을 살펴보면서 이 연구결과와 비교해 보는 것도 흥미로울 것이다.

넷째, 이 연구에는 외국 국적(중국, 캐나다, 미국)을 가진 상담자도 몇몇 포함되어 있었고, 외국에서 교육을 받은 이들도 있었지만, 대부분 한국에서 교육 및 훈련을 받은 한국 국적을 가진 상담자들이었다. 이 연구를 다른 문화적 배경을 가졌거나 다른 유형의 상담자 훈련 및 경험에 노출되었을 수 있는 국내 외국인 유학생 상담자들을 대상으로 진행한다면 상당히 다른 결과를 얻을 수도 있지 않을까 싶다.

다섯째, 외국인 유학생 내담자가 인식하는 상담기관 및 상담자의 다문화 상담 역량은 상담자가 인식하는 것과 다를 수 있다. 즉, 상담기관과 상담자는 자신이 문화적으로 민감하고 효과적인 상담 서비스를 제공하고 있다고 믿을 수 있지만, 결국 궁극적으로 상담 서비스의 효과성을 결정하는 사람은 내담자들이다. 외국인 유학생 상담에 있어 다문화 상담 역량에 대한 내담자의 인식을 파악해 보고 이 연구의 결과와 비교해 보는 작업이 권장된다.

마지막으로, 옹호활동이나 확장된 상담자 역할과 관련된 특정 역량군은 경험이 많은 외국인 유학생 상담자에게는 중요하게 여겨질 수 있지만, 새로 시작하는 초보 상담자에게는 그렇게 중요하게 여겨지지 않을 수 있다. 또 시간제 상담자는 전임 상담자와 다른 인식과 관점을 지닐 수 있다. 향후 연구는 이 연구의 결과를 토대로 더 심도 있는 분석을 시도해 볼 필요가 있다.

참고문헌

강영신, 이혜지(2016). 대학 교원과 외국 유학생의 경험에 따른 개인 및 기관의 다문화 역량 요소에 관한 현상학적 연구. 다문화사회연구, 9(1), 31-63.

교육부(2018). 2018년 국내 고등교육기관 외국인 유학생 통계. https://www.moe.go.kr/

교육부(2021). 2021년 교육기본통계. https://www.moe.go.kr/

김혜영, 심혜원(2014). 다문화아동상담 교육실태 및 상담자 역량에 관한 연구. 청소년학연구, 21(12), 339-373.

남지은(2013). Relationship between Cultural Homelessness of Third Culture Kids (TCKs) and Their Psychological Well-Being: Moderating Effect of Emotional Clarity. 서울대학교 대학원 석사학위논문.

남지은(2019). Conceptualizing Multicultural Counseling Competence for International Students in Korea: A Focus on University Counseling Centers and Counselors. 서울대학교 대학원 박사학위논문.

이동훈, 고홍월, 양미진, 신지영(2014). 현장전문가가 인식한 다문화 청소년 상담역량에 관한 탐색적 연구. 청소년상담연구, 22(2), 281-311.

Fraga, E. D., Atkinson, D. R., & Wampold, B. E. (2004). Ethnic group preferences for multicultural counseling competencies. *Cultural Diversity and Ethnic Minority Psychology, 10*(1), 53.

Garran, A. M., & Rozas, L. W. (2013). Cultural competence revisited. *Journal of Ethnic & Cultural Diversity in Social Work, 22,* 97-111.

Goodyear, R. K., Tracey, T. J., Claiborn, C. D., Lichtenberg, J. W., & Wampold, B. E. (2005). Ideographic concept mapping in counseling psychology research: Conceptual overview, methodology, and an illustration. *Journal of Counseling Psychology, 52*(2), 236.

Hook, J. N., Davis, D. E., Owen, J., Worthington, E. L., & Utsey, S. O. (2013). Cultural humility: Measuring openness to culturally diverse clients. *Journal of Counseling Psychology, 60*(3), 353-366.

Kane, M., & Trochim, W. M. (2007). *Concept mapping for planning and evaluation.* London: Sage Publications, Inc.

Kruskal, J. B., & Wish, M. (1978). *Multidimensional scaling* (Sage University Paper series on Quantitative Applications in the Social Sciences, #07-011). London: Sage Publications.

Lum, D. (2011). *Culturally competent practice: A framework for understanding diverse groups and justice issues.* Belmont, CA: Cengage.

Ridley, C. R., Baker, D. M., & Hill, C. L. (2001). Critical issues concerning cultural competence. *The Counseling Psychologist, 29*(6), 822-832.

Rosas, S. R. (2005). Concept mapping as a technique for program theory development. *American Journal of Evaluation, 26*(3), 389-401.

Rosas, S. R., & Kane, M. (2012). Quality and rigor of the concept mapping methodology: A pooled study analysis. *Evaluation and Program Planning, 35*(2), 236-245.

Spitzberg, B. H. (1989). Issues in the development of a theory of interpersonal competence in the intercultural context. *International Journal of Intercultural Relations, 13*(3), 241-268.

Sue, D. W., Bernier, J. E., Durran, A., Feinberg, L., Pedersen, P., & Smith, E. J., et al. (1982). Position paper: Cross-cultural counseling competencies. *Counseling Psychologist, 10,* 45-52.

Sue, S. (1998). In search of cultural competence in psychotherapy and counseling. *American Psychologist, 53*(4), 440-448.

Sue, D. W., & Sue, D. (2016). *Counseling the culturally diverse: Theory and practice.* Hoboken, NJ: Wiley.

Tomlinson-Clarke, S. (2013). Multicultural counseling competencies: Extending multicultural training paradigms toward globalization. Ideas and research you can use: VISTAS 2013.

Trochim, W., Donnelly, J. P., & Arora, K. (2016). *Research methods: The essential knowledge base.* Boston: Cengage.

Trochim, W. M., & McLinden, D. (2017). Introduction to a special issue on concept mapping. *Evaluation and Program Planning, 60,* 166-175.

저자 소개

김동일(Kim, Dongil)
미네소타대학교 교육심리학 박사
전 한국청소년상담복지개발원 상담교수
현 서울대학교 교육학과 교수

금창민(Keum, Changmin)
서울대학교 교육학과 교육상담전공 박사
전 서울대학교 대학생활문화원 전임상담원
현 인제대학교 상담심리치료학과 교수

김지연(Kim, Jiyeon)
서울대학교 교육학과 교육상담전공 박사
전 한국기술교육대학교 테크노인력개발전문대학원 진로및직업상담전공 대우교수
　　 계명대학교 교육대학원 진로진학상담전공 조교수
현 경기대학교 일반대학원 상담학과, 교육대학원 상담교육전공 교수

남지은(Nam, Jeeeun Karin)
서울대학교 교육학과 교육상담전공 박사
전 서울대학교 대학생활문화원 전임상담원
현 이화여자대학교 교육대학원 교수

우예영(Woo, Yeyoung)
서울대학교 교육학과 교육상담전공 박사
전 서울대학교 대학생활문화원 역량개발팀장
현 숭실사이버대학교 상담심리학과 교수

이윤희(Lee, Yunhee)
서울대학교 교육학과 교육상담전공 박사
전 한국청소년상담복지개발원 상담원, 한동대학교 객원교수
현 선문대학교 상담산업심리학과 교수

이주영(Lee, Juyoung)
서울대학교 교육학과 교육상담전공 박사
전 호남대학교 상담심리학과 조교수
현 단국대학교 상담학과 교수

이혜은(Lee, Hyeeun)
서울대학교 교육학과 교육상담전공 박사
전 이화여자대학교 학생상담센터 특임교수, 서울대학교 대학생활문화원 전문위원
현 한국기술교육대학교 고용서비스정책학과 교수

정여주(Chung, Yeoju)
서울대학교 교육학과 교육상담전공 박사
전 Florida State University 방문연구원, 경일대학교 심리치료학과 조교수
현 한국교원대학교 교육학과 상담심리전공 교수, KNUE심리상담센터장

상담학 연구방법론: 연구논문 작성의 리얼 스토리
Tell Me a Real Story about Research Methods from the Real Research in Counseling

2022년 9월 10일 1판 1쇄 인쇄
2022년 9월 20일 1판 1쇄 발행

지은이 • 김동일 · 금창민 · 김지연 · 남지은 · 우예영 · 이윤희 ·
　　　　이주영 · 이혜은 · 정여주
펴낸이 • 김진환
펴낸곳 • ㈜ 학지사

　　　　04031 서울특별시 마포구 양화로 15길 20 마인드월드빌딩
대표전화 • 02)330-5114　　　팩스 • 02)324-2345
등록번호 • 제313-2006-000265호

홈페이지 • http://www.hakjisa.co.kr
페이스북 • https://www.facebook.com/hakjisabook

ISBN 978-89-997-2683-5　93180

정가 20,000원

출판미디어기업 학지사
간호보건의학출판 학지사메디컬 www.hakjisamd.co.kr
심리검사연구소 인싸이트 www.inpsyt.co.kr
학술논문서비스 뉴논문 www.newnonmun.com
교육연수원 카운피아 www.counpia.com